Liu Xiao Bo

劉暁波伝

余傑＝著
劉燕子＝編
劉燕子・横澤泰夫＝訳

天安門広場で学生たちを前に演説する劉暁波

集広舎

廖亦武の撮影したお茶目な劉霞と劉暁波

劉暁波伝

余傑 著　劉燕子 編
劉燕子・横澤泰夫 訳

集広舎

劉暁波伝　目次

第I部　伝記篇

1980年7月18日。長春・南湖。「赤子心」詩社の仲間たちと（前列左）

序

余英時

余傑が劉暁波の伝記を執筆したことは、まことに天の引き合わせのごとく申し分のない組み合わせである。劉暁波にとって余傑ほど優れた作家はいなく、また、余傑にとって劉暁波ほど精魂込めて伝記を書く人物はいない。この点については、後でさらに深く詳述することにして、まずここでは本書全体を概観して、読者の理解の一助としたい。

本書の最も注目すべき特徴は三つある、と考える。

第一に、本書では劉暁波個人のライフヒストリーや思想は孤立しているのではなく、歴史の変動という大きな脈絡に位置づけられている。これにより、彼の精神的な成長のステップが明瞭に示されている。

一九六六〜七六年の文化大革命（以下文革と略）の時期、劉暁波は一一歳から二一歳であり、彼の精神史においては啓蒙と基礎確立の段階であった。文革は中国全土に及んだ災厄であったが、それにも関わらず、劉暁波にとっては、精神的な呪縛から解き放たれ、自由自在になれるという一種のメリットを与えるものだった。大字報などで活発に議論が交わされた時期、自由の若苗がほんの少し芽を出した。それは劉暁波の内心で育ち続け、青々と生い繁り、今日の私たちが知る劉暁波をもたらした。逆説的に彼は「『文革』に感謝する」と語っている。

一九七七年から一九八九年までは、劉暁波のライフヒストリーにおける第二の重要なステップとなる。この時期、彼は中国文学研究の成果をまとめて博士号を取得しただけでなく（一九八八年）、その自由な精神を豊かに奔放に解き放ち、一九八〇年代初から文学という専門領域を突破して思想や文化の世界を闊達に駆けめぐった。当時は胡耀邦や趙紫陽が党と政府を指導しており、思想文化界では、短期間だが統制は比較的緩和された。本書では、この独特な歴史的背景について行間で示唆的に叙述している。例えば、劉暁波がノルウェーのオスロ大学に在外研究で行くことができたことについて、次のように書かれている。

「当時『反自由化』キャンペーンが押し進められていたが、趙紫陽たち改革派の抵抗で次第に弱まり、北京師範大学の『小気候[1]』は比較的ゆるやかになったので、彼はスムースに出国できた」（第3章）。

一九八九年の天安門民主運動から二〇一〇年のノーベル平和賞受賞までは、彼のライフヒストリーの第三段階であり、ここに本書の主眼が置かれている。全体で八章の構成となっているが、第3章以下はどれも第三段階に関するもので、かなり詳しく述べられている。第8章では、この二十年間に劉暁波が一個人として遭遇したことは歴史のコンテクストと緊密に相関していることが記述されている。

一九八九年以後、東欧社会主義諸国のドミノ的崩壊やソ連邦の解体という劇的な変化を目の当たりにして、「亡党」の恐怖が中国共産党一党独裁体制の主旋律となった。二十年間の劉暁波に対する処罰の軽重を振り返ると、このことは一目瞭然である。つまり、短期的な監禁、自宅軟禁、「労働教養」[2]などは、彼の言動が政権に与えた脅威に相応している。言い換えれば、政権への脅威が大きくなれば、それだけ処罰は重くなった。

疑いもなく、劉暁波が中心となって起草した二〇〇八年の「〇八憲章」は「一党独裁」への最大の脅威となった。それは、二年後に中東で広がった「ジャスミン革命」の如き状況を起爆させる雷管の如く見なされた。だからこそ、劉暁波は「〇八憲章」発表前夜、秘密裏に拘禁され、一年後(二〇〇九年十二月二十六日)に「国家政権転覆煽動罪」で十一年の刑を下されたのである。その理由は明々白々である。

第二に、本書では劉暁波の思想と価値観が詳述されており、これにより彼の思想的成熟のプロセス全体を把握することができる。これも本書の有する極めて重要な意義である。劉暁波の精神的な歴程における三つの段階については先述したので、ここでは議論をさらに進める。

この三段階は理性の内在的な展開であり、また高次元への発展でもあり、これを通して劉暁波は重層的に理智を開拓した。第一段階で獲得した高度な自由は、第二、第三段階の思想的発展の基本的な原動力を提供した。

「徹底的な思想」を劉暁波の主たる「特徴」と捉える徐有漁氏の見解に、私は同意する。まさに「徹底的な思想」こそ彼の自由な精神の発現なのである。少年期から青年期にかけて、彼は「停課鬧革命」[3]、「上山下郷」[4]を経験し、これによりイデオロギーの長期的かつ系統的な束縛を受けず、むしろ早くから権威に挑戦する心性を形成した。また、劉暁波は同時代の少年と比べて独特の人生経験を持つことができた。彼は一九六九年から七三年まで、父とともに内モンゴルのホルチン右翼前旗に下放させられた。草原や荒野や森林の辺境で、劉暁波は地元の農民や牧民の生活にとけ込み、酒を酌み交わし、モンゴル相撲をとった。この独特の環境は彼の思想や創作にロマンティックで奔放な精神を注入し、それは自由の探求と共鳴した。ロマンティックで奔放な自由こそ、彼の「徹底的な思想」なのである。

この思想の「徹底性」は多方面で現れているが、ここでは一、二の事例を挙げるだけにしよう。まず否定という消極的な側面から言えば、共産党に対してはイデオロギーから統治まで完全に反対し、徹底的に否定する。前者に関して、劉暁波は一九八〇年代における思想の啓蒙で影響力を発揮した者たちを鋭く批判した。即ち、その多大な貢献は認めながらも、自分自身まだ旧いイデオロギーの長い尻尾を引きずっていると指摘し、既成の思想を突破する点では不徹底だと論じた。また、後者の現実の政治に関しては、一九八八年、香港で、劉暁波は「世界をかき乱す魔王・毛沢東」という評論を公表し、徹底的かつ明確に中共政権への拒絶を打ち出した。

次に積極的な面について見ると、劉暁波は普遍的な価値を求めて不撓不屈に勇往邁進した。思想的発達の第一段階たる自由の価値を全面的に認識すると、第二、第三段階では自由の深化と拡張に絶えず努力した。早くも一九八四年には「芸術的直覚論」と「荘子論」を発表し、文学と芸術の領域で自由を追求した。

荘子（紀元前三六九～二八六年）との関連は特に注意を払わなければならない。それは『荘子』

には最も純粋な自由の精神が表現されていると言えるからである。厳復（一八五四～一九二一年。清末民初の啓蒙思想家・翻訳家）から蕭公権（一八九七～一九八一年。政治思想家。『政治多元論』、『中国政治思想史』等）まで、近代中国において西洋思想を深める学者はみな『荘子』をこのように理解し、「逍遙遊」篇を自由の至境と見なし、「在宥」（外篇）を「最も徹底的な自由思想」と捉えている。そして、よく知られているように、『荘子』も中国の芸術精神の最も重要な源泉の一つである。

さらに、劉暁波は自由を文化や思想の広大な世界において展開し、一九八六年に「危機！　新時代の文学は危機に直面している」を発表し、歯に衣を着せぬ批判で論壇に躍り出て脚光を浴びた。これは、表面は中国の伝統文化と専制体制の峻拒だが、「項荘舞剣、意在沛公」[5]で、内実において、その矛先は「党天下」の統治形態に向けられていた。これこそ自由の深化であった。

一九八八年、劉暁波はこの努力をさらに進めて博士論文「美と人間の自由」を書きあげた。その核心的な観点は「美による自由の獲得」（本書第2章）である。当時、美学をめぐる議論が高まり、イマヌエル・カント（一七二四～一八〇四年）の哲学がかなり流行した。このような時代を背景に劉暁波はテーマを設定し、特に第三批判たる『判断力批判』[6]に即して「美」と「自由」の関係を強調し、研究を深めた。「美」に関する純粋な判断は一切の利害関係を超越し、「美」の対象（自然界の花など）以外にいかなる目的もない。このような精神状態をカントは「自由」と規定し、その状態でこそ、美的な判断が可能となる。それは「自由の美」とされる。

もちろん、カントと劉暁波の間には異同があるが、それを取りあげるのは議論が広がるので控え、ここでは劉暁波の論文「美と人間の自由」の意義は、彼が自由の認識を哲学的な次元にまで深めたことにあることを明らかにしておく。そして、この「自由」の最終的かつ最も円熟した認識が「〇八憲章」に結実した。その第二節では冒頭で次のように謳われている。

「自由は、普遍的価値の核心である。言論、出版、信仰、集会、結社、移動、ストライキ、デモ行進などの権利は、いずれも自由の具体的な表明である。自由が盛んでなければ、現代文明には値しない。」

「憲章」は、劉暁波だけの個人的な見解ではなく、全ての起草者と署名者の共通理念である。とは言え、劉暁波は二人の主要な起草者の一人であることから、私は特に「自由は、普遍的価値の核心である」という点に、彼が長年にわたって探究してきた自由の真髄に関する究極的な悟性を確認するのである。

最後に、本書の第三の特徴について述べよう。それは劉暁波の精神と品格の成長過程である。余傑は「横空出世（突然空を横切る如く登場の意の成語）」でも「天縦之聖（『論語』子罕篇）」でもなく、生身のリアルな劉暁波について記述している。青年時代、彼は様々な非難や批判を受けた。例えば、作家の廖亦武は「好戦的」、「覇道的」などと指摘した。だが、余傑は「若き劉暁波は表現欲が強烈で、いかに話題を作り出し、人々の注目を集めるかについて熟知していた」と述べている（第2章）。

本書を通読し、私は劉暁波の精神的な各段階における苦難と、その昇華に感銘した。一九八九年の「六・四」天安門事件[7]の二カ月前、彼はアメリカから帰国して天安門広場に赴いた。これは彼の精神的な歴程における重要な里程標になった。そして、六月二日にハンストを宣言し、また戒厳部隊を説得して数千名の学生の「無血撤退」を完遂し、最悪の流血を防いだ。青年期の激越な心性が平和的で漸進的へと見事に昇華したことが分かる。

その後、劉暁波は幾度も投獄され、出獄後も監視、軟禁、訊問、殴打などの暴行、「労働教養」等々、数々の不当な迫害を受けたが、そのたびに彼の精神世界は高い次元に飛躍した。そして、二〇〇九年一二月、彼は法廷の最終陳述で、次のように表明した。

「私は二十年前に（六・二ハンスト宣言で）表明した信念を堅持している。――私には敵はいないし、恨みもない。」

これはガンディーが最終的に到達した精神的な境地である。劉暁波は無数の試練の下でも「信念を堅持」したのである。

中国人の精神修養には、二程（程顥・程頤の兄弟）や朱熹（朱子）の「静坐涵養」と王陽明の「事上磨煉」の二つがある。劉暁波は「事上磨煉」により精神的歴程を歩み通した。本書では、それが生き生きとダイナミックに述べられている。熟考し、沈思することで読みとることができるであろう。

私は劉暁波と、短時間だが二度、直接意見を交わしたことがあり、彼の精神的な昇華を事実に基づいて証言することができる。最初は一九八九年四月一五日、ニューヨークで開かれた中国大陸の情勢に関する討論会で、劉賓雁、王若水、阮銘が出席し、ちょうどコロンビア大学で研究中の劉暁波はパネリストとして参加した。彼との対話の内容を、私は鮮明に記憶している。

前々から大陸の文壇に躍り出た最も叛逆的な青年作家であることは聞いていたので、私は「アメリカのアカデミックな学究生活に慣れましたか？　ニューヨークと北京を比べて心理的にどのような違いがありますか？」と質問した。劉暁波は感情を込めてニューヨークの孤独で無味乾燥な生活には全く適応できないと答え、また、北京ではほぼ毎日、数えきれない聴衆に向かって講演し、終われば「花束」と万雷の「拍手」なのだと強調した。「花束」と「拍手」は彼の言葉で、私ははっきりと憶えている。しかし、あの日（四月一五日）は、胡耀邦が急逝して、北京では多くの学生が追悼活動を開始したというニュースが伝えられたため、参加者の関心は一気にそれに向かってしまい、私と彼の対話は中断された。

　私は彼の率直さを高く評価する一方で、大陸の上っ調子が身についていて、虚栄心をさらけ出していると感じざるを得なかった。ところがその後、身の危険も顧みず敢然と北京に戻り、天安門民主運動に積極的に加わったことを聞き、彼の印象を大いに改めた。ただ残念なことは、それから再び会うチャンスに恵まれなかった。

　次に劉暁波と意見を交わしたのは二〇〇七年の夏で、十八年ぶりだった。彼は何かがひらめいたのか、北京の自宅から挨拶の電話をかけてきた。当時、彼は人権擁護活動に加えて蘇暁康のサイト「民主中国」の管理や独立中文筆会[8]（以下「独立ペン」と略記）の会長などで非常に多忙であった。十数分しか話せなかったが、私は静かに耳を傾けた。その話し方は十八年前とは別人のようで、とても驚かされた。穏やかで人情味をたたえていて、激しく声高に言いつのるところは微塵もなかった。中国の将来という大問題に関して、彼は巨視的に見通しつつ、微視的に具体的なところに着目することができた。

余傑は、次のように述べている。

「一九九〇年代以降の時間と苦難の砂礫に洗われて、劉暁波はあたかも透きとおるまで磨きあげられた碧玉となった。若き時代の英雄主義や自己中心主義はなくなり、温和で、寛容で、謙遜になった。劉霞の言葉を用いるならば、人を『心地よく』させるようになった。」

私と劉暁波の二回の対話は、これによって裏づけられる。

また、冒頭で述べた「天の引き合わせ」は、「エピローグ」によって確かめることができる。劉暁波と余傑は異なる世代に属しているが、二人の生き方から思想まで同じ精神世界の中にある。さらに、二人は極めて「気が通じあって」いる。本書を熟読すれば、それが分かるだろう。

陳寅恪（一八九〇～一九六九年）は「王観堂先生挽詞」や「王観堂先生紀念碑銘」の中で、王観堂（王国維、一八七七～一九二七年）とは忘年の友のように「気が通じあって」いると述べている。まさに「英雄、英雄を知る」（『三国志』）である。

余傑が劉暁波のライフヒストリーを書くことは、単に過去だけでなく、悠遠なる未来にも関わり、共同して精神世界を開拓することでもある。まことに歴史に記されるべき有意義なことである。

二〇一二年五月一五日　プリンストンにて

註

1　ブルジョワ自由化反対という政治的キャンペーンという「大気候」の中で、キャンパスという限定された範囲の「小気候」で自由な気風があったことを意味する。
2　公安関係行政部門による行政罰で、司法手続きなしにあらゆる自由を剥奪して強制労働を科した。内外から憲法違反、人権侵害の象徴と指摘され、二〇一三年一一月、「労働教養」制度の廃止が決定された。
3　中国共産党中央と国務院は、一九六六年九月五日、紅衛兵運動を支持し、「各地の革命的学生が北京を訪れ、革命運動の経験を行う事についての通知」を出し、汽車賃を無料としただけでなく、生活補助費や交通費を国費から支出すると決定し、これにより「停課鬧革命（授業を停止し革命をやる）」と全国的な「大串連（経験大交流）」が始まった。この一年後の一九六七年一〇月、中共中央、国務院、中央軍委、中央文革小組は連名で「大、中、小学校における復課鬧革命（授業に戻り革命をやる）に関する通知」を出した。
4　一九六八年、就職問題は深刻化し、多くの青少年が都市で無職のまま紅衛兵運動に没頭した。これに対して一二月に、毛沢東は「若者たちは貧しい農民から再教育を受ける必要がある」と指示し、都市と農村の格差撤廃という共産主義的な理念を以て上山下郷＝下放運動が押し進められ、紅衛兵運動が終息した。
5　項羽と沛公＝劉邦が鴻門で会見した時、項羽の武将・項荘が剣を舞うことで沛公を殺そうとした。狙いは別にあることを喩える成語。
6　『純粋理性批判』、『実践理性批判』に続く第三の「批判」。
7　中国語では事件を発生の日付で指すことが多い。第二次天安門事件は「六・四事件」、「六・四大屠殺」

と一般に称される。それがまた実態をよりよく表している。つまり多くの犠牲者が出た場所は天安門広場そのものではなく、長安街など周辺であった。

8 「筆会」は英語のＰＥＮで、「筆」及びＰ（Poet＝詩人とPlaywrighter＝劇作家）、Ｅ（Editor＝編集者）、Ｎ（Novelist＝小説家）を意味する。近年「ペンクラブ」のメンバーの範疇が拡大し、記者（Reporter）、翻訳者（Translator）、発行者（Publisher）も会員になっている。

プロローグ　四幕劇の人生

二〇一〇年一〇月九日、劉暁波のノーベル平和賞の受賞が決まった翌日、中共当局は劉霞と劉暁波の面会を手配した。

劉暁波は劉霞に会うと、監獄側から既に受賞のニュースを聞いていたと言った。そして、彼は胸がいっぱいになり涙を流しながら、「この賞は『天安門事件』の犠牲者の霊や天安門の母たちに授与されたものだ」と語った。

劉暁波は獄中での受賞者であり、それはノーベル平和賞の百年あまりの歴史で二人目であった。[1]劉暁波は授賞式に出席できなかったので、稀な例だが、ノーベル平和賞委員会は象徴的な意味を持つ空いた椅子を一脚、彼が座るべき場所に置いた。

劉暁波を最も強く支持したチェコの作家ヴァーツラフ・ハヴェルは、ビロード革命の後に大統領に当選したが、彼は慣例にならい公式な礼服を着用することを喜ばなかった。彼は、友人でドイツ系チェコ貴族の政治家カレル・シュバルツェンベルクが彼に買い与えたスーツの受け取りを拒み、「こんな服は一着といえども外に着ては行けない」、「こんな服を着たら青二才の若輩に見られる」と言った。彼は普段からプルオーバーとジーンズを着用し、スクーターに乗って大統領府のあるプラハ城の回廊を行ったり来たりしていた。

ハヴェルと同様に、劉暁波も身なりでは気ままで質素だ。彼にはスーツにネクタイという習慣がない。ある時、友人が高級クラブの食事に彼を招いたが、彼はジーンズをはいて出かけた。果たしてボーイは頑として彼に西洋式のスラックスに着替えなければ中に入れないと告げた。彼はとても気分を害したが、しぶしぶスラックスにはき換えた。

一九八〇年代、劉暁波の羽振りのよかったころ、彼は北京師範大学の教壇に古いジーンズとスリッパというラフないでたちで立っていた。劉暁波と博士課程で同級だった孫津は、当時、自分のやり方を通す劉暁波はいつも「ぼろのカバンを背負い、半ズボンにスリッパをはき、上半身はTシャツ姿だった」と述懐している。ある人が劉暁波の身なりを非難したところ、劉暁波は得意げに「ぼくの服は上下あわせて十元もしないぞ」と答えた。

もし将来、劉暁波が自由を奪還する時があれば、それは中国の民主化の過程が既に始まっていることを意味する。その時、劉暁波がオスロ市役所に招かれ、ノーベル賞委員会が彼のために授賞式をやり直すということがあるかもしれない。そうなれば、授賞式の会場で、劉暁波はきちんとした黒い燕尾服を着るだろうか？　スーツに革靴の劉暁波とは、一体どんな姿だろう？

どの人間の人生も「もし」でいっぱいだ、劉暁波も例外ではない。

もし劉暁波の父親が文学の教授でなかったら、もし劉暁波が知識青年[2]でなかったら、もし劉暁波が吉林大学中国語言文学部に合格し、文学サークル「赤子心」詩社に参加していなかったら、あの「数学、物理、化学を学んで身につければ、世の中どこへ行っても心配はない」という時代に、彼は不器用な技師になっていただろうか？

もし劉暁波が北京師範大学中国語言文学部に合格し、大学に残って教員になっていなかったら、もし劉暁波があの「新時期文学は危機に直面している」と表明していなかったら、もし劉暁波が思想界の先輩・李澤厚に挑戦していなかったら、彼は言行の慎み深い美学の教授になり、一生無名のままに終わっただろうか？

世界が震撼された一九八九年に、もし劉暁波がおとなしく国外で客員研究員のままでいて、飛んで火に入る夏の虫の如く帰国していなかったら、もし劉暁波が学生の民主運動の傍観者に過ぎず、「四人」[3]のハンストを提唱していなかったら、もし劉暁波が天安門広場で最後まで頑張り通し、学生に撤退を説得していなかったら、彼は牢獄に入れられるという災厄を免れただろうか？

全人民がこぞって「下海（ビジネスをやる）」を始めた一九九〇年代に、もし劉暁波が方向転換し、商売の世界に飛び込んでいたなら、もし劉暁波が改めて象牙の塔に入り、考証学のような学問に携わったなら、もし劉暁波がベストセラー執筆の方面に少しでも才能を用いていたなら、彼は大金持ちになり、猫をかぶった「儒商（儒家の教養ある商売人）」になっていただろうか？

二一世紀になってから、もし劉暁波が独立ペンの会長に当選し、言論の自由のために奮闘することがなかったなら、もし劉暁波が海外のメディアとネットに数百万字の政治評論を発表しておらず、もし劉暁波が「〇八憲章」の構想や起草に参画していなかったら、彼は四度も投獄され、またノーベル平和賞を受賞することがあり得ただろうか？

一つ一つの「もし」は、みな人生の分かれ道になっていたかも知れない。過去三十年間、もし中国に劉暁波が出現しなかったら、あるいはもし劉暁波の責任感——責任感のみならず向上心など種々の混合物とも言える——があまり強くなかったら、状況はどうなっていただろうか？

劉暁波の存在、劉暁波の苦難は、あらゆる人たちに一つのことを気づかせる、それは、我々は決して一人でこの世界に存在しているのではなく、自分たちの周囲の世界を考え、共同の責任を担わなければならないということだ。劉暁波は自身の良心に従い、責任を負うという姿勢でものごとに取り組み、それにより一つの手本を示し、出処進退をいかにすべきかを我々に思い至らせてくれた。

一九七七年、二二歳の年、長年いわゆる知識青年として農村に下放[4]していた劉暁波は大学入試に合格し、これは彼が独立した知識人となる起点となった。以後三十年あまりの彼の成長の過程と公共的な活動（大衆が関心を持つ公的問題について、自身の分析と論評を発表する活動）はおおむね四つの段階あるいは四幕劇に分けることができる。

第一段階は、一九七七年から一九八九年までで、劉暁波の勉学、始動、そして名を成す時期である。

一九八〇年代は広義では七〇年代末をも含み、現代中国では稀な、元気はつらつとして向上心や希望に満ちた時期だった。その間「精神汚染除去」と「ブルジョア階級自由化反対」などの政治運動があったとはいえ、胡耀邦と趙紫陽のセーブとコントロールの下、この類の「後戻り」の政治運動は文化思想界に致命傷をもたらさなかった。八〇年代の思想解放運動は一九八九年まで持続し、そして中断の時を迎えた。

劉暁波はその時代の精神的なムードの影響を受け、彼自身もその勢いを助長する者となった。彼は文芸批評と美学の領域から、中国の伝統文化、中国知識人、そして政治制度の批判へと進んだ。彼の著述は洛陽の紙価を高め（よく売れ）、彼の講演は大学のキャンパスを風靡した。

一九八九年春、学生運動が高揚するや、劉暁波は毅然として国内に戻り、そこに全力を投入し、「ダークホース（鋭い批判で注目されたときの呼称）」から「黒幕」となり、「書斎人」から「行動の人」になり、「若きリーダー」から「国家の敵」となった。銃声が響き渡ったあの時、彼の青年時代もまた終わりを告げた。

以上が劉暁波の人生の「第一幕」である。

第二段階は、一九八九年から一九九九年までで、劉暁波の入獄、受難、そして沈潜の時期である。この十年は中国の社会政治が停滞し、経済が急速に発展した十年であり、また知識人の集団が壊滅・自滅し、（自由、民主、人権などの）基本的価値にブレーキがかけられた十年だった。鄧小平が提起した「小康を実現する」というスローガンの下、中国の民衆は「仕方がない」と自由の剥奪、人権の侵害という現実を受け入れ、ひたすら金儲けに走り、金は中国人にとって唯一の信仰となった。知識人層の内部では、政府当局の黙認と激励の下、民族主義、ポピュリズム、ポスト・モダン、伝統文化ブーム、そして新左派などの思潮が相次いで出現した。それと裏腹に、自由主義は日ごとに人々の関心からなくなった。

この十年間、劉暁波は積極的に人権活動に関わったため、前後三回、六年近く自由を失った。たとえ獄外にあっても、彼は常に「国保[5]」の厳しい監視、支配、尾行、さらには不法な軟禁すら受け、生存の条件は極めて劣悪になった。だが、劉暁波はあきらめず、気落ちせず、大衆から忘れられても、焦りや不安に襲われることもなく、変わることなく読書に没頭し、社会を観察し、同志に連絡し、新たに力を発揮する場を探し求めた。

この期間、劉暁波は当局に対し民主を実行し、人権を保障し、「六・四」の再評価などを呼びかける公開状を何度も起草し、発表した。しかし、彼は政見の異なる人たちの非常に小さな範囲で活動ができるだけで、基本的には「孤独な先覚者」の役割にとどまっていた。

以上が、劉暁波の人生の「第二幕」である。

第三段階は、一九九九年から二〇〇八年までで、劉暁波は政治評論を執筆し、公共知識人[6]、また人権活動家として行動した時期である。

この時期、中国の経済は急速に発展した一方、政治体制改革は甚だしく停滞し、腐敗問題は一層悪化し、社会の矛盾は日ごとに先鋭化した。江沢民と胡錦濤の任期内に、中共は対外的に「大国の勃興」を表明し、「中国モデル」を輸出した。対内的には「和諧社会（調和の取れた社会）」を大いに宣伝したが、実際には暴力で「安定を維持し」、秘密警察は日増しに猛威を振るうようになった。

別の側面では、公民社会が次第に芽生え、さらに大きく広がり、NGO組織が雨後の竹の子のように生まれ、ネットの普及は未だかつてない情報の自由をもたらした。だが、知識人層では分化が拡大し、帰順させられ、あるいは自発的に反省文を差し出す者など、時流に乗ろうとする者が多く現れた。

中国式の全体主義は現代社会に向かう過程で絶えず変異した。突如凶悪で恐ろしい形相を見せ、また突然狡猾で陰険な態度を取る醜悪な姿に、ほとんどの人は平身低頭して臣下となり、次のように自己弁護する。

「打ち負かせないのだから、仕方がない。彼ら執政者らと一緒になるしかないのさ。」

かくして犬儒主義（シニシズム）が流行し、社会各層はそろって壊滅、また自滅し、中国社会は変革のエネルギーを失ってしまった。

この時期、劉暁波は相変わらず警察の厳しい監視と支配の下にあった。しかし、毎年特定の「政治的に敏感な時期」に短期間軟禁され、あるいは召喚を受けることを除けば、再度入獄することはなく、彼の生活は比較的安定していた。若い頃の知識の蓄えと学術的訓練の基礎に加え、社会の転換過程における知識人の役割の変化を自覚することにより、彼は鋭敏な問題意識や批判の熱情を維持した。彼は転換の構想、ひいては転換後の方向をたゆまず思考し、「改革後」のソフト・ランディングのために知識人層と民間社会の双方を納得させる、極めて貴重で独特の観点を提示した。

その中で、二〇〇三年から二〇〇七年まで、劉暁波は独立ペンの会長を連続して二期務め、独立ペンの活動の中心を海外から国内に移した。同人の協力と支持を得て、独立ペンを中国大陸で初めて当局の結社の制限を打ち破り、言論の自由を断固として守り、中国語による文学を前進させる独立した社会団体に育て上げた。

二〇〇八年、劉暁波は独立ペン会長の職を辞し、一二月八日に逮捕されるまで、集中して「〇八憲章」の構想や、文案の改訂を重ねる作業に尽力した。独立ペンの指導と「〇八憲章」の運動を通して、彼は民間社会のオーガナイザー、コーディネーターという新たな立場を鮮明に表した。

以上が、劉暁波の人生の「第三幕」である。

第四段階は、二〇〇九年から現在までとなる。

二〇〇八年一二月八日深夜、警察がドアを破ってなだれ込んだその時から、劉暁波は自由を完全に失い、二〇〇九年一二月、十一年という重刑の判決を下された。

翌二〇一〇年一〇月、劉暁波はノーベル平和賞を受賞した。

劉暁波の身体を獄に繋いだとはいえ、中共当局はもはや「劉暁波」という名前を社会生活から徹底的に消し去ることはできなくなった。劉暁波の存在は照魔鏡の如きもので、中共独裁政権の本質を暴き出した。劉暁波がこれからも獄中に押し込められている限り、どんな仮面をかぶろうと、中共はその獰猛な姿を覆い隠すことはできない。

ノーベル平和賞の栄誉は、劉暁波を新たな地位に押し上げるだろう。劉暁波の価値は単にノーベル賞によって決められるものではないとしても、これにより彼は未来の中国の社会転換において一層強力な梃子となるだろう。劉暁波の親友の陳軍は次のように述べていた。

「私は、劉暁波はこの問題では自ら期するところがあり、やるつもりだと深く信じている。もし頑張りを継続でき、長年の読書と執筆を継続できれば、彼もハヴェルのように傑出した人物となり、中国に対しより深くて長きにわたる影響力を持つことができるだろう。これは具体的な環境の中で中国の民主化を推し進めるよりも明らかに一層重要なはずだ。私は彼がこの役割に適任だと信じている。」

遠くない将来、劉暁波は中国社会の変革をこじ開ける梃子の役割を果たすことがあるだろうか？劉暁波の「第四幕」の未来については、中国の前途に関心を持つ人たちに刮目してお待ちいただくとともに、無限の想像をふくらませていただこう。

註

1　最初は、一九三五年に受賞したドイツのジャーナリストで平和運動家のカール・フォン・オシエツキー（一八八九〜一九三八年）で、ナチス政権下で受刑中だった。一九九一年に自宅軟禁中に受賞したミャンマーのアウンサンスーチーも類似。

2　知識青年は中等以上の学歴や知識を持つ青年を指す。文革時代には農山村に下放された中卒生、高卒生を意味した。

3　劉暁波、周舵、侯徳健、高新（『師大周報』前編集長）の四名。「四君子」と呼ばれるが、劉暁波自身はそう認識していないため、本書ではこれから「天安門の四人」と表記する。

4　知識人（学生を含む）や幹部が、長期間、農山村や工場へ行き、労働を通し肉体的鍛錬や思想教育を受けること。

5　「国保」は国内安全保衛の略称で、公安機関の一つ。政権の安全を脅かす国内の政治性の強い刑事事件の処理に当たるとされる。

6　公共知識人は積極的に社会活動に参加し、各種の公的な問題（政治、経済、民生など）について見解を発表する学者や作家などを指す。現在の中国では名声や影響力があり、特に党、政府に対し反対意見を表明する人物を指すことが多い。

農村生産隊にいた時の劉暁波

第１章　黒土に生きる少年

「文革」を振り返れば、その記憶は、目新しさ、刺激、極度の興奮、野蛮、残酷、そして何の気がねもない自由に溢れている。人間の破壊的な本能、残虐を欲する狂気の本能、そして他人を陥れることで自己を防衛しようとする本能が余すところなく発揮され、長いことエネルギーを抑えられていた火山が爆発し、一切を呑み込んだ。あらゆる階層の人がみな自分が「革命」を行う対象（相手）を持っていた。

——劉暁波

1. 共産党将軍の息子

一九五五年一二月二八日、劉暁波は吉林省の省都・長春市に生まれた。幼年期から少年時代、劉暁波は大半の時間を長春で過ごした。彼が本科を学んだ吉林大学も長春にある。途中何度か離れた時期があるが、十七年もの長い間、彼は長春で生活した。その期間は、後に北京で生活した期間にわずかに次ぐものだった。

劉暁波の話しぶりには強い長春なまりがある。長春の言葉にはアル化[1]（巻き舌音）がわりに多く、ユーモア感に富み、活発で生き生きとし、やや誇張が目立ち、また自嘲の気味もある——これらも劉暁波の言葉遣いの鮮明な特徴だ。

彼には中国語の東北弁の影響もあり、話すときにはたまに品のない言葉がまじる。後に、彼は博士の肩書きを持ち学者の身分になってからも、東北なまりと品のない言葉がまじる習慣を改めず、相変わらず「能なし」という言葉が口癖の、ごく普通の人間だった。

中国地域文化の研究者によれば、中国人の中で東北人の性格は長所と短所が最もはっきりしており、その内在する本質は剛毅で、外にはたけだけしく見せ、大声を発し、気後れせず、性格は明朗で、義侠心を重んじ、法律を軽んじ、よく友と交わるという。

東北人の性格や生活ぶりには、「匪気《フェイチ》」という、義理人情を重んじ、自由奔放、無頼、気まぐれなど一種の長所と欠点が混在する気質がある。

若い頃の劉暁波の態度にはこれが相当に目立っていた。中年以後、彼は次第にこの「匪気」の中から、自己陶酔、自画自賛、歯止めの利かない放埒などの好ましくない要素を消し去る一方、その中の誠実さ、率直さ、天下に先駆ける勇気などの優れた面にますます磨きをかけた。こうして、彼の性格と気質は長江が三峡[2]を抜けたときのように、荒波が岸打つ激しさからゆったりした包容力へと変じた。

劉暁波は中国の典型的な厳父と慈母の家庭に育った。彼の父親・劉伶は、一九三一年、吉林省懐徳県に生まれ、名の知られた東北師範大学漢語専門研究班を卒業、大学に残り、教職に就いた。一九七九年、東北師範大学中国文学部助教授に昇格し、一九八五年に解放軍大連陸軍学院に転任し、教員を務めた。劉伶は東北師範大学で三十年あまり学び、働き、生活し、こうして大学は劉暁波の幼年期と少年時代の忘れがたい我が家となった。

劉暁波は肉親のことを包み隠さず話している。彼は、現代中国における数代の知識人の中では、父親たちの世代が最も不幸だったと考えている。彼らは政治運動に巻き込まれ最も素晴らしいはずの歳月を浪費した。待遇について言えば、一九四九年以前の大学卒の知識人に遠く及ばない。思想面では、旧世代（一九四九年以前）と新世代（一九七六年以後）と比べより硬直している。彼らは盲目的、保守的、臆病で、たとえ党の文化に反対していても頭の中は党の文化で満杯である。運命の残酷さは、たとえチャンスがあっても、彼らは党の文化の束縛から抜け出すことができないところにある。その知識的構造は、人格の修養、思考方式、そして生活様式のいずれにおいても、もはや

「党化」されてしまっている。

小さな頃、父親は一家の主で、勝手気ままに振る舞い、子供たちと打ち解けておしゃべりすることなどなく、子供をしつける方法は大声で叱るか叩くかで、全く男くさいやり方だった。劉暁波は次のように回想している。

「ぼくの幼い心では、父さんはぼくを歯ぎしりさせ憤慨させる悪魔で、憎らしさのあまり、父さんがいなかったらどんなにいいだろうといつも夢見たものだ。」

また「父親は、愛という感覚のないイデオロギーの言語で父性愛を表現し、その種の父性愛は党の文化の一部になっていた」と慨嘆している。

劉暁波の母親・張素勤は東北師範大学の保育園で働いていたことがあり、一九七三年以後は東北師範大学の行政部で書類や郵便物の受付と発送の仕事に当たっていた。数人の兄弟の中で、母親は三番目の息子の暁波を最もかわいがった。父親に殴られののしられる度に、母親が彼を守ってくれた。

「六・四」の後、劉暁波は逮捕・投獄されたが、母親の受けた衝撃は非常に大きく、ほとんど毎日泣き暮らし、安らかな眠りは一晩とてなく、いつも悪夢にうなされて目がさめ、夜の明けるまで泣き続けた。家の外に出て人に会えば暁波のことを話し、あっという間にまるで祥林嫂[3]のようになってしまった。

両親は正統的な革命思想の持ち主で、仕事を革命の一部と見なし、家庭よりも革命を重んじた。彼らは家庭の中で父母としての役割を果たすことを重視せず、職場での指導者や同僚の自分に対する評価を重視した。これは当時の中国人共通の特徴だった。加えて彼らの家には五人の子供がいたので、一人一人の子供が両親から受ける愛情と温かさにはいっそう限度があった。

劉暁波は乳幼児の時に一度外国に行った経験がある。一九五六年、劉伶は東北師範大学から派遣され、モンゴルのチョイバルサン大学で教えた。劉伶・張素勤夫婦は次男の暁暉と一歳にもならない三男の暁波を連れて行き、長男の暁光は家に残り祖母が面倒を見た。

モンゴル滞在中、暁暉は中国駐モンゴル大使館が運営する培才小学校で勉強し、暁波は培才幼稚園に通った。劉暁波の幼稚園での同級生は、家庭の背景が彼と似ており、両親の多くはモンゴル援助のプロジェクトに参加する専門家、教員、労働者、大使館の職員たちだった。

劉暁波の一家はモンゴルで四年間生活した。それはまさに中蒙関係史における特殊な時期だった。モンゴルは独立以来、長期にわたってソ連の支配下にあり、ソ連に「加盟していない共和国」或いは「『十六番目』の加盟共和国」と見なされていた。

中共政権の成立後、毛沢東は「向ソ一辺倒」の外交政策を執り、アメリカをリーダーとする西側の国を敵としていた。朝鮮戦争の後、極東地区では冷戦＋熱戦という戦略的枠組みが形成され、中ソ関係は相互に利用する蜜月期に入った。ソ連はソ蒙間の主従関係を危うくしさえしなければ、中国がモンゴルを承認し、関係を発展させることを歓迎した。

そのため中国は、資金、技術、そして人材の面でモンゴルを大いに援助した。一九五五年四月七日、中蒙双方は「中国の職員、労働者をモンゴルに派遣し生産建設を援助する協定」に調印した。これは中国の経済援助の歴史で最初の大規模な労務輸出協定だった。中国がモンゴルに派遣した専門技術者には、小学校から大学までの教員、医師、看護婦、木工職人、左官、料理人、仕立て職人が含まれていた。劉暁波の両親は、まさにこの歴史的背景の下にモンゴルに派遣されたのだった。

劉暁波は生まれて数カ月後に両親に連れられ外国に渡ったのだが、このような経験はあの鎖国状態の時代にはめったにないことだった。彼ら一家が行った所は経済的にも文化的にも中国に比べて遅れたモンゴルだったが、何と言っても異国での生活体験であることに変わりはなかった。まして当時は、大学の教師が国費によって外国に行く確率は今の世でグランプリを獲得するよりもっと低く、厳しい政治審査を経なければならなかった。国費で外国に行くということは、国内でより高い手当を受け取ることができることを意味しており、家族の生活を改善することができた。

劉暁波は生まれて半年から四歳までモンゴルで生活したが、年端が行かなかったせいだろう、あまり記憶が残っておらず、後にこの時期の体験を話すことはなかった。だがはっきりしていることは、国内で消費生活がますます困難になっているのに比べれば、モンゴルでの中国対外援助要員は基本的に衣食の心配がなかったことだ。

帰国して、また家族全員が一緒になったが、ちょうど大飢饉の時期にぶつかった。一九五〇年代末から六〇年代初めの中国は、毛沢東の誤った経済政策のせいで、人類史上最大の飢饉に見舞われ、餓死した大衆は三千万人以上にのぼった。劉暁波一家は長春市区に住み、当時の東北地区の生活水準は全国でトップクラスにあり、長春市民は日本統治時代から残された比較的高度な都市インフラを享受していた。

しかし、ささやかな給料で五人の男の子を養育するのは、この家庭にとっては思うに任せることではなかった。家事を取り仕切る母親は細かくそろばんをはじき、どうにかしてみなが十分に食事をとり、暖かな服を着られるようにと苦心した。豚肉、食用油、砂糖などは、まだ四つ、五つの暁波にとっては、夢にまで見る贅沢品と言えた。

若い頃の生活の苦しさは、劉暁波の体に深刻な痕跡を残した。成人してからは、彼は何を食べても旺盛な食欲を発揮した。劉暁波と食事をともにした友人は、彼の目を見張らせる食欲に強い印象を受けた。

会食では、新しい料理が出る度に、彼はいつもまっ先に箸をつけ、中国人には慣わしになっている礼儀や遠慮、煩わしい虚礼といったものに少しもとらわれなかった。主人は料理を注文する際は一般に余裕があるよう按配するのだが、彼はいつでも腹一杯食べられないのではと心配しているようだった。

席上「そんなに〝気合いが入っている〟のは牢獄にいた時に養われた習慣か」と尋ねた友人がいた。彼は「幼年期は食うや食わずで、食事をするのは戦争のようなものだった」と答えた。幼少のころ、家では五人の子と両親、それに祖母と外祖母が一つのテーブルに肩を寄せ合って食事をし、箸と箸がいつもぶつかり合っていた。ご飯とおかずはわずかだし、油分はもっと少なく、まさに育ち盛りで元気一杯の五人の子供は、奪いあって食べなければ何も口に入らなかった。

その数年間の苦しかった生活について、劉暁波は次のように綴っている。

「一九六一年、ぼくが小学校にあがったばかりの時、全国で大飢饉が蔓延していた。我が家には五人の男の子がおり、食料品はひどく欠乏していた。祖母と外祖母はいつも少しばかりの野草を手に入れて戻り、わずかなコウリャンの実と一緒にぐつぐつ煮るのだが、子供一人一人に一碗ずつしかなかった。その年、ぼくの長兄は一二歳、二番目の兄は九歳で、まさに遊び盛りの年齢だったが、飢えのために、ぼくたちは授業が終わって家に帰ったあとは、外で遊ぶ元気がなく、ベッドに並んで横たわり、夕飯に出されるあの哀れな野草粥を待つしかなかった。」

東北地区は「中国の穀倉」と言われたほどだが、高級知識人の家庭の生活状況ですらこのような有様である。まして中国のそれ以外の地区の飢饉の厳しさは推して知るべしである。

学術の面から言えば、劉暁波と父・劉伶との間には相伝の関係は全くない。学部学科から見ると、親子とも「中国語言文学部」に属してはいたが、彼らの研究領域は異なり、基本的に交わることがなかった。しかし、知識人の家庭では一般に子女の教育を割合重視しており、この点は劉暁波にとって得るところが少なくなかった。彼の周囲には小さいころから読む本があり、彼も読書が好きだった。

劉暁波は、劉家の五人息子の三男だった。長男の劉暁光はアパレル産業・貿易会社と軍隊の幹部用サナトリウムの幹部になった。次男の劉暁暉は歴史学者になり、吉林省博物館の副館長にもなった。劉暁波のすぐ下の弟の劉暁暄は生化学博士となり、現在は広東工業大学資材・エネルギー学院工程学部教授、学部長になっており、兄弟の中では劉暁波と最も親しい関係にある。九〇年代初、劉暁暄は兄の巻き添えになり、清華大学博士の受験を申し込んだが阻止された。しかし、彼は兄の選択を支持し、尊敬した。劉暁波が四度目に逮捕された後、劉家を代表し、法廷で傍聴したのは劉暁暄だった。五番目の息子の劉暁東は九〇年代初め突然心臓病を発症し、血気盛んな時に早世した。

劉暁波の二人の兄は体制側と比較的近く、弟の人生の選択に賛同しなかった。官途に影響が出ることを心配し、「六・四」の後は弟とのつきあいを非常に少なくして、いつもこの弟が家庭に暗い影をもたらしたと愚痴をこぼしていた。

時に、兄弟姉妹は血縁ではとても近いが「最も親密な見知らぬ人間」となる。アウンサンスーチーの兄は、父が残した家の件で妹を法廷に訴えたが、そのようにしたのはミャンマーの軍事政権の指図を受けたのだと言う人がいるほどだ。劉暁波の兄はそこまではいかないが、兄弟間の情愛がかなり稀薄になったのは確かだ。

劉伶は中共の古参党員で、晩年には少将の待遇を受けており、共産党に際だった貢献をした「将軍」だった。青年時代には「社会主義建設青年積極分子」の称号を受けた。「文革」中に打撃・迫害されたとはいえ、共産党に対しては総じて一体感を持ち、「党には自浄能力がある」と考えていた。「六・四」の後、劉伶は「組織」の手配で、北京の秦城監獄[4]に息子を訪ね、息子に罪を認めるよう説得した。

劉伶の学生で文学教授の王東成は、九〇年代初め、劉伶が北京に来て、彼を呼び出し、劉暁波と一緒に食事をした時のことを回想している。それによれば、老先生は王東成に、劉暁波が中共を批判する立場を放棄し、今後は穏やかに普通の人として日々を送るよう勧めて欲しいと言った。しかし、王東成は劉暁波の選択は決して間違っていないと考え、劉暁波にこのようなことを「助言」したことはなかった。老先生は王東成のこともあまり気に入らなかった。

そうであっても、劉暁波の父親だということだけで、劉伶は始終当局から干渉を受けた。劉暁波がノーベル平和賞を受賞すると、さらに彼は外国メディアの取材を受けてはならないと厳命された。その時は既に退職していたものの、軍人としての身分は一生つきまとい、永遠に免れられなかった。当局はまさにこの点を利用し、かつてＳＡＲＳの感染状況と「六・四」虐殺の真相を暴露した老軍医の蒋彦永[5]が発言を続けるのを阻止したのと同様、劉伶が公然と息子を弁護することを許さなかった。

二〇一一年一月一二日、七九歳の劉伶は肝臓癌で大連の病院に入院した。病状は深刻で、もはや歩くことができず、ベッドに臥せっているだけだった。そんな状況なのに、瀋陽軍区は二名の将校を病院に派遣し、厳しく監視した。それは主として記者や家族でない者の訪問を阻止するためだった。劉暁暄はボイス・オブ・アメリカに「父は過去一年間ずっと入退院を繰り返した。家族は見舞うことができたが、家族以外の者はだめだった」と語っている。記者に「軍区が人を派遣したのは付き添うためか、監視のためか」と問われると、彼は「分からない、どうにでも理解できる」と答えた。

同年二月二〇日、劉伶の八〇歳の誕生日だった。息子たちはどうやって父親の長寿を祝おうかと相談した――だが獄中にある劉暁波は重病の老父を見舞うことはできず、手紙とプレゼントを送ることすらできなかった。

その上、授賞式が開かれると、家族まで法によって守られているはずの病人を見舞う権利まで剥奪された。

二〇一一年九月一二日、劉伶は中国伝統の節気・中秋節に大連で病死した。ＡＰ、ＡＦＰなどメディアの報道によれば、劉暁波は兄弟の同行の下、短時間、父親の葬儀に出席する許可を得た。当局はまるで強大な敵に臨むかのように、付近の数ブロックに厳戒体制を敷いた。付近の住民はあれこれと議論し、「こりゃ中央の指導者が視察に来るのじゃないか」などと思ったりした。

2. 陽光などきらめかなかった時代[6]

幼少の時、モンゴルから長春に帰ると、劉暁波は引き続き東北師範大学の幼稚園に通い、それから東北師範大学の附属小学校に進んだ。

東北師範大学附属小学校は長春屈指の名門校である。学校は市内の有名な景勝地南湖のそばにあり、学校の前の自由大路から東に行けば、劉暁波の家のある東北師範大学のキャンパスだった。東北師範大学附属小学校は一九四八年に創設され、全国初のコミュニティの中にある全日制の実験的小学校だった。当時東北師範大学附属小学校に入れるのは、多くは師範大学の教師の子女で、他の児童は付近の特殊な居住区――吉林省と長春市の党・政府の住宅区、吉林省軍区の住宅区、それに文教科学技術部門の家族の住宅区から通っていた。

劉暁波は三男で、上には二人の兄、下には二人の弟がおり、長兄の権威がない上に、末弟のように特別な寵愛を受けることもなかった。このため、一般的に言えば、まん中で「宙ぶらりん」の子は最もきかん坊になる。それは、きかん坊であればこそ自分自身の価値を言い立て、大人の関心を引けるからである。

二歳年下の弟で、劉暁波と最も仲が良かった劉暁暄は、家族はみな生まれつき「後頭部に反骨がある」ようで、周囲の環境としっくり行かず、「三番目の兄」にはこの傾向が特に強く、何でも自分の意見を述べたと言っている。幼い兄弟たちは長春の南湖のあたりでわなを仕掛け鳥をとったが、「三番目の兄」は最も賢く、細心かつ大胆、手先が器用で、わなの仕掛け方がいつも最も巧みだったという。

劉暁波は喧嘩好きで兄弟が多いのを頼みにして、強敵にぶつかると兄に助太刀をしてもらった。ある時、八柱という名の不良少年が彼の新しい黒い靴を盗んだ。その靴は母親が彼の誕生日のプレゼントとして買い与えたもので、日ごろ履いている靴の中では最も高価なものだった。間もなく、八柱がこの靴を履いて現れた。劉暁波はそれを見つけると、向かっていって「このちんぴらめ」と喧嘩になり、こっぴどくやっつけた。すると八柱は数十人の不良少年を呼び集め、劉暁波の家がある東北師範大学南門のそばの宿舎の建物を取り囲んだ。「まずいことになった」と見て、下の弟の劉暁東は急いで二番目の兄の劉暁暉に報告した。そこで劉暁暉が乗り出し、相手方の先頭に立っていた兄貴分とかけ合った。結局、不良少年たちは退散した。これは劉暁波が少年時代に経験した最大の「戦い」だった。
劉暁波の幼年時代は、あの時代のあらゆる子供と同様に、無知と残酷さに包み込まれており、無知と残酷さはあの世代の人たちが生長するための栄養分にもなった。びくびくしながら暮らしていた両親は、二人とも知識人ではあったが、この一〇歳をこえたばかりの子供に現状への不満を語ったり、疑問を呈することはなかった。それは沈黙が金の時代で、たとえ家の中でも、両親は胸襟を開き、子供と政治問題を話し合うことはあり得なかった。

「文革」が勃発した時、劉暁波はわずか一一歳だった。一九四九年以前、劉暁波の祖父母は田舎の裕福な家柄で、「個人の階級的身分」を区分した時には、「地主」にされた。祖父が世を去った時、このレッテルは祖母が一人で背負い込み、それは三代に災いが及ぶ屈辱的な「緋文字」[7]となった。この年、彼らとずっと生活を共にしてきた祖母は郷里に追い戻され、農民の批判を受けた。
劉暁波は祖母の手一つで育てられたので、祖母とは大変仲がよかった。年端のいかない子供では祖母と別れる運命など変えようがなかった。祖母が家を出る時、彼は祖母を追って随分遠くまで駆けて行き、悲しくて泣いた。一方、祖母もしきりに振り返り小さな孫を見やった。自動車が動き出した時、暁波はそれでも自動車が視界から消えるまで駆けに駆け続けた。それは少年の暁波が初めて感じた身内とのつらい別れだった。

「文革」に「乗り遅れた者」として、少年の暁波は、全国各地で経験交流し、さらに毛主席の接見を受ける資格のある兄たちをとても羨んだ。その時、彼は一一歳、小学四年生で大人たちや兄たちと同じように赤い腕章を巻き、勢い盛んな革命に身を投じる資格がまだなく、大弁論、大字報、批判闘争会、武力闘争、大経験交流、「打砸搶（ぶん殴り、打ち壊し、略奪する）」の見物人でしかなかった。二人の兄が北京へ経験交流に出かけた時、彼は執拗にまとわりつき「連れて行ってくれ」と頼み込んだが、馬鹿にされて拒まれた。劉暁波は、自分が数年遅れて生まれ、十分な年齢に達しておらず、心を揺さぶる素晴らしいチャンスを指をくわえて見るしかないことを悲嘆するしかなかった。

「文革」は少年・暁波にそれまでにない自由をもたらした。長い間ずっと厳しい父親に押さえつけられ、彼は息もつけないほどだった。「文革」の開始早々、両親の職場は「革命に忙しいか、革命されて疲れるか」で、子どもをしつける暇がなかった。学校が授業を止めてから、二人の兄は紅衛兵になり、全国各地に経験交流に出かけ、祖母も田舎に戻され、暁波、暁暄、暁東はまだ幼く、「監督する者がいない」状態で、毎日あちこち遊び回っていた。

この自由にあこがれる少年はついに解放とは何かを体験した。彼は次のように述べている。

「ぼくはこの期間、学校と家庭の二重の束縛から逃れることができ、子供の天性を十分に発揮し、自分が作り出した遊びにひたっていた。」

「ぼくは『文化大革命』に非常に感謝している。あの時、ぼくは子供で、やりたいことは何でもすることができた。両親は革命をしに行き、学校は授業がなくなり、ぼくは一時的に教育のプログラムから逃れ、やりたいことをやり、遊び、喧嘩し、とても愉快だった。」

これは少年共通の現存する秩序に立ち向かう天性で、一部の左派のように「文革」と毛時代を懐かしんでいることを意味していない。

「文革」という人類史上の奇異な出来事について、後に人々が最も盛んに議論したのは大人と紅衛兵の様々な行為に関してであり、「文革」中の子供たちの生活に踏み込んだものは非常に少ない。「文革」が終息して三十年後、劉暁波は文章を書き、一小学生である彼がタバコを吸った経験からこの史上前例のない運動――「文革」が始まったあの年を詳細に検討した。それはまさに彼の三十年の長きにわたる喫煙の歴史の始まりだった。

「子どもとして、ぼくが反抗しようとしたのは先生（公共の権威）と両親（私的な権威）だった。まさに喫煙はこの反抗の始まりだった。」

言い換えれば、喫煙は少年・暁波の「冒険と反逆」の表現だった。成人してから、彼の喫煙はますますひどくなり、最も好んだのは北京で生産される大衆銘柄のタバコ「中南海」だった。

「文革」の初め、毛沢東は学生に「授業を中止し、革命をやれ」と呼びかけ、大学と中高校だけでなく、小学校までがその呼びかけに応えた。東北師範大学附属小学校は休講三カ月を宣言し、先生たちは革命をし、小学生たちは休みになった。劉暁波が最初にタバコを吸ったのは、休講になったその日の午後だった。

最初の一本は「ふとっちょ」というあだ名の同級生がくれたものだった。「ふとっちょ」のお父さんは少将で、高級幹部の一人だった。休講が宣言されたその日の午後、落ち着かない表情でしょげた様子のクラス担任が教室を出たとたん、「ふとっちょ」が勉強机に跳び上がりポケットの中から ボタンの花の図柄が印刷された赤色のシガレットケースを取り出し、空中で振りまわした。

「誰か吸う奴はいるか。これは親父のだ。盗んだのさ。牡丹、一箱五角以上する高級タバコだ。誰か吸うか。俺様がただでやるぞ。」

そこに残った数人はいつものやんちゃ坊主たちだった、暁波はその中の一人で、彼がまっ先に手を伸ばし一本もらった。「ふとっちょ」は火をつけてやった。暁波はまだ少しびくついていて、要心深くちょっと吸ったが、少し咳き込んだほかは、全くおいしいなんて感じなかった。喫煙はある種一人前の男らしさをひけらかすことができるものだった。

それ以後、暁波はいつも数人の子ども仲間とたむろしてタバコを吸い、喫煙のために嘘をつき、両親の金をだまし取り、父親のタバコを盗むことを覚えた。

何の気兼ねもなかった自由な時間は、「授業を再開し、革命をやる」という呼びかけにより終わりを告げた。学校に戻り、子供たちはたちどころに犯しがたい寂寥を感じた。「労働者毛沢東思想宣伝隊」が学校に進駐し、軍事化した管理を実行した。「少先隊」（少年先鋒隊）は「紅小兵」[8]に取って代わられ、赤いネッカチーフが腕章に換わった。校風を浄化するため、中小学校では身体検査を実行した。朝、登校する時、権力を握る「群専」（群衆専制）組織のメンバーが校門に立って児童一人一人を検査し、小刀、パチンコ、エロ本、タバコのような物品を見つけ出せばことごとく没収した。

「禁止物品」を捜し出された者で、素直に過ちを認めた態度のよい者は、自己批判書を書き、同級生全員の前で読み上げなければならなかった。態度のよくない者は批判闘争会にかけられた。劉暁波は喫煙、喧嘩、授業の無断欠席などのために何度も何度も自己批判させられ、何度も何度も批判闘争会にかけられなければならなかった。さらに、ただ一人で学校のがらくたを保管してある小さな暗い部屋に閉じ込められたことすらあった。

父親もタバコを吸っていたが、喫煙は大人の当然の権利で、子供がタバコを吸うのは不良だと考えていた。両親は子供がこっそり喫煙しているのを見つけると、処分の方法は単純で乱暴だった。あの時代の中国では、たとえ知識人の家庭でも、親の子供に対する一般的な教育法は、殴るか、怒鳴るかだった。西側に比べ、中国の子供の最もひどい境遇は、決して貧しい物質条件ではなく、暴力と圧制に満ちた精神的環境だった。

最初は母親が喫煙に気がついた。母親が子供の体にタバコの臭いをかぎだし、次いで筆入れをひっくり返し、吸いかけのタバコを探し出したのだった。母親の怒りを、劉暁波は生涯忘れられない。まず顔色を変えて厳しい声で問いただし、彼が答えないと見るや、箒を持ち出して頭を殴りつけ、何度殴っても彼が黙ったままでいると、母親は箒を投げ捨て、鉄製の十能を取り上げた。慌てた彼は、思いっきり母親に頭突きを食らわして倒し、ドアをバーンと開けて外に飛び出した。

「今度はどえらい間違いをしでかした。家に帰ればきっとひどく殴られる。」

このように思い、この強情な子は「もう家には戻らない」と決めた。寒風の吹きすさぶ中、彼はあちこちほっつき歩いた。日が暮れ、寒さに耐えられず、越冬用の白菜、ジャガイモ、大根などの野菜を保存するために掘った横穴にもぐり込んだ。

母親は、後日、横穴にいる暁波を探し当てた時、彼は「子犬のように体を丸め、むしろ袋をかむり、大きな白菜を枕にして、まるで死んだように眠っていた」と述懐した。

それからというもの、暁波が家に帰ると、母親は毎日、服のポケットやカバンを丹念に調べ、さらに彼に口を開けさせ、口の中の臭いをかいだ。一方、彼もしっかり対策を講じた。家に帰る前には必死になって口をすすぎ、またニンニクを数片食べ、そして、入る前にタバコを分からない所に隠した。

その後、劉暁波は知識青年として農村に住みつき、家に帰ってもおおっぴらにタバコを吸えるようになれた。学校と家庭の二重の束縛から完全に免れた。

父親が初めて手ずからタバコを渡した時、彼は突然、心の底から徹底的な解放感がこみ上げるのを感じた。それは彼が初めて父性愛を感じた時でもあった。


あの世代の青春は、まさに王朔の「動物兇猛」（註6）のタイトルが象徴している。王朔は劉暁波より三歳年下で、早くも八〇年代中期に二人は親友になった。その主たる理由は、彼らに共に分かち合える青春の歳月があったということだ。

小説「動物兇猛」の主役は軍隊の寄り合い住宅に住む一群の少年で、「文革」末期の無秩序と狂騒の中、彼らは授業をさぼり、タバコを吸い、殴り合い、女を誘惑する。王朔はこのように言っている。

「ぼくが若かったあの年代、いつものことだが、おとなしく家にいても、悪ガキの仲間が突然泣きながら飛び込んで来て、誰それにやられたと叫んだら、何も言わずにすぐに腰を上げ、そこら中から煉瓦（武器に使う）をかき集め、恨みがあろうがなかろうが、とにかく出かけて行って、やり合わなければばならなったのさ。」

「動物兇猛」は姜文により「陽光燦爛的日子（陽光がきらめいていた時代、邦題：「太陽の少年」）」で映画化された。姜文も高級幹部や軍人の「集合住宅の子」で、王朔と年齢も生長した環境も似通っており、八〇年代には劉暁波とも頻繁に付きあった。姜文は何故映画のタイトルを「陽光燦爛的日子」としたのかと問われ、「あの陽光の下の自由で単純な時代がとても懐かしかったからだ」と答えた。だが実際は絶対に「陽光がきらめいていた時代」ではなかった。あの日々は自由でもなく、単純でもなかった。

「文革」の時期、劉暁波は途切れ途切れに東北師範大学附属中学で初級中学（日本の中学）に通い、吉林省実験中学で高級中学（日本の高校）に通った。そして「文革」がどうして引き起こされたのかを振り返り、彼は、当時の全人民の熱狂はあらゆる人たちに感染し、呼吸の中にさえ燃えさかるような造反の雰囲気が充満し、人間関係の残忍さが全社会の各家庭にあまねく行き渡り、情け容赦のない闘争哲学を学ぶことに赤ん坊の時から力を入れ始め、実行し始めたと指摘している。学校では頻繁に批判闘争会が組織され、加えて日常生活で見たり聞いたりしたものから悪影響を受け、十代の子供を残酷を楽しみとする人間に変えてしまった。

残忍な事件はしばしば夏に起こった。人々は旺盛な精力があり、皮膚と欲望がむき出しのまま強い日ざしに照りつけられていた。劉暁波がはっきり覚えているあの事件は、一九六六年のひどく暑い夏のことだった。だが、その時は、二十三年後の一九八九年の夏の日に、もっと凄惨な虐殺が起ころうとは誰も知らなかった。この二つの夏の間には、青蛇のようになかなか見えない伏線がある。
劉暁波の家の近所に、彼の祖母と同年輩で、劉暁波の成長ぶりを見守っていた尹海という名のお爺さんがいた。お爺さんは数日間だけ国民党の兵役についたことがあり、途中で逃亡したのだが、一九四九年の後なおも「歴史反革命（建国前に反革命的な罪を犯した者）」とされ、賎民に身を落とされ、街頭で働く流しの床屋になっていた。

このようなブラックリストに載せられている無辜の民は共産党統治下の中国では数千万人にのぼる。お爺さんはいつも劉暁波の祖母と世間話をしており、またいつも暁波の髪を刈っていた。

「文革」が始まると、尹海さんのような人物はまっ先に攻撃の対象になった。劉暁波の祖母は田舎の家に戻ることができたが、尹海さんには帰る田舎がなく、運命はもっと悲惨だった——息子は彼と一線を画し、老人は家から追い出され、地区の湯沸かし場の中にある数平方メートルの長方形の小屋に住んでいたが、小屋は暗くじめじめし、ベッドの他には余分な家具はなかった。

尹海さんはもう人の頭を刈ることはできなくなり、くず拾いを生業にするしかなかった。数え切れない回数の批判闘争会のほか、毎日みなが朝に指示を仰ぎ、夕に総括の報告をし、忠誠心を示すため忠の字踊りを踊る時[9]、お爺さんは毛沢東の画像の前で平身低頭し、許しを請うのだった。

このようにみなが踏みつけにする老人は、革命に煽動された子供たちがほしいままに迫害する対象になった。その日、劉暁波は数人の仲間と歩きながら慰み物を探していたが、ひょいとゴミの山の中をかき回している尹海さんを見かけた。

劉暁波はたちまち「こりゃおもしろいぞ」と感じ、両目を光らせ、「ほら、ろくでなしがいるぞ」と言った。彼は手を振って仲間たちを呼び、こっそり近づいた。尹海さんの背後に立つと、突然大声で叫んだ。

「尹海、頭を上げろ。額をこっちに出せ。俺にお前の脳天をはじかせろ！」

尹海さんは全く心の準備ができていなかったので、劉暁波にまっ向からどなりつけられ気が動転した。この数人の子供の野蛮な要求が何かはっきり理解した時、突然の驚きと恐れの表情が、仕方がないとばかりに懇願の表情に変わった。彼はぺこぺこしながら言った。

「三ちゃん（劉暁波は家では三男）、わしはあんたのお婆さんより年寄りだよ。それに昔からの隣同士だ。前はあんたの頭を何度も刈ってあげたよね。どうか許しておくれ。」

劉暁波は言った。

「だめだ。お前は古くからの反革命分子だ、それなのに駆け引きをしようってのか。ずいぶん図太くなったもんだ。絶対に脳天をはじくぞ。やらなきゃならん。」

老人はまたぶつぶつ懇望を繰り返したが、彼をぐるっと取り巻いた数人の兇暴な顔つきの子供を見やり、この災難は逃れようがないと思った。そこで一歩退いて相談を持ちかけた。

「本当にやりたいんなら、三ちゃん、わしが後ろを向くから、あんたが私の後頭部をはじいたらどうかな。だめかね。」

劉暁波は言った。

「お前っておいぼれはずいぶんとずる賢いな、お前を歴史反革命にしたのも道理だ。俺は、今日はお前の脳天をはじかんではおかんぞ。」

他の数人の子供も一緒になってわめきたて、尹海さんがくずを入れる竹かごを地べたにひっくり返し、口々に言った。

「はじかせねえなら、これからはもうくず拾いはできねえと思え。」

「老いぼれ、いい暮らしをしたくねえのか？」

尹海さんは仕方なく、がまんして頭を差し出した。陽光はむごいものだ、老人のおでこ一杯に小さな汗の玉が吹き出していたが、劉暁波は自分が面白がることしか頭になく、このような悪ふざけが老人の人格にとってどれほどの侮辱か全く理解していなかった。老人の年ではこれらの子供のお爺さんと言っておかしくなかったし、温和でユーモアのある人柄で、以前は頭を刈る時にはいつも子供たちにおかしな話をしてやっていた。だがあの時の劉暁波は尹海さんが彼らによくしてくれたことなど考えが及ばず、ましてや老人の現在の境遇に対しいささかの同情もなく、またこのように老人をいじめることがどんな心理的負担になるかも全く思わず、ただ「面白い。満足だ。愉快だ」としか思っていなかった。

劉暁波は老人の汗の玉を一杯に浮かべ光っている額を見ながら、自分の手の指をちょっと動かし、精神を集中し、こっぴどく額をはじいた。

「ポン、ポンポン、ポポポン、ポン……」

時にははっきりと、時には重苦しく、時には早いリズムで、時には間隔を開けて。時には老人の額が汗の玉だらけで、はじいた指が滑ることもあった。滑ると指に力が入らず、どうしてもやり直してはじくことになり、老人に対する懲罰として、倍加することになった。

劉暁波は指が痛くなり、爪はぬるぬる汗だらけになった。そこで指を老人の顔にこすりつけ、それからまたはじきつづけ、指がしびれ、感覚がなくなりかけてやっと手を休めた。他の数人の子供も後に続いてはじき、時には数人の子供の指が同時に老人の額のあちこちに当たることもあった。

子供たちがやっと止めると、老人はすぐに頭を下げ、彼らを見ようとはせず、体の向きを変え、彼らが取り上げ、あたり一面にぶちまけたがらくたに背を向けた。彼らはにたにたしながら老人の背中に向けて数回唾をはきかけ、大声で「この老いぼれの反革命め。今回は大目にみてやる」と叫び、戦に大勝して帰るかのように大手を振って立ち去った。

弱者を辱めるのは人間の最も下劣な本性だ。独裁者の統治の常套手段は、このような邪悪な本性を引き出すことにある。

ずっと後、劉暁波が労働に赴いた農村から町に戻った時、尹海さんは既に亡くなっていた。このような取るに足らない生命の消滅は、ひとひらの木の葉が落ちるように人の注意を引くことはなかった。劉暁波のお詫びと懺悔を尹海さんはもう聴けなかった。

劉暁波は重苦しく書き記している。

「今になり、よく考えれば、彼はこっそり涙を流していたのだ。しかも老いの涙を思い切り。単なる涙ではない、それよりも心の中には恥辱の思いが流れていたのだ。齢《よわい》は七〇近く、子供たちのために頭を刈っていた老人、子供たちの年長者で仲良しだった長い付き合いの隣人、その彼に成長を見守られていた一一、二歳の若僧に、あんなにも辱められたのだ。人の心がもし血を流せるものなら、尹海さんの心はきっと血をにじみ出させていただろう。しかもきっと、ぼくの指の爪が彼の額をはじいていた時に。」

毛沢東時代に成長した子供で、同じような悪事をしなかった者は非常に少ない。弱者はより弱い者を選んで迫害し、罪悪が複製されて引き伸ばされる悪循環を作り上げる。劉暁波は認めている。

「似たような残忍な行為、しかもその残忍な行為を楽しむことを、ぼくは子供の頃に大いにやった。このような行為と、文革時代やたらに人をぶん殴り、打ち壊し、略奪し、人を引っ張り出しては、つるし上げた紅衛兵の行為とは実質的な違いといったものはない。ぼくらの世代は野蛮な制度と教育の下で生まれ育った。その制度と教育は暴力でものを言わせるもので、恨みを助長し、残忍さを促し、冷酷な薄情をそそのかし、子供たちに母の胎内にいる時から人を人と思わない残虐兇暴というものを教え込む。生命をゴミくずのように見なした時代に、ぼくたちは、程度の違いはあっても、死刑執行人と共犯者になってしまった。誰しも、責任を逃れることも、自身を洗い清めることもできはしない。」

3. 二度の農村生活、思想の啓蒙

劉暁波は、古傷を累々と積み重ね生命力が比類なく頑強になった知識青年の集団に属している。この集団の命運はかなり特殊で、彼らは既定の人生の軌道から投げ出され、正常な教育は中断され、都市から農村に行かされ、五年から十年ほど、中国社会の最下層に沈み込んでいた。

一九六六年、「文革」が勃発し、その衝撃で大学入試は停止された。一九六八年まで、高校卒業生の多くは大学に進学することができないばかりか、社会主義計画経済にも関わらず仕事の分配もなかった。毛沢東は紅衛兵を利用し党内の劉少奇を頭とするプロの官僚集団を打倒したが、次は紅衛兵をコントロールできなくなるのを心配し、何らかの方法を講じて若者の落ち着き場所を探す必要に迫られ、そこで全国的かつ組織的に中高校の卒業生を農村に放った。都市から農村に「下放」され農民になったこれらの若者は「知識青年」と言われたが、実際には大多数がまっとうでない中学・高校の教育を受けただけだった。

一九六九年、劉暁波の両親は「地主」の家庭出身と大学教師の身分だったので、批判闘争の対象となり、命令を受けて内モンゴルのホルチン右翼前旗大石寨人民公社に一四歳の劉暁波を連れて下放し、一九七三年の下半期にやっと長春に戻った。

この期間、劉暁波は言わば父親の「附属物」で、「知識青年」としての生活の「予科」に属していたに過ぎなかった。大都市の長春から辺鄙で小さな村落の大石寨に行って見れば、生活の質は明らかに雲泥の差があり、水道、電気、ガス、それに暖房設備がなく、穀類や野菜などはほとんど自分で作らなければならなかった。七日に一度、市に出かけ、日用の生活必需品をいくらか買うことができただけであった。この一四歳の子は、父親のきつい農作業の手助けをしなければならず、か細い両肩が生活の重荷を引き受けることになった。

大石寨の自然と生産生活の様式は、劉暁波が乳幼児期に暮らしたモンゴルと非常に似ていた——内モンゴルと外モンゴル[10]は単に政治によって人為的に区分されたに過ぎない。この空は広々として果てしなく、野は見渡す限り果てしない草原、荒涼とした砂漠と森林は、古来モンゴル人が馬に乗り縦横無尽に駆け回った所だ。しかし、二つの生活条件には大きな違いがあった。モンゴルでは父親の身分は対外援助の専門家で、一家は大学教員の宿舎に住み、俸給は比較的高く、生活条件は悪くなかった。一方、六〇年代末から七〇年代初めにかけて農村に行って住むのは、改造がすんでいない知識人に懲罰を加えるという意味があり、現地の日干し煉瓦の農家に住み、朝早くから夜遅くまでがむしゃらに働き、せいぜい基本的生存を維持できるに過ぎなかった。

この間の体験について、劉暁波はほとんど人に語っていない。多分何と言っても父親と一緒で、生活面での世話と精神面での支えがあったためだろう、その頃の彼には一人で農村に旅立った知識青年のように狼狽と不安でいっぱいといったことはなかった。もし彼一人で農山村に定住していたら、きっと初めて貧しく辺鄙な片田舎に行った知識青年たちのように、限りない絶望と苦痛に陥ることになっただろう。

ホルチン右翼前旗の農民と牧畜民、とりわけ少数民族同胞の困窮した生活は、少年・暁波の同情など深い思いを引き起こしたに違いない。同じように内モンゴルの農村に下放した学者の陳嘉映の追憶は、概ね劉暁波のこの時期の生活状況を再現していると言える。

「我々は内モンゴルに行き、野良仕事をし、馬を放牧し、農・牧民と相撲をとり、酒を飲んだ。我々は畑のくぼみで、かまどのそばのランプの下で、トルストイを読み、ヘーゲルを読んだ。ロシア語を勉強し、英語を勉強し、高等数学を学んだ。ロシアの歌を唱った。七八回転のゼンマイ式の蓄音機、エボナイトのレコード盤、竹の編み棒を削ったレコード針でベートーベンを聴いた。」

あの時期の青春は静止した歴史となり、記憶の選別と歳月の隔たりを経て、多分いくらかロマンティックな気分を生じることになる。とりわけ後発の者はこのような描写を聞けば、何とはなしに言葉では言い表せないあこがれを持つことになるかもしれない。しかし、陳嘉映は続ける。

「若者はこうしたことを聞くと、思わずロマンティックという言葉を口にする。練習問題を解き、試験に備え、それからサラリーマンになるといったことと比べれば、ロマンティックだ。初めてアワを収穫した時には、一日取り入れをすると、腰は疲れて立てず、手のひらの皮はすれて破れ、宿舎に戻ると、女子学生はみなあまりの痛さに目にいっぱい涙をためていた。二年目、秋の収穫間近に、もの凄い雹が降り、畑の作物はすべてだめになった。それからの秋、冬、春、三度の食事はトウモロコシのくずで、それに北京から持って来た唐辛子粉を混ぜて飲み込んでいた。」

一九七三年、劉暁波は両親と長春の家に戻った。一八歳になった若者は、彼の実際の年齢より少しばかり老成して見えた。内モンゴルの風雪に打たれ、皮膚は黒ずみざらざらになっていた。彼は洗いざらしの粗い綿布の服を着ていて、まるでやぼったい農家の子供のようで、品の良い町の子とは違っていた。

しかし、苦難はまだ終わらなかった。劉暁波は長春で半年あまり中学に通ったが、一九七四年には、またやむを得ず吉林省農安県三崗人民公社に下郷した。一九七三年、「上山下郷[11]」運動は第二の盛り上がりを見せ、中央は三十号文件を採択し、一九七三年から一九八〇年までの「下郷」に関する計画を制定した。劉暁波は再び学業を中断させられ、農村に行った。

しかしこの時は、毛沢東の死去と「上山下郷」運動の終了が間近に迫っていた。知識青年の命運は毛沢東の肉体の存亡と緊密に結びついていた——実際、毛沢東の下郷運動の構想と意図、ひいては青年を教育し育成する政策は全く彼の領分に属し、いかなる者も彼が生きている間は平穏無事にそこに足を踏み入れることは許されなかった。

言い換えれば、毛沢東が死んで初めて、知識青年政策は緩和され変化することができ、無数の知識青年はやっと自由を獲得することができた。

劉暁波が行かされた農安県は、彼が前の四年間生活したホルチン右翼前旗より物質的条件ははるかによかった。劉暁波がいた三崗公社（現在は三崗郷と呼ばれている）は、一九六一年に成立し、周囲には九つの小さな峰があり、現地では「九連環」と言われていた。ここにはまた共産主義青年団の管理するダムがあった。ダムに棲む鯉の魚肉は柔らかで美味しく、栄養不足の劉暁波と知識青年の仲間たちはいつも月のない風の強い夜に乗じてダムに行き、こっそり魚を捕った。その場で竹串にさし、塩を塗り、焼き、がつがつ食べた。このことは誰にも気づかれなかった。

一九七六年、知識青年の都市への帰還の動きの兆しが初めて見えてきた。コネがあり、手づるのある知識青年は、次々にそれを利用して町に戻った。村には、この世界から遺棄され、うち捨てられた孤立無援の数人の知識青年だけが取り残された。

当時、劉暁波の父親の劉伶の名誉はまだ回復されておらず、息子の問題を解決してやる力がなかった。劉暁波は長春の家と三崗公社の知識青年の居住地の間を何度も往き来し、町に戻る道筋を開こうとしたが、いつまでも手がかりが得られなかった。

　劉暁波は率直な性格で、村の党支部書記の機嫌を損ねており、二人はひどく対立していた。村の党支部書記は共産党政権の最末端、取るに足らない「下っ端役人」で、この体制の「末梢神経」に過ぎないが、村にいる知識青年たちにとっては天帝のようなものだった。その手は公印を握っており、知識青年が農村を離れ、都市に戻れるかどうかを決定していた。劉暁波は剛毅で、少々の利益のために膝を屈することなどしなかった。党支部書記から公印を押した労働申請証明の文書を出してもらえることなどあり得なかった。

　母親は息子の前途にひどくやきもきした。彼女は家で最も値の張る物――上海ブランドの腕時計を持って行き、息子に村の党支部書記に渡すように説いた。

　渡すか、渡すまいか？　渡したら、抜け目がなくずる賢い村の党支部書記が少しは寛大な態度を取るだろうか？　劉暁波は歯を食いしばり、左手に中華包丁を提げ、右手に腕時計を持ち、村の党支部書記の家を訪ね、彼に向かって言った。

「中華包丁が欲しいか、それとも時計がいいか？　今、決めろ！」

　村の党支部書記は腕時計を取り、都市工場労働者応募申請証明の文書を取り出した。これは何も誇張されたドラマではない。あの世代の真実の生活だ。劉暁波より数歳年上の著名な人権活動家・胡平は、当時、都市に戻れず、とうとう一か八かで指を切り落とし、自分の体を損ねることで都会に帰るチャンスを勝ち取った。それに比べれば、劉暁波はずっと幸運だった。

一九七六年、四人組[12]が倒され、「文革」が終わりを告げ、中国は再興を待つことになった。一一月、劉暁波は農村から呼び戻され、長春に帰った。

都市に帰っても、家には後ろ盾もコネもなかった。やむなく劉暁波は長春市建築公司で漆喰塗りの労働者になった。彼は明朗な性格で、骨身を惜しまず働き、また頭の回転がよく技術の習得も早かったので、親方や労働者仲間の受けがとてもよかった。当時、彼は独身の若者で、労賃は高くはなかったが、金は自分で自由に使うことができ、一家の生活を支えなければならない労働者仲間に比べれば懐具合にゆとりがあった。彼はいつもタバコを買って来ては、みなに配り一緒に吸った。農民から都市労働者になり、社会階層の階段を上方に大きく一歩踏み出した。しかし、生涯ずっと漆喰塗りの労働者で満足していられようか？　夕暮れ時分になると、劉暁波は軒下に座り、空がゆっくり暮れて行くのを見ながら、心中は寂しく、もの悲しく、自分の生きる意味は失われたと感じた。彼はこのような生活を続け、このまま年老いて行くのを恐れた。それは死ぬよりもっと恐ろしいことだった。

ニーチェは「人生は苦難に満ちているが、より辛いのはそうした苦難に意味がないことだ。苦行者は自らの意志で苦難を求め、それによって生きることの意味を賦与する」と言っている。

劉暁波は農民になり、さらに都市労働者にもなった。青年時代に社会の最下層に落ち込んだことで、中国民間社会の生成して止まない大地における堅忍《けんにん》不抜《ふばつ》の「精気」につながることができ、これにより彼の生活様式や思考の習慣は、あの高い地位に安住して贅沢な暮らしをしている自己中心的な知識青年のエリートたちとは全く異なるものになった。このような相違は来るべき歳月の中で少しずつはっきり現れてくる。

劉暁波の読書生活は、まさしく二度農村に暮らした「文革」の時期に始まった。彼は後に文革に対する感謝を表明している。何故なら文革は心の欲するままに行動する自由を与え、「しばし教育の束縛から逃げ出させ」てくれたからだ。父親は大学の文科系の教授だとはいえ、思想は共産主義的で、家の中には人間性を啓発する「禁書」など置いてなかった。あの時代の青少年と同様、彼が読むことができたのはマルクス・レーニン主義の本だけだった。

「ぼくは以前、あらゆる中国の青年と同様、熱狂的に、敬虔にマルクス・レーニン主義を信仰していた。このような信仰は一面では愚昧と無知によるもので、もう一面では文化独裁主義が作り出した知識の真空状態によるものだった。青少年時代を振り返れば、そのほとんどを文化の砂漠の中で過ごしたことになる。統治者がぼくら『共産主義の跡継ぎ』のために定めてくれた本は、主としてマルクス、エンゲルス、レーニン、スターリン、毛沢東の著作、それらに関連した解説的な著作だった。」

一五歳の時、劉暁波は初めて『共産党宣言』を読み、この上なく感動し、全文を貫く自信が彼の心を強く揺さぶった。中学時代、彼は『マルクス＝エンゲルス選集』と『レーニン選集』を通読し、大学に進んでからは、さらに四十数巻の『マルクス＝エンゲルス全集』を通読し、その中の長い段落をいくつも諳んじることすらできた。マルクスは彼に西側の哲学史の手がかりを少なからず提供してくれた、当時としては唯一の「世界への架け橋」だった。

劉暁波の文筆活動は知識青年として農村の生産隊に住み込んだ時に始まった。彼は次のように回想している。

「ぼくの文字を書く生活は七〇年代の知識青年の日々に始まった、あの特定の時代の革命化された大げさな叙情は、完全に中身のないスローガンと盲目的激情の積み重ねから出来あがっていた。つまり毛沢東語録式のイデオロギーのでたらめなものだったが、当時はそれでも自分では絶対的な真実だと思っていた。」

この「狼の乳を飲んで育った[13]」青春の歳月について、彼は後に痛切な反省を込めて、次のように述べている。

「ぼくは青春期をまるごと文化の砂漠の中で成長した。ぼくが文を書くのに頼りにした文化的栄養分は、恨み、暴力、思い上がりか、嘘、理不尽、冷笑だった。これらの党文化の毒素は数代もの人々を育て上げてきたが、ぼくはその中の一人だった。たとえ思想が解放された八〇年代でも、党文化の残存から完全に脱却しておらず、毛沢東式の思考と文革式の言語はもはや生命の一部分になっており、換骨奪胎して自己洗浄をしたくても、口で言うほど簡単ではない。心の中の毒素を一掃するには、終生かけて頑張ることさえ必要だ。」

苦難は覚醒の触媒になる。二度、合計六年近い農村生活は、統治者が願ったように劉暁波を考えることのできない奴隷に飼い慣らすことがなかっただけでなく、ギリシャ神話のプロメテウスのように火を盗む勇気と決心を鍛え上げた。彼の覚醒は中国農村の厳しい現実に対する観察と再考、及び農民の悲惨な生活に対する思いやりから始まった。

農村で生活したことがなければ、中国の大地にしっかり近づいたことにはならない。「上山下郷」は紅衛兵になった知識青年たちに真実の中国に目を向けさせた。これはこの制度を創った毛沢東には夢にも思い及ばなかったことだった――農村、辺疆、そして工場、鉱山で、知識青年たちは目に触れるものすべてが心を痛ましめるという苛酷な現実に直面した……農村経済の悪化、工場・鉱山の管理の混乱、農民や労働者の貧困、末端の幹部と大衆の関係の緊張、不適切な政策、彼らはそれらを体験しただけでなく、その社会の悪い果実を引き受けた。彼らの思想は、現実と信念の激しいぶつかり合いの中でひどくもがき苦しんだ。

支配が極めて厳重な都市にひきかえ、中国の農村の空間は広々としており、政権の支配力は比較的弱かった。このため知識青年たちはある程度の自由を得て、批判的な読書、討論、思考を次第に行うようになった。知識青年だった作家の阿城は、次のように考える。

「みな七〇年代を、『文化革命』の時代で、支配が非常に厳しかったと思っている。では何故、まさにこの時、思想が活発だったのだろうか？　大人たちは権力の争奪に忙しかったため、都市の片隅や農村に行った若者たちが何を考えているのか誰も注意を払っていなかった。」

当時、知識青年はいつも数十里の道を踏破し、幾つもの大きな山を越え、他の地区の思想的に共鳴する知識青年の友人と特定の問題を語りあい、話が終われば、再会を約して別れた。志を同じくする若者たちは内モンゴル、雲南、海南島、白洋淀などに分散しており、政治的に強い圧力の下で、きつい労働のあと、読書し、思考し、討論し、一つ一つグループを作っていった。

敏感で多感な劉暁波はそのグループの一員だった。彼らは色々なルート、たとえば「敵側のラジオ」をこっそり聞くことなどを通して世界の真相を理解した。偶然の出会いから、みながこっそり読んでいた本が何と同じ物だったという発見もあった。

一九七〇年代には、劉暁波の一生に大きな影響を与えた三つの出来事があった。

最初は、一九七一年の林彪事件だ。この世代の人、さらに前後の数代の人にとってすらも、これは毛沢東に対する絶対的崇拝が破綻した転換点だった。毛沢東は林彪の肉体を殺害したとはいえ、林彪は精神的偶像だった毛沢東が身にまとった後光を打ち砕いた。

長年にわたり中共当局は毛沢東の偶像崇拝を苦心して推進してきたが、まさにその時、これは跡形もなく消え失せた。「九・一三事件」[14]は、絶対多数の中国人の中に長年うち立てられてきた政治的信仰を徹底的に瓦解させ、以後、人々は様々な情報や分析の資料を受け取っても一つの固定した解釈の方式をしなくなった。その年に一六歳の劉暁波は、これにより中共の体制の虚偽と残虐さを見抜き、引き返すことのない思想的叛逆の道の第一歩を踏み出した。

次は、一九七六年の毛沢東の死である。林彪事件の後、民衆における毛沢東の威望はがた落ちになり、「文革」も勢いが衰え、へたり込んでしまった。一九七六年一月八日、周恩来が死去し、民衆はこれを機に「文革」の暴政に対する怒りと不満を発散させた。「四五」運動[15]である。毛沢東はそれを反革命事件ときめつけ、再び鄧小平を罷免した。しかし、彼は自分がすっかり民心を失っていることを悟った。「紅い太陽」の光芒は色あせた。九月九日、毛沢東は一面では四面楚歌の中で死去したと言える。

彼の死の知らせが伝えられると、多くの中国人はまるで実の父母を失ったかのように嘆き悲しんだ。その一方で、かなり多くの人たち、とりわけ独立した思考能力を持つ知識青年たちは、重荷を下ろしたようにほっとした。敢えて拍手喝采することはなかったが、ひそかに祝賀した。その年、劉暁波は二一歳で、長春建築公司の漆喰塗りの労働者だった。「文革」で迫害を受けた知識人の家庭の子として、彼は解放されたような気持だった。彼は、変化の到来の曙光が暴君の死とともに訪れるのを意識した。多くの若者と同様、彼はきらめく光を見てとった。

第三は、一九七七年の大学統一入学試験の再開だ。一九七七年八月、鄧小平が復権し、科学・教育工作座談会を主宰し、その年に大学統一入学試験を再開すると決定した。推計によれば、二年間で千二百万人に近い受験生と七十万人に近い合格者のうち、過半数は長年艱難辛苦に耐えてきた知識青年で、年齢の幅は一六～七歳から四〇歳あまりに渡っていた。

長年受験の機会がなかった知識青年がこの二、三年間に集中して志願した。そして合格者は勢いよく険しい道を歩み出した。

チャンスは前もって準備していない人間には好意を寄せたことがない。劉暁波は前後合わせて中学で一年ほど勉強しただけだが、農村で知識青年だった時と工場で漆喰塗りの労働者だった間、片時といえども勉学を放棄したことがなかった。父親は彼に「結局は知識が役に立つ日がある」と訓戒を与えた。彼は願い通りに吉林大学の中国語言文学部に合格した。

4．遅れて始まった大学生活

一九七八年三月一三日、吉林大学七七年度新入生の入学の日、劉暁波は他の中国語言文学部の新入生と同様、七号学生寮に行き、手続きをした。翌日早朝、彼は同級生たちと一緒にビスケット、トウモロコシ粉の粥、腐乳といったメニューの入学して最初の朝食をとった。当時の学生食堂はどこも代わり映えのしない「大鍋で炊いためし」だった。

劉暁波は千二百五名の新入生とともに、大学の講堂（鳴放宮）で始業式に出席した。何年も引き延ばされてきた大学生活の幕がついに切って落とされた。

当時、キャンパスには、劉暁波の父・劉伶のようにやむなく学術研究から長年離れていた教師がいた。彼らは教育に全身全霊を注ぎ、あらゆる知識を学生に伝授したくてうずうずしていた。

七七年度の大学生には知識的構造において相当な欠陥があったが、生活体験の方は並外れて豊富だった。彼らは貪るように勉強し、失われた時間を取り戻したいと念願した。作家の査建英はこう述べている。

「都市に戻った知識青年たちは、まさにそれぞれが数多くの物語を持っており、体験が豊富で、先生と討論をしても少しも恐れなかった。あれはまさに極めて特別な一時期だった。」

中国の現代教育史上、教師と学生がともに優れ、相乗効果で成果を挙げた黄金時代が訪れたと言うこともできる。

吉林大学は悠久の歴史があり、充実した実力を備えた名門校だ。一九五二年に成立した中国語言文学部は有名教授が雲のように集まり、卓越した人物が大勢いた。五〇年代には楊振声、馮文炳（廃名）、汪馥泉ら前世代の作家、学者がここで教えていた。「文革」後には、張松如（公木）、劉柏青、劉中樹らの作家、学者が引き続き「思想の個性を激励し、学術的反逆を保護する」という学校運営の理念を受け継ぎ伝えていた。

入学後、劉暁波は骨身を惜しまず勉強し、各方面で負けん気を発揮した。彼は哲学と美学に強い興味を持ち、ドイツ哲学の文献を数多く熟読した。同級生の温玉傑は次のように回想している。

「劉君とは、以前は接触する機会が非常に少なかった。在校時の印象の一つ目は、少しどもりだったということだ。二つ目は、彼の記憶力は七〇年代末の中国の大学の中ではすこぶる強かったそうで、ヘーゲルの美学に関する著作の原文を長々と暗唱できると人づてに聞いた。三つ目は、彼は我々のクラスのトップになろうと頑張っていた——誰かの詩がよく書けていたら、彼は負けじと詩を書き、誰かが小説を発表すれば、彼は負けじと小説を書いた。誰かが美学を研究すれば、彼はヘーゲルを攻略するのに努力を傾けた……。」

劉暁波の入った七号寮では、夜十時に消灯のベルが鳴り、スイッチが切られる音がすると、学生たちの怨嗟の声やののしり声が起き、各寝室の明かりは無情にも消えた。

七号寮の一、二階には男子学生が、三階全部は女子学生が住んでいた。男女の別を示すために、二階の階段の上り口の照明は一晩中消えなかった。そこで、二階西側の踊り場には、毎夜数人の「亡霊」が集まって来ていた――寝室はまっ暗になるため、夜に読書する学生は照明の下へと駆り立てられていたのだ。「亡霊」たちはそのかすかな明かりを借用しただけでなく、三階から漂ってくる脂粉の香りも楽しんだ。この「亡霊」の群れの中にやせ細った劉暁波がいた。彼らは向光性の一族だ、「蛍の光、窓の雪」の下で勉学にいそしむのが彼らの本領で、ほの暗い明かりが彼らの未来を照らし出していた。

　劉暁波の部屋は二〇二号室だった。当時の学生寮は大部屋で、一部屋に十二人が入っていた。普通の学生寮では上下二段にベッドがしつらえてあった。

　劉暁波の下段のルームメートは後に大きな実績をあげた書道家の高文龍だった。他のあらゆる大学の学生寮と同様、暗闇の中でベッドに横たわり夜話をするのは二〇二号室の学生たちにとって一番の楽しみだった。同室の学生たちはすぐに一心同体になった。

　三月二三日、中国語言文学部七七年度の授業が正式に始まり、第一学期には合計十七の科目が開講された。政治課は四科目、専門科目は十科目、共通科目は三科目だった。注目に値すべきことに、彼らが学んだ外国語は英語ではなく、日本語だった。これは、長春がかつて満州国[16]の首都で、日本とはわりに強い結びつきがあり、しかも改革開放後に日中関係が一時期良好だったこととの関係があった。

四年間、大学の政治的雰囲気は極めて濃厚で、学生は政治学習に参加しなければならなかった。学習の内容は政治情勢と密接に関連していた。文学界の雪解けと政治的社会的環境の変動も直接に関係していた。この点は中国語言文学部の学生たちが関心を寄せた問題と議論の焦点にも見出される。例えば、「文学概論」の授業では、先生が、文芸には階級性があるか、「白毛女」[17]が何故資本主義国家でも反響を生じるのかと問題を提起し、学生たちの討論を引き起こした。また「創作」の授業では、みなで小説「傷痕」[18]について討論した。この小説の作者は復旦大学中国語言文学部七八年度の新入生・盧新華だった。一九七八年八月一一日、上海の『文匯報』は文芸欄を全て使って「傷痕」を掲載し、全国で強い反響を引き起こし、それは「傷痕文学」の先駆けとなった。

学生たちの娯楽活動は、当時の中国社会の「脱毛沢東」の足取りと緊密に結びついていた。毛沢東時代に抑圧されていた人間らしさが次第によみがえり、人々は真善美について自分の頭で判断するようになった。一九七八年一一月七日、劉暁波は同級生たちと教室でテレビで放送された現代劇「於無声処」（邦題:「声なき処に」）を鑑賞した。このドラマは極左思想の潮流を批判したもので、上海での公演後、センセーションを巻き起こし、「文匯報」は三日連続で脚本を全文発表した。テレビの放送が終わった時、教室には拍手が起こった。

一一月一一日の午後、劉暁波とクラスの全員が講堂で、大学の共産主義青年団書記・陳秉公から共青団第十回全国代表大会の主旨に関する報告を聞いた。そこでは、共青団第十回大会の代表が、交歓会で北京の大学や中高の学生とフォークダンスを踊ったこと、吉林大学でも大学生のフォークダンス活動を繰り広げることになるということが明らかにされた。間もなくダンスパーティーが一世を風靡し、社交ダンスがフォークダンスよりも人気を集めた。

一心不乱に勉学に励んだあと、劉暁波はたまにダンスパーティーに参加した。踊り方は流行に乗ったものではなかったが、彼はこの新しい時代の流れを逃すことはなかった。

当時の中国は、まさに改革初期の極度な精神的飢渇の中にあり、若者世代の目新しい思想を吸収しようとする熱情は、選り好みなどしていられない程だった。

七〇年代末から八〇年代初にかけ、中国人の思想の変化に最も強い影響を与えた文化的事件は、当局側が発動した「真理の基準」の大討論ではなく、次から次に押し寄せる民間の思潮、特にテレサ・テンの歌と、民間刊行物で詩の雑誌『今天』[19]であり、それらは当時の大学生に深く大きな影響を与えた。民間から沸き上がった「みだらな音楽」と「叛逆の声」は春風の如く、毛沢東時代の階級論的な固く厚い氷を暖かな人間性へと溶解させ、革命化された美の理解や観念を近代的に分化・変成させた。

劉暁波は、七〇年代末、テレサ・テンの歌声は中国の若者世代を征服し、中国人の生命の中の最も柔軟な部分を呼び覚ましたと回想している。彼女が柔らかに歌う恋の歌は、鋼鉄の旋律で鋳造された革命の意志を破壊し、人々が残酷な闘争で鍛え上げた冷酷な気性を和らげ、人々の生命の暗い場所に押し潰されていた情欲を呼び覚まし、人間性において抑圧されていた柔軟性と恩情を解き放った。みなはこっそりと、俗に「れんが」と言われていたラジカセを囲み、寝室で、廊下で繰り返し聞き、食堂で何度も何度も歌った。当時、日本製の「れんが」を持っていた者は誰でもちやほやされ取り囲まれた。

同時に、劉暁波とクラスメートたちは外来の映画、文学、音楽そして絵画によって美的理解の洗礼をうけた。当時最も広くもてはやされたのは日本の映画だった。「君よ憤怒の河を渉れ」、「愛と死」、「サンダカン八番館　望郷」、「金環蝕」、「人間の証明」、「遙かなる山の呼び声」、「幸福の黄色いハンカチ」などの映画、「姿三四郎」、「鉄腕アトム」、「紅い疑惑」、「燃えろアタック」、「おしん」、「一休さん」などのテレビドラマ、これらは中国人がいくど見ても飽きない作品だった。「君よ憤怒の河を渉れ」の主題歌「孤独の逃亡」や「人間の証明」のテーマ曲「麦わら帽子」[20]もそれらに伴い多くの人々に知られた。

有名な映画監督の黒澤明、溝口健二、小津安二郎の映画は、八〇年代の中国の先駆的な映画監督に大きな影響を与えた。美学の研究を始めた劉暁波も日本の文芸から少なからぬインスピレーションを受けた。

首都北京から遠く離れていても、北京の西単で民主の壁[21]が出現したというニュースは少しずつだが伝わってきた。劉暁波は「民主の壁」運動の思想的啓蒙はあの世代の精神的覚醒を示しており、それが生み出した精神的成果はあの時代の大学生の血肉に刻み込まれていると回想している。例えば胡平の「言論の自由について」、魏京生の「第五の近代化」、そして徐文立の「庚申変法建議書」などは、後にこの世代の精神的基調となった。

それは文学の黄金時代だった。成績が最もよい文系の学生は、たいてい中国語言文学部に出願した。彼らは、文学は世界を変え、人心を啓発することができると信じていた。中国語言文学部に入り、作家になることは青年の理想だった。キャンパス文学繁栄の時代が到来した。学内では、各種の文学サークルが雨後の竹の子のように出現した。

劉暁波の同級生で詩人の徐敬亜は、一九七六年から七九年までは、中国の時局が最も見通しのつかない時代で、また人々の心理が最も充実した数年間だったと回想している。解禁されたばかりの「現代文学史」が各大学の中国語言文学部でほとんど同時に開講された。「五・四」[22]後の文学サークルの活発な活動——この長期間にわたり隠蔽されてきた歴史が、じかに、おおっぴらに語られるようになった。それからは、あたかも火花そのもののように、七七年度、七八年度のクラスに官府から独立した民間的な性質の文学組織が急速に勢い盛んに出現した。

吉林大学の「赤子心」詩社、北京大学の「五四文学社」、復旦大学の「復旦詩社」、安徽師範大学の「江南詩社」は当時の全国大学の四大詩社と称された。「赤子心」詩社が存在した正確な期間はまる三年だった。最初の学期はまだ出ておらず、最後の学期はみな未練を残さず出さなかった。詩社の謄写印刷の刊行物『赤子心』は毎学期一回刊行で、時には一学期に二回出したこともあり、合計九期になった。これは当時の北京の『今天』とほとんど同じだった。

詩社のメンバーは、多い時で二十四名に達したが、固定メンバーは徐敬亜、王小妮、呂貴品、鄒進、劉暁波、白光、蘭亜明の七人だった。最後に詩社に加わったのは劉暁波だった。その年の冬休み、クラスメートたちは全員休暇で家に帰り、寮はがらんとしていた。徐敬亜と劉暁波の二人はそれぞれ十二のベッドのある寝室を一部屋ずつ占拠し、毎日それぞれ書を読み、食事の時には一緒におしゃべりをした。まるまる一冬の休み中をこんなふうに過ごした。詩文にひたる貧乏学生にとっては、全くもって悠々自適の日々だった。一九八〇年の学期が始まってから、劉暁波は正式に「赤子心」詩社の七番目のメンバーになった。

　当時、七人は一緒に詩刊を編集した。毎期の詩の原稿は繰り返し回覧し、何度もチェックした。印刷も、たいていは午後か夜の自習の時に自分たちで行った。旧式の謄写版を数人で取り囲み、原紙を貼る者、インクを調合する者、ローラーで印刷する者、紙を一枚一枚置いては取る者、枚数を数える者……学生たちにとって刊行物の発行はまるで遊びのようだった。素晴らしくできたと自画自賛し、かつて地下党が出していた「挺進報[23]」を彷彿させるものであった。

　劉暁波は悪ふざけの達人で、このキャンパスの詩人たちはいつも一緒になって大騒ぎし、顔や手はインクだらけだった。最も面白かったのは装丁の時だった——印刷を終えた詩集はページごとにまとめて机の周辺に置かれ、詩社の七名のメンバー全員が列を作り机の周りを歩きながら一枚づつ手にとって行き、机を一回りし終わると一冊の詩集が手もとに出来上がるのだった。

　劉暁波は理論研究に長けていたが、詩を書くのも好きだった。彼の性格には詩人のロマンと敏感さの一面があった。彼は「赤子心」の同人・王小妮、曲有源のように詩人としては知られていないが、一貫して詩歌に対する熱情を放棄したことはなかった。

　「赤子心」の同人たちは、大学卒業後それぞれの道に進み、全く異なる人生を歩んだ。大部分のメンバーにとっては、「六・四」は人生の道を変える出入り口だった。例えば、呂貴品は大学に残って教鞭を執り、八〇年代中期は「深圳青年報」で働き、この無名の小新聞を報道の自由を追求する先鋒に作り上げた。「六・四」の後、呂貴品は報道界から追われて実業界に入り、広告会社の経営者になった。

同様に内モンゴルで農村に定住した体験のある鄒進は、後に雑誌『中国』の編集者になった。劉暁波が最初に『中国』に発表した論文は彼が編集したものだ。間もなく『中国』は停刊させられ、鄒進は失業同然になった。「六・四」の後、鄒進は実業界に入り、北京人天書店有限公司を立ち上げ、会社は大規模な民営の図書発行会社になった。

卒業から三十年後、当時の七七年度中国語言文学部の同級生たちはネット上に相集った。死亡した一人を除き、ただ一人姿を見せなかったのは劉暁波だった。同級生たちが「七七年度中文系同学ブログ文集」を編集しようと相談した際には、「遍挿茱萸少一人」[24](あまねく茱萸《しゅゆ》を挿《さ》して一人を少《か》くを)の状況だった。あるクラスメートは牢獄につながれている劉暁波のことを忘れることなく、ネットに書き込みをし、「劉霞に何か書いてもらい、本に入れてはどうだろうか」と提案した。三十年の歳月にさらされ、同級生の間の相違ができ「老子と韓非をともに伝える」[25]という企画はできない段階にまで達していた。直ちに反駁する者がいた。

「劉霞は重点的監視の対象だ。やめた方がいい。」

だが、ある同級生は言った。

「何故だめなんだ。もともと友情を述べるだけのことだ。別に会合を持とうと言っているのではない。死んだ者は入れるのに、生きている者は排除するのか。」

また、こんなふうに考える者もいた。

「同級生のブログだ。劉霞には資格がない。」

別の人はこう言った。

「特殊な時期だ。劉霞に代表させてもかまわない。死んだ者も別人が書いているのだろう。」

最も唖然とさせられたのは次のようなメモだった。

「反対だ、そんなことをするなら、私は文集から脱退を宣言する。何かが恐いのではない。面倒を引き起こしたくないのだ。」

しかし、人間性の温かみを感じさせる方が多かった。二〇〇九年一二月、劉暁波が重刑を言い渡された後、何人もの同級生が昔の同級生に対する尊敬を表明した。王小妮は言った。

「私たちは大学の同窓生だ。あの目まぐるしかった四年間の後の二十年間に、私が目にしたのは常に個人の弱さと茫然自失だ……私は悲観しているのだ。」

徐敬亜は述べた。

「同じクラスの同窓生として、私と劉暁波は同じ体験をしたように感じる。私は私たちのこの世代が永遠に『言論によって罪を得る』ような暗い影に覆われていることに甘んじはしない。」

魏海田は言った。

「暁波の大学の同窓生として、私はずっと彼のことを誇りに思ってきたし、自分が立ち上がり、彼と共に暴政に立ち向かうことができなかったことを恥じ入ってもいる。私は今から彼と共に立つことにする。」

劉暁波のノーベル賞受賞のニュースが発表されてから間もなく、徐敬亜はブログ上に「赤子心」詩社のメンバーの古い写真を貼り付けた、タイトルは「同窓生が受賞」と記した。集合写真では一人一人がフルネームだったが、劉暁波一人だけ、代わりにアルファベットで「L-X-B」と書かれていた。言いたいことをみなまで言わず、意味深長である。

註

1　北方語系で、音節末尾が巻舌化する語音現象。愛知大学中日大辞典編纂所編『中日大辞典』大修館、参照。
2　長江上流の瞿塘峡、巫峡、西陵峡の総称。激流で知られる。
3　祥林嫂は魯迅の小説『祝福』の主人公で、悲劇的人物として描かれている。彼女は若くして十歳年下の男に嫁いだが、夫は不幸にして世を去った。再婚後もまた夫が死に、一人息子は狼にさらわれ食われてしまう。そこで彼女は会う人ごとにこの悲惨な状況を訴えかけるので、最後には誰もが彼女をいやがり、厄病神のように彼女を避けるようになった。
4　中国で最も著名な監獄。北京市昌平区興寿鎮秦城村の小湯山附近に、一九六六年三月一五日に落成。国務院公安部の管轄。中国政治の激変を反映し、林彪の部下、劉少奇夫人の王光美、毛沢東夫人の江青、民主化を求めた魏京生など様々な人物が投獄された。本書第4章1も参照。
5　中国人民解放軍三〇一医院の元軍医。二〇〇三年、中国当局が隠蔽していたSARS（重症急性呼吸症候群）の感染状況を暴露し、翌年には天安門事件で解放軍が榴散弾を使用して学生、市民を殺害したことを明らかにし、民主化要求運動の学生たちの名誉回復を中共指導部に上申したが、当局に拘禁された。
6　姜文監督の文革を題材にした映画「陽光燦爛的日子（陽光のきらめいていた時代）」参考。邦題は「太陽の少年」。一九九五年の公開の前年、ベニス映画祭で主演男優賞を受賞するなど国際的にも注目された。原作は王朔の小説「動物兇猛」（『収穫』一九九一年第六期で発表）。
7　ナサニエル・ホーソンの代表作『緋文字』より。姦通の罰として姦婦を示す赤い字が書かれた服を着せられた女性を軸にストーリーが展開し、罪悪とはと問いかける。

8　文化大革命時期の小学生の革命組織。紅衛兵の小学生版。

9　原文は「早請示、晩彙報、表忠心、跳忠字舞」。「文革」中の用語。朝就業前に『毛沢東語録』を手に毛沢東の像に礼拝し、その日何をすべきか毛沢東に指示を仰ぎ、夜終業前にその日行ったことを毛沢東に報告し、忠誠心を示すため集団舞踊を行う。

10　モンゴル国。中国では「内」と「外」と区別することがある。

11　都市の知識青年が農山村に行き、あるいは定住して農業生産に従事すること。特に文革中には知識青年が農民に革命の再教育を受けるという名目の下に盛んに行われた。「下郷」も同義。

12　文革中に急速に権力の座にのぼった毛沢東夫人・江青、そして張春橋、姚文元、王洪文。毛沢東の死後、一九七六年一〇月六日、四人は逮捕され、文革は終息に向かった。

13　「狼の乳を飲んで育つ」は、一九七九年五月、北京で開かれた第一回五四運動学術討論会で中央宣伝部長・鄧力群が張志新の悲劇に触れて「同志よ、我々は狼の血を飲んで育ったのだ」と叫んだことに由来。さらに中山大学の袁偉時教授は「現代中国の三大災厄（反右派闘争、大躍進、文革）という人々の悲惨の原因が何であったか、二十年前に悟ったにもかかわらず、いまだに『狼の乳を飲んで育っている』ことに驚く」と『氷点週刊』二〇〇六年一月一一日号に書いた。これを含む袁教授の歴史観が多くの反響を呼ぶと、当局に問題視され、同誌は停刊処分を受けた（後に復刊）。

14　一九七一年九月一三日の林彪による毛沢東暗殺未遂事件。

15　第一次天安門事件とも呼ばれる。一九七六年四月五日の清明節に、周恩来の死を悼むことを通して民衆が「四人組」を批判した。中共中央はこの事件の直後、鄧小平を全職務から解任し、華国鋒を党第一副主席、国務院総理に任命した。

16　原文は「偽満」。

17　「白毛女」は一九四〇年代、延安魯迅音楽学院の芸術家たちによって創作された作品。そのモチーフは全身に白い毛を生やした仙女が、勧善懲悪により、この世の禍福を主宰するというものである。この作品は強いロマンチシズムや共産党の階級闘争論と結びつき、大衆から大歓迎された。もともとは歌劇だけだったが、後に続々と映画、バレエ、京劇などに改編、上演された。

18　革命幹部の家庭に育った女学生が、母親が文革中に「階級の裏切り者」とされたため、運命の歯車が狂ってしまったというあらすじ。四人組が倒された後、母親は名誉回復するが、貧しい農村からやっと都市に戻った娘は、重病を患っていた母親の臨終に間に合わなかった。以後、このように文革時代の暗黒面を暴露した作品が大量に発表され、「傷痕文学」と総称された。

19　一九七八年秋に始まった「北京の春」では西単の民主の壁（註21参照）と並んで、民主化を要求するガリ版刷りの民間の刊行物が出現した。北京だけで五十種以上にのぼり、「民刊」と総称された。『今天』はその中の一つ。

20　これらの作品の中国語タイトルは次の通り。「君よ憤怒の河を渉れ」→「追捕」、「愛と死」→「生死恋」、「サンダカン八番館　望郷」→「望郷」、「金環蝕」→「金環蝕」、「人間の証明」→「人証」、「遙かなる山の呼び声」→「遠山的呼喚」、「幸福の黄色いハンカチ」→「幸福的黄手帕」、「姿三四郎」→「姿三四郎」、「鉄腕アトム」→「鉄臂阿童木」、「紅い疑惑」→「血疑」、「燃えろアタック」→「排球女将」、「おしん」→「阿信」、「一休さん」→「聡明的一休」、「孤独の逃亡」→「杜丘之歌」、「麦わら帽子」→「草帽」。

21　一九七八年秋から七九年春にかけ北京の繁華街・西単にある長さ約二〇〇メートルの低い壁に民主化を求める大量の壁新聞が張り出された。代表的なものには魏京生の「第五の近代化　民主およびその他」などがある。この民主化要求運動は、一九六八年春の「プラハの春」にちなんで「北京の春」と呼ばれるようになった。鄧小平らは実権を掌握した後、民主の壁を抑え込み、七九年三月には北京市党委員会により壁新聞は禁止され、「北京の春」は終わりを告げ、魏京生は反革命罪で逮捕された。

22 「五四運動」は狭義には一九一九年に起こった学生を中心とした反日愛国運動。広義にはそれに先立ち一九一五年以来展開されていた新文化運動を含める。新文化運動の文学革命では口語による生き生きとした文学の創造が追求された。魯迅の「狂人日記」はそれを具現化した最初の作品とされる。

23 地下組織であった中国共産党重慶市委員会の機関紙。国共内戦勃発後の一九四七年二月、重慶で発行されていた党機関紙「新華日報」は国民党により閉鎖されたが、同年四月に謄写版刷りの小型紙が発行され、七月に「挺進報」と命名された。

24 唐代の詩人王維の詩「九月九日憶山東兄弟」の中の一節。遠く故郷を離れた詩人が九月九日の重陽の節句に故郷で兄弟が集っている様子を思い、自分一人がそこに加わっていないことを悲しむ内容。「兄弟たちはみな高みに登り、身には茱萸（シュユ。ハジカミの葉）を挿しているであろうに、そこにはただ一人を欠いている」。ただ一人獄中にある劉暁波が寂しい思いをしているだろうと思いやっている。

25 司馬遷は史記列伝の中で、一見思想的に共通するところがない無為自然の老子と権謀術数の韓非の伝を合わせて記しているが、それは劉暁波の同級生の間ではできなくなっていた。

吉林大学文学サークル「赤子心」の文芸誌（王東成提供）

第2章　首都に頭角を表す

あなたが平原を歩いていて、どうしても前に進みたいのに、常に後退しているならば、それはあなたを絶望させるはずだ。……しかし、もしあなたが非常に険しい山の斜面を歩いていて、あまりの険しさにあなた自身が逆さまに見えるほどなら、後退をもたらしているのは地表の状況であり、あなたは絶望するには及ばない。

――カフカ

1. つぶらな瞳の少女を愛して

中学時代、学業は何度も中止させられたが、劉暁波は読書に熱中し、常に手から書物を離さなかった。

しかし、先生の眼には、劉暁波は決して「良い子」ではなかった。彼は天分に恵まれており、先生がまだ教えていないところも、彼はとっくに知っていた。彼は常に教室で言うことを聞かず、先生が言い間違えれば、大声で訂正し、その結果、罰として教室の一番後ろに立たされた。彼は試験を大切なこととは見なさず、試験の前には他の同級生のように入念な準備をしなかった。そのため成績は平々凡々としたものだった。

しかし、この腕白な少年でも、気もそぞろに初恋にはまり込んだ。全てが変わった——ある日、授業が終わり、校門を出たばかりの所で、彼は前の方に二人の少女が歩きながら話しているのを認めた。何をしゃべっているのか分からないが、突然はじけるような笑い声が起こった。中でも一人の笑い声はとても朗らかで、彼は強い好奇心を覚えた。

この器量よしで、笑い声の朗らかな女学生は陶力といい、別のクラスの最もできる生徒だった。ところが、劉暁波は名の知れた腕白坊主だったから、「この女の子を追いかけるなら、先ず優秀な生徒にならなければ」と考えた。彼は勤勉で勉強好きな精神を発揮し、学業は目覚ましく進歩した。それから、彼は機会を捉えて、この少女から本を借りた——これは非常に古くからある、女の子を追いかけるのに失敗しないやり方だ。

この方法は、何と、功を奏した。

同級生たちから「つぶらな瞳」と呼ばれた陶力は、やはり東北師範大学の教師の子で、両親は著名な学者の陶徳臻教授と浦漫汀教授だった。陶力はひ弱く、芸術的気質の強い女の子で、あの日、劉暁波を捕らえた笑顔は、実は彼女には滅多に見られないものだった。普段、彼女は一人で行動し、他の人の行動に加わることは非常に稀で、周囲で起こった出来事に関心を払うこともあまりなかった。彼女の絵画と図案文字はまったく絶妙と言ってよかったが、彼女は自分の才能を人に見せることはあまりなかった。彼女は『紅楼夢』に出てくる林黛玉[1]にやや似ていた。このような神秘的で孤独な気質は、劉暁波を強く惹きつけた。

二人とも教授の家庭だが、陶家と劉家の雰囲気は全く違っていた。劉家には元気満々の五人の男の子がおり、父親はつねに腕力で彼らを統制していた。一方、陶家には花のように美しい二人の娘と一人の上品な男の子がおり、家の中には中国の家庭には珍しい安らかで暖かく楽しげな団らんが漂っていた。この一家の貴族的気質に満ちた生活について、陶力の少女時代の親友は次のように説明している。

「陶の母さんは非常に親切だった。この有名な児童文学の研究者はとてもまめまめしく私たちに料理を作ってくれ、私の母親のように慈愛に満ちていた。ちょうどその頃、私は『つぶらな瞳』の体調が悪く、心臓病を患っていることを知った。彼女は内に深く秘めたもののある女性で、体は痩せて弱々しかったが、目の表情はとても人をうっとりさせるものがあり、また非常にもの静かだった。『つぶらな瞳』のお父さんは学者で、いつも机の前に座っていて、私たちと話をすることは非常に少なかった。しかし、彼の仕事の最中に私たちが彼の本を読んでいても止めさせたことはなく、それで私たちはいつも彼の狭い書斎に座り込み、汲めど尽きせぬ書物の香りを静かに楽しんだものだった。『つぶらな瞳』の弟は非常にあか抜けていたが、小さい時から両親とともに政治的苦難を嫌というほどなめた関係で、体はあまり健康的でなかった。しかし非常に優秀だった。」

劉暁波は陶力に対し粘り強く攻勢をかけた。次第次第に、少年と少女の間で心が通いあうようになった。陶力はこの少年の身に御しがたい野生を発見し、内心秘かにこの暴れ馬を手なずけてやろうと誓いを立てた。

その頃、劉暁波は陶家で遊ぶのをとても好んだ。自分の家と比べ陶家は心が温まり、優雅だった。陶力の両親もこの読書を愛し、話好きの若者に好意を抱いた。彼らは顔を見合わせ、この子は将来大物になるぞと笑いあった。

「文革」がついに幕を閉じ、中央は大学入試の復活を宣言した。劉暁波と陶力も大学入試に参加することを決めた。あの時代は、大学に合格して初めて運命を変えることができた。それまでの数年間、陶力が受けた教育は劉暁波に比べるとまっとうで、学科の復習も手慣れたもので楽にやってのけることができた。しかし、劉暁波は二度も知識青年として農村に下放しており、中学は途切れ途切れに合わせて二年余り通っただけで、多くの科目は初めからやらなければならなかった。時に劉暁波は学校が終わるや急いで陶力の家に駆けつけ、二人一緒に学科を復習したが、陶力の方が大いに彼の手助けをして教えてやった。

若者はしばしば鳥のように、家を離れ遠くに飛んで行きたがるものだ。劉暁波は父親が教えている東北師範大学中国語言文学部に志願することを望まず、吉林大学中国語言文学部に志願し、最終的に願いがかなった。陶力は東北師範大学中国語言文学部に入った。二つの大学は近くにあり、二人はしばしば待ち合わせ、一緒に映画に行き、ダンスを楽しんだ。それは彼らの一生で最も麗しい、憂いも心配も一切ない時期だった。

一九七九年、陶力の両親は北京師範大学中国語言文学部[2]に転勤になるが、陶力は引き続き東北師範大学で学んだ。この時、劉暁波と陶力は熱烈な恋に陥った。

一九八二年、二七歳の劉暁波は吉林大学を卒業し、すぐに陶力と仲むつまじい夫婦になった。新郎は才気に溢れ、新婦は美貌の持ち主の似合いのカップルで、初恋で夫婦になるとは、人生においてこれ以上の幸せはなかった。しかし、当時の劉暁波は「いかにして立派な夫になるか」という問題を子細に考えたことがなかった。彼の志は非常に高く、勝手気ままでもあり、デリケートで細やかな陶力では彼を二人の世界に「つなぎとめる」ことができなかった。

陶力は卒業後、北京師範大学に配属され、二人はハネムーン後、間もなく、二つの土地に別居しなければならなかった。どうしようかと思案し、劉暁波は北京師範大学中国語言文学部研究所への出願を思い立った。一つには妻の両親と妻がそこで働いており、家族が一つになれるからであり、二つにはその中国語言文学部は学術面で飛び抜けており、自身の学問がさらに向上するからである。

北京に行くということは、「文学青年」にとっては夢にまで見る人生の目標だ。中央が全てを統制する中央集権体制は特殊な「政治地理学」を造り上げた。帝国の首都は全国で最も素晴らしい政治、経済、文化、教育の資源を独占している。フランスの首都パリもそのようなもので、バルザック、ロマン・ローランら作家の文才にあこがれ、文芸の夢想と成功の欲望を抱く各地の青年は、みなパリで力一杯奮闘し、全国的な知名度と影響力を勝ち取ろうとする。これに似たことだが、中国では文芸への夢想と成功の欲望を抱く各地の青年は、たとえ「北漂」[3]になろうとも北京を「聖地」とし、北京の劣悪な気候と高い物価を堪え忍び、悔やむことがなかった。

北京の良い条件に恵まれた文化的優位性については、劉暁波はとっくに十分体験していた。彼は大学に入って初めて、自主的な民主刊行物『今天』といくつかの新鋭の政治論文を読む機会があり、その時の興奮はいつまでも記憶に残った。しかも『今天』の編集に参加した人たちの年齢は劉暁波とあまり変わらないが、彼らは「文革」の中期から独立した思考と創作を始めており、これは劉暁波にくらべ五年から十年も早かった。このような違いは個人の天分とは関係なく、「環境決定論」的な産物だった。

つまり『今天』に関係する人たちがより敏感で、より洞察力があり、より才能があったからではなく、地方の青年に比べて、彼らは「水辺にある高閣は月見にもってこい」というように、地方の人が触れるのが難しい『黄皮書』、『灰皮書』といった内部発行の文書に触れることができたからである。

いわゆる「皮書」はある種特殊な出版物で、六〇年代初めから文革が終息するまで、およそ二千冊あまり出版された。「黄皮書」は文学を主として扱い、「灰皮書」は社会科学を主として扱っていた。「皮書」により作り出された「地下の読書活動」は、八〇年代思想解放運動の始まりであり、後の多くの理想主義文化の精英の誕生を促す揺籃だった。歴史学者の印紅標は、これらの「皮書」(特に「灰皮書」)の流布の範囲はかなり限られており、「北京と上海のいくつかの青年たちの小グループを除けば、それに触れる機会に巡り会うのは非常に難しく、思想性の強い青年でも、多くは読んだことがなく、さらには聞いたことすらなかった」と指摘している。

このため、劉暁波は心中秘かに「絶対に北京に行く。絶対に北京師範大学の研究所に合格するのだ」と誓った。妻と会うためでもあり、いつかは天下に大いに名を上げるためでもあった。北京師範大学中国語言文学部の受験は北京大学中国語言文学部に僅かに次ぐ難しさだった。だが劉暁波には満々たる自信があった。果たせるかな、彼はずば抜けた成績で北京師範大学中国語言文学部に合格した。

一九八二年夏、劉暁波は簡単な荷物を持って、長春から北京行きの汽車に乗った。実際にはまだ北京に着いていないのに、心は早くも北京にいた。陶力は早くから駅で夫を待っていた。とりわけ小さな花模様のワンピースに着替えて。

劉暁波は駅を出てすぐ、「何よりもうつむきかげんで柔和な、スイレンの花さえ見劣りするような恥じらいを含んだ」妻の姿を目にした。しばしの別れは新婚に勝るという。この若夫婦は衆人環視の中で固く抱き合った。陶力はとっくに師範大のあらゆる事情によく通じており、彼女は劉暁波を連れて行き、入学手続きをすまさせた。その後で彼を待っていたのは、岳父の家での豪勢な歓迎の宴だった。単身で上京している同級生に比べれば、彼の幸福度はほとんど蜂蜜よりもさらに甘いと言っていいほどだった。

八〇年代の北京師範大学には傑出した人物が多く、まさに多士済済だった。世の辛酸をなめながらなお健在な多くの老教授が再び教壇に立っていた。黄薬眠、鐘敬文、陸宗達、啟功、郭預衡、楊敏如、聶石樵、郭魁英ら中華民国時代から学問に取り組んだ教授たちの指導を受けることができたのは、八〇年代に北京師範大学中国語言文学部で学んだ学生にとって得難いことだった。また劉暁波より一世代上の童慶炳、王富仁ら中年の学者は既に頭角を表していた。このハイレベルな学術の舞台で、劉暁波の才能はさらに大きく花開いた。

この数年間、劉暁波は勉学に励みながら、甘い愛情生活を楽しんだ。一九八三年、劉暁波と陶力の息子・劉陶が誕生した。当時の劉暁波は学術と有名になることだけに心を奪われ、朝早く出かけ夜遅く帰宅する毎日で、家庭を顧みる夫、父親とは言えなかった。あるいは、彼は子供を授かるのにまだ十分な準備ができていなかったとも言える。妻が産褥のとき、多くは妻の両親が手伝った。

修士課程を修了後、劉暁波は願いが叶い、大学に残り教職に就いた。それだけでなく、彼は引き続き博士の学位を取得するために勉強した。当時、青年教師の宿舎は数棟の筒子楼[4]に集中しており、既婚者は誰もが窮屈な一間住まいで、独身者は二人で一部屋を分けあっていた。専用の炊事場とトイレはなく、生活はかなり不便だった。しかし、何と言っても、そこは劉暁波と陶力にとって初めてのマイホームであり、非常に満足だった。

陶家の姉妹は才色兼備だった。八〇年代中期、陶力の妹・陶寧は当時名の知られた民営企業四通集団（北京大学の仲間たちで作ったパソコン企業）で働き、萬潤南総裁の英語秘書だった。萬潤南は「当時、陶氏の姉妹は正に青春の美しさのまっただ中にいた。陶寧は元々北京大学の英語の教師で、色白で気品があった。陶力は小麦色でスマートだった。それぞれが白牡丹と黒牡丹にも例えられ、目や心を楽しませる一対の姉妹花だった」と賛嘆している。

劉暁波と陶力は清貧で幸福な生活を送っていた。八〇年代、若い知識人に対する待遇はとても低く、社会では「核爆弾を造る者はゆで卵を売る者に及ばない」という言葉がはやったほどだ。人文研究分野の知識人にはこのような傾向が一層強かった。陶力は気立てが穏やかで、書斎での学術研究に夢中だったが、夫も落ち着いて専門分野で成果を上げられるように願っていた。しかし、八〇年代の文化思想の潮流は盛衰が激しく、三カ月、五カ月という具合に目まぐるしく風上に立つ者が変わり、誰もが青年学生に影響を与える発言権を我が物にしようとしていた。劉暁波はどうして落ち着き払っていられたろう？

陶力は文学評論の論文をいくつか書いているが、個人の政治的観点を文章で明らかにしたことはなかった。むしろ彼女はある種の荘子的な自由気ままさでこの世界に対する隔離と拒絶を表明している。彼女はかつて手紙の中で次のように書いた。

「暁波は表面的に見れば社会に知られた親不孝者です。でも実際は、彼はこの社会とは奥深い所で一体感を持っており、この社会は彼に反対する態度を取りながら彼を受け入れ、許し、諒とし、煽動さえしているのです。彼はこの社会の反面的な引き立て役と装飾品です。私ですか。一介の無名な者として、私はこの社会に何かを要求することを潔しとせず、悪口を言うということすら思いもしません。私はこの社会の一切としっくりとせず、暁波ですら私の無関心を理解できず、私を受け入れることができません。」

このような意味で、彼女の反抗は劉暁波すら超えていた。劉暁波は、彼女のこの言葉に「当時は何ら興味を抱かなかったが、後で振り返るとずばり急所を突いていると思った」と語った。

2. 大右派の恩師のお気に入りの弟子

八〇年代は全体として中国の改革開放の黄金時代であった。それだけでなく、劉暁波にとっても人生の中で活気に富み、順調で楽しい時期だった。一九八四年、修士課程修了後、彼は大学に残り教職に就くことができた。北京師範大学に残り、教員を務めることは、当時の修士課程修了生たちが夢にまで見た専門分野で力を伸ばす絶好のチャンスだった。劉暁波がこのチャンスを物にすることができたことは、彼がその期の修了生の中で成績が飛びぬけて優秀だったことを物語っている。学問を究めようとすればより一層努力すべきだ。大学に在職するには修士の学位だけでは不十分だ。八〇年代中期、文科の博士課程は次第に復活し始めており、劉暁波も引き続きさらに研究を深めたいと考えるようになった。陶力は夫の考えを心から支持し、彼に言った。

「あなたが博士過程に進むのなら、家の雑事はみな私が引き受けるわ。」

一九八六年、劉暁波は在職のまま文芸学博士課程の研究を始めた。

伝奇的な人物として言えば、彼らの生活面の多くの細部は常に神秘的な色彩に彩られ、それは広まれば広まるほど違った内容に変化していく。劉暁波の修士課程、博士課程の受験について、当時のある報道はまるで見てきたかのように次のように言っている。

「彼は大学便覧を適当にめくり、あれこれ選んでいたが、やはり文芸理論専攻の中の『黄薬眠』教授という名前が殊のほか目を引くものに思えた。そこでこの専攻科目を受験し、結果はその通り合格した。かくして彼は気楽に文芸理論研究の領域へと進んだ。博士課程の研究生に志願したのも彼自身の本意ではなく、他人の勧めで学生寮の汚い机の上で慌ただしく受験票に記入したのだった。」

これは明らかにでたらめが重なって伝わったのだ。劉暁波が黄薬眠を指導教官に選んだのは決して気ままな行為ではなく、十分に考慮した上でのことだった。

当時、黄薬眠は北京師範大学中国語言文学部の最古参で、優れた業績のある教授だったが、毛沢東に名指しで批判された大「右派」でもあった。劉暁波が黄薬眠を指導教授に選んだ重要な理由の一つは、老先生が勇気を出して発言する「右派」であったという点を重視したからだった。しかし、その頃の黄薬眠は多病で、すでに「反右派闘争」以前の鋭気は戻らず、公開の場では言行が慎み深く、私的な場合に限り、劉暁波という才気に溢れた学生とだけは政治に関する話題をいくらかは話す程度だった。

週末の夜、劉暁波は招かれて老先生の家に行きおしゃべりをすることがあったが、話の大部分は専門分野とは関係のないことだった。劉暁波は、老先生が民国時代の古い出来事を話すのを聞くのが好きだった。

老先生は国民党政権が如何に腐敗し、独裁的だったかを話題にする一方、当時の左翼の文人の秘話――自ら新聞や雑誌を発行し、報道管制では大物を見逃しがちな国民党文化宣伝部門と余裕をもって「鬼ごっこ」をすることができたなど――も語った。それに触発され、劉暁波はあの過ぎ去った時代に大いに思いを馳せたものだった。

黄は当時全国政治協商会議常務委員になっており、行政的ランク付けは部長（閣僚）と同等だった。彼は政治協商会議から戻って来るたびに、いつも劉暁波に官界の多くの滑稽で嘆かわしい事どもを語り、官僚をひどく軽蔑していた。劉暁波はこういったことすべてを現代の『世説新語』[5]として興味津々たる思いで聞き、しばしばコメントを差し挟んだが、そのコメントは一つとして急所を突かないものとてなく、老先生を大笑いさせた。

後に、劉暁波の同級生の多くは官界に進んだ。文筆の立つ者は、一般に先ず指導者の秘書となり、その後とんとん拍子に出世し、独り立ちして仕事をするようになった。しかし、その時から、劉暁波は「決して官界には入らない。そこは人間として生きる場所ではない」ときっぱり決めた。

劉暁波は黄眠薬が親しく面倒を見た最初の博士課程の学生で、黄眠薬はこの才能が豊かで、才気を余すところなく示す学生をいよいよ可愛がったが、「出る杭は打たれる」ことになりはしまいかと心配もした。黄は中共の政権樹立後の度重なる政治運動を体験していて、「老運動員」とも言え、中共の独裁の本質について深い認識を持っていた。当時の文芸政策は比較的ゆとりがあったとはいえ、保守勢力はいつでも反撃に出る恐れがあり、黄は本当の話を恐れずに言う弟子が「わな」にはまる結末を憂慮せざるを得なく、しばしば注意を促した。しかし、当時やる気満々だった劉暁波はこれを聞き入れるはずなどなく、逆に老先生が若い頃の才気を失ってしまったと思った。

これに対し、指導教員という立場の黄薬眠は、「したいようにさせよう。自分の道はやはり自分で歩かなければならないのだ」とため息をつくしかなかった。当時、劉暁波の副指導教員だった童慶炳は次のように回想している。

「黄薬眠教授は、劉暁波の敢えて人と論争し、独創的な見解を発表する学術的勇気、それに彼の鋭く本質に触れる深く透徹した議論を是認したが、彼の過激さと一面的な見方を批判もした。しかし、結局は彼を『しつける』ことはできなかった。もともと『しつける』必要などなかったのかもしれない。古今中外にわたり名を成した学者は、誰にせよ本質的な深さの中に幾分かは過激さと一面性を帯びているものだ。」

もう一方で、黄薬眠の地位は高いといっても、青年時代を戦乱の中で過ごしており、教育歴は決して完璧とは言えず、その学問の大半は独学によるものだった。中年の時期には、彼の文学創作と学術研究が「反右派」と「文革」などの凄惨な政治運動により中断されるなど、生涯学術に専念する環境に恵まれず、知識の構造もかなり古く、専門に関して劉暁波にどれほど指導や助言をすることができたかを評価するのは難しい。

一九八七年、黄薬眠は死去する直前の回想録『激動――私がたどった半世紀』を出版した。「激動」を書名にしたのは意味深長だ。黄薬眠がもしそれから二十余年後の劉暁波のいやが上にも波瀾万丈の人生やノーベル平和賞受賞を目にすることができたなら、どのような感想を持っただろうか。彼は韓愈の「師の説」の中の名言を引き、お気に入りの弟子をほめたたえたかもしれない。

「弟子は必ずしも師に及ばないとは限らない。師は必ずしも弟子より優れているとは限らない。道を聞くのに先と後との違いがあり、技能と技術にそれを専攻するものがある。ただそれだけのことだ。」

黄薬眠がこの世を去ってから、彼を引き継いで劉暁波を実際に指導したのは副指導教授の童慶炳だった。童の思想はより開明的で、敏感な政治問題に足を踏み入れることはとても少なかったが、劉暁波への情愛はより大きかった。八〇年代後期、左派や嫉妬する者から攻撃を受けた時、童慶炳は彼を弁護して言った。

「一部の人は、劉暁波の文章を読み、彼はひどく過激で、極端に走り、わざと人を驚かす筆法で大衆の歓心を買うものだ、或いは大げさなふるまいをし、自分の才気を見せびらかすものだと思っている。これは劉暁波に対する大いなる誤解だ。私は彼の同窓（彼はかつて私と同じ科目を学んだことがある）、そして先生（黄薬眠は私に彼の副指導教授となるよう委託した）として、長年彼とともにおり、彼については良く理解している。私は敢えて言うが、劉暁波は全く嘘偽りのない人間だ。」

一九九一年、劉暁波は出獄し社会に帰還したが、北京師範大学からはとうにクビになっており、再び学者と教師の道に戻ることはできなかった。これ以後、彼は異議を唱える知識人という光栄ではあるが苦難に満ちた道を歩むことになる。

九〇年代以後、教師と学生の間のつきあいは少なくなった。二〇〇八年、童慶炳は劉暁波が再び逮捕されたというニュースを聞くや、特に友人に託し、家族に次のように伝言した。

「何といっても一時期教師と学生の間のよしみはあったのだ。彼がそれを大切にすることを希望する。」

言葉は少ないが、心情は重い。

3．並はずれたダークホース

八〇年代の中期から、劉暁波はすでに学術界で頭角を表していた。修士課程で研究をしている間、彼は既に定期刊行物で次々に論文を発表していた。一九八四年四月、彼は『国際関係学院学報』に処女作「芸術の直感力について」を発表した。間もなく『社会科学戦線』で「荘子について」を発表した。

劉暁波が文壇に登場して全国の文化界の関心を集めたのには、八〇年代の二つの短命の文学雑誌と関係があった。一つは『百家』、もう一つは『中国』で、とりわけ後者は、劉暁波の「伯楽」と言えた。

『中国』は老作家・丁玲の晩年の「最後の勝負」だった。丁玲は「五四運動」の影響を受けた作家で、三〇年代には急進的な女権主義（フェミニズム）を表現した「莎菲《ソフィ》女士の日記」で文壇に名を馳せた。後に延安に行き、一度は延安の暗黒面を暴露して批判を受けたが、毛沢東と同郷の関係にあったため毛の保護を受けた。

一九五二年、長編小説「太陽は桑乾河を照らす」でスターリン文学賞を受賞した。これは当時の中国作家の最高の栄誉だった。一九五五年、「丁陳反党集団」に誤って区分され、北大荒[6]に下放され、十二年間労働に従事した。さらに「文革」中には五年間獄中生活を送った。一九八四年、丁玲は完全に名誉回復されたが、この時、彼女は既に八〇歳だった。彼女は長編小説と回想録を書くことを止め、大型の文学刊行物『中国』の創刊にすべての時間と精力を注いだ。

『中国』の編集作業は主として老詩人で文学史家の牛漢が責任を負った。牛漢は「胡風反革命」[7]事件の巻き添えで、二十五年の長きにわたって自由を失った。名誉を回復した後、『中国』の編集を引き受け、また『新文学史料』の編集長も務めた。牛漢は、文壇の先輩として劉暁波を援助し、彼の博士論文の審査委員になった。かなり後になって、牛漢は雑誌『中国』について次のように評価した。

「『中国』は八〇年代の数多の雑誌の中で、個性のある雑誌だったと言える。それは魯迅精神、『五・四』の精神を貫徹し、政治に奉仕することはなく、中国の本物の作家と読者に奉仕する刊行物だった。それは政治の『道具』と『メガフォン』にはならず、時代の民主、自由の精神を極力前面に押し出した。」

『中国』の二人の若い編集者の鄒進と呉濱はともに劉暁波とは古いなじみだった。鄒進は劉暁波とともに詩刊『赤子心』を刊行していた。呉濱の妻は詩人の劉霞だが、九〇年代初めに二人は離婚し、さらにその後、劉霞と劉暁波が文学で孕んだ愛が育って結婚にまで至ろうとは誰にとっても思いもよらないことだった。

『中国』は創刊されてからずっと強い風当たりを受けていた。経費や編集を含め、多くの問題は遅遅として解決に至らなかった。丁玲は政治局委員、文芸の責任者、中央書記処書記の習仲勲に面会を求めた。習仲勲は丁玲夫婦を自宅に招いて四方山話をしてから、きっぱりと次のように語った。

「あなたが編集責任者になっている刊行物は、どんな問題があってもちゃんと解決しますよ。どうあっても出し続けなければね。」

習仲勲は中共の元老の中ではめったに見られない開明的な思想の持ち主で、この雑誌を自ら救済した。

一九八五年末、丁玲は北京の協和医院に入院し、そこで編集会議を開いた。会議はほとんど丸一日続き、編集方針を少しゆるやかにすることを決定した。一九八六年、『中国』は青年作家の個性のあざやかな作品を幾つか掲載した。例えば残雪、韓東、廖亦武、徐星たちの作品はみな『中国』誌上でお披露目されたもので、数期にわたる『中国』により読者の目は大きく開かれた。だが丁玲は「私がこの世を去った後、『中国』はきっと停刊の憂き目に遭うだろう、或いは指導部を変更されるだろう」と気づいていた。

新鋭の青年作家の作品を通して問題提起するようになった『中国』に、劉暁波は原稿を書き始めた。だがそのころ、彼は丁玲に対し特に好感を抱いているわけではなかった。というのは丁玲は一部の人間から文壇左派の代表と見なされていたからだ。しかしまた、彼は明らかに丁玲が当時提唱していた「一冊の本主義」に賛意を覚えていた。「一冊の本主義」というのは一人の作家は後世に伝える本を少なくとも一冊は書かなければならないというものだ。この観点は個人主義を強調する劉暁波と期せずして一致するものだった。

劉暁波は『中国』で三編を発表した。一九八六年第四期（号）には、論文「避けて通れない再考――知識人を題材とした数編の小説から考える」を、同年第五期には、組詩[8]「これ……」を、同年第十期には、論文「李澤厚との対話――感性、個人、私の選択」を発表した。

彼が『中国』に発表した論文や作品は、数は多くはないが、大変な重みがあった。諶容の『人到中年（人、中年に至るや）』[9]など知識人を題材とした小説の「屈辱を忍んで重責を担う」知識人の姿に対する省察と批判、及び李澤厚の哲学思想に対する疑問の提示と否定は、文化界で大いに議論や研究を引き起こした。

一九八六年末、『中国』は停刊を迫られた。「終刊の辞」で、編集者は次のように述べている。

「我々は予感していた。丁玲同志が心血を注いで生命を与え、国家の関係部門が許可し、かつては文芸界と読者の支持を得た『中国』が、すでにその最後の道程を歩んでいることを。我々はこれに甘んじていない。……ここに、我々は不当な仕打ちを受けて死んだ詩人の作品を借用して言う。私は次のように宣告したい。我々は無罪だ。しかる後、我々は死んで行く。」

この期（号）は、鄒進らがリスクを顧みず遠く西安に行き、こっそり印刷したものだった。

『中国』が作家協会党組織の圧力で余儀なく停刊したというニュースを知り、劉暁波は義憤を覚え、『中国』編集者たちの「座して死を待つ」態度に同意せず、全国の作家の署名を発起しようと試みた。彼は付き合いのある多くの作家と評論家に電話をかけ、手紙を書き、『中国』停刊に反対することに支持を得ようとした。しかし、敢えて署名する者は幾人もいなかった。結局、この提案は流産したが、その時から、劉暁波は公開状と宣言を提唱し、起草し、企画する構想を持つようになった。『中国』が停刊になってから数カ月後、劉暁波は『批判と選択』を出版した。その第一部「感性、個人、私の選択」は『中国』で発表されたことから、彼は特に序文の中で次のように謝意を表した。「本書の第一部を最も早く読者と対面させてくれた『中国』誌に感謝する。――『中国』は既に死んでしまったが、何といっても、それは中国現代の文壇に異彩を放ち、多くの人々の魂を激励した。それで十分だ。」

劉暁波はその後、文芸批評と美学に力を入れなくなったが、『中国』は彼の人生の歩みの中での重要な一歩だった。

八〇年代中期「文革」の大災厄を経た中国では万物がよみがえる兆しが現れ、各種の文学・文化思潮が次々に起こった。哲学ブーム、美学ブーム、主体性討論、国民性批判、『今天』を代表とする朦朧詩、白洋淀派、「黄色い大地」や「紅いコウリャン」など第五世代の映画、西部の風、尋根（ルーツ）文学、実験小説、星星画展に誕生を促された現代芸術、崔健のロック「一無所有」……作家・阿城は次のように述べている。

「八〇年代はほとんど全人民が知識の再構築の時で、突然海外の親戚と連絡を取ることが許され、翻訳本が出、この理論、あの理論、あれこれの知識が入りこんだ。こうしたことも多くの人の変化を非常に早めた。」

当時の北京の文化界では各種各様の「サークル」が形成され、どこかの「サークル」に入らなければ北京の文化界の豊富さ、複雑さ、刺激を体験することができなかった。それは繰り返し傷つけられた後のリハビリと成長の時代であり、全く新しい世界が閉ざされた中国に大きな扉を開け放った時代であり、人々が果敢に創造することにより守旧の時代に挑戦した時代であった。混沌としていたが活気にあふれていた。

多くのサロン、会食、会合が持たれたが、家に電話のある人は少なく、それらに関する情報はもっぱら口コミで伝えられた。たとえ一時間自転車に乗っても、人々は労苦をいとわなかった。たとえテーマを伴わない自由な討論でも、精神的に満ち足りた宴だった。劉暁波の家は友人たちがしょっちゅう集まる場所だったが、彼も常に友人の家の集まりに参加した。文芸評論家の李陀は「当時、君の家はあらゆる友人に対し開放されており、あらゆる友人の家も、君に開放されていた」と評している。

既に劉暁波の人柄には「異見を唱える人々の中でも異見」という特質が現れていた。彼はむしろ学生や一般民衆とともにいることを望み、一般人と一緒にいる時は水を得た魚のような感があった。ところが、知識人の中にあっては、全くぎこちなかった。彼は形式張った挨拶をしたり、高位の権力者に口先だけのお世辞を言ったりすることができなかった。このため、作家と学者のサークルの中で、彼は決して喜ばれる存在ではなかった。劉暁波の友人でオーストラリアの中国研究者であるジェレミー・バーム（Geremie Barme, 白傑明）は、「劉暁波は終始変わることなく世俗に超然とした人物で、たとえキャンパス内で十分に多くの賞賛者がいたとしても、中国知識人層の主流からは受け入れられておらず、ましてや歓迎されていなかった」と指摘している。

当時、劉暁波は全く遠慮せずに人物を批判しており、その中には「味方」である改革派知識人の代表的人物も含まれていた。彼は金観濤、李澤厚、方励之、温元凱ら思想界の「四大指導者」を厳しく批判し、「彼らの個々の青年に対する導きは基本的にマイナスだ」と決めつけた。彼は大きな波紋を起こした連続テレビ番組「河殤」[10]にも異論を表明し、「そこで使われている言葉は毛沢東式の言葉であり、救世主のような言葉だ。内には中国人の虚栄心が含まれている」という見解を示した。彼は文化界で資源と人脈を握っている王蒙、劉再復らに対しても、当局側に従属し、名実相伴わない存在と見なし、挑戦した。

皇帝と皇帝を取り巻く侍従は、当然、皇帝は「裸だ」と言う子供など喜ばない。劉暁波も多くのわざとらしく中庸を振る舞う知識人からは敬して遠ざけられた。当時の中国知識人層の状況について掌を指すように詳しいバームは次のように指摘している。

「彼の礼を失するように見える個人的挙動、それに加え深刻なども り、粗野——彼の口からはしょっちゅう下品な北方の汚い言葉が跳びだした——また彼の容赦のない誠実さ、さらに彼の異端的な邪説は言うまでもない。これらにより彼は瞬く間に北京の評論家、及び彼らのお気に入りの作家の小さなサークルで孤立することになった。」

劉暁波は絶対的な個人主義者と自認しており、自分の成功は個人的努力によるもので、先輩の抜擢やネットワークでコネを築き上げたからではないと自負しており、それ故、彼は先輩を論評するときも全く情け容赦がなかった——そして、他の人に情け容赦がない以上、自分にも情け容赦がなかった。

廖亦武の回想では、劉暁波から受けた第一印象は「ケンカ好き」ということだった。ある時、呉濱と劉霞の家で（劉霞は当時熱心なサロンの女性主宰者だった）、劉暁波と小説家の徐星が徹夜で論争した。徐星の小説「主題のない変奏」が発表されたばかりの時で、その斬新な書き方は盛んな討論を引き起こしていた。徐は劉暁波に書評を書いて欲しいと言った。劉暁波はそれに対し少しも遠慮せず言った。

「ぼくが何で君のために書評を書かなければならないんだ。ぼくは坊ちゃんたちへの義理で書評を書くわけにはいかないんだ。」

徐は、この作品はとても重要なのだと説明した。劉暁波は反論した。

「『ライ麦畑でつかまえて（The Catcher in the Rye）』の中国版じゃないのか。人がとっくに書いた物を盗用して、何が素晴らしいものかね。ぼくはどう言われてもこんなセコハンに書評なんか書けないよ。」

徐はもともと劉の前で極力へりくだった物言いをしていたのだが、こうまで言われて体面が保てなくなり、思わず口をとがらせ反駁した。そこで二人は声を荒げ口げんかを始めた。口論だけでは収まらず、「殴りあって決着をつけようぜ」となり、劉暁波は言った。

「ごちゃごちゃ言っても片が付かねぇ。一丁やるか。」

二人は服を脱ぎ捨て、外の廊下に出て殴りあいを始めようとしたが、最後は皆に引き離された。

廖亦武は劉暁波がとても率直だと気づいたが、また理不尽でかさにかかる男だとも思った。廖には四川なまりがあり、普通語（標準語）をうまく話せなかった。中には劉暁波には聞き取れない言葉があり、そこで遠慮会釈もなく「廖は普通語が話せない」と批判した。
劉暁波の長春語は最も普通語に近く、彼には他人が普通語を話すことの難しさを知る由もなかった。当時の劉暁波は絶対的な個人主義者で、他人の思いに考慮を払うことはなかった。

八〇年代は中国知識人層の「表現期」だった。最も顕著な特質は誠実さで、議論をする際の口調はまだ文革の口調が残っていた。理論の知的資源には限りがあり、学術的な修練や知見は不十分で、視界は完全に開けてはおらず、思考が浅薄であることは免れなかったが、強い現実への関心があった。張愛玲は早いうちに有名にならなければならないと言った。劉暁波は、自分は既に「文革」で多くの時間を浪費し、大学に入るのが何年も遅れ、もう「老博士」も同然だから、できるだけ早く有名になろうと思った。野心満々の彼は強い自己顕示欲があり、どうすれば話題を作ることができ、人々の目を引くことができるかを心得ていた。重要度の高い論文が次々に発表され、一九八六年の文壇・論壇は活気あふれる「劉暁波の年」と言えた。

当然、劉暁波が有名になれたのは彼が「人気を造り出す」技巧を掌握するのに長けていただけではない。もし彼の思想が独創性と影響力に欠如していたなら、人々をあれだけ強く魅了することはできなかった。彼の思想的影響力の源は、その徹底性にあった。

劉暁波は攻撃の名人ということで名を売ったに過ぎないと思う者もいるが、長年中国の現代思想史を研究してきた学者・徐友漁は「劉暁波は決して『言葉によって人を驚かすことができなければ死んでも死にきれない[11]』ということだけによって名声がはじけたのではない。彼の特徴は言葉が人を驚かせるだけでなく、最も重要なのは思想が徹底していることだ」と捉えている。

何故、劉暁波の若者に与えるインパクトが、学術的地位は彼より高く、キャリアが彼より長い「四大導師」を超えていたのか？　確かに、思想的指導者、或いは精神的指導者の若い知識人を啓発し、主流イデオロギーの束縛を打ち破った面での功労は消し去ることはできない。しかし、率直に言えば、彼ら自身は古いイデオロギーの長い長い尻尾をまだ引きずっており、彼らが人々に広く受け入れられたのは、当時の古い物を捨てて新しい物をうち立てるという前進の必要を反映していただけでなく、当時の限界、つまり新旧交替の過渡的段階をも反映していたからである。この過渡的段階において劉暁波が頭角を現したのは、彼が他の者より徹底的だったこともあるが、人々の思想の向上にまだ大きな余地があったためにそれが受け容れられたからである。


一九八六年九月初め、中国社会科学院文学研究所は「新時期十年文学討論会」を開いた。参会者の多くは文学評論界の権威で、最年少者は博士課程に進んだばかりで、「水面に小さな蕾を現したばかりの蓮の花」のごとき劉暁波だった。過去十年に対する「総括」であるからには、大部分の発言者は過去十年の「成果」を肯定的に評価し、観点は無難で、波風は立たなかった。これがこの類の学術会議の正常な状態だった。

その時、会議での発言の順序は年功序列によっていた。文壇の発言権と文化資本を握っている先輩たちは痛みも痒みもない決まり文句を話し、参会者たちが眠気をもよおした時、隅っこに座っていた髪の毛が茫々で、シャツの袖をまくり上げた若者は興奮して唇をふるわせ、あたかもぶつぶつ独り言をつぶやいているように見えた。発言の番が回ってこないのに、彼は数名の権威者がうわべを取り繕って譲りあっているすきに、さっとマイクを奪い取った。多くの人はこの決まりを守らない若者が何者かを知らず、みな不審に思って彼を見やった。数人の白髪の先輩は眉をしかめた。

この場では「礼儀」は守られるべきもので、この者は何故このように失礼なのだろう？　一体誰が彼を呼んできたのか？

そばの人があれこれ考えているうちに、劉暁波は滔々とまくし立て始めた。彼の発言のテーマは「新時期文学は危機に直面している」で、表面上は原稿のない即興の発言に見えたが、実際は、彼は長きにわたって入念に準備し、発言の内容を早くからよく諳んじていた。彼は大分前からこの場で人の意表を突く発言をしようと考えを決めていたのである。

この駆け出しほやほやの若者は少しどもりだが、中国人にはあまり見られない激情と自信に満ちていた。彼の発言には一言もどっちつかずの所や事なかれ主義のところがなく、一語一語が他の人も胸中では考えたこともあったが、敢えて言い出すことのなかったもので、あたかも投げ槍と匕首のように鋭いものだった。

劉暁波は魯迅を代表とする「五・四」文学と西側の現代派文学を参照し、世間をあっと言わせる言葉で、「文革」終息後の「新時期文学」の成果を大胆に否定するとともに、中国の現代文学には「何も読むものがない」と判定を下した。そのものずばりの観点を初めて聞き、その通りだとうなずく者もいれば、眉をしかめる者もいた。

かくして、この会議は本来「祝賀会」だったが、この若者に引っ掻き回され「反省会」となった。

文化宣伝の大権を握るお偉いさんたちは、当然この「暗黙の規則」を破った若者に腹が立ってたまらなかったが、衆人環視の中では彼の発言権をおおっぴらに剥奪するのはまずく、彼が話し終わるまで辛抱強く聞くしかなかった。

発言の要点は次のようであった。

「ぼくが、何故、新時期文学が危機にあるのかと考えるのは、『五四文学』を継承していなく、古典文学の稚拙な焼き直しだからだ。縦と横の二つの角度から論じると、前者では『尋根（ルーツ）』文学を代表とする後ろ向きの意識、観念の後退が見られ、後者ではほとんどの作品が理性に制約され、芸術的な創造力は貧弱で、生命の本源から発する芸術的衝動の創造力がない。切実な体験に基づかないため、西洋現代芸術の技巧を模倣しても、似ても似つかぬ怪しげなものになっている。」

「中国の知識人の民族的惰性は一般大衆より深刻で濃厚だ。」

「中国の作家は相変わらず個性の意識に乏しい。この無個性の深層にあるのは生命力の萎縮、生命力の理性化、教条化であり、中国文化の発展は、一貫して理性により感性の生命を束縛し、道徳的規範で個性の意識の自由発展に枠をはめてきた歴史である。」

「伝統を打破しなければ、五・四時期のように伝統的古典文化を徹底的に否定しなければ、理性化、教条化の束縛から抜け出さなければ、危機から抜け出すことはできない。」

これらの観点自体は決して極めて深刻でも独創的でもなく、また多くの人が既に考えていたことかもしれないが、敢えて言い出そうとする人はいなかった。そのため、会場ではあらゆる注目が劉暁波に集中した。多くの声望の高い文壇の先輩たちはたちまち生彩を失い、もともと会議に設定されていたテーマも突然「脱線」に見舞われた。劉暁波の発言が終わると、会場では万雷の拍手が起こった。これもまさに劉暁波が手にしたいと望んでいた効果だった。彼の口元にはひっそりと会心の笑みが浮かんだ。

劉暁波の発言は、その場にいた者は言うまでもなく、そこにいなかった人も伝え聞き、大いに驚き、感動した。

参会者の中には劉暁波の東北なまり、ややどもりがちな発言を真似する者もいた。

「中国のゲ、現代文……文学はつま、……つまりコ、……古典文学のセ、セツ、……拙劣な模……倣だ。」

会議での発言の後、劉暁波は「文壇のダークホース」と称された。あのいくらか疾風怒濤の突進の趣を持ち「深刻な一面性」を激励する年代に、劉暁波の批判的な激情と直言してはばからない態度は人々に消しがたい印象を残し、当時の評論はその「観点の執着さ、焦慮さ、誠実さ」を是認した。

もしこの発言が少数の参会者に聞かれただけだったら、連鎖反応をひきおこすことは不可能だった。折りよく、劉暁波の大学時代の同級生で、「深圳青年報」の記者となっていた徐敬亜が会場にいた。八〇年代中期の「深圳青年報」は、梁湘、袁庚ら改革者の支持で、全国で最も思い切った報道をする地方メディアの一つだった。徐敬亜は同窓生を助けてやろうと考えたからではなく、この発言が豊富な価値を含んでいると敏感に察知し、すぐに発言原稿を整理し、一〇月三日付けの「深圳青年報」で大々的に発表した。

「危機！新時期文学が危機に直面」の記事が世に出るや、直ちに予想もできなかったセンセーショナルな反応が引き起こされた。この見出しが印刷された新聞は爆発的な売れ行きを見せ、新聞売り場では一部が四分から一角に値上がりし、最後には二角にまで上がった。買った人は大部分が青年知識人と大学生だった。買い手たちはそのいささか「耳目をそばだたせる」タイトルの中から何か尋常でないものを察知したのだ。首都の数万名の幸運に恵まれた人々の心にもあっという間にこれが点火された。直ちに各刊行物も次々に転載し、中国全土、さらには海外の中国人居住区でも強い反響を引き起こした。

劉暁波が名を成したのはもとよりその天分と才能、それに勤勉によるが、当時の人心が変化を求めていたという全般的な雰囲気と当局の文化統制が相対的に緩和されたことにもよっていた。「六・四」の後、中国にはもう劉暁波のような「ダークホース」が現れることはなくなった。それは、その後のあらゆる人々に劉暁波のような才能や学問の造詣が欠けているというわけではなく、厳しい外部環境がもはやこのような「ダークホース」が抜きん出ることを許さないからだ。

劉暁波は、はばかることなく文壇の名士たちに「あなた方は、何故、裸の王様を容認するのか」と質問した。彼の中国現代文学をひっくり返すような批判は文壇の自己満足的な現状を打破した。文壇で「平等に利益にあずかれる」作家と批評家は誰も、敢えて自らこの「流水席[12]」の机をひっくり返そうとはしない。

二年後、彼は香港でインタビューを受け、再度次のように述べた。

「大陸の文学について、ぼくが言わんとするのは、良いものがないということだけだ。書かせないのではなく、書けないのだ。……ぼくがある作品を評価する際には参照のために二つ対比する物を持つ。一つは国内のもので、一つは世界のものだ。往々にして、国内で一流の作品を持ち出しても、他国のと比べものにならない。」

彼はこのため多くの文壇の先輩と名士の恨みを買い、いやになるほど攻撃やそしりを受けたが、後悔したことはなかった。彼個人の名声の獲得と学術的発展は決して闇取引のコネに頼ったものではなかった。

この論が批判の対象にしたのは「新時期文学」だが、単に狭義の純文学の領域ではない。名が知られてからの劉暁波は、「文学に関して文学を論じる」純粋な文学評論家ではなかった。彼が専攻した美学は、中国の特色と八〇年代の特色に極めて富む学科で、それ自体文学、史学、哲学などの分野にまたがり、総合性を備えていた。たとえ美学研究者の中にあっても、劉暁波の視野は相当に広く、芸術家の鋭敏さもある上に、根源的な問題を提起し続けた。彼はこのいやになるほど論争の的になった論文の中で「新時期文学には誇りとするに値するものは少しもなく、逆に重大な危機が潜んでいる」と指摘していた。

劉暁波が皆の注目と歓迎を受けたのは、単に彼が文学評論家であるだけではなかったからだ。彼の現代文学に対する批判の真意は別のところにあった。彼が真に批判しようとしたのは文化の枯渇を作り出す独裁体制だった。この点こそ、彼が大学のキャンパスと知識界を風靡した根本的理由だった。長期にわたる高圧的統治の後、人々はジョージ・オーウェルが言った「排気口」を必要としており、劉暁波はちょうどそのような役柄を演じたのだ。それ故、彼は最初からあの「学術のための学術」という古い学究の徒ではなかった。彼は学術の方向には発展せず、人権と自由の戦士となったが、あの頃から既にその端緒がほの見えていた。

劉暁波の出現は、中国の知識人層に新鮮な空気をもたらし、「劉暁波現象」という見解を提起する者もいた。一九八八年、創刊間もない文学評論の隔月刊雑誌『百家』第二期は劉暁波の「孤独について」と題する文章と、その他数人の青年学者が「劉暁波現象」を討論した論文を発表した。この二編は挑発的な意味合いを持つ「第一百零一家」という見出しのコラムの下に置かれていた。このコラムの意味するところは共産党の文化政策が認める「百家争鳴」を超えているということだ。

4. 賑やかな博士論文審査会

一九八八年七月、劉暁波は「美と人間の自由」と題する論文で文芸学の博士号を取得しようとしていた。それは極めてユニークな博士論文で、十数万字の論文に一つの注釈もなかった――それ以後のいわゆる「思想がフェードアウトし、学術が際だった」九〇年代には、教授が学生の論文を審査するには、先ず後ろの注釈から見始めるのが一般的で、このように注釈のない学位論文が通過できないことは明白である。

しかし、劉暁波は、注釈が多ければ多いほど著者に学問があり、或いは大いに努力を傾けたことを示すことにはならず、逆に独立した思考能力や見解を欠いていることを示すものだと考えていた。

彼が選んだのは、思っていることを率直に述べるという書き方であり、次のように述べている。

「このような文章の書き方はぼくの人格と文章の風格をいっそう合致させることを可能にする。……ぼくは常々、中国における古典的な著作に注釈をつける学問のやり方は非常に古くさくて、延々と続いてきて、果ては中国人を『引証偏執狂』に罹らせていると思っている。」

結果的には、この論文は教授たちから高い評価を受け、出版されると多くの読者を魅了した。

劉暁波のこの論文には二つの核心的観点がある。その一つは「衝突を美と為す」だ。中国の儒家が伝統として強調する「和諧（調和、融合）を美と為す」とはっきり対立し、劉暁波は衝突こそが美を構成すると指摘した。

「人は即ち矛盾であり、即ち苦痛であり、即ち衝突である……一人一人が絶えず霊と肉、情欲と道徳、感性と理性の闘いの中にいる。」

彼は中国の伝統文化の中の「和諧」の価値は、実際には個体の特異性と創造力の扼殺であると見抜いた。二十数年後、彼は、胡錦濤が宣伝した偽りの「和諧社会」の理念と激しく衝突し、再び「和諧」の下で犠牲者となるよう運命づけられた。

この論文の第二の核心的観点は「美の理解により自由を得る」だ。八〇年代、中国の人文学術界で「自由の覚醒」という思潮が現れた。以前は当局側のイデオロギーにより醜悪化され、けなされた「自由」という言葉は、ついに人々から認められ、肯定され、追求されるプラスイメージの価値になった。劉暁波は情熱的で奔放な個性から、自由に対する渇望は自ずとかなり強く、不自由な現状に対する反抗も極めて強かった。それ故、自由は彼の論文の中で繰り返し強調される概念となった。劉暁波は、次のように論じた。

「美の理解は人の自由の象徴であり、美の理解を通し、個人の生命は客観的法則を超越することができ、理性の教条を超越することができ、社会の圧力を超越することができ、自身の有限性を超越することができる。だがこのような超越もまた一次的なもので、幻のように変化する。それ故、これは生命の悲愴性を構成している。」

一九八八年夏、劉暁波は論文審査の段階に進んだ。当時「ブルジョア自由化反対」キャンペーンの余波がたゆたっており、保守派の教務委主任・何東昌は、劉暁波は名の知れた「自由化分子」[13]であり、彼の論文審査に同意しなかった。だが、北京師範大学中国語言文学部は圧力に抗し、何度も交渉し、結局、教務委に劉暁波の審査を同意させた。当時、中国の大学はまだいくらか学問の独立や自由を維持していた。

劉暁波の博士論文の審査会は北京師範大学中国語言文学部で最初の審査だった。この審査会は何とも賑やかで、まさに劉暁波の指導教員の童慶柄が「中国の教育史上こんなことはなかったかもしれない」と言った通りであった。

一九八八年六月二五日、蒸し暑い朝、数百名の学生がどっと押し寄せ、北京師範大の本館のさして広くない会議室に押し入った。ドアの外では、まだもっと多くの人が薄暗い廊下で会議室に向かって集まっていた。

本館の入り口に張り出された紙には「文芸理論博士課程劉暁波論文『美の理解と人の自由』の審

査」と書かれていた。文芸理論はさして人気のある学科ではないし、論文のテーマと現実の関係はさして密接ではない。何故かくも多くの学生が傍聴に馳せ参じることになったのかと言えば、元々、論文のテーマを目当てに来たのではなく、「劉暁波」というこの名前を目当てにやって来たのだ。

会議室の外では、数名の審査委員が驚いたように周りの群衆に目を見張っていた。彼らはみな学界の重鎮で、何度も博士論文の審査を主宰してきたが、これまでこんなに黒山の人だかりの場面に出くわしたことはなかった——二年前まではまだ人に知られていなかった青年学者が、何とこのように多くの人の心に影響を及ぼしたのだ。

会議室はあっという間に混み合って身動きもできなくなり、審査委員の座席までも学生に占拠された。学長はやむを得ず慣例を破り、臨時に会場を変え、本館八階の四〇〇人を収容できる大会議室を初めて使用するという決定をした。人の流れは狭い階段を通って八階に押し寄せ、広々とした会議室をあっという間にいっぱいにした。このような騒ぎがあったため論文審査は一時間あまり遅れて始まった。

劉暁波の博士論文審査委員会の陣容は大規模で、王元化が審査委員会の主任となり、その他の委員には北京大学の謝冕教授、四川師範大学の高爾泰教授、復旦大学の蒋孔陽教授、中国人民大学の蒋培坤教授、詩人兼文学史家の牛漢というトップレベルの学者たちだった。

言っておかねばならないのは、劉暁波はこれによって蒋培坤教授と師弟関係ができたことだ。蒋教授は、後に「天安門の母たち」グループ[14]の代表となる丁子霖の夫である。

劉暁波は「ぼくは当時北京師範大学で文芸学を専門に学ぶ院生で、西側の美学、中国古典の美学について力を入れ熱心に取り組んだばかりか、さらに当時の中国の各学派の美学の著作にも広く目を通した。その中で、蒋先生の著述も貪るように熟読した。まさに蒋先生が当時美学界で名声があったが故に、ぼくの指導教授は蒋先生を博士論文『美と人間の自由』審査委員会の九名の一人に招聘することを決めたのだ」と述べている。

また、蒋培坤は次のように回想している。

「一九八八年の春、劉暁波は博士論文の執筆の時期に、何度も教えを請うために訪ねてきた。私たちは話が合い、学術的観点も接近していたので、互いの往来は日に日に多くなった。その当時のつきあいは心温まり楽しいものだった。多分偶然だったろう、劉暁波が人民大学に来た時には、後に（六・四で）犠牲になった息子の蒋捷連と何度も出会っている。それは息子の連が授業が終わり家に帰って来た時で、彼はいつも客に礼儀正しくあいさつし、それから勉強しに下がって行った。暁波もきっと覚えていると思うが。」

しかしその時は、翌年に勃発した天安門民主運動で、丁子霖と蒋培坤のまな息子の蒋捷連が齢わずか一七歳で「六・四」大虐殺の犠牲者になろうとは誰も思いもよらなかった。第一回目の出獄の後、劉暁波は二人の先生の家を訪れたが、風景は以前のままだが、人だけはとうに変わってしまい、まるで隔世の感があった。

その後の二十年間、劉暁波は二人の先生の最も親密で、最も信頼する学生、友人ないしは身内のように親しい人になった。これとは逆に、丁・蒋両先生が直々に面倒を見た多くの学生は、先生と距離を保ち、付き合いを断ち切りさえした。

審査委員会の主任に就任した王元化教授は、学術界の第一人者的人物であった。王元化があっさり劉暁波の博士論文の審査委員会主席への就任を引き受けたのは、この前途洋々で、論争の絶えない青年学者に対する愛顧と支持があったからだ。劉暁波は「当初は、もともと探りをいれるといった態度で要請したのだが、先生はあっさり引き受けられた」と述べている。

九〇年代、学術界には「北李（慎之）南王（元化）」という言葉があった。[15] 劉暁波は、王元化は慎重に過ぎ、李慎之の晩年の我が身を削ってもという断固とした「不屈の魂」には及ばないと考えたが、王の学術と人品には始終変わらず敬意を払っていた。上海に行くたびに、必ず挨拶に訪れた。

だが、国家教育委員会は最初に招請した数人の審査委員会のメンバーはほとんどが「自由化分子」だとして、四人の「マルクス・レーニン主義を堅持する」教授を増やすべきだと要求した。そこで、審査委員会は北京師範大学の張紫晨教授、社会科学院の呉元邁研究員、華東師範大学の張徳林教授、それに人民大学の鄭国詮教授の四人を増員した。後に、蔣孔陽が骨折したため、論文をチェックした意見を送り届けてきただけで審査には参加できず、最後の審査の時には、参加した委員は九人だった。こうして審査委員会に新たなメンバーを加えたとしても、教育委員会は安心せず、審査の当日には特に二人の「傍聴者」を派遣し、劉暁波の指導教授の童慶炳をはらはらさせた。

蔣培坤は「各委員は集中して幾つかの意見を出し、それから劉暁波が重要な論点を選んで統一的に答えた。劉暁波の口述は大変長く、いつものどもりもなく、一気呵成と言ってよかった」と回想している。傍聴の学生たちは冷静に落ち着いて耳を傾け、答弁が終わり、会場全体に盛んな拍手が起こるまで、会場全体は静まりかえっていた。しかし、劉暁波が述べた美学の問題の一部は普通の学生に理解できたとは限らなかった。

審査委員会は論文と口述試験を合格とした。先に決定していた六人の委員は博士の学位を授けることに同意する審議書を提出し、後に加わった数人の教授と教育委員会が派遣した二人は反対意見を提出しなかった。王元化教授は、審査委員会は九人一致で劉暁波に博士の学位を授与することを提案すると宣言した。

この後、六月三〇日に学位委員会が開かれ、劉暁波の文芸学博士の資格を審査し、採択した。七月四日、大学学位委員会は会議を招集し、無記名投票で劉暁波に文芸学博士の称号を授与すると決定した。これをもって、劉暁波は数々の曲折を経て、ついに宿願を果たした。

中国語言文学部の「文革」後第一号の博士として、また才能に溢れた青年教師として、劉暁波の評判は大変なものだったが、服装には気を使わなかった。ある記者は「アカデミシャンの標準に照らせば、劉暁波は絶対に学者型の知識人のようではなかった。もし口をきかなければ、たくましい機関士、或いは転轍機を運ぶ鉄道労働者のようだった」と形容している。劉暁波は記事を見たのち、「ぼくは元は漆喰塗りの労働者だからね」と苦笑した。

外見は大学教師のようではなかったが、頭の中の学問はあらゆる学生を屈服させるに十分だった。劉暁波は中国語言文学部で学生に最も人気のあった教師で、それは学識が深く広く、観点が新鮮で鋭かったばかりでなく、何よりも学生と一体で活動したからだった。彼は童心を失っておらず、学生の前で師としての尊厳をひけらかすようなことはなかった。

　劉暁波は既に結婚していたが、ほかの教師たちとは異なり、いつも学生寮に遊びに出かけた。みなは何の気兼ねもなく一緒にピーナッツを食べ、ビールを飲み、トランプをし、彼が負ければ学生はいつものように彼の額に「子豚」と書いた紙を貼り付け、或いは罰として机の下にもぐりこませた。学生寮に来れば、教師と学生の区別はなかった。学生たちはぶしつけに、彼が書いた詩をくそみそにけなし、彼をからかい、彼のどもりは思考に影響しないのかと尋ねた……。このような『論語』の中の師と学生の間に見られるような「師事して勉強する楽しみ」は、九〇年代の大学では跡を絶った。

　劉暁波の指導した学生でメディアで働く王小山は、一九八六年に東北から北京師範大学中国語言文学部を受験し、入学から二週間足らずで劉暁波と知りあった。王は「劉暁波は一日中学生と一緒に楽しんでいた。彼とは吉林の同郷だったので往き来が非常に多かった」と回想している。また、王は「当時、劉暁波は私のクラスの教学を担当していなかったが、非常に多くの学生が彼と知りあいになっていた。劉暁波は学問が優れている上に、学生とも一緒に遊ぶ唯一の教員で、いつも学生寮に来てみなとおしゃべりをし、運動場の砂地でみなと一緒に相撲をとることすらあった。他にもみなが好きだった先生、例えば王富仁、任洪淵、藍棣之といった方々もいて、みなを招いて酒を飲み、歓談もしたが、運動場に行くことはなかった」と述懐している。

　その頃、劉暁波は三〇歳を超えたばかりだった。体格は頑健で、相撲がずば抜けて強く、大部分の学生は彼の相手にならなかった。勝つと、彼は得意満面で「俺たちは公平に闘おうじゃないか、教師だからといって遠慮はいらんぞ」と言った。長年たっても、先生といっしょに相撲をとった情景がいつも王小山の目に浮かぶのだった。

「劉暁波は元々とても健康で、相撲も強かった。「六・四」後は、彼の生活は監獄にいるか、監獄に向かう道にいるかで、健康状態は前と大きく違ってしまった。幸いにも彼の楽観的精神は一貫して変わらず、顔色は大体いつもまあまあよかった。」

劉暁波はスポーツを好み、学生たちと一緒にサッカーの試合を見るだけでなく、学生のサッカー・チームにも参加した。サッカーはさほどうまくはなかったが、彼は、学生のサッカー・チームの中ではただ一人の教員だった。学生たちとサッカー場で走り回っている時には、そばで見ている者には彼が教員だとは全く分からなかった。

中国の知識人は古来「四体勤めず、五穀分かたず（労働せず、農作物の見分けもつかず[16]）」、運動がだめだとされたが、劉暁波は優秀なスポーツマンだった。彼はかつて「もし文章で家族を支えることができなかったら、日雇い労働者で働くつもりだ」と語った。歌も大好きだったが、生まれつきのどもりに加えて音楽の素質を全く欠いており、唱えば調子がはずれた。

気に入った学生に対しては、劉暁波は実の弟のように見なしたが、儒教的な階級秩序の毒素に汚染され当局の教育に洗脳された何人かの「老成し過ぎた」学生には引っ込みのつかない思いをさせた。人に接する態度では、普通の中国人のように相手の面子を考慮することはなく、自分の嫌悪する人物に対しては、しばしば容赦せずに一喝を食らわせた。

ある時、一人の文人気取りの学生が、得意げに啓功[17]自筆の書を持ち出し、見せびらかすように劉暁波に言った。「ご覧ください、これは啓お爺さんが私に書いて下さった字です。」

劉暁波はこの言葉を聞くと烈火の如く憤り、その学生の額を指して叫んだ。「バカ野郎、孫だって!?――爺さんのけつでもふいてやれ。」

その学生は非常に困惑した。一言「啓お爺さん」と言っただけではないか。だが劉暁波は心からそれがいやだった。

その場をつくろおうと、その学生は急いで話題をそらして言った。「私は昨日、劉先生が書いた『李澤厚との対話』を拝読しました、本当に良く書けておられました、全くすばらしいものです!」

劉暁波は彼に尋ねた。「全部読んだのかね?」

学生は答えた。「半分読み終わりました」。

劉暁波は直ちに反駁して言った。「読み終わってもいないのに、どうしてよく書けていると分かったのか?」

学生は言った。「半分読んだだけでも、劉先生と議論できるでしょう。」

劉暁波は言った。「同じ水準に立って初めて議論する資格があるのだ。君はやっと半分読み終わったばかりで、君は何かぼくと話す資格があるのか?」

学生は言った。「それなら私はあなたを師と仰ぎます。」

劉暁波は大声で叱りつけた。「君にはその資格はないな、私は君のような弟子はいらん。私が君を弟子にしたら、どうしても君自身から利点を得なければならない。たとえ希望であってもね。今、ぼくが君自身から見て取れるのはみなぼくの嫌いなものばかりだ。君を弟子にしても何の役にも立たん。」


大学の若き教師として、劉暁波は中国の教育の弊害を熟知していた。彼は鋭く指摘した。

「中国は、教育を通し人を奴隷に変える技巧と段取りのすべての面で、世界で最も爛熟し、最高の域に達している。」

彼はさらに「大学の卒業生の九五％は能なしで、修士の修了生は九七％、博士の修了生は九八～九九％が能なしだ」と言った。

劉暁波は優れた教師で、学生はみな彼の授業を喜んで聞いた。彼の授業の様子を、ある学生は次のように回想している。

「劉先生の授業は大変よい効果を上げた。文芸理論の課程で教えていたが、いつも授業を始める前に古典の詩や詞を黒板に書き、それから学生とともに鑑賞した。」

劉暁波の話し方には風変わりなところがあった。平素もし二、三人とだけいっしょに話すなら、彼は決まってどもりの欠陥を現し、激してくると、とりわけどもりがひどくなり、話がすらすらいかなくなった。だが、もし数十人の教室で授業をするとなると、言葉遣いはしごく滑らかだった。しかも、人が多ければ多いほど話はますます流暢になり、もし初めて彼の授業を聞いたとしたら、彼がどもりだとはまるっきり気づかない。劉暁波は教師の職業を心から愛したが、残念なことに「六・四」後二十年あまり、彼はずっと大学の教員として授業をする権利を剥奪されている。

八〇年代の中後期、劉暁波の影響力は彼が教鞭を執っていたキャンパス内に止まらず、北京と全国の多くの大学が我先に彼を講演に招いた。八〇年代のキャンパスは相当な自由度があり、学生の団体は非常に活発で、しかも自主性がとても大きく、団体の名で、観点が異なり、ことに「中央と言行が一致しない」専門家、学者を呼んで話をしてもらっていた。異端の色彩の強い人物であればあるほど、大学生から喜ばれた。

「六・四」後、九〇年代の大学は全く沈黙し、講師を大学に呼んで特定のテーマで講演してもらうには、講師が誰であろうと講演のテーマが何であろうと、共青団委員会、学生工作部、党委員会などから十重二十重の審査と指示を受けねばならないようになった。こうして、招請を受ける人物は基本的に当局が安心できる御用学者で、話の内容も痛くも痒くもないテーマとなった。

八〇年代中国の大学における青年教師として、劉暁波は「よい時節に恵まれた」と言える。あの時の知識人の多くは思い切り意見を言い、劉暁波もその中で最も「口に戸を立てず」、「言葉で人を感銘させなければ死んでも死にきれない」と思い込んでいた一人だった。

学生は当然、彼に夢中になった。八〇年代後期、北京語言学院で学んでいた張前進は一九八八九年には積極的に学生運動に参加し、「六・四」後は秦城監獄に押し込められた。彼は、一九八八年、劉暁波の講演が北京の各大学を風靡していた時のことを思い返している。彼は同級生と何度も三十分あまり自転車に乗って北京師範大学に行き、劉暁波の講演を聴いた。劉暁波の大学生に対する吸引力の大きさが分かろうというものだ。

当時、大学では毎日幾つかの異なる講座が開かれており、学生たちはそれらの講座を比較し、選択していた。そこで、これらの講座相互の間では市場競争に類似した状況が生じていた。多くの学者は劉暁波の講座があると聞くと、自発的に自分の講座の時間を変更し、「鉢合わせをする」のを避けた。何故なら「劉暁波が出馬するというのに、交戦する者などいるはずがない」からだった。

多くの学生は、劉暁波が若者に「誰はばからず生命を抱擁しよう」と呼びかけ、知識人の偽善と怯懦を暴露し、人の耳目を一新させたのを今なお覚えている。

一九八六年一二月一二日、劉暁波は清華大学で個人主義を鼓吹する講演を行い、融通がきかず柔順な清華大学の学生を夢中にさせた。彼は「現代の大学生の重要な任務は、徹底的に既成の価値観を変えることだ。小中学校から吹き込まれた硬直した思想を変えることだ。私は今は有名になったが、それには何の外的な力も関係していない。すべて私自身の力によるものだ。人はそんなに多くの責任感、使命感を必要としない。自分自身に忠実でありさえすれば、自分自身を完成させさえすれば、よい。自分の信じるところには、信徒が神に対するのと同様に熱狂的であれ、語るに足るような過ぎたる道義というものはない」と話した。会場に万雷の拍手が起こった。

当時、旧式の録音テープが全国の大学で流行しており、人々はその録音テープを使って英語を学び、音楽を聴いていた。録音機で劉暁波の講演をテープに入れ、持ち帰って同級生に聞かせた者までいた。誰にも知的所有権という観念はなかった。多くの地方の大学生は北京に行って劉暁波の講演を聞くことはできず、このような複製の録音テープを聞くことで満足していた。録音テープには現場の相乗効果はなかったが、劉暁波の豪快で奔放な言葉遣いは、なお目からうろこが落ちる思いをさせた。劉暁波の録音テープは、北京で勉強する学生が地方の友人に送る最も素晴らしいプレゼントになった。「前ネット時代」にあっては、それは知識と思想の伝播の重要な方式の一つだった。大学だけでなく、新興の民営企業の四通公司も劉暁波を講演に呼んだ。しかし当時、四通の万潤南総裁の劉暁波の講演に対する評価はさほど高くなかった。劉暁波の文学者としてのロマンティックな思考と万潤南の企業家としての現実的な性格との間の相違があまりにも大きかったからかもしれない。

このような文化界の活発な雰囲気は、一九八九年の春まで続いた。あの春の到来とともに、ますます多くの人が、山雨欲来風満楼――山雨来たらんと欲して風楼に満つ――という緊張した空気がみなぎり、ただならぬ事が起こる前兆かもしれないという予感を抱くようになっていた……

註

1 『紅楼夢』は一八世紀中頃、清朝中期乾隆帝の時代に口語文で書かれた長編小説。やはり口語で書かれた古典小説の『三国演義』、『水滸伝』、『西遊記』と並び四大名著と言われる（『紅楼夢』を『金瓶梅』に代えると四大奇書）。『紅楼夢』は上流階級の賈氏一族の日常生活と没落に至る過程を細密に描写しており、林黛玉はヒロインの一人で、病弱で繊細な美少女。

2 北京師範大学中国語言文学部は一九〇二年に創立され、「五・四」時代には新文化運動の重要な発祥地となった。魯迅、銭玄同、劉平農、黎錦熙、沈従文、沈兼士、顧随、余嘉錫たちがここで教鞭を執った。八〇年代も北京師範大学中国語言文学部は同様に黄金時代にあった。

3 北京で漂白する外地の知識青年を指す新語。「北漂一族」とも言う。

4 筒子楼は一九五〇年代から一九九〇年代にかけて一般に見られた三～六階の建物で、中央通路の両側が部屋になっている。各部屋はワンルームで、エレベーターはなく、トイレ、炊事場、浴室は共用。

5 後漢末から東晋までの有名人の逸話を集めた小説集。南北朝の宋の劉義慶の編纂。

6 中国北部、黒竜江、ウスリー江、松花江の下流に位置する広大な沼沢地帯の荒れ地。反右派闘争の際には多くの知識人がここに追放され、重労働を科せられた。

7 胡風は中国の文芸評論家、詩人。新中国建国後、彼の文芸刊観は激しく批判された。一九五四年、彼は党の文芸政策を厳しく批判するいわゆる「三十万言書」を提出したが、毛沢東により「胡風反革命集団」の頭目として投獄された。この事件で取り調べを受けた者は二千百人余、連座して逮捕された者は九十三人にのぼった。

8 主題を同じくする詩をいくつか組み合わせ、ひと組の作品とする詩の形式。

9　一九八〇年に発表された中編小説。文化大革命で傷つけられた眼科女医と技師夫妻の抑圧から立ち直り全てを捨てて仕事にかける中年世代の姿を通し、中国が抱える現実の問題を鋭く描写した。

10　一九八六年に放映された連続テレビ番組。中華文明の衰退と再建を訴える内容で大きな関心を集めた。「河殤」は中華文明の象徴である黄河への挽歌を意味する。一九八九年の天安門事件の後、編集者たちは弾圧され、アメリカに亡命した者も出た。

11　原文は「语不惊人死不休」。杜甫の詩からの引用。

12　客が随時に来て飲食し、辞去できる宴会形式。

13　「分子」は一定の階級・階層・集団に属する人々、ある特徴によりグループ化された者たちを指す。

14　丁子霖（元人民大学教授）は天安門事件後、蔣培坤と力を合わせて「天安門の母たち」グループを創設し、犠牲者の遺族とともに真相の究明や賠償などを求める活動を進めている（蔣培坤は二〇一五年九月に他界）。

15　李慎之（一九二三～二〇〇三年）は新中国建国以前から新華社で働き、一九四八年に入党。一九五四～五七年、周恩来の外交秘書。反右派闘争の時期の大民主の主張が西側ブルジョア階級の制度や言論の自由を提唱したものとして毛沢東の批判を受け右派とされ、党から除籍。文革終息後、鄧小平の訪米に顧問として随行。その後、中国社会科学院米国研究所所長、中国社会科学院副院長など歴任。中国の自由知識人の代表的人物、国際問題専門家として評価が高い。

16　『論語』微子篇より。

17　啓功（一九一二～二〇〇五年）は現代中国の著名な書家、画家、教育者。

天安門広場にそろった劉暁波（後列左）ら「天安門の四人」

第3章　天安門学生運動の「黒手《ヘイショオ》」

「北京の記事は本当に読めば読むほど気が滅入ってきた。それはどこにも救いのない話だった。もし僕が二〇歳で、学生で、北京にいたとしたら、僕だってやはりその場にいたかもしれない。そしてこちらに向かってくる自動小銃の弾丸を想像する。それが僕の肉に食い込み、骨を砕く感触を想像する。その空気を裂くひゅうっという音を想像する。そしてゆっくりと訪れる暗闇を想像する」

村上春樹『遠い太鼓』

1. 欧米の大学での研究

一九八八年八月二四日、劉暁波はオスロ大学に中国現代文学の講師として招聘された。当時は「反自由化」キャンペーンが押し進められていたが、趙紫陽たち改革派の抵抗で次第に弱まり、北京師範大学の「小気候(序の註1を参照)」は比較的ゆるやかになった。それで、彼はスムースに出国できた。

「ぼくの出国は何の問題もなく、手続きはとても順調だった。書類を学部から大学に提出すると許可が出た。国家教育委員会には書類の提出とビザとパスポートの受け取りのために二回行っただけだった。他の中国人は出国するのに足がすり切れるほど何度も出かけなくてはならないのに、ぼくは大使館にも行かずにすんだ。」

劉暁波は、ある基金会が提供するプロジェクトでオスロ大学に三カ月滞在した。彼の次に北島、そして陳凱歌、萬之、米丘と続いて、合計五名だった。彼は、このノルウェーの最も歴史のある大学で講義を五回行った。その講義ノートが残されている。

この意気揚々たる若手研究者が、後日、勇気と英知のある評論家、人権活動家、公共知識人のリーダーになるとは誰も思わなかっただろう。

喧々囂々と議論が沸騰する北京とは正反対にオスロは静寂な町である。劉暁波は授業の準備の他は思索と著述に専念し、散歩した。ノーベル平和賞授賞式が挙行されるオスロ市庁舎の荘厳な建物に感嘆しただろう。しかし、二十二年後、自分自身の式典が催され、誰も座っていない空席の椅子が置かれただけになるなど想像だにしなかっただろう。

ところが、ほどなくして、劉暁波は彼を招聘した東アジア学科の責任者、ボニー・Ｓ・マクドゥガル（Bonnie S. McDougall）と衝突した。それは、劉が人間関係など興味はなく、マクドゥガルの指示や束縛に従わず、彼女と仲が悪い米兵とつきあっていたためであった。これが彼女の不興を買った。

「あなたは私が招聘した中国人の中で初めて言うことに従わない者です。そんな言葉づかいで私に楯突いて、この大学にまだいるつもりなのですか。」

「それは横暴でしょう。出国するためだからといって、誰もがご指示に従順とは限りません。ぼくは契約が終われば去ります。でも、中国を研究し続けるのなら、ぼくを無視できませんよ。」

劉の友人で、オーストラリアの中国研究者、ジェレミー・バーム（第２章で既出）は、二人の衝突の根本的な原因について、次のように述べた。

「中国知識人の表面的な礼節と集団主義にすっかり慣れきっていた外国の中国研究者は、劉の率直で剛毅で不遜な性格に驚かされた。

劉は自分に対しても、他者に対しても厳しく、率直で、自由奔放であり、時には自説を固持してぶれなかった。大虐殺の後でもなお粘り強く民主化の闘いを続けられたのは、その人間性の故であろう。」

この経験を切口に、劉は「土着の千里馬（中国の人文社会系学者・文化人）」と「西洋の伯楽（西側の中国問題研究者）」の異常な関係を指摘するようになった。「西洋の伯楽」は「土着の千里馬」を使って縄張りを独占し、それに呼応して「土着の千里馬」は「西洋の伯楽」に迎合し、媚びている。それは出国のチャンスと国際的な名誉の獲得のためである。

「六・四」の後、当局は劉に対して、西側を後ろ盾にし、自国の弱みに強引につけ込む「漢奸」だと懸命に貶めていた。しかし、上記のことから、劉は自分の利益のために西洋の学者のご機嫌をとるなどしないことが明らかである。

オスロ大学のハルバー・エイフィリング(Halvor Eifring)教授(劉暁波の滞在中に通訳。ノーベル賞授賞に際しての選考委員会の言葉を中国語に訳した)は、次のように語った。

「劉は学術研究で期待される若手研究者の一人として招聘された。彼は批判と叛逆の精神に満ちていた。当然、それはノルウェーの学者にも向けられた。当時、彼の性格は激しく、極端な言論がほとばしり出た。天安門事件以後の劉とは別人のようだった。」

劉暁波にとって、オスロ大学での短期滞在は快いものではなかったようだ。ハワイ大学に招かれ、オスロからハワイに赴く途中、香港でインタビューを受け、次のように発言した。

「北欧の中国研究界に有識者はいない。九八%は資質が悪く、だめだ。多くは中国政府におべっかを使い、媚びへつらっている。また、中国の世俗的でポピュリズム的な世論におだて上げられる文化的アイドルにも媚びへつらっている。彼らの中国との関係は極めて功利的でさえある。どのようにして学生を誤らせるか、ぼくは分かった。」

劉の一部の西側中国研究者に対する批判は手厳しいが、まさに中国政府との関係においては功利的な術策に長けているという急所をズバリ突いている。

ハワイ大学アジア太平洋学院中国研究センターで、劉は中国哲学、現代中国政治、知識人について研究した。滞在中に執筆した論文「中国当代知識分子与政治」の最初の部分が香港の『争鳴』一九八九年三月号で発表された。その後、断続的に掲載され、一九九一年九月号で完結し、台湾の唐山出版社から刊行された[1]。

この時、劉暁波は執筆意欲が満々で、彼自身「ハイスピードで書くことに、ぼく自身、驚いた。粗製濫造ではないかと、自分に警鐘を鳴らしたほどだった」というほどであった。だが、これらの文章は、天安門事件以後、当局に「反共反人民の重砲弾」と見なされ、罪状の証拠にされた。

オスロやハワイの平穏な学究生活は桃源郷のようであったが、中国出身の人文社会系研究者も西側の中国研究者も少なく、切磋琢磨する交流は多くなかった。ハワイ大学での研究を終えても、劉はしばらく北京に戻らず、世界をめぐりたいと思った。

「一部の中国人作家は祖国と人民を離れたら大著は書けないと恐れるが、それは弱虫の逃げ口上だ。生き生きとした時空間にしっかりと立ち、内心の世界と対峙し、鋭敏なセンスを保てば、どこでも書ける。」

劉暁波は「中国」を超えていた。台湾の『時報週刊』元編集長で現在『りんご日報（Apple Daily)』社長の杜念中は、二〇〇八年、劉が身柄を拘束された時、社説で次のように述べた。

「多彩な才能の劉暁波は独裁政権に妥協すれば地位や金銭を獲得できた。しかし、中国人は民主主義を実現できる資質があり、劣等ではないことを世に知らしめようとして、そのため幾度も投獄された。この不退転の勇気に敬服し、励まされる。」

一九八九年二月、寒風の吹きすさぶ中、劉はアメリカのコロンビア大学に向かった。アンドリュー・ネイサン（Andrew James Nathan）教授の招聘で、一年の研究プログラムだった。

国際的な大都市のニューヨークの、開拓時代から現代まで脈々と連なる自由の気風に、劉は感無量だった。

自由な時間がたっぷりあった。類は友を呼ぶのとおり、劉は間もなく胡平、陳軍、江河、貝嶺たちと出会い、また以前からの知人に再会し、様々に議論を繰り広げるようになった。

劉暁波は学生時代に胡平の論文「言論の自由を論ず」を読み、深く感銘した。

胡平は、北京大学哲学系修士課程に在学中、一九七八年の民主運動「北京の春」で活躍し、一九八〇年一一月、「言論の自由を論ず」（第五稿）を自分の政策綱領（競選宣言）として掲げ、北京市海淀区人民代表大会の選挙に立候補した。北京大学の学生選挙区において、彼は三〇〇〇票余りの得票で当選し、これを通して国内外で知名度を得るようになった。そして、一九八七年、ハーバード大学博士課程に留学して以来、海外における中国民主運動の理論と実践の両面で一貫して中心的な役割を果たしてきた。当時、彼は中国民主団結聯盟主席[2]で、『中国の春』[3]編集長を務めていた。

劉は胡と親交を深め、しばらくの間、胡の家で起居し、また帰国するときも彼の家から旅立った。

中国から渡米した多くの学者は海外民主運動組織や活動家を極力避けたが、劉暁波は異なり、この貴重なチャンスを生かし、いくつものテーマで議論を重ねた。

数人の友人は劉暁波に「政治庇護」のかたちでアメリカ在留資格を取ることを勧めた。彼は一瞬そう思ったが、しかし即座に断った。その理由について、胡平は「独立不羈の劉は組織的な民主運動に余り興味を示さなかった。ただ編集出版は大いに関心があったので、星雲の志をもって『中国の春』に加わった」と述べている。

劉暁波はすぐに『中国の春』に加入し、毎日編集部に詰めてあちこち電話をかけまくり原稿を依頼した。劉は編集長になり、『中国の春』を民主運動組織の民聯から独立させるか、あるいは民聯から法規に則った委任状を与えられるようにしたいものだと考えていた。

しかし、どれも「相談中」の段階で、中国の政局が激変した。結局、彼は『中国の春』に二週間務めただけだった。

そして、劉暁波の人生行路はさらに新たな段階に飛躍することになる。

2. 危機に満ちた京城に舞い戻る——飛んで火に入る夏の虫

一九八九年四月一五日、鄧小平たち党の長老により総書記を事実上解任された胡耀邦が急逝した(享年七三歳)。長い間、学生や市民の胸に鬱積していた政治権力の腐敗に対する不満、憤り、疑惑が深まった。

翌一六日、学生や市民は天安門広場に繰り出した。それは連日続いた。

劉暁波はかねてから中国知識人の道徳的特性には「明君」の恩恵を求める「忠臣」の絶対的な忠

誠心があると批判しており、胡耀邦の急逝は民主化の新たなうねりを引き起こすとすばやく判断した。

四月一八日、劉暁波は胡平、于大海、陳軍たちと連名で「改革建言」をニューヨークで公表した。その内容は、一九八三年の「精神汚染除去」、一九八七年の「ブルジョワ自由化反対」を徹底的に否定し、その運動の中で無実の罪を着せられた人々の名誉を回復し、憲法を改正し、四つの基本原則（鄧小平の復活後の中国共産党の政治路線の基本原則。a社会主義の道、b人民民主独裁、c共産党の指導、dマルクス・レーニン主義と毛沢東思想。一九八二年憲法と党の規約にも盛り込まれた）を取り消すなどであった。

四月二二日、人民大会堂で胡耀邦追悼式典が、軍と警察に守られる中で開かれた。規制されながらも天安門広場に集まった数万の学生の隊列の中から「対話せよ」、「李鵬、出てこい」のシュプレヒコールがわき上がった。

午後一時三十分、郭海峰（北京大学学生）、周勇軍（政法大学学生）、張智勇（北京大学院生）の三名の学生代表は請願書を捧げて、人民大会堂の国章の下で跪き請願した。しかし、請願書を李鵬に手渡したいという要求は拒否された。

学生たちは授業ボイコットを宣言し、かくして学生運動は第一波のピークに達した。

同日、劉は先述の仲間と連名で「全中国の大学生への公開書簡」という連帯のメッセージをニューヨークから発表し、「我々は謹んであなた方にいくつかの建議を提起したい」と、七項目を挙げ、連帯を呼びかけた。[4]

① 今回の活動において既に樹立された組織的連携を強固にし、堅強な全体をもって有効な活動に努めること。
② 我々は若干の最も基本的な具体的要求を提起し、相応の回答を得ることに努めるべきである。当面、我々は一九八七年の自由化反対運動の徹底的否定を突破口とすべきである。もし、これらの要求に相応の回答が得られなければ、我々は引き続き抗議活動を堅持すべきである。こうして初めて、我々は過去から積み重ねられた運動が「威勢はいいが、成果なし」の低迷的局面を改め、中国の民主化を着実に前進させ得るのである。
③ 自分たちで通信あるいはその他出版物を出版し、各種ニュース・メディアとの密接な連携を強化し、手紙その他一切の可能な方法を用いて、広範な連絡を樹立すること。
④ 社会各界との連携を強化すること。労働者、農民、市民、知識人との連携を含めて、彼らの支持を勝ちとり、運動以後は彼らのなかに深く入り、より一層の相互理解と合作関係を樹立すること。
⑤ 政府方面との対話を保持すること。最高当局との対話から大学指導部との対話まで。
⑥ キャンパス内の自由を実らせることに努力すること。キャンパス内で独立した出版物を創刊すること。十分に自治的な各種団体を組織すること。学生組織と大学当局との対話制度を維持すること。キャンパス内の表現の自由を強固にすること（キャンパス内の「民主の壁」、大字報、学術講座、各種弁論会などを含めて）。
⑦ 大字報を貼ることからデモ、授業ボイコットなどの方式を採ることを随時準備し、参加者一人

ひとりの人身の安全とその他の権利を保障すること。
中国はいままさに偉大な変革のさなかにあるという強烈な感覚を我々は抱いている。我々はまさに歴史を創造しつつあり、同時に我々自身も創造しつつある。
できるかぎりの力を尽くそうではないか。

当時、劉暁波たちは様々な方法を試みてようやく方励之[5]と連絡がとれたが、応対は冷ややかだった。その一方で、ニューヨークから発表された「改革建言」と「全中国の大学生への公開書簡」は北京の友人を経て、北京大学キャンパスの中心「三角地[6]」など数カ所に貼り出され、議論を呼び起こした。このため、劉暁波は当局から「黒手《ヘイショオ》」と見られるようになった。

さらに天安門事件の後、この二篇の文章は外国からの干渉の証拠の一つに挙げられた。

陳希同北京市長・国務委員は「動乱を制止し、反革命暴乱を平定した情況に関する報告（六月三〇日）」において「この動乱には最初から海外・国外の各種政治勢力が介入していた。国民党が飼育している反動組織『中国民主聯盟』のメンバー、胡平、陳軍、劉暁波などは米国のニューヨークから連名で『全中国の大学生に宛てた公開書簡』を送り、『今回の活動において既に樹立された組織的連携を強固にし、堅強な全体をもって有効な活動に努め』、（中略）『各種ニュース・メディアとの密接な連携を強化し』、『社会各界との連携を強化し（中略）運動のなかで彼らの支持と参加を勝ちとらねばならない』と注意した[7]」と、名指しで非難した。

直ちに「北京日報」は「劉暁波の『黒い手』をしっかりとつかめ」という論説で、劉暁波が急遽帰国したことについて、次のように述べた。

「もしかしたら、劉暁波は、海を隔てて遙か遠くから国内の学生運動を操るのでは思う存分に力を発揮できないと思う中国民聯の派遣要請を受けて、四月二七日、大急ぎでニューヨークから北京に戻ったのではないか。劉の北京師範大学宛ての手紙ではコロンビア大学特別講座に招かれ、一九九〇年に帰国する予定だと書かれている。この手紙が大学に届いたのは五月初で、その時は彼本人が既に天安門広場に到着していたのだ。」

ところが、劉暁波は当局のなすりつけた「黒手」というレッテルなどまったく気にせず、逆に誇りに思った。六月一日夜、北京師範大学入口のハンスト学生たちへの講演で、彼は次のように表明した。

「今、政府は繰り返し『少数だ』、『一握りだ』と強調している。つまり、ぼくのような学生ではない者を指さしているのだろう。だが、ぼくは政治的責任を持つ公民であり、理にも法にもかなっている。ぼくは『黒手』という名を恐れない。逆に、誇る。光栄だと思う。」

一九八〇年代、劉暁波は個人の自由と超越の哲学を至上の価値として、大衆運動など〝やじ馬がわっと騒いですぐ散らばる烏合の衆のやることだ〟と見下していた。

このような劉暁波が帰国したのは、何よりも中国の情勢の変化に居ても立ってもいられなかったためだった。

胡耀邦の急逝に驚いたというわけでもない。むしろ彼は胡氏を美化し、さらには忠臣の如く〝君主がお亡くなりになって心がえぐり出されるほど痛む〟というような一部の知識人を批判していた。

そして、次のように知行合一で現場に向かうと表明した。

「どの段階の反逆でも、それぞれ直接的あるいは間接的に専制制度と当局のイデオロギーへの批判となっている。であるのに、どうして今回の未曾有の学生運動に対して何もせず、外国で悠々としていられるだろうか?! 居ても立ってもいられない。抑えきれない。ただ現場に身を置くだけでも、太平洋のこちらで安座して空論を弁じるよりずっとスッキリする。」

そして、劉暁波は「対岸の火事をながめる」ことを潔しとせず、帰国を決意した。

これに対して、劉賓雁は「今、帰国することは明らかに飛んで火に入る夏の虫だ」と止めた。

杜念中も「英雄主義的な情熱に燃えた劉暁波には、北京からの呼びかけを拒めないだろうが、しかし、アメリカでもっと研究を重ね、見聞を広げる方がいい」と提案した。

だが、劉の決意は変わらなかった。陳軍は、次のように回想した。

「劉暁波が北京に帰るのは、道義性など多方面から押し出されたためだった。当時、みな学生運動に胸を高鳴らせ、興奮していたが、いざとなると、帰国まで決心はつかないものだった。劉は、ここで帰らなければ、将来、民主運動について語る資格はないと言った。」

実際、不退転の決意を固めた劉は、口ではどもっているが、心では迷うことなく極めて平静に友人に語った。

「ワ、われわれ……われわれ……って、コ、こんな時、ニューヨークに腰を据えて……言ってるだけじゃ、ダ、だめだ。……われわれは生涯かけて……この時の到来に……準備し続けてきたんだろう？」

この決断について、バームは、次のように分析する。

「劉は自分を英雄視していた。彼は言行一致の哲学をもって闘う者として、この歴史の重大な瞬間《とき》、アメリカにいれば無力感にさいなまれたが、それと裏腹に政治参加は拒み得ない誘惑であった。」

歴史が人間を選択し、人間も歴史を選択する。

劉暁波は四月末、サンフランシスコで開かれる中国文化に関するシンポジウムに参加し、五月一日に帰国する予定だった。しかし、四月二五日以後は航空券がとれるのが半月後になってしまうため、引き延ばすことを潔しとしない彼は、大急ぎでシンポジウムの欠席を連絡し、また、友人知人に別れの挨拶もせず、北京に向かった。

この決断は劉暁波の人生を変えた。彼を車で空港まで送った杜念中は、次のように回想した。

「途中、劉暁波は雄弁になったり、沈思黙考したりだった。『何のために帰るんだ』と聞くと、『現場の学生と一緒にいたい』と答えた。手を振って別れる時、『戻らざる路に立ったんだな』とかすかに感じた。彼は文学者や青年を指導する者になろうとしたのだ。政治犯やノーベル賞受賞者になるなんて、思ってもみなかっただろう。」

四月二六日の「人民日報」には、前日の鄧小平講話に即した「旗幟鮮明にして動乱に反対せよ」との社説が掲載された。学生運動を弾圧する決意があらわになった。しかし、この強硬姿勢は却って学生運動を刺激し、学生たちは翌二七日にデモ行進を敢行した。

劉暁波は成田空港での乗り継ぎで、この社説やデモについて知った。彼は生まれながらの英雄ではない。成田空港で中国から逃げ出したような旅行客が次々に現れるのを目の当たりにして、一瞬ためらうこともあった。だが、搭乗のアナウンスが放送されると、気を引き締めて帰国の途についた。

劉の帰国について、ニューヨークの友人たちは楽観していなかった。陳軍は四通公司に、もし劉が空港で身柄を拘束されたら必ず直ちに連絡するように伝えた。しかし、当局は火に油を注いだような学生デモへの対処に精一杯で、劉は無事に帰国できた。

四月二六日から六月六日深夜の身柄拘束までの四十二日間は、劉暁波のそれまで三十四年の人生の中でも極めて意味が深い。彼はこのように語った。

「六・四は、ぼくの心魂の中で永遠にふさがらない傷だ。歳月が消し去るどころか、ずきずき痛みがひどくなる。ぼくの生命は、あのとき永遠に止まった。六・四は一つの墳墓で、三四歳のぼくが埋葬されている。そして、わけがわからないまま、今のぼくを誕生させた。」

妻の陶力と旧友の周舵[8]が空港に迎えにきていた。陶は憔悴していた。彼女は劉の帰国を思いとどまらせようと何度も国際電話をかけたが、彼はまったく聞き入れなかった。

タクシーの中で、陶と周は学生運動の状況を説明した。

北京師範大学の前は人の海だった。四月二七日の政法大学、北京大学、北京師範大学、人民大学などを中心とした大規模なデモは成功をおさめた。

3. 観察、街頭デモからキャンパスの民主化へ

一九八〇年代、劉暁波は個人主義と超人哲学を尊び、群衆を見下し、社会は烏合の衆だと見なしていた。一九八六年末から八七年初に高まった学生運動に対しては関わらずに、家で読書、著述、家事に専念していた。学生運動に参加して一声あげればすぐにでも指導者になると勧誘されたが、心は動かされなかった。演説により群衆が大規模な運動を広げることなど、大勢が集まり、熱気が高まり、鬱憤を晴らし、それでお終いだと、心底から軽蔑していた。

今回もまずはしばらく観察するというつもりだった。

陶力は、中国民聯からの「全中国の大学生への公開書簡」が当局に通報され、劉が「海外反動勢力の中国代理人」という「性質」を「認定」されており[9]、そのため学生運動への参加は「リスクが高く、学生にもマイナスです」と言った。劉はしばらく観察者としてじっと見守ると約束した。

四月二九日午前、劉は北京師範大学の中で壁新聞を見ていた。その多くは具体的な活動が少なく、憤りなどの激情を当たり散らしているものだった。

学生寮の給湯室の壁に貼られた「Hot News」には、劉たちがアメリカで『世界経済導報』の発禁に対する抗議行動を起こし、数千ドルの支援金を持ち帰った等々と書かれていた。彼はこのデマに憤慨し、壁新聞をはぎ取った。そのとたん、数人の男子学生に左右から腕をつかまれ、詰問された。

「公安のスパイか?!」

彼は大声で答えた。

「ぼくは劉暁波だ!」

「うそつけ!」、「詐欺師め!」、「劉先生のヘアスタイルは長髪だ。この野郎、なりすましやがって!」

劉は長髪をカットしたばかりで、泣くに泣けず、笑うに笑えなかった。だが、数人の中文系の学生が駆けつけ、よく説明したので、誤解は解かれた。

四月二七日のデモを踏まえて、臨時学聯は授業ボイコットを継続するとともに、政府との対話に備えて北京市大学自治聯合会(原文は北京高校自治聯合会で、略称は「市高自聯」、「高自聯」)と改称し、組織の合法化を勝ちとるため、登記を申請するという方針を決定した。

二九日、当局は学生の「対話」要求に応じるかたちで、袁木(国務院スポークスマン)、何東昌(国家教育委員会副主任)たちが、十六大学、四十五名の学生代表との座談会を開いた。ただし、高自聯は合法的な組織とは認められず、ウルケシ(ウーアルカイシ)たちはその代表としてではなく、個人の資格で参加した。このため、ウルケシは高自聯の七カ条声明を読みあげ、憤然として会場から立ち去った。

劉暁波は当局の傲慢と学生側の浅慮に落胆した。

また、北京師範大学大学院心理学研究室に依頼して、アンケート調査を行ったが、回収率が悪く、使うのを諦めた。

五月三日夜、劉暁波は学生の要請に応じて北京大学学生寮で「新五・四宣言」をめぐる討論会に参加した。そこで初めてウルケシ、王丹、王超華たち学生リーダーに出会った。

未明の一時半、教え子の程真から電話がかかってきた。ウルケシが会いたいとのことだった。

夜が明けて、二人は師範大学の「三・一八記念碑」の近くで会い、意見を交わした。劉はウルケシに大規模なデモで民主化を求めず、キャンパスに戻り、大学内の民主化を実践すべきだと提案した。しかし、熱情がほとばしる学生にとって、それは生ぬるい戦略と受けとめられた。

だがその後、「ウルケシはわれらの行動のリーダーで、劉暁波はわれらの思想的なリーダー」と言われるほど、二人は頻繁に会った。ウルケシも「ぼくに一番影響を与えたのは劉暁波」と認めた。劉は「ぼくとウルケシは友人同士だ。ぼくらはまず公民であり、政治的権利においては平等だ」とほほえんだ。

一九八九年五月四日、この日は中国現代史の幕開けを告げるといわれる「五・四運動」七十周年に当たった。[10] 趙紫陽はアジア開発銀行代表への談話を発表し、学生の愛国的感情を肯定し、「現在最も必要なことは冷静、理性、自制、秩序であり、民主と法制というレールにより問題を解決することである」と穏健で柔軟な路線を提起した。しかし、李鵬たち強硬派が阻止・抵抗したため、政府当局と学生は相変わらず一触即発の状況にあった。

同日、朝から学生たちは再び街頭デモに繰り出した。劉暁波と陶力は自転車を押しながら学生デモ隊について行った。途中、金属製のヘルメットをかぶった警官隊に三回阻止され、対峙・膠着状態となったが、デモ隊は進み続け、午後三時過ぎに天安門広場に到着した。

高自聯は広場で集会を開いた。常務理事の周勇軍（政法大学）は人民英雄記念碑の下で「新五・四宣言」を読みあげ、学内民主化を今後の課題にすると提起し、ウルケシは北京の全大学は翌日から授業に復帰すると宣言した。

五日から北京大、北京師範大を除く北京の大学（約八〇％）の学生は授業に戻った。趙紫陽の柔軟路線により学生運動が沈静化し始めたのだった。

劉暁波は「新五・四宣言」は激情がほとばしり出ているだけで、空虚なスローガンが多いと、失望した。だが、彼は、学生が「ご教示とご鞭撻を賜りたい」と訪れることを自宅で待っている「指導教官」を自認する一部の著名知識人とは違い、学生リーダーと積極的に意見を交換した。封従徳は、次のように回想した。

「青年教師のような人が正門で私を待っていた。謙虚な口調で『北京師範大学講師の劉暁波で、帰国したばかりです』と自己紹介し、私と時局に関する意見交換を求めた。私は『高自聯の主席を辞任した』と言うと、彼はぽかんとしたが、何か話した。」

これはささやかなエピソードだが、ここから劉暁波が学生運動に関心を寄せたのは、自分の名声のためではなかったことが分かる。

とは言え、全体として知識人と学生リーダーとの間には信頼関係が築き上げられなかった。これは天安門民主運動の未解決の問題の一つである。

劉暁波は「我々の要求――学内の自由フォーラム――」の執筆に取り組んだ。

五月七日、劉は脱稿し、「北京師範大学党委、北京師範大学校委会」に直接訴えるべく、学内の掲示板の新聞コーナーに貼り出し、教職員に賛同署名を求めた。ところが、翌日、それは破り捨てられ、ほんの片隅しか残っていなかった。

この「我々の要求——学内の自由フォーラム——」は、六月二日の「ハンスト宣言」や「最終陳述——私には敵はいない——」（二〇〇九年一二月二三日、北京第一中級人民法院）に通じる。[11] つまり、劉暁波の思想と行動は一貫しており、それが既に天安門民主運動において表明されていたのである。以下、全文を紹介する。

現在、学生運動から国家の各級政府まで、全国の上から下まで、みな中国社会の民主化について議論しているが、ぼくが思うに、五・四運動から今日に至るまで、とりわけ中国の知識人層が民主を求めるとき、その関わり方は基本的にイデオロギー化、スローガン化のレベルに止まっている。主に、以下の諸側面で民主主義をめぐるイデオロギー的な現象が見出せる。

① スローガンが多すぎて、行動が少なすぎる。

今日まで百年近く、民主を勝ち取るスローガンが叫ばれ続けてきたが、この中国の大地で真に独立した民間[12]の自治組織や民営の言論空間は一つもない。

② 民主を目標に掲げているが、手順や手段が非民主的である。知識人は民主を追求すると言うが、その手順では民主が欠如している。

今般の学生運動では、四月二一日に天安門広場で跪いて請願したことから四月二九日の対話まで、中国の知識人層は、具体的な手順に入ると、民主とは何かに関して無知をさらけ出した。

ぼくが考えるに、民主化とは、その根本的な意義において、プロセスの民主化であり、手段の民主化である。

スローガンやシュプレヒコールを叫び、目標を打ち出すだけでは解決にならない。一つ一つの具体的な問題に関して実践しなければならないのである。

③　法律的な手段を用いて民主化を推し進めることは、まだできていない。民主化を勝ち取る過程において、確かに中国の知識人は先頭に立ち、たびたび迫害を受けてきた。現実的な許容範囲において法律に則り自分自身の権利を守ることさえ稀であった。著名な人権派闘士の方励之氏の宴会出席阻止事件[13]がうやむやのうちに済まされたことは、このことを端的に示している。方氏はまさに中華人民共和国憲法に基づき、法律に訴えることを通して、自分の基本的人権を保障することができたのに、そうしなかった。

今や、中国憲法の条文は死んでいる。みな、現実の生活には役に立たないことをおしゃべりしているだけである。「私の行動は憲法に合致しているかどうか」と、自分自身に問いかける者がどれだけいるだろうか？

もし、一つ一つ具体的なことで、みなが自覚的に法律を行使するならば、中国の憲法は生きかえる。法があっても守ろうとする者などいない。法があっても行使されない。こんな愚痴をこぼすのは、もう止めよう。ぼくたちは、具体的な行動を以て生活に憲法を活かすようにしよう。

中国は無法ではない。法はあっても、行使できないようにされているのである。

④　目標が高すぎて、動揺の振幅が大きすぎる。

中国の現状の下で民主を勝ち取るには、現実に見あった実践可能なベースラインとなる要求をまず提出すべきである。政府の最高責任者との対話を求めるのではなく、基層レベルから出発すべきである。

目標を高く設定すれば、次のような結果になる。

a．最も急進的な要求から最も保守的な要求へと後退する。例えば、学生運動のスローガンが、四月二二日は急進的で、二七日は保守的になった。[14]

b．大勢が凄まじい勢いでわっと立ち上がる雄大さが、わっと騒いで雲散霧消するうら寂しさになる。

c．要求が高すぎて実現できないので、自信を失い、動揺する。現今の中国では、全国規模で反対党を結成し、またメディアにおいて自由を実現するのは非現実的である。より重要なのは一挙に大きな政治状況を変えるのではなく、小さな政治状況で民主主義の建設に着手することである。例えば、学園内の言論の自由、民意の把握、工場における自治組織などである。

ぼくたちには、知恵、さらに忍耐が求められる。今日では、忍耐は知恵よりずっと重要である。

⑤　中国人に特有の農民的な憎悪の心性が、非民主的な過程や手段の誘因となる。

現代の民主制は、様々な政治勢力が非暴力で平和的にお互いに妥協する政治制度である。民主的な政治の最大のメリットの一つは、社会的な衝突を解決する方式を制度化したことであり、これにより暴力性を取り除くことができた。

憎悪は暴力を導きやすく、その心性は民主化の障害となり、同時に独裁政治に最適の土壌をつくりだす。憎悪によって激化した行動では、一つの独裁がもう一つの独裁に代わるだけであり、しかも悪循環に陥りやすい。

民主政治とは、政治勢力の打倒など目的とせず、様々な政治勢力が牽制しあってバランスをとることである。

言論の自由とは、いかなる言論も封じることなく、一人一人が自分の意見を表明できる権利を持つことである。

共産党には、それなりの存在理由と権利があり、「打倒共産党」というスローガンは非民主的である。我々は共産党と現行の政権を排除することなど求めない。

ただ中華人民共和国憲法に則り、民間における独立した社会的なパワーが合法的に存在する権利の保障を要求する。確かに、現在まだ社会全体や政府内で政治的な相互牽制を実現することはできないが、学園内では相互牽制のシステムは達成可能である。

中国の民主化には「仇敵意識」を取り除くことが前提とされねばならない。何故なら、民主的な政体の中には敵はいなく、ただ異なる利益集団のチェック・アンド・バランスがあるだけだからである。唯一の絶対権力の天使よりも、十の牽制しあう悪魔がいる方がましである。これは民主政治の精髄の一つと言える。

民主を勝ち取るために奮闘する人々は誰でも、その知恵が憎悪に毒されないようにすべきである。

以上を踏まえて、ぼくは北京師範大学の教員全員が、学園内の民主の獲得、パワーの相互牽制のために、大学指導層や各層と穏やかに対話することを呼びかける。ただ陰から学生運動への支持や同情を表すだけでよしとすることはできない。公の場における行動によって民主獲得のための隊列に加わるべきだ。

ぼくたちの当面の目標は以下のとおりである。

Ａ　北京師範大学のキャンパスに「自由フォーラム」を開設する。その役割は三つある。

ａ．世論により、大学指導層の業務を監督する。

ｂ．教員と学生の参政意識や民主主義のレベルを高める。

ｃ．学園内の言論に自由な新風を吹き込む。条件が満たされれば、教員の自主的刊行物を創刊する。

Ｂ　北京師範大学学生自治会の活動を公に支持することで、大学側が学生自治会の合法性を承認するように促す。必要とされれば、学生自治会の顧問団をつくり、学生と教員の対話の質や大学全体の民主運動のレベルを高める。

Ｃ　大学指導部と教員・学生との対話集会を定期的に開き、大学側が教員・学生の異見に対しても協調的になるようにする。

Ｄ　学生や教員が大学指導部の仕事ぶりを定期的に評価する権利を保障し、公開を制度化して、評価を公表する。

Ｅ　教員が自主的に参加する「中国民主化研究グループ」を設立する。具体的な手順は以下のとおりである。

ａ．中国の人権状況に関する調査

b. 中国の法治の現状に関する調査
c. 中国の憲法に関する研究
d. 定期的な民意の調査
我らは落ち着いた穏やかな態度と理性的なルートにより大学指導部との協調的な対話を希望する。
我らの目的はただ一つである。それは北京師範大学の民主化プロセスの推進である。
この提案に賛同する者は、署名をお願いします。

発起人　劉暁波
一九八九年五月七日

4. 天安門広場に身を置いて

五月一三日、北京大学で学生のハンスト宣誓式が行われた。午後四時過ぎ、ハンストを宣言した北京の十三大学の学生は、支援する学生や学生ピケ隊に護衛されて北京師範大学まで行進し、新たな隊列と合流して天安門広場に向かった（ハンスト学生は三百余名、支援学生たちは二千余名）。ハンスト学生は白布に「ハンスト（絶食）・大学名」と書いた鉢巻きを締め、ピケ隊・支援学生は紅布の鉢巻きだった。ハンストの狙いは、ゴルバチョフ訪中を機に天安門広場を占拠し、当局に圧力をかけることであった。

午後五時四十分ころ、広場に集まった学生たちは「ハンスト宣言」を読みあげ、学生運動は愛国運動であることを政府は認め、直ちに学生対話代表団と真の対話を行うように要求した。これにより、学生運動は第二段階に入った。

五月一三日正午、周舵は劉暁波の自宅を訪れ、党中央統一戦線部の座談会への出席を呼びかけた。座談会の出席者は、学生側はウルケシたち学生リーダーで、知識人や李鉄映（国家教育委員会主任）たちを加えて六十余名であった。統一戦線部長の閻明俊は一五日に天安門広場で行うゴルバチョフ歓迎式典のために学生の撤退を求めた。

周舵の回想によると、閻明俊は劉暁波の出席に顔を曇らせたが、劉は閻によい印象を持っていた。劉は閻を党内では開明的で寛容・謙虚だと見なし、共産党が政権について以来、民衆の自発的な政治的圧力に応じて対話を行うようになるよい兆しだと、肯定的に受けとめていた。

会場で、劉暁波は学生運動は愛国からであり、四月二六日の「社説」で「動乱」と断定したことを取り消し、名誉を回復することを求め、その一方で、ハンスト学生はゴルバチョフ歓迎式典を無事に終わらせるために妥協・譲歩して広場から撤退し、党内開明派の同情や支持を得るべきだと発言した。閻は「そうはっきり言わないで、まあ適当なところで」と笑いながら止めさせた。

だが、学生運動に対する評価や対話の実況中継という学生の要求に関して意見がかみ合わず、議論は翌日の二、三時まで続いたが、具体的な成果がないまま中断した。学生はハンストの継続を宣言した。

統一戦線部の送迎車で周舵と劉暁波は自宅に帰ることになったが、劉暁波は途中から広場に向かった。劉は周に悔やんで語った。

「もしあの日、ぼくらは統一戦線部で長時間ぐずぐずせずに広場に赴き、懸命に説得したら、成功したかもしれない。その可能性は高かったが……」

五月一四日、午前二時半、李鉄映、閻明復たちは広場に現れ、ハンスト中止を懸命に説得したが、学生の要求に対してはゼロ回答であった。彼らは「動乱」社説の否定はもとより、いかなる譲歩も示さず、学生の不満をかき立て、対立の先鋭化に拍車をかけただけであった。

この状況を目の当たりにした劉暁波は運搬用の三輪荷車に飛び乗り、説得を受け入れて広場から撤退するように呼びかけた。

「憎しみや怨みで広場を覆い尽くすのは止めよう。キャンパスに戻り、学園の民主化をしっかりと推し進めよう。」

ところが、学生たちは聞き入れるどころか、立ち上がり、どなり声で応じた。

「〝ダークホース〟が綿羊に変わったぞ!」

「臆病者、出て行け!」

常に講演で拍手喝采を受けていた劉暁波にとって、このような場面は初めてで、彼はショックを受け、居たたまれなかった。一瞬のことだったが、彼は気落ちして、学生運動から身を引き、アメリカに戻り、研究に専念しようという思いが脳裡をよぎった。

劉暁波は家に戻り、しばらく休んだ。そして、関琦の要請に応じて北京社会経済科学研究所における情勢分析交流会に出席した。

王潤生が知識人有志の声明文を読みあげた。そこでは「解放以来」、「労働人民」、「人民万歳」など共産党のイデオロギー的な言説が使われていた。これに対して、劉暁波は陳腐で現実的でないと異議を唱え、さらに「今や学生たちは、ぼくたち知識人に対して、行動せずにあれこれと人のあら探しをして、うわべだけの批判ばかりしていると失望し、軽蔑している。学生運動に参加するのであれば、ともに現場に身を置きましょう」と発言した。そして、このような知識人の組織にも声明にも参加しないと、彼は心に決めた。

帰宅すると、午後四時過ぎ、ドアがドンドンとノックされた。学生が息せき切って「ウルケシが広場からの撤退を呼びかけている。手伝っていただきたい」と頼んできた。劉暁波はただちに広場に駆けつけた。

夕刻、厳家其、包遵信、劉再復、李洪林、戴晴たち十二名の知識人が広場に来て、学生に撤退を説得しようと試み、「我々の今日の情勢に対する緊急声明」を発表した。しかし、学生たちの組織はしっかりと統制がとれていなく、ハンストの学生たちは聞き入れなかった。

劉暁波は北京師範大学のハンスト学生に呼びかけたが、やはり聞き入れられなかった。彼は説得を断念し、ミルクや重湯など液状の食物をとってハンストを続けるように勧めた。また、国際的な慣例ではハンストが七十二時間に及ぶと政府は対話に応じると励ました。

このように学生への生活物資の配給を手伝いつつ、やじ馬の群衆に状況を説明するうちに七十二時間が経過した。しかし、政府は何の対応もしなかった。

同時期、アパルトヘイトの南アフリカでは内外の圧力により国民大会との対話に踏み出していた。劉暁波は叫んだ。

「何てことだ！　南アフリカにも劣るとは。全くけしからん政府だ！」


中ソの歴史的和解の象徴として設定されていたゴルバチョフ歓迎式典は、一五日に人民中国の象徴たる天安門広場で挙行できず、空港で簡単なものに切り替えられた。翌日、ゴルバチョフによる人民英雄記念碑への献花が予定されていたが、やはり取りやめとなった。次々に予定が変更されたが、中ソ首脳会談は無事にすませることができた。

ますます李鵬や姚依林たち強硬派は学生運動に対して立場を明確にし、譲歩案を提示していた趙紫陽の開明派の柔軟路線は追い込まれつつあった。

一六日の夜、劉暁波は初めて「学生の声」（広場の有線放送）で演説した。

一七日、ハンストは四日目に突入した。赤十字会の救援隊による病院搬送者は数百名に達し、ハンスト学生支援デモは百万の規模にのぼった。

厳家其、包遵信、李南友、楊魯軍たちは「五・一七宣言」を発表し、その中で「趙紫陽書記は『中国の一切の重要な意志決定はこの老いた独裁者によって行われている』と公然と明らかにした。この独裁者の言葉がなければ、四月二六日の『人民日報』社説は否定するすべがないのである。……

老人政治を終わらせよ！　独裁者は辞職せよ！」[15]と表明した。これはゴルバチョフとの会談で、趙紫陽が「最も重大な問題を処理する場合には、必ず鄧小平同志に報告し、彼の教えを求めている」と発言したことを受けている。その意図は、中央委員からも退いた一党員にすぎない鄧小平が党を代表して中ソ首脳会談を進めた理由を説明するところにあったという解釈がある。しかし、これが前記のように「老人政治を終わらせよ！　独裁者は辞職せよ！」というスローガンとなった。民主運動の矛先は明確に鄧小平に向けられるようになったのである。

しかし、劉暁波は「これは重大な失策だ」と異議を唱えた。

一七日の夜、鄧小平の自宅で再度、政治局常務委員会が開かれ、「動乱」を制止するために一部の軍隊を北京に進駐させ、北京の一部地域に戒厳令を敷くことが決定された。[16]総書記の趙紫陽は五人の常務委員会において四対一で孤立した。だが、戒厳令の強行をあくまでも防ごうと、一九日、午前四時頃、趙紫陽は天安門広場に出向き、学生たちにハンスト中止のための対話を試みた。だが、これは趙紫陽が公の場に姿を現す最後となった。

五月一九日の夜、中央と北京市の党・政府、及び軍幹部の集会が開かれ、翌二〇日に李鵬総理の名で戒厳令が下された。[17]同時に、国務院の指令を受け、陳希同北京市長の名で北京市内に戒厳令が布告された。かくして学生運動は第三段階に入った。

劉暁波は広場に留まり続けた数少ない知識人の一人であった。

二三日の朝、劉暁波が書き直した「我々の提案」が「北京師範大学学生自治会」名でガリ版刷り「北京師範大学ハンスト団通信（北師大絶食団通信）」として、天安門広場や各大学のキャンパスで配られた。これは六・四武力鎮圧後に「学生運動の拡大を指導する綱領的文書」に指定された。

この文書の中で、上海の週刊紙「世界経済導報」の発禁事件の張本人は江沢民で、その責任を追及するという項目があった。当時、江沢民は上海市党委員会書記、中央政治局員であったが、これにより「老人幇（長老グループ）」の信頼を得て、とんとん拍子に昇進し、一九九〇年代には実権を掌握した。

他方、劉暁波は江沢民から徹底的に憎まれた。それは彼が当局の厳重な監視下に置かれた理由の一つとされている。

五月二三日、北京市高自聯は広場からの撤退を宣言した。

翌二四日、天安門広場臨時指揮部が成立し、柴玲（北京師範大学）が総指揮、封従徳（北京大学）、李録（南京大学）、張伯笠（北京大学）、楊涛（北京大学）が副総指揮に選ばれた。

しかし、柴玲は李録に影響され、現場に戻ると考えを変えた。彼女は「広場の学生の投票なしに賛同したのはまちがいだった。我々は民主的手続きを堅く守ることを宣言したのであり、信頼して託してくれる人々に責任を持つべきである。この決定は軽率であり、それに従えば、民主主義の原則の実践を希望するみなの心を踏みにじってしまう」と言った。

民主運動において民主主義に関する議論は白熱したが、その本質の理解ではまだまだのところがあった。

五月二七日、劉暁波はウルケシとともに「時局に関する十の声明」を議論する「首都各界愛国維憲聯席会議（聯席会）」に出席した。劉暁波は、中国には英雄の求心力の作用によって民間から政治に影響を与えるレフ・ワレサのような人物が必要であり、「人民スポークスマン」のアイデアを提唱し、ウルケシが適任であると推薦した。しかし、柴玲や封従徳たちに反対された。

この会議では、広場からの撤退に関して意見は一致したが、既に学生運動は指導力を低下させていた。当時、北京市高自聯、ハンスト団、対話代表団、北京学生声援地方学生指揮部などの集団指導がなされていたが、意志決定や伝達は十分ではなかった。

二八日、撤退に関して投票が行われた。その結果、広場の学生の大半は撤退に反対し、座り込みが続くことになった。

柴玲は総指揮の辞任を表明したが、慰留された。また、彼女は広場臨時指揮部が「聯席会」から脱退することを宣言した。

かくして、平和的な撤退の最後のチャンスが失われた。

二九日の午前、劉暁波はウルケシとともに中国人民大学附属中学校の中にある中国文化書院で開かれた「聯席会」に出席した。劉暁波は学生リーダーたちが反省して誤りを公に認め、民主的な手続きにより広場指揮部を選出すること等の意見を出したが、実らなかった。会議が終わる直前、彼は王軍涛に「時間のムダだ。ハンストの方が効果がありそうだ」と言った。王は「ハンストで何ができる？」と応えた。

広場の学生の多くは地方から集まった者たちで、士気は低下していなかった。学生運動が新たな段階に進展する閃光が輝くように思われた。そのため、劉暁波はハンストを宣言しようと考えるに到った。

劉暁波は帰宅して「ハンスト宣言」の執筆を始めた。

天安門事件以後に出された『末日幸存者的独白』では、当時の心境が率直に吐露されている。[18]

「あの夜、ぼくは複雑な精神的もがきを体験した。するとハンストへのためらいがなくなり、ある種の生命の昇華を感じた。

民主運動の視点から見れば、ぼくには他の知識人、ひいては五月一三日の大規模な集団ハンストを見下すところがあるが、それには理由がある。集団の安全な行為だからだ。しかし、ぼくは、戒厳令布告の後でリスクが高まる状況において個人として行動する。

超現実の視点から見れば、ぼくの選ぶ道は、イエスの受難の色彩を帯びている。民族のため、さらに人類のため、十字架の血が人類の良知を呼び戻すことを彷彿とさせる。

自己実現の点から言えば、ハンストにより自分自身の論説を完成できる。悲劇的で最底辺の次元に自ら沈み込むことで、それまで犯したすべての罪悪から救済され、自己を肯定できるようになる。そして、死によって精神を浄化し、聖なるものとして甦らせ、稲妻のように虚無の構築した目に見えぬ暗黒を切り裂く。」

ここから、劉暁波の思想の深淵は複雑で多彩であることがうかがえる。

キリスト教的な原罪意識、ニーチェの超人哲学、実存主義的な「向死而生」、ナルシズム、自己超越などが絡みあい、合成されている。

高名な知識人は次々と民主運動からこっそり身を引き、退却の準備を始めていた。

だが、周舵は「舍命陪君子（命を投げ打ってでも君子にお供する）」の心境で「ハンスト宣言」に加わった。また、劉暁波は台湾出身のシンガーソングライターで、「龍的伝人」によって一世を風靡した侯徳健の参加に思い至った。

一九八三年、侯徳健は台湾の政治的な抑圧に不満を抱き、大陸に渡った。一九八六年、劉と侯は「不打不相識（けんかしなければ友にはなれない。雨降って地固まる）」のとおりの間柄となった。侯は、次のように語っている。

「劉暁波と知り合ったのは、彼が公にぼくを批判したからだ。最も伝統的な知識人のふろしきを背負っているのに、どうして気楽な流行歌を唱うのか？　ぼくは実に、この批判に感謝し、同意した。友人の紹介で会うことができた。劉もぼくの作詞作曲した歌を知らなかったので、一面的な批判だとあやまった。それからぼくたちは気の合う友だちになった。」

その時、侯徳健は香港で「民主歌声献中華」のチャリティ・コンサートに参加していた。彼は最初ためらったが、北京に赴いた。そして、北京空港で出迎えた劉暁波たちに説得されて、ハンストに身を投じた。

また、王軍涛は「我々には敵はいない。憎しみと暴力で我々の知恵と中国民主化の進展を汚してはならない」という「ハンスト宣言」の精神に心を打たれ、陳小平とともに「天安門の四人」のスポークスマンを務めた。

六月一日、劉暁波と妻の陶力は、幼稚園で息子と一緒に「六・一児童節」を過ごした。それが終わると劉は出かけた。陶は突き進む劉を引き止めることはできなかった。

午後四時、「天安門の四人」は王府飯店でアメリカ国家広播公司のインタビューを受けた。

夜、劉暁波は北京師範大学の正門で、次のように表明した。

「我々は七十二時間、三日にわたりハンストを行う。我々は四つのスローガンに基づいて行動する。

我々はハンストを行う！

我々は抗議する！

我々は呼びかける！

我々は懺悔する！

つまり、李鵬政府が非理性的で専制的な軍事管制を以て学生の愛国民主運動を鎮圧することに抗議する。また、一中国知識人として、この行動を以て、ただ口先を動かすだけで、手を動かさないという軟弱性に終止符を打とうとする！」

翌二日の午後、「天安門の四人」は広場で「ハンスト宣言[19]」を読みあげた。その「基本的スローガン」は以下の四つである。

「第一に、我々には敵はいない。憎しみと暴力で我々の知恵と中国民主化のプロセスを毒と化してはならない。第二に、我々はみな反省すべきである。中国の立ち後れには、みなに責任がある。第三に、我々はまずもって公民である。第四に、我々は死を求めてはいない。真の生命を求めているのである。」

第一はノーベル平和賞の授賞式でも読みあげられ、また二〇〇九年一二月二三日、北京市中級人民法院において懲役刑の判決が下される前夜、被告人の「最後の陳述」においても表明されたものである。それは劉暁波の思想と行動を最も象徴しており、全体主義の「仇敵意識」的な政治文化を超越している。

第三は、民間における自立し、政治に責任感を持つ公民意識を提起した。それは、劉暁波が「国家政権転覆煽動罪（国家反逆罪）」を犯した証拠とされた六編の文章の一つ「社会を変えて、政権を変える」の精神的な根底において脈うっている。つまり、中国が自由の保障される民主的な社会へと変わるプロセスを考える上で、視点が「朝（政権上層）」ではなく「民間」社会の各方面の凝集力に向けられているのである。

第二に関して、劉暁波は「このたびの運動の中では政府と学生の双方にあやまちがある」と指摘した。つまり「政府のあやまちは主として旧来の『階級闘争』式の政治的思考に支配され、広範な学生や市民と対立し、絶えず衝突を激化させたところ」にあり、「学生のあやまちは主として自分たちの組織建設が不十分で、民主主義を獲得するプロセスで多くの非民主的な要素を現出させたところ」や「内部組織の混乱、効率と民主的手続きの不足」であった。しかしこのため、自信満々の学生リーダーたちの中に劉暁波への不満が生じた。

ハンスト宣言の後、「天安門の四人」はピケ隊に守られて、テントに移った。いよいよ最終局面だ。テントには、新しい布団や枕が用意されていた。学生たちはノートや帽子やシャツなどにサインを求めた。

計画では、王軍涛、包遵信たちへと、ハンストがリレーされることになっていた。しかし、六月三日の深夜、銃声が響き渡り、中断された。

5．天安門事件と広場からの撤退

三日、広場に「民主の女神」像が運び込まれた。中央美術学院の学生たちが発泡スチロールと石膏で創作したものだった。

「女神を見てから侯さんを見よう（先看女神后看猴／侯）」と、学生たちはますます集まってきた。

その一方で、戦車、装甲車、トラックなどを擁した三八軍は、公主墳、木樨地、復興大街、西単の交差点で学生・市民と激しく衝突した。学生・市民は車を並べガソリンをかけ炎のバリケードを作り、盛んに投石し、これに対して三八軍は発砲した。[20]

四日午前六時、戦車隊が六部口に差し迫ると天安門広場からそれぞれの大学に帰ろうとする学生たちとかちあった。戦車は逃げる学生たちを追いかけ、轢き殺した。

北京体育学院（現北京体育大学）の方政は、女学生を助ける際に戦車に両足を踏み潰された。

「天安門の四人」は人民英雄記念碑で会見しようとしたが、三回も中断された。

夕方、みなの緊張感が一層高まり、広場に張りつめた空気がみなぎった。戒厳部隊と学生・市民たちの間で繰り返される衝突が絶えず伝わってきた。広場の放送ステーションは、催涙ガスへの対処など自衛の方法を繰り返し流していた。

「天安門の四人」は迅速に「身に寸鉄も帯びぬ市民は暴力的な抵抗をすべきではない。非暴力の平和的な手段が最も有効な武器である。広場指揮部は戒厳部隊と交渉しよう」という「呼びかけ」を起草した。そして、柴玲たちを説得し、劉暁波は放送を通して読みあげたが、即座に「臆病者！」と責められ、無念にも中断せざるを得なかった。

三日夜、戒厳部隊指揮部は「緊急通告」を四度出した。戒厳部隊は、西、南、東の方向から広場に進軍し、市民たちはバリケードや投石で阻止しようとした。それが繰り返される過程で衝突がエスカレートした[21]。

九時頃、復興門外の西長安街で発砲が始まり、武力鎮圧が本格化した[22]。この作戦のために、兵士は完全武装で、部隊は戦車、装甲車、指揮車、通信車からなる機械化部隊であり、催涙ガスを装備した「防暴警察」隊を従えていた。

西部でのせめぎあいでは三八軍が発砲を繰り返し、抵抗する学生や市民の流血であたりは赤く染まるかのようであった。

四日未明、午前一時、戒厳部隊は広場北側への進撃を強行した。人民大会堂などで事前に潜んでいた部隊も現れて合流した。

戒厳部隊指揮部と北京市人民政府は「緊急通告[23]」を繰り返し放送した。

その時の状況を劉暁波は、次のように述べている。

「ぼくは人民英雄記念碑の前に立っていた。はじめは十万人がいると推測していたが、広場の明かりが突然消されると、まもなくガランとした。記念碑の周りの学生と市民は数千人くらいになった。絶えず銃声が鳴り響き、負傷者や死者という血ぬられた報告が次々に入ってきた。」

集団は騒然として、意見は分裂した。放送ステーションは押し倒される寸前だった。

突然、ピケ隊の学生が飛び込んできて、工場労働者たちが記念碑の南側で機関銃を設置していると報告した。劉は侯や周とともに駆けつけた。機関銃には弾が込められ、布団で隠されていた。数名の労働者が鉄パイプで小銃をたたきながら、「近づくな！」と周囲に警告を発していた。

侯は全身血まみれの二十代の青年を抱きしめ、自己紹介し、「兄さん」と声をかけた。青年は泣きながら「友だちが殺された。仇を討つんだ」と訴えた。[24]

劉はお辞儀をして、どもりどもり説得し始めた。

「ヒ、広場の学生は貴重な人材で、ボ、ぼくたちはその安全に責任を追わなければならない……」

労働者は怒りを爆発させた。

「オイ！　学生だけが人間か？　おれたちはどうなんだ？　おれたちは何のためにここにいるんだ？　お前たちを守るため、命がけで銃弾に当たっているんだぞ。お前たちが無事でいられたのは、おれたちがたくさん殺されたからだ！　無駄死にしろってのか！」

彼らは徹底抗戦の姿勢を見せた。劉暁波たちは長い時間をかけて辛抱強く説得した。労働者たちは装甲車からはずした機関銃や他の労働者がテントに隠していたマシンガンを手渡した。

これらの武器や弾薬は、「反革命暴乱」の武力鎮圧に乗り出す口実づくりのために、戒厳部隊がわざと取られるようにしたものではないかという疑惑が、天安門事件以後に出された。

劉暁波は武器をどうすべきかとみなに尋ねたところ、「戒厳部隊に直接返すのは危険だ。銃を持って行けば、部隊は戦闘の挑発に来たと思う」という声が圧倒的だった。

そこで、劉は広場にいたジャーナリストに証人になってもらい、カメラの前で、記念碑の周りのピケに使っていた白い石で叩きつぶした。

劉は「親指と人差し指の間に激痛が走るほど力いっぱい叩きつぶした」と語った。

当時、外国のメディアのほとんどは広場から排除されたが、スペイン国営放送は踏みとどまっており、そのビデオには音声とともに現場の一部始終が記録されている。

もし、非暴力を強く訴える劉暁波がいなければ、広場では銃撃戦が勃発し、恐るべき大殺戮まで引き起こされただろう。[25]

放送ステーションから劉暁波たちは「諸君！　非暴力を堅持し、平和的に話しあおう。武器を放棄しよう」と呼びかけた。理性を失いやすい重大な危機的状況において、劉暁波は冷静に理性を保ち、殺戮の惨劇を最小限に止めようと、必死に訴えた。

六月四日、未明の三時、ハンストのテントの中で「天安門の四人」と数名の若手大学教員が話しあい、共通認識に到った。

北京では既に流血が起きた。今や計画的に周到に準備していた虐殺が行使されている。当局に対するいかなる幻想も捨て去らねばならない。そのため、できる限り流血を避け、平和的に広場から撤退することに全力を尽くそう。

最善の方策を考え出すため、みなが知恵を絞っていると、北京赤十字会の二人の医師から連絡が入った。侯徳健たちが救急車に乗り戒厳部隊のところに赴き、話しあい、平和的な撤退の承諾と時間を得るという提案だった。

劉暁波は、自分が「天安門の四人」のハンストの発起人であることから、この最も危険な任務を引き受けると申し出た。だが、次のような理由で、侯徳健と周舵を送り出すことになった。

侯徳健は四人の中で最も名前が知られており、彼が兵士に「ぼくは侯徳健だ」と呼びかけたら、発砲されないだろう。劉暁波は融通のきかないところがあり、相手と論争になったらおしまいだ。周舵は立ち居振る舞いが穏やかで、「暴徒」とは見なされないだろう。こうして侯と周が白衣を着た赤十字会の医師とともに戒厳部隊の指揮官に会い、撤退について交渉することになった。

人民を覚醒させるための流血はもう十分だ。手もとにある「武器」はとても武器とは言えない。こん棒、石、ビンなどは放棄しよう。さもないと、みんなの生命に危害を及ぼす上に、まさに鎮圧しようと迫っている当局に口実を与えてしまう。学生運動のイメージダウンにもなる。まして銃はなおさらだ。すべて集めて、引き渡そう。そうしないと、暴発しかねない……

このように「天安門の四人」は広場指揮部に説いて、誰かが交渉に臨むように求めた。これに対して、封従徳は、次のように応えた。

「あなたたちが何をするのも、どうぞ自由にしてください。第三者として交渉に乗り出すことは、ぼく個人としては敬服します。しかし、ぼくたちは学生指揮部の代表ではない。それに、交渉の結果も、ぼくら全員が可決するという手順を経て初めて有効になります。」

三時半頃、侯と周は救急車で広場の南から北に向かい、歴史博物館の北側で降りた。[26] 彼らが交渉を求めると、戒厳部隊の最高司令官は「交渉を許可するが、必ず広場から撤退しなければならない。部隊は広場の東南の隅に撤退するための通路を確保する。撤退は早急で、七時が最終限度である」と指示した。

四時十分頃、広場の電灯が消されたが、十五分後に再び点灯した。広場に集まった群衆はとても混乱していた。放送ステーションまで戻ってきた侯たちに、学生たちは罵声を浴びせ、「最後まで広場を守り抜くぞ」とどなった。

半そでTシャツの劉暁波は代わりにスピーカーを持ち、必死に訴えた。

「諸君！　ボ、ぼくは……劉暁波だ。ぼくたちを信じてください。ぼくたちは一貫して平和的に非暴力の原則を堅持する。広場を守り抜く諸君が勇敢であることは証明されている。だが、冷静になってください。諸君は既に多大な犠牲を払っている。これ以上は必要ない。諸君たちは生き抜こう。これこそ中国の民主への最大の貢献だ。平和的に非暴力で、最小の代償で民主を得るためには、生き抜く必要がある。」

広場指揮部は集まってきた人々に呼びかけた。

「意志を表決にかけることに決めた。表決の方法は、封従徳が撤退か踏みとどまるかと言うから、どちらか叫んでほしい。多い方に決する。」

いずれが多いか判断しにくかったが、封従徳は「撤退の方が多かった。今から全員すみやかに広場から撤退する」と宣言した。みな広場の東南隅から撤退する準備を始めた。

七時の最終期限まで二時間しか残されていなかった。劉と高は南側へ、侯と周は北側へ広場を守り抜こうとする学生の説得に赴いた。

軍は迅速に行動した。兵士は広場指揮部が記念碑の上に設置したスピーカーに発砲した。三台の装甲車が人民大会堂の西から東へと走行し、記念碑の南側に来た。

劉暁波はステーションにいる柴玲が撤退したかどうか確かめようと、腰をかがめて頭を伸ばしたとたん、腰に冷たく硬い銃口を押しつけられた。彼はサッと押しのけ、よろよろと記念碑の階段を降りた。恐ろしさの余り足がもつれて倒れる寸前になったが、学生の王越紅が支えてくれた。

劉暁波はハッと気づいた。パスポートや手帳などが入ったバッグを忘れたのだ。戻ろうとしたが、兵士に「何してるんだ！　さっさと進め」とどなりつけられた。そばの学生は兵士と交渉しようとしたが、「つべこべ言うな！　命が惜しくねえのか」とどなられた。

しかたなく撤退したが、それでも劉暁波は人の流れに逆らって侯たち三人の安否を確かめようとした。混乱の中、二日間のハンストで衰弱し、倒れる寸前の侯が学生に支えられているのを見つけた。その学生も足を刺されて負傷していた。劉暁波はすぐ彼に代わって侯を支え、進み始めた。

赤十字会の医師は戒厳部隊と具体的なことで交渉し続けていた。最終的に四人一組で隊列をつくり東南隅から撤退することで合意できたが、その時、突然、激しい銃声が鳴り響いた。撤退の動きが止まった。北京市公安局の前で、兵士が周囲のマンションに向けて発砲したのだ。

劉暁波は頭から足まで汗がどっと噴き出し、からだの震えが止まらなかった。この世でまったく恐怖を感じない人間はいないだろう。

学生や市民の大半は無事に広場から撤退できた。劉暁波は二、三百名の学生たちと歴史博物館前の協和医院にあった赤十字会救援ステーションにたどりついた。無表情の兵士が幾重にも包囲していた。それは劉暁波の人生において最も恐怖に包まれたときだった。

夜が明けた。劉暁波は戒厳部隊の「清掃」を目の当たりにした。兵士たちは毛布などを燃やした。民主の女神は倒されて、装甲車で踏みつぶされた。

この時から、六・四天安門事件は劉暁波の人生を変えた。それは体内に残された一本の針のようだ。

彼のみならず、この事件に関わった者みなにとって、「六・四」は時間や名詞ではなく、永遠の心の痛みとなった。また中国にとっても、深い傷となった。

6. 避難、逮捕

六月四日、朝七時、中央軍事委員会は戒厳部隊に広場の制圧と「清掃」の最後の命令を下した。

その頃、疲れきった学生や市民は広場を離れて前門東大街に沿って王府井大街を通り協和医院にたどりついた。虚脱状態の侯徳建は四人一組の中の医師に担がれていた。

長安街を通る時、劉暁波は燃えるバスや軍用車を目撃した。

香港の女性ジャーナリストの蔡淑芳は、協和医院の状況について、次のように述べている。

「医師や看護婦に死者や負傷者はどれくらいかと聞くと、死者は数十名、負傷者は数百名と答えられた。院内は大混乱で、廊下まで負傷者がいっぱいだった。医師も看護婦も足りず、対処しきれなかった。」

劉暁波、侯徳建、王越紅は二つのベッドと小さなテーブルのある夜勤室に案内された。パン、ソーセージ、清涼飲料水などで腹を満たすと、侯の顔色がよくなった。

ドアを軽くノックする音で、二人は目が覚めた。午後一時を過ぎていた。王越紅が戻ってきて、「戒厳部隊が病院を捜索するという話です。ここも安全地帯ではありません」と告げた。

劉：「ここには長居はできないから、帰宅しよう。」

侯：「今は絶対にだめだ。町に出るのは危険だし、それに君の自宅は包囲され、監視されている。ぼくたちは、どこかに身を隠した方がいい。」

劉：「どこがいいだろう。」

侯：「外交公寓（マンション）がいい。」

外交マンションは、長安街の建国門外に建てられた外国の駐在員向けのマンションである。

劉：「家族はぼくらの安否を心配している。まず、ぼくらが安全だと知らせなければならない。」

侯：「電話で知らせよう。」

王：「先生たちが外に出るのは危険です。私が代わりにしましょう。」

劉と侯はそれぞれ自宅と友人の外国人一人の電話番号を教えた。しばらくして、王は戻ってきて「陶力と程琳(侯の恋人・歌手)に知らせました。外国の友人は三時半に車で迎えに来ます」と言った。

三人は夜勤室で周舵と高新の行方をあれこれ推測しながら、車が来るのをそわそわと待っていた。

午後三時二十分ころ、医師が白衣と白い帽子を渡した。劉、侯、王の三人は医師に姿を変えた。病院の前には肉親の安否を確認しようと、大勢が集まっていた。

十分後、黒いナンバー・プレートの赤い車がやって来た。まるで奇跡のように見えた。三人はサッと乗り込んだ。運転手は渋い中国語で侯に声をかけた。

「侯徳建だ！」

たくさんの人々がワッと集まって取り囲んだが、車はすかさず発進した。

「君は北京で最も勇敢な運転手だよ！」

侯は車が朝陽門の立体交差に入るとホッとして言った。運転手は黙ったまま、厳しい表情で前方を見つめていた。

劉は車窓からすれ違って後方に去って行く軍用車を見つめていた。その手は汗を握っていた。

「もし途中で阻止されたら……、発砲されたら……」

車が建国門外に着き、外交マンションに入った。一同はようやくホッと一息ついた。

エレベーターを待っていると、運転手は「シー、静かに」と口を指さした。

エレベーターを管理する中年女性が三人をジロジロ見ていた。劉暁波は再び緊張した。外交マンションで働くスタッフの一部は「特別な任務」を負っていると、前に聞いたことがある。しかも特別な時期である。監視が強められたはずである。その後、六月六日の深夜、劉は外交マンションを少し離れて大通りに出た時に拉致された。これは彼がマンションに入った時から目を付けられていたことを示している。

彼らは部屋に入った。劉と侯は運転手の肩をしっかりと抱きしめて感謝した。この「北京で最も勇敢な運転手」は「タイム」誌の北京特派員ジェイム・フロクルーズ（Jaime FlorCruz）だと自己紹介した。

そこはオーストラリア中国大使館文化アタッシェのニコラス・ジョゼ（Nicholas Jose）の部屋であった。数日前、劉暁波はここで旧友のバームに会い、シャワーをして、着替えた。

部屋はその時と同じだった。広く明るいリビングルーム、おだやかな色彩のじゅうたんやソファー。やはり同じワインとお茶、ミュージック……

だが、外は流血、銃弾の雨、緊迫した空気……

全く違う。劉暁波は居ても立ってもいられず、心は空っぽになった。

シャワー、それは心をしずめる唯一の方法である。暖かなシャワーをからだ全体で浴びる。劉暁波は両手であちこちこすったり、もんだりした。数日間のあかを落とすだけでなく、心にしみ込んだ恐怖を洗い流そうとした。

からだと心が離ればなれになって、全く空虚で無感覚だった。シャワーの温度も、こすっている手も何も感じない。心が凍りついていた。浴室には熱い水蒸気が充満しているが、劉は「寒く」てぶるぶる震えた。


夕食の後、今後どうすべきかを話しあった。ジョゼと妻のリンターは、劉暁波にオーストラリア大使館に入ることを提案した。侯は広州にある自分のマンションに劉が身を隠したらいいと言った。だが、劉暁波は、こう答えた。

「周舵と高新に会えるまで、ぼくは決して北京を離れない。でも、徳健は北京から香港へ行ってください。ぼくたち四人の中の一人は必ず脱出しなければならない。六月四日の真相を世界に知らせるのは、ぼくたちの責任だ。その条件が一番いいのが徳健だ。君まで北京にとどまっていたら、もしかしたら世界の誰もが『清掃』の事実を知らないままになる。」

こうして劉は侯の脱出を勧めた。

侯は、初めは脱出しようとしなかったが、劉が懇切に説得したので、最後は納得した。

その夜、バームがオーストラリアから国際電話をかけてきて、テレビで虐殺の場面が放送されたことを話した。

劉暁波は、戒厳部隊が掃射した弾丸で倒れた犠牲者は自分が発起したハンストと関係があると道義的責任を痛切に感じた。ベッドに入っても、まんじりともせず何度も寝返りを打った。

「もし、ぼくがハンストを提起しなければ、運動の新たな高揚はなかっただろう。当局も学生運動の自壊を待ったかもしれない。強硬な『清掃』はなかったかもしれない。市民と軍隊の間で暴力的な衝突は起きず、流血の虐殺はなかったかもしれない……」

後日、秦城監獄から出獄した劉暁波は、この心境を友人たちに何度も打ち明けた。みな「清掃」の命令と「天安門の四人」のハンストは何の関係もないと口をそろえて答えた。

しかし、劉暁波は、あの夜以来ずっと、自分が図らずも当局と「共謀」してしまったという自責と反省の念に捕らわれた。

夜になっても、窓の外から銃声が響いてきた。連射で、また単発で、近くから、またどこか遠くから。

彼らはカーテンのすみをそーっと開けてのぞいたりした。

やがて、高新が来た。

侯徳健は「天安門の四人」の連名で世界の正義を守る国や市民に向けて緊急声明を発表しようと提案した。

「このファシズム的な暴力に対する道義的な非難と物質的な支援を呼びかける声明をカセット・テープに吹き込んで、ぼくが海外に持ち出そう。ぼくが脱出できなかったら、他の誰かに頼もう。」

劉暁波は、最初、周舵がいなくて意見を聞くことができないからと少しためらった。しかし、侯と高が説得し、最終的にうなずいた。侯は言った。

「大丈夫だ。ぼくたち四人は、広場に残った学生たちを撤退させるときに意見が一致したじゃないか。今もそうだ。何より大切なのは、人権が国際的なもので、国連は守らなければならないことだ。ぼくたちの声明は国際法に則っている。」

侯は草稿に、作家・翻訳家の楊憲益がＢＢＣのインタビューを受けた時の「中国現代史で、これほど大規模に北京城が血に染まったのは初めてだ」という発言を加えようと言った。最終的に劉暁波が以下の完成原稿にしあげた。

胡耀邦の急逝により勃発した学生を主体とする全国民の民主運動は、憲法に全面的に合致しており、また理性と平和・非暴力の原則を一貫して遵守してきた。しかし、李鵬が率いる政府は、何と戦車、装甲車、軍用トラック、飛行機と武装した軍隊まで出動させ、身に寸鉄も帯びぬ学生と市民を鎮圧した。まさにファシストの行為で、一九八〇年代の世界史において極めて稀な暴挙である。

目下、大虐殺が北京城を血で染めている。だが、学生と市民は変わることなく平和・非暴力の原則を堅持しており、これは中国人民の民主的な意識の覚醒を示している。この目覚めた認識は、決して血まみれの暴力によっては鎮圧できない。

このような暴挙は、北洋軍閥[27]でさえ行わなかった。国民党政府でさえ行わなかった。日本ファシズムでさえ行わなかった。しかし今日、共産党政府は行使した。

このような政府は人道的に許されない。

そのため、我々は世界の人権と民主を守るすべての政府に、正義を唱え、平和を守り、暴力に反対するすべての良知に呼びかける。

中国のファシズム政府に対して経済的、政治的、外交的、道義的な制裁を行い、中国人民の民主的事業と「六・四」受難者にあらゆる形の支持と声援を求める。

呼びかけ人
天安門広場のハンスト者
侯徳健、高新、劉暁波、周舵
一九八九年六月五日、北京にて

この声明を、侯と高はそれぞれ録音機に吹き込んだ。

劉は六日まで外交マンションにいた。夕方七時ころ、ドアがノックされた。高新と王越紅だった。劉の部屋で、三人は次にどうすべきか相談した。

九時、ジョゼが帰宅し、翌日、オーストラリアに帰国すると告げた。

劉は「ぼくたちもすぐ離れます」と言った。

ジョゼは「私の車に乗った方が安全だ」と提案した。

車を発進させると、ジョゼは「暁波、大使館に入ろうか?」と尋ねた。

劉は「いや、入りたくはない」と答えた。

大使館の入口に着いた。ジョゼはまた「暁波、入ろうか。今が最後のチャンスだ」と聞いた。

劉は「いいえ。ありがとう」と答えた。

劉は自分の荷物を持ち、車から降りた。そして、自転車を借りて自宅に向かった。家は警察が見張っているが、少なくとも家族には会えるだろうと思ったからだ。この行動について、バームは「大虐殺の後、劉暁波が北京にとどまり、さらに街頭で公然と自転車に乗ることは、八〇年代の中国知識人における個人主義的英雄主義的悲劇の延長である」と評した。

北京は上から下まで四方八方、包囲網が敷かれていた。外交マンションは安全局の厳重な警戒・監視の下に置かれ、私服警官は入口でじっと待機していた。外交マンションを出た二時間後、十一時ころ、劉暁波は逮捕された。それは、あたかも暴漢に襲われたようだった。

自転車に乗っていた劉は脇から突進してきたワゴン車にはね飛ばされ、ドアから数人の巨漢が出てきて、劉の腕を縛りあげ、口をふさぎ、目にマスクをかけ、車内に押し込んだ。

数年後、劉は思い出しながら、次のように語った。

「追いはぎにやられたようで、連行されたときは、恐怖に震えた。自宅だったら、落ち着き払っていただろう。でも、あまりに突然だったので、十五分くらいずっとぶるぶる震えていた。

連行されるんだ。どこまでか？　人のいないところで銃殺されるのだろうか？

十五分ほどして、だんだん落ち着いてきた。口をふさいだものが取られたが、目隠しはそのままだった。ぼくはタバコを一本くれと言った。」

作家の古龍は「恐怖は人間性の根源的な弱点で、生来的だ」という。

劉暁波は、十五分ほど恐れおののいたが、開き直った。たとえ死刑に直面したとしても、あれほど多くの学生や市民が既に銃弾に倒れたのだ。

ただ、病弱の妻と息子のことが気がかりだった。

六月二四日、「北京日報」に王昭の署名による長文の論説記事が掲載された。表題は「劉暁波の『黒手《ヘイショオ》』をしっかりとつかめ」で、彼に様々な罪を着せていた。

六月二日のインタビューの中の「人民の中に武装力を組織しなければならない」という部分だけを取り出して、「善良で優しい人々は、彼らの反革命暴乱に疑いを抱くのなら、その本音を聞こう」と論難している。しかし実際、劉暁波は終始、理性、平和、非暴力の立場を貫いていた。インタビューでの発言は「人民の中に力量を集中し」であった。それが英文では「力量」が「forces」と訳され、これがさらに中国語に訳されると「武装力」とされたのである。このでっち上げの罪状は、劉を死刑などの重罪にまで使うことができた。

八月八日、「ウォール・ストリート・ジャーナル」は「中共のグラーグの失踪者」というタイトルの論説記事を掲載し、六名の身柄を拘束された知識人を紹介し、その中で劉が死刑にされる可能性が高いとの憂慮を表した。アメリカ在住の胡平たちは『中国の春』誌の表紙に劉暁波の肖像を掲げ、彼の安否を焦眉の問題とした。香港のジャーナリズムは「劉暁波を釈放せよ」と報道した。コロンビア大学の教授たちは北京師範大学に「高い関心を寄せる」との書簡を直接送った。オーストラリアではノーベル賞受賞者四名を含む四十一名の学者・ジャーナリストによる署名運動が起きた。

さらに、ノルウェーの知識人はノーベル平和賞委員会に劉暁波を候補者として指名することを提案した。これは彼にとって初めての指名であった。

名誉は自ずとついてくる。その二十一年後に、彼の指名は実現された。

註

1　日本語版は野澤俊敬訳『現代中国知識人批判』徳間書店、一九九二年。

2　一九八三年結成。基本的に中国人留学生をメンバーとする民主運動組織。略称は「民聯」。柴田哲雄『中国民主化・民族運動の現在――海外諸団体の動向――』集広舎、二〇一一年、第三章第一節(八一～九〇頁)参照。

3　一九八二年、米国で王炳章たちが創刊。中国大陸からの留学生を主とする知識人に影響がある。

4　矢吹晋編訳『チャイナ・クライシス重要文献』第一巻、蒼蒼社、一九八九年、一一三～一一四頁。以下同様。

5　天文物理学者。一九五五年に入党するが五七年の反右派闘争で党籍剥奪処分。五八年に設立された中国科学技術大学の教員となるが、六六年、文革で批判され、六八年、拘留され、約一年投獄。七九年に党籍回復、八三年、国際物理センター学術委員に選出、八四年、中国科学技術大学第一副学長就任。就任式で思想の自由を方針とすると述べた。八八年、ブルジョワ自由化の責任で中国科学技術大学を解雇され、党から除名。八九年に魏京生の釈放を求め知識人に署名を呼びかけ、天安門事件後、民主運動の指導者の一人として手配され、米国大使館に亡命を求め、九〇年六月に出国し、アリゾナ大学教授となった。二〇一二年に客死。

6　北京大のみならず、学生運動の中心となり、国を憂い大事を論じ、自由と民主を求める学生のシンボルともなった。「百家争鳴、百花斉放」では「時がやってきた」の詩句をきっかけに壁新聞が貼り出され、党への懐疑精神が胚胎したが、反右派闘争で弾圧。一九八〇年代初、中国の基層民主改革の実験として各大学の学生が北京市海淀区人民代表大会の選挙に立候補し、「三角地」で公約を訴え、議論。天安門民主運動では情報のプラットフォーム。だが二〇一七年、キャンパスの整地という理由で徹底的に撤去された。

7　『チャイナ・クライシス重要文献』第三巻、二五四～二五五頁参照。訳文は前掲「全中国の大学生に宛てた公開書簡」との関連で若干変えている。

8　四通公司総合計画部長。劉暁波とともに天安門広場に身を置き、ハンストした。

9　共産党は当該の個人や組織を協力的、あるいは敵対的などと「性質」の「認定」を行う。

10　矢吹晋編著『天安門事件の真相』上巻、蒼蒼社、一九九〇年、三八～四二頁参照。

11　矢吹晋他『劉暁波と中国民主化のゆくえ』花伝社、二〇一一年、二五～三五頁参照。

12　「〇八憲章」のキーワードの一つ。劉暁波は主著の一つ『未来の自由な中国は民間にあり』で題名の如く中国の変革を推進する担い手として政府ではなく民間に希望を寄せている。

13　一九八九年一月、方励之は鄧小平への公開書簡で魏京生たち政治犯の釈放を呼びかけ、二月「中国の失望と希望」を発表し、四十年間の社会主義の失敗を指摘した。同月、北京を訪れたブッシュ大統領から宴席に招待され、会場に向かったが、途中で方夫妻は警察に阻止された。

14　「対話せよ。李鵬、出てこい」から「憲法擁護、腐敗反対」へなど。

15　前掲『チャイナ・クライシス重要文献』第二巻、二五～二六頁参照。

16　前掲『天安門事件の真相』上巻、五二～五三頁参照。

17　『天安門事件の真相』上巻、六九～七〇頁。以下同様。

18　劉暁波『末日幸存者的独白』時報文化出版、台北、一九九二年、一九三頁。

19　全訳は本書の資料に「〇八憲章」とともに収録。

20　前掲『天安門事件の真相』上巻、一七二頁。

21 同前、一四〇頁以降「『反革命暴乱』の発生」参照。
22 同前、一五五〜一五六頁の「最初の発砲はいつか？」、一七七〜一七八頁の「発砲の状況」参照。
23 前掲『チャイナ・クライシス重要文献』第三巻、一四五〜一五二頁参照。
24 『「私には敵はいない」の思想』二五五〜二五六頁参照。
25 同前、二五六頁参照。
26 前掲『チャイナ・クライシス重要文献』第三巻、一五三〜一五七頁。
27 清末から辛亥革命・中華民国成立の過程で権力闘争の中心にいた袁世凱の軍事力をもとにして、彼の没後、北京政府（北洋政府）を支配し、あるいはそれをめぐって抗争した各地の軍閥の総称。

90 年代初めの劉暁波

劉暁波と丁子霖、蒋培坤夫妻

第4章　ゼロからの出発

まさに心底から人間を戦慄させるのは何か？　虐殺か？　否、その死が漠として知られないことではないか？

ケルテース・イムレ[1]

1．囚われの身となり「反省文」を書く

劉暁波は逮捕されて間もなく秦城監獄に護送された。それは北京市昌平区興寿鎮にあり、中国で唯一、司法省ではなく公安省の直接管轄による高級政治犯が収容される拘禁施設で、正式名称は「公安部看守所」である（第１章の註４も参照）。

一九五八年にソ連の援助で建設が始まり、一九六〇年に完成した。当初、甲・乙・丙・丁の四棟のみであったが、一九六七年に戊・己・庚・辛・壬・癸の六棟が増築された。どの獄舎もレンガ造りの三階建てで、取調室と屋外の運動に用いられる空き地が附属し、それぞれ塀で囲まれている。

投獄された者の話によると、一般に各房には一平方メートルほどの窓が一つある。窓は外側に上向きに傾斜しており、網戸、鉄格子、ガラスの三層になっている。ガラスは白く塗られている。それが囚人にとってたった一つの小さな空である。深い井戸にかかる長方形の空のようなものである。房には低いベッドしかない。安全を考慮し、椅子などはない。全て固定され、角は丸くなっている。自供など書かされる時は、小学生用の机が運ばれてくる。

投獄されると、まず小さな部屋で、不適切とされる物品が（靴ひもまで）没収され、黒い囚人服を着せられ、タオル、洗面器、歯みがきセットなどが渡される。ホウロウびきのコップ以外、全てプラスチック製である。劉暁波は、次のように語った。

「二人の看守は、ぼくの革製ベルト、靴ひも、メリヤスズボンのひも、そしてパンツのひもまで一つ一つ取り出し、はさみで切った。これは、ぼくの人生において最大の侮辱で、がまんできず、とても下品な言葉で激しくヒステリックに抗議した。

ぼくの神経はすべてギュッととんがり、からだ全体をビクンとねじり、両手で必死にパンツをつかみ上げようとした。あたかも死に瀕して懸命にもがくようで、二分ほどで全身の力を使い果たしてしまった。」

二人の看守はからだに危害は加えないと繰り返し約束し、劉暁波はようやく大人しくなった。

秦城監獄には、囚人の処遇が入獄前の階級により異なるという特徴がある。例えば高級政治犯には個室（独房）が与えられるが、一般政治犯は相部屋（雑居房）である。省・部クラスの幹部以上であれば食費は毎月百二十元だが、一般ではわずか三十元である。

王丹の回想録によれば、学生の囚人の食費は三十元だったのに対して、劉暁波たち「学生運動の黒幕」は百二十元だった。元中国人民大学学生の劉賢斌は「ぼくらの食事はひどかった。毎日同じで、朝は窩窩頭[2]が一個、トウモロコシのおかゆ、漬け物のかたまりで、昼と夜は窩窩頭一個と野菜スープだけだった」と述べた。

一日三食（日曜と祝日は二食）は、看守が床から三センチほど開いた差し入れ口から配る。シャワーは、一般囚人は月一回だが、高級囚人は週一回である。ドアは閉められず、看守が監視している。

秦城監獄の囚人は、他の刑務所のように工場などの労働に駆り出されることはない。一般囚人の一日は、早朝七時に呼笛で起床し、夜九時に就寝する。ベッドにはわらの敷き布団に薄い掛け布団だけで、二十四時間ずっと明かりがついている。

「昼間、ベッドに横になってはいけない。ケンカをしてはならない。寝るとき背中を監視窓に向けてはならない。歌ってはいけない。器物を壊してはいけない。落書きしてはいけない。部屋の隅に身を隠してはいけない」など規則を厳守しなければならない。

劉暁波はリンチなどで虐待されなかったが、初めの半年は非常に苦悶していた。独房で新聞は読めず、ラジオは聴けず、取り調べ以外に話し相手はいない。どのような重刑が下されるか見当もつかなかった。

出獄後も、劉暁波は獄中生活について長い間ずっと沈黙していた。だが、包遵信を記念する文章で、ようやく公に語った。

「当時、『黒幕』とされた知識人の囚人はみな丙(二〇三区)の独房に入れられ、なかなか会えないが、それぞれ重罰のリスクをかえりみず、散歩や便所に行く『放風』のちょっとした隙など、あの手この手で連絡をとろうとした。U字型の秦城監獄の屋外運動場には二列の『放風間』(約十平方メートル)がある。その間には武装した看守が囚人の一挙一動を監視している。囚人たちは看守の隙を狙ってこっそりメッセージを交わしあった。」

丙棟の囚人たちは自供など書くための紙やペンを申請できる。劉暁波の隣室は中国政法大学の若手教員の劉蘇里で、「獄友」だった。二人は散歩のとき伝言を投げかわしていたが、看守に見つかり、別々に取調べを受け、さらに散歩の時間をずらされた。

劉蘇里に代わって陳小平と散歩の時間が同じになった。やはり「獄友」の陳は、次のように回想している。

「しばらくして、私たちは夕方いつもラウドスピーカーが放送を始めると、一斉に大声で『アイスキャンディー!』と叫び、辛くて耐えがたい独房生活を凌いでいた。また『放風間』のセメントの壁に穴を開けて、伝言を書いた紙きれを丸めて押し込んだ。劉暁波は監獄のルールなんて守らなかった。よく伝言をかわしたり、下水道に叫んで伝えたり、いたずらしたり、何とかしてコミュニケーションをとろうとしていた。」

また、二人は以心伝心で、英語の会話練習を装ってコミュニケーションをとったが、ばれて、その結果、やはり散歩の時間をずらされた。

次に代わったのは、別の隣室の楊冠三だった。劉暁波は木の枝でセメントのかたまりに自分の名前を書いて塀から投げ込んだ。楊も、お手本どおりに投げ返してきた。出獄後、初対面の時、楊は次のように話した。

「暁波、おまえはようやるよ。ぼくがジョギングをしてたとき、セメントのかたまりが空から落ちてきて、額をかすめて、二つに割れたんだぞ。しゃがんで、二つを合わせると、なんとなく、君の名前だと分かった。やれやれ。間一髪さ！　ぼくの命は共産党に取られなかったが、もう少しのところで君に取られたよ！」

長年、風に吹かれ、雨に打たれてセメントの壁には小さな穴ができていた。劉暁波は木の枝で穴を広げ、のぞき込むと、包遵信の上半身を見つけた。劉は伝言の紙を枝に巻きつけ、穴から包に差しのばした。包はハッと気づいて、それを受け取った。

劉はとても喜んで、返事を待ちわびていたが、数日たっても何もなく、がっかりした。出獄後、劉は包に確認したが、包はすっかり忘れてしまったようだった。

一九九〇年の春節（旧正月）を前にして、投獄から半年で初めて、劉暁波は妻の陶力、岳父、岳母と面会できた。自分の行動が家族にもたらした迷惑、辛さ、そしてわずか六歳の長男・劉陶の将来について語りあった。穏やかでお人好しの岳父は、あまりのショックで心は千々にちぎれ、すっかり落ち込んでいた。妻は病にやつれ、涙をこぼしていた。劉暁波は胸を突き刺されるような思いだったが、何の弁解もせず、ずっと黙していた。

一九九〇年一〇月上旬、劉暁波は北京市内の半歩橋刑務所に護送され、父親と面会した。彼は次のように述べている。

「ぼくは一年半ぶりに父に会った。父は仰々しい軍服を着て、手には大きな二つのカバンを持っていた。顔はこわばり、希望、不安、恐怖、悲痛、焦慮など入り混じった複雑な表情をしていた。父は他人行儀で、或いは特殊な身分の者のように、ぼくに対して不自然なほほえみを浮かべ、果物、たまご、着替えを差し入れてくれた。どれも母が用意してくれたものだった。タバコも持ってきてくれたが、父は監獄が禁煙であることを知らなかった。

父は家族の近況を簡単に話すと、『お前は自分の問題をしっかりと認識しろ』と言い、長々と正論をふるった。

『お前は自分のやったことの罪のある部分さえ認めれば、党と政府はお前の問題を正確に処理するはずだ。党と政府の一貫して事実に基づき真実を求める伝統を信じなければならぬ。』

その時、父の言葉は本心からなのか、それとも取調べの人間にわざと聞かせるためなのか、ぼくには分からなかった。

中国現代知識人の中で、父のような五〇～六〇年代に成長した世代は最も悲劇的であった。その青春時代は政治運動のさなかだったからである。

待遇の面では、一九四九年以前の大学卒の世代には遙かに及ばない。思想の面では旧世代（一九四九年以前）や新世代（一九七六年以後）より硬化し、盲従的で保守的で臆病である。たとえ党の文化に反対しても、これ自体が頭の中に充満している。それこそ父の世代の残酷な運命である。彼らは、知識構造、人格や教養、思考方式、生活様式が既に『党化』され、『党』に深くはまり込んでいるので、そこから自力で抜け出すことはできない。

それにも拘わらず、ぼくは、父があのようなやり方で愛を表現したことを理解している。また、だからこそ、ぼくはさらに悲しい思いに包まれた。つまり、愛の息吹の気配もないイデオロギー的な言説をもって父としての愛を表現したことは、党の文化の一例に他ならない。このような父の愛には、家族の温もりや親しさはなく、全く冷えきった政治的お説教にすぎない。労働者から党の主席まで、全ての党員は、父や母としての愛を居丈高なお説教で表現する。それは上役が部下を叱責する、或いは指示を伝達するかのようだ。

映画『焦裕禄』で家族が食卓を囲むシーンが象徴的である。主人公の息子＝焦裕禄がトウモロコシのマントウを食べたくないと言うと、父はどなりつけ、食卓の家族全員に長々と正論をふるう。それはまったく県委員会で、とめどなく長広舌をふるうのと同じである。

つまり、党の文化があらゆるところの隅々にまで入り込んでいる。もし、民族全体の家庭の雰囲気が『党化』、政治化されてしまうなら、普通の生活には戻れなくなってしまう。

毛沢東や周恩来が映画や本で家族についてどのように表現しているのかを見れば、党の文化が家庭、夫婦愛、親子の情愛をどのように呑み込んだかがはっきりと分かる。」

だが、最後に父親が母親について語るようになって初めて口調は穏やかで温もりを感じさせるようになった。劉暁波は続けて、次のように述べている。

「長々としたお説教の後で急に、父は母について話し始めたので、ぼくはホッとした。『三ちゃん（劉は三男）、お母さんは兄弟の中でお前が一番かわいいんだよ。お母さんはこのことで本当にとてもショックを受けて、毎日泣き明かしている。まともに眠ることさえできない。いつも悪夢にうなされ、パッと目を覚まし、夜が明けるまで泣き続けている。あまり外には出ないが、家を出るとご近所に会うたびにお前のことをしゃべりまくる。祥林嫂[3]になる寸前だよ。わしが北京に来るとき、お母さんは泣いて騒いで、『どうしても一緒に行く』と言い張った。私は苦労してやっと思いとどまらせたのだよ。

父はぼくを悲しそうに見つめた。

『三ちゃん、自分の人生を考えなくとも、お母さん、お父さん、女房、子どものことを考えよう。お前が獄に繋がれれば、まさに家族も同じように刑期に服するものだ。お前には形のある監獄で、家族にとっては形のない監獄だ。お前は自分のことで四方に高い壁ができたが、家族の心にも四方に高い壁を作ってしまった。もし、お前が独断専行で自分を台無しにすれば、お前の家族、とりわけお母さんのことも台無しにしてしまう。お前が八年、十年の刑期になれば、お母さんはお前の出獄を待つことはできないだろう。』

父は黙り込んだ。ぼくはずっと頭を垂れた。ふと顔を上げると、父は顔中涙でくしゃくしゃにして、タバコをはさんだ指がブルブルふるえているのが目に入った。」

劉暁波は生まれてから三十五年、初めて父親が涙を流すのを見た。

「子どもの頃、父は一家の大黒柱だった。〝武士に二言なし〟のようで、子どもと心から打ち解けて話したり、冗談を飛ばしたりしたことは全くなかった。ぼくをしつける方法は、どなるか、手をあげてぶつか、だった。亭主関白だった。

ぼくの幼い心の中では、父はまさに歯ぎしりするほどの悪魔で、父がいなければどんなにすばらしいかとさえ思った。

しかし今や、迫害を受ける息子を前にして、彼はもはや党員の教授ではなく、ただひしひしと胸を痛める父親にすぎなかった。ぼくが自由を得られるためには、父はどんなことでもしただろう。たとえ党籍を放棄しても、信念を裏切っても、さらには生命を捨ててもいいという父になった。

ぼくは生まれて初めて父の愛とは何か、父と子の情愛の大切さを感じとった。」

父親の涙が劉暁波の心を揺さぶった。「反省文」を書くか書かないか、考え始めた。

「六・四」天安門事件の後、当局は知識人や学生リーダーに対して罪刑を比較的軽くしたが、いわゆる「打・砸・抢（ぶん殴り、叩きつぶし、略奪する）」の「暴徒」、つまり一般市民には重罰を下し、少なくとも十数人が死刑、無期懲役、二十年の実刑となった。

メディアが「劉暁波・収監」のニュースを報道し、中国青年出版社が九月に『劉暁波　その人その事』という書名で、彼を糾弾する本を出版したことがきっかけとなった。これにより、彼は同じく秦城監獄に押し込められた他の著名な知識人よりも抜きん出た「冠」を戴くことになった。

同書の附録では、劉の数篇の文章とインタビューが完全なかたちで収録された。一九八七年、方励之、劉賓雁、王若水を糾弾する際、彼らの講演や評論などはみな削除され、ただ党内で「内部参考資料」としてのみ回覧されただけだった。だが、劉暁波の場合は、その大胆な言論、とりわけ胡耀邦の逝去に関する三篇の長文、また「我々の提案」、「六・二ハンスト宣言」、さらには共産党一党体制とマルクス主義に対する論理的かつ力強い批判が、「糾弾」の名の下で、鳴り物入りで公刊された。もしかしたら、編集者には「他に企むところがあった」のかもしれない……

秦城監獄の看守は、劉暁波に「天安門の四人」の一人、周舵が釈放されたニュースの掲載された新聞を見せ、「お前もそろそろかもしれないぜ」と言った。もう一人の看守は「中国はいつもこうさ。雷鳴はでっかいが、雨粒はパラパラってなもんだ」と、慰めるような言い方をした。

しばらくして他のメンバーも自由になったことを知らされた。

刑期を軽くするには、当局は「反省文」を書くことを条件とした。人間の絶対的な自由と独立を至上の価値とし、身をもってそれを実践する劉暁波にとって、精神的な地殻変動を起こすほどの苦悩と葛藤だった。彼はそれまでも脅迫や誘惑に強く抵抗し、懸命にもがいてきたのだった。だが、とうとう最終的に決断した。

出獄後、一九九二年の『末日幸存者的独白』では当時の心境が綴られている。

一九九〇年一一月、書くか書かないかに直面し、自分が考えた以上に心の奥底でもがき、苦悩した。この世には自由より貴重なものなどない。本心に反したら、どうなるだろう。中国ではみんなウソ八百で生き抜くのだろうか。

最終的に彼は看守に頼み、鄧小平、楊尚昆、江洋良、李鵬などの談話、通達、命令、及び新聞を集め、分析した。特に「人民日報」に掲載された「民族虚無主義から売国主義に転落――劉暁波のブルジョワ階級自由化のでたらめな理屈を評す[4]――」からヒントを得られた。即ち「狂人」の劉暁波は学生運動に介入し、動乱と反革命暴乱を煽動したため、既に反党、反社会主義の歴史的な罪人になった。彼がここまで至ったのは決して偶然ではなく、極端な個人主義、唯心主義、形而上学的世界観、ブルジョワ的自由思想を頑迷に固持してきた結果である。

これに基づき、劉は「政治的には反党・反社会主義、文化的には民族虚無主義、道徳的には極端な個人主義、思想的方法では形而上学」という四つの方面から自己批判した「反省文」を書き上げた。これについて、劉暁波は『末日幸存者的独白』で、次のように述懐した。

「自分を説得できさえすれば、良知を裏切ることはさほど難しくはない。これはまさに長い間ずっともがき苦しんだ結果かもしれない。この意味で、ぼくの『反省文』も深く熟考したものだ。だが、恐怖に覆われたときに聖なる信条を持っていなかったためでもある。……自ら甘んじて精神的な自虐、或いは心魂の自殺をしてしまった。」

それでも当局は、劉暁波が「反省文」を書いたことを後悔して、法廷で取り消すことを危惧した。開廷の前日、裁判長はわざわざ秦城監獄まで足を運び、彼に言い聞かせた。

「反省文を後悔し、法廷で気が変わるようなことがあってはならんぞ。でなければ、わしらは収拾がつかなくなってしまう。」

一九九一年一月二六日、法廷が開かれ、裁判長は「刑事処分を免除し、即時釈放する」と読みあげた。劉暁波は心の準備が全くなかった。軽くても二年から五年の刑が言い渡されるだろうと予想していた。

侯徳健は「六・四」後に自宅に桃とあんずの木を植えた。つまり「桃は三年で実り、あんずは四年かかる」から、劉暁波が三〜四年の刑期を満了してから食べられるだろうと考えていた。

この判決に驚き、喜んだ劉暁波は大声で叫びたかったが、矜持を保っていた。後日「北京週報」や「文匯報」で劉暁波が法廷で政府に感謝して顔中涙があふれたという記事が出たが、事実に反する。だが、彼は感情表現を控えるような人間ではない。法廷を出ると、指をパチンと鳴らし、「おれはやったぞ!」と叫んだ。二人の司法警察はそれぞれ劉暁波の腕をギュッと押さえ、耳元で「劉さん、場所をまちがえるな。気分を晴らすなら、部屋に入ってからだ。いくらでも時間はある」とささやいた。

部屋に入ると、司法警察は礼儀正しく対応し、さらにタバコを一本差し出した。しばらくしてから、裁判長の譚京生、北京師範大学の劉慶福、王憲達、黄智顕が入室した。中文系学部長の劉慶福は「保証書」に署名した。劉暁波は「北京市中級人民法院判決書」、「北京市中級人民法院保釈決定書」[5]、「釈放証明書」に署名した。妻や息子に会いたいと申し入れたが、譚裁判長に断られた。「特別な事情」のため、北京にはいられず、大連の実家に護送するというのが、その理由だった。

夕刻、劉は裁判所の職員とギョーザを食べた。

「長年ここで仕事をしてきたけれど、被告と同じテーブルにつくなんて初めてだ」と、職員は感慨深げに言った。

夜十時、王憲達と黄智顕に付き添われ、裁判所の車で北京駅に行き、一等寝台に乗り、大連に向かった。劉暁波は複雑な気持ちで胸がいっぱいだった。

この年の春節には、劉暁波の四人兄弟もそれぞれの赴任先から実家に帰ってきた。一家団らんで、降りかかった災難を乗り越えてめでたいと食卓は喜びに包まれて過ごした。

だが、劉暁波だけが考え込み、「自閉」的な状態に落ち込んでいた。周舵や高新からお見舞いに行こうと声がかかったが、断った。この時期、劉暁波は獄中で虐待やリンチを受けて植物人間になってしまったといううわさが広がった。

出獄後、劉暁波の三つの言動が議論を呼び起こした。

第一は反省文を書いたことである。釈放の当日、新華社[6]は次のように配信した。動乱・暴乱に参加した犯人の一部に処罰が下された。王丹たち五名に有期懲役刑が言い渡され、劉暁波たち三名は刑事処罰を免除された。劉暁波は罪状が甚だしく大だが、罪を認め悔いており（認罪悔過）、重大なる手柄を立てた行動が伴ったため、刑事処分を免れた。

確かに王丹に下された懲役四年、政治的権利剥奪一年、一九七九年の「民主の壁」以来民主運動の指導者であった任畹町への懲役七年、政治的権利剥奪三年に比べると、劉暁波の判決は極めて軽い。

「認罪悔過」は反省文を指し、いわゆる転向書のたぐいである。

「重大なる手柄を立てた行動」とは「天安門の四人」で戒厳部隊と交渉し、広場に残った学生・市民の無血撤退を導き、最悪の流血を避けたことである。

後日、劉暁波は吐露した。

「もし歴史がぼくに二度目のチャンスを与えてくれるなら、絶対に書かないだろう。その時の『認罪悔過』は本心に逆らったというより、自己保身のために心の底からウソをつき、当局が用意した計略と暴力に屈服したのだ。『反省文』を書くことに従ったのは、やはり精神が軟弱なためで、自分にとって最も大切な信念を最後まで堅持できなかった。」

白い紙に書かれた黒い文字の「反省文」は既に歴史の一部に刻まれ、動かぬ証拠となっている。それ以来、劉暁波はいかなる時でも、自分の汚点を隠さず、真の反省を以て恥をそそぐ道を歩み始めた。

「秦城監獄で、ぼくは『反省文』を書いた。ぼくは個人の尊厳を売り渡したと同時に、六・四で冤罪を被った死者の霊魂と流血を売り渡した。

出獄後、ぼくには大なり小なりの悪名がつきまとうが、様々な人たちが配慮してくれる。だが、多くの一般の犠牲者は？　生活能力の失われた負傷者は？　今日でも獄に繋がれている無名の人々は？　彼らは何かを得たのだろうか？」

「六・四」天安門事件はますます遠い過去になっても、劉暁波にとっては、からだに残された一本の針のようである。そして、彼は「投獄の覚悟で独裁へ抵抗することで罪を贖い、自分の信念、理想、人格を完成させたいと考え」、毎年六月四日に死者を悼む詩を書き、また真相の究明、犠牲者・被害者への謝罪と賠償、武力鎮圧の責任者への司法の追及を求め、人民代表大会と政治協商会議に対して公開書簡などで要求し続けた。

第二は、一九八九年九月一九日付け「人民日報」に「和平撤離無人死」と題された「北京師範大学中文系講師劉暁波」の「清掃」に関する「証言」である。六月四日未明の午前二時頃より天安門広場から撤退するときの状況に関して、彼は次のように語った。

「ぼくは戒厳部隊が群衆に向けて発砲するのは見ていない。発砲は空に向けてか、スピーカーに向けてだけだった。また、ぼくは一人の死者も見なかったし、まして天安門広場では流血が河を成したなど見なかった。」

劉暁波は、かつて当局による官製メディアのインタビューを二回拒否した。その目的は事実の究明ではなく武力鎮圧の責任回避であり、インタビューがそのための手段であることがはっきりと分かったからである。彼は前もって「もし、ぼくがインタビューに応じるなら、それは自分から進んで当局の道具として使われるに等しい。社会的に極めて悪い影響を及ぼすだろう」と認識していた。

しかし、当局は一九八九年八月一八日付け「人民日報」で発表された侯徳健の「証言」を見せた。そこには彼が「一人の学生も、一人の市民も、また一人の解放軍兵士も殺されたのを目撃しなかったし、戦車や装甲車が人の群れに突っ込んで行ったのも見ていない」と書かれていた。

このため、劉暁波は官製メディアのインタビューに応じる理由ができ、自分自身を説得した。実際、直接目撃した範囲内に限定して一人の死者も見なかった。歴史に責任を負うことはまさに自己に責任を負うことでもある。ウルケシたちの「天安門広場では流血が河を成した」などの誇張的な証言には違和感を覚えていた。

さらに、既に侯徳健が事実を語ったことで非難を浴びせられた以上は、自分も現場の目撃者として語らなければならない。これにより侯とともに不当な非難とマイナスの社会的影響を抑える共同責任を負わねばならない。

第三に、天安門広場での七十二時間ハンストで分かる範囲において軍の「清掃」による死者はいなかったが、他の場所では武力鎮圧により多くの死傷者が出たことは動かぬ事実である。しかも、戒厳部隊が発砲しなかったのは、決して当局の「仁慈」ではなく、学生たちが自ら平和的に撤退したからだ。

劉暁波は『末日幸存者的独白』で「官製テレビの画面に映る『清掃』の事実を語ったこととぼくたちの選択に端然として満足している」と述べていたが、次第にインタビューのマイナスの影響に気づき、反省した。一九九三年、アメリカで陳軍に「これからさらに投獄の時間を多くすることにより、この汚名をすすぐ」と語った。

劉暁波は決してウソをついていない。しかし、語った時間、場所、相手をまちがえた。

蘇暁康は次のように述べた。

「当局は劉暁波の口を借りて『北京では殺戮は行われなかった』と世界中にふれ回った。自分の口を殺戮者に貸し出したことになり、受難者や遺族は許しがたい。劉は悔しくてたまらない。今のところ、歴史はこの複雑な事件を裁けないが、これを通して傲岸不遜な劉が穏やかで謙虚へと百八十度変化した。」

この第三は議論を呼び起こした。劉暁波は自分の思想にメスを入れ、反省し、訣別すると同時に、学生運動や民主運動の影の部分を容赦なくあばき出したからである。

作家の査建英は、次のように指摘した。

「もしかしたら、劉暁波は天安門民主運動のリーダーでただ一人、自分自身を含めて民主運動の道徳的失敗を剔抉し、本にまとめた者であろう。本書において、過激派の学生や知識人の虚栄心や増上慢、そしてセクト主義を詳細に解剖し、さらに自己に対しても手厳しく省察し、道徳的な完成、名誉、情熱、日和見主義、影響力への渇望などが複雑に絡みあった動機を析出した。」

自ら反省することは人格形成において尊く、品格を高めるが、また問題のもとにもなった。何故なら当局が「六・四」の記憶を押さえ込むときに、学生、知識人、そして市民の失敗を数多く述べたことに繋がり、逆の結果になった嫌いがあると言わざるを得ない。さらに、真摯な自己批判の行間には一九八〇年代の激越なロマンへの幻想や青春のナルシズムの沈殿物が浮かび上がっている。

このような批判を受け、劉暁波は「反省」に関する「再反省」を始めた。陳軍は劉暁波と腹蔵なく意見を交わした。

「君の著書は天安門民主運動に関する政治的な議論ではなく、倫理的かつ美学的な観点により新たな人間像の自己探求を展開し、答を見出そうとしている。ジャン＝ジャック・ルソーの自伝『告白録』のような内面の記録のようだ。つまり、あるがままの〈私〉の告白というかたちで自己の〈魂〉を解剖し、時には自己陶酔的に書き綴っている。文学や哲学に耽溺するとナルシズムに陥りやすく、自分の〈魂〉の歴史を善悪の区別なく赤裸々に述べて、自分は他人が見えない部分も見えているとうぬぼれる。君は確かにやりすぎだ。自己反省を自画自賛し、さらに狂おしいまでの熱心さで偏った不公平な議論を行い、非難のまとになった。もし、このまま自己主張に固執するなら、我々の友情にも終止符を打たねばならない。君はこの問題について恣意的に考え、虚栄心に満足している。虚栄心を、徹底的な自己解剖を代価にして表現したのだ。ナルシズムが過剰だ。」

これを劉暁波は深刻に受けとめた。

六月四日から二、三日後、北京の流血はきれいさっぱり洗い流され、跡形もなく、何事もなかったかのようになった。そして、民衆の良知や正義感も政治的圧力と経済的誘惑により速やかに消え失せていった。

だが「六・四」の翌年、劉暁波は獄中で「死の体験一周年追悼——」という詩を綴った。

一

記念碑が声を殺して嗚咽している
流血が染み込んだ大理石のマーブル模様
心が、思いが、希みが、青春が戦車の錆びたキャタピラーに轢き倒され
東方の太古の物語が
突如、鮮血となって滴り落ちてきた

うねり逆巻く人々の流れが消えていく
ゆっくりと干あがる河のように
両岸の風景が石の塊に変わった
一人ひとりの数えきれない喉が恐怖で窒息し
砲煙に震えあがり散り散りになった
殺し屋の鉄かぶとだけがきらきら光る

二

ぼくはもう旗なんて分からなくなった
旗はいたいけな子どもみたいだ
かあちゃんの死体にすがりつき、泣き叫んでいる。「おうちに帰ろうよー！」
ぼくはもう昼も夜も見分けられない
銃声に驚き呆然とした時から
記憶を失くした植物人間になってしまった
ぼくは居民証[7]もパスポートもなくした
よく知っていたはずの世界だったのに
銃剣の突き刺さった夜明けの中
ぼくを埋める
一すくいの土さえ見つからない

丸裸の心が
鋼鉄にぶつかった
水も緑もない大地は
太陽におかされるままだった

三

彼らは待ち、待ちわびる
野獣《けもの》に化けるときを待つ
時間が緻密なうそを編みあげるのを待つ
ずっと待つ
指が鋭い爪になるのを
両目が銃口になるのを
両足がキャタピラーになるのを
空気が命令になるのを
来た
ついに来た
五千年も待ちに待っていた命令が

四

撃て――殺せ

殺せ——撃て
平和的な請願では、丸腰のまま
杖をつく白髪では、服の胸元を引っぱるちっちゃな手では
殺戮者を説得できない
銃身はまっ赤になった
両手はまっ赤に染まった
両目はまっ赤に燃えあがった
一発の銃弾で
一筋の汚濁をぶちまける
一度の犯罪は
一人の英雄の壮挙になる

何と簡単なことだろう
死はこんなふうに降臨した
何とたやすいことだろう
獣欲はこうして満足できた
若き兵士よ
軍服を身につけたばかりで

少女のキスに酔った経験も
まだないというのに
一瞬にして
血に喜ぶ快感を知った
殺人で青春が始まった

彼らはワンピースからあふれ出る血が見えない
悲鳴も叫びも聞こえない
鉄かぶとの硬さにも、いのちのやわらかさにも
まったく気づかない
彼らは知らない
一人の愚かな老人が
古い歴史をもつ北京城を
もう一つのアウシュヴィッツにしたことを

とびっきりの残忍と罪悪は
金字塔になってキラキラ輝くけれど
いのちは壊れ、深く沈んで

かすかなこだまさえ聞こえない
虐殺は民族の伝統を炙り出し
悠久の歳月は、唾棄された言葉となって
最後の決別を告げる

五

ぼくは陽の下で想う
殉道者の列に加わろう
唯一残されたぼくの骨で
敬虔な信仰を支えよう
そう、空が、この空が
犠牲者に金メッキをほどこすはずはない
死体を貪り喰らう狼の群れが
温かな昼に喜び楽しむ

遥か遠くに
ぼくはいのちを追いはらう

そこは太陽のないところ
イエスの誕生した紀元から逃れる
十字架上のまなざしを直視する勇気は、ぼくにはない
一本のたばこから灰がうず高く積みあげられるまで
烈士という酒で酔わされ
この春はとっくに消え去ったと、ぼくは思い込んでいたのだ

深夜のたばこ屋の前で
ぼくは数人の屈強の男に襲われた
手錠をかけられ、目隠しされ、口もふさがれ
どこに向かうか分からない護送車に投げ込まれた
ハッと気がついた。ぼくはまだ生きている
その時、ぼくの名前は中央テレビのニュースで「黒幕」になった
名も知れぬ白骨が忘却の中で立ち並んでいるのに
英雄の勲章となった
うそで、ぼくは高々と持ち上げられた
人に逢うたび死の体験を語るなんて

ぼくは知っている
死は神秘的で未知だと
生きている限り、死はわからない
死んでしまえばなおさら死はつかめない
けれど
ぼくは相変わらず死の中で飛翔している
奈落の底を飛翔している
無数の鉄格子の夜と
星明かりの下の墓で
ぼくは悪夢に売り渡された

うそ以外に
ぼくには何もない

一九九〇年六月　秦城監獄にて

また、廖亦武は六月四日に長詩「大虐殺」を書き上げ、「一体、生き延びたのはどんな野郎だ！そんなやつはみんな野良犬（狗崽子）[8]だ！」と、自分自身を強烈にむち打った。

そして、一九九九年暮秋、廖亦武の血と涙の滲んだ朗誦を聞き、劉暁波は涙を流しながら、「ぼくらは相変わらず破廉恥で軽薄に生き延びている。みんな死んだ。ただ野良犬だけが仮そめに生きられる。ぼくらは野良犬よりも劣るんだ！」ときっぱり言い切った。

2. 結婚の破綻と肉親の離反

一九九〇年八月、一通の離婚届が獄中の劉暁波に届いた。劉暁波は何事もないかのようにサインしたが、内心には刺し込むような痛みが走った。これで陶力との八年の結婚生活に幕がおり、過去の甘い仲むつまじい追憶となった。

一九九一年一月二六日、劉暁波は法廷から直接釈放となり、大連行きの列車に乗せられ、実家へと護送された。妻や子に会うことはできなかった。彼は陶力に家族一緒に大連で春節を祝おうと懇願する手紙を出したが、石が海に沈むように何の消息も得られなかった。妻は自分に対して徹底的に絶望し、元のさやに収まることは不可能だとようやく分かった。

二カ月後、劉暁波は大連から北京に戻った。かつて家族が団らんした北京師範大学の〝筒子楼〟にはもはや帰れず、しばらく侯徳健のマンションで生活した。

一九八〇年代、「春風意を得て馬蹄疾し／一日看尽くす長安の花」[9]さながらの才子、劉暁波は良き夫、良き父ではなかった。東北地方の亭主関白、放縦で放蕩不羈の気質に加えて叛逆精神にあふれた劉暁波は、西洋のニーチェ、ポストモダンの思想、アメリカのビート・ジェネレーションの思潮などから影響を受け、それを融合して行動した。「性の解放」は自由に至る道だと考えていた。

陶力は両親の薫陶を受け、児童文学やアジア文学の研究で造詣があり、学術書を出版した知的な良妻賢母であった。八〇年代半ば、劉と陶はよく自転車で北京市内を通り抜け、作家・徐星の住む雑居四合院を訪ね、歓談した。徐も劉たちの家に来たりした。二人の論争はしばしば白熱した。徐は陶について「ひ弱なのに、筒子楼のワンルームで工夫して七、八人分のごちそうを作ってくれた」と語った。

陶は家事をこなすだけでなく、劉と議論を交わし、文学や思想を研鑽した。劉は「ぼくの文章における思索の脈絡は妻から啓発されたものだ」と言った。彼女は学生運動を支持したが、夫が深く関わることを心配していた。彼女はハンストに赴く夫を、涙を流して止めようとしたが、劉は全く聞き入れなかった。

「もう決めたんだ。ぼくはやるべきことをやり抜く。誰が説得してもムダだ。たとえぼく一人でも行かなければならない。もう動かせないんだ。」

翌日、周舵もハンスト参加を決心し、劉の家まで来た。陶は「あなたも決心したので、半分ホッとしました。あなたの言うことなら劉は聞き入れますから」と言った。

「天安門の四人」は「壮士一たび去り復返らず」[10]の決意でハンストを始めた。六月三日、一日中「天安門の四人」を見舞う人は絶えず、テントは受付コーナーのようになった。病弱の陶は見舞いに来て、一時間以上も涙を流していた。

「ぼくはどうしたらいいか分からず、慰めのコトバは喉につまった。離れる前、妻はぼくをギュッと抱きしめた。〝家に帰りましょう〟と懇願するように。」

ところが、陶が去っていくと、ガールフレンドが現れ、劉は彼女といちゃいちゃしたのである。

「天安門の四人」の中で侯徳健だけ、見舞いに来る家族がいなかった。そのころ、彼は程琳と別れる直前だった。彼は劉の有様を目にして、突如として堪忍袋の緒が切れた。

「暁波！　この野郎！　おれをハンストに引き入れたのは、わざわざおれを傷つけるためか!?お前なんか、蹴っ飛ばして、落としてやりてぇ！」

劉はハッと気づかされ、罪悪感に襲われた。

このような劉にも関わらず、陶は変わることなく劉を愛していた。

「清掃」の後、劉と侯は外交マンションに避難し、それぞれの家族に連絡した。陶はやっと胸をなで下ろした。高新も外交マンションに避難し、陶の伝言をもたらした。

「お昼に陶力に会いに行った。しばらく彼女を慰め、食事をともにして帰宅した。君は外で身を隠し、できれば出国した方がいい、自分や子供のことは気にしなくていいと彼女は言った。これは彼女からの三千元だ。」

当時、三千元は一般家庭の貯金の半分に相当した。高はさらに続けた。

「昨夜、発砲が始まると、陶力は大学の東門の前で十一時半から明け方までずっと君を待ちわびていた。広場から撤退した学生はみな大学に戻ったが、君が見つからなくて、ずっと泣いていた。それで眼病が再発した。」

「六・四」の血と火の洗礼の後、劉は妻に対してほんとうにすまないことをしたと悟った。

「八九年の抗議運動がどれほど惨烈な結果となったとしても、ぼくがどれほどの苦難をなめたとしても、すべて陶力とは無関係で、みなぼくのとばっちりだ。」

劉暁波は罪責に苛まれた。陶力にとって苦悩、焦慮、心労、病気、子育ての悩み以外に、得たものはなかったと言えよう。

劉暁波は、歓声をあげる群衆に囲まれた時、フラッシュを浴びた時、インテリと時事問題を議論し、自信満々に意見を開陳した時、妻や子供のことが一瞬でも脳裡をかすめたことなどなかったと認めた。広場でガールフレンドといちゃついた不倫が、妻をどれほど苦しめ、傷つけたかなど全く考えていなかった。

「ぼくは無責任で、夫の資格などない。ぼくだって家事を分担したが、陶力は何よりぼくの誠意を望んでいた。たとえぼくが他の仕事に一生懸命がんばったとしても、私生活で放蕩に溺れたら、やはり彼女の苦痛を増すだけだったろう。ぼくは疑いもなく悪魔だ。」

劉暁波は心の底から公私両面で厳しく自己を反省した。しかし残念なことに、手遅れだった。離婚の理由は、表面的には劉が投獄され将来に見通しが立たなくなったとされるが、実際は放蕩のために劉への信頼が失われたことであった。

世間で陶力が「苦しみを分かちあわない妻」と指弾された時、劉暁波は弁明した。

「陶力はぼくの元の妻で、長男・劉陶のお母さんだ。離婚の前でも、後でも、ぼくは申し訳ない気持ちで一杯だ。ぼくの放蕩が彼女に心身にわたる苦痛と絶望をもたらした。その上、困難で曲折ばかりの八九年抗議運動への参加で、彼女は心配ばかりの日々を過ごしたのだ。」

劉の友人、周忠陵は次のように語った。

「劉暁波の劉霞への心をこめたいたわりは、一つ一つみな前の罪の贖いだ。霞だけでなく、知りあう女性にもやさしいのは、女性への贖いなのだ。それも、あいつの正直でかわいらしいところさ。心も半分は繊細な女性のように変わった。以前の独善的で気まぐれの劉暁波とはすっかり別人になったようだ。」

劉暁波は痛切な反省をもって「自分の妻や子供を愛さずに公共的なところで活躍するようなやつなんて、どんなにきらきら輝いても、つきあうべきじゃない」と述べた。実際、中国知識人の多くは家庭に対して責任感が欠如している。

道徳的に批判する者が必ずしも自分自身が道徳的節操を守るとは限らない。言い換えれば、ふしだらな私生活は思想のきらめきの否定にはならない。彼らはルソー、ゾラ、ラッセルなど著名人を引きあいに出して責任を逃れる。一九八〇年代の劉暁波も「風流」は「下流（下品）」ではないという考え方に賛同していたが、離婚後、それは男のエゴイズムだと理解した。

一九九〇年代半ば、陶力は渡米し、ひっそりと新生活を始めた。劉暁波の受賞後、マスメディアは彼女を探したが、何の消息もなかった。

独裁制国家では、真理を堅持して異議を唱えようとすれば、その支払う代償は高く、普通の家庭生活を持つことさえ非常に難しいことにさえなる。

ミャンマーのアウンサンスーチー女史は、祖国に留まり同胞を率い民主を勝ちとるため、イギリスのオックスフォードではよく見受けられる良妻賢母の役割を放棄した。ミャンマーの軍事政権は彼女の家族にビザを発給せず、肉親の情愛を利用して彼女に出国を迫ろうとした。夫のマイケル・アリスが重病になった時、アウンサンスーチーは夫のもとに行けず、付き添って看病することもできず、最後の面会さえ果たせなかった。しかし、二人はそうするのがまさに節操があり、情誼もあると決めていた。

これと同じように、劉暁波は暴政に反抗すると同時に、良き夫、良き息子、良き父親の役割を合わせて担うことはできなかった。一九八九年の天安門の虐殺のあと、劉暁波の心を最も痛めることになったのは妻の陶力との離婚だった。協議離婚の合意書が獄中に届けられた時、彼は生涯で初めて、やっとの思いで署名をすませた——それまで彼を尊敬する多くの人々のノートにサインをした時、その筆さばきはとてもスマートで滑らかであったが……

離婚の協議により、息子・劉陶は陶力が扶養することに決まった。その時、劉暁波はなお獄中にあり、基本的に子供を養育する条件も能力もなかった。

たとえ出獄した後でも、彼の暮らしにはあてがなく、長期にわたって警察当局の厳しい監視と支配の下にあり、子供は母親と祖父母（外祖父と外祖母）と暮らすしかなかった。

この時期は、劉暁波の人生にとって最も沈滞した時だった。彼は回想録の中で、次のように記している。

「ぼくは記者の誰からも取材を受けず、つきあいの範囲はできるだけ縮小し、ましてや『六・四』によって何らかの巻き添えに遭った人たちとはあまり会おうとはしなかった。本を読み、英語を勉強し、ガールフレンドと愛しあい、親友と雑談し、病中の前妻と八歳の息子にしょっちゅう会いに行った。」

間もなく陶力はアメリカに移住した。息子の劉陶は祖父、祖母に養育され、高校卒業後、アメリカの大学に進んだ。

この数年間、劉暁波は時おり息子に会いに行ったが、これは彼と息子の間の極めて限られた接触の機会だった。後に「労働教養」の三年間、劉暁波は新婚の妻・劉霞に頼み、息子に会いに行ってもらうほかなかった。劉霞は監獄で劉暁波と面会してから、労苦を厭わず劉陶のところに行き、父と子の意思疎通のパイプの役割を果たした。

しかし、劉暁波が三度目に出獄した時、息子は既にアメリカに留学していた。

十数年の長きにわたって、陶力の父母の陶徳臻、浦漫汀の老夫婦は、孫の劉陶に尽きることのない心血を注いだ。祖父母は朝から晩まで孫の生活全般の面倒を見て、彼の勉強の相手となり、父兄会に参加し、しばしば彼を連れて遊びに出かけ、同僚同士の会合にも常に連れて行った。年端もいかず鼻を垂らした劉陶は、還暦を過ぎた祖父の身近にいても世代の離れた孫には見えず、まるで「陶家の幼い四男坊」、祖父母の「末っ子の腕白坊主」といった様子だった。

劉陶のおばの陶寧は父親の陶徳臻を回想した文章の中で次のように書いている。

「あなたが最もかわいがっている孫の劉陶は、今では私たち三人よりももっとあなたに似て成長し、体格が頑健で、しかも一挙手一投足、物の言い方立ち居振る舞い、何から何まで全くそっくりです。この子を見ていると、母さんと私はいつも突然あっけにとられてしまいます――私たちの目の前にいるのは確かに若い頃のあなただわ。彼のずば抜けた成績、人から賛嘆されるやさしい心根、立派な孝行ぶり、こうしたことに周囲の人たちはこの上なく驚きの目をみはり、いつも誰がどう教育したらこんな良い子になるのかと、姉に経験を聞きにきました。すると姉はいつも、この子は彼の祖父が育て上げたのよと話すのでした。」

本来、息子は最も父親に似るものだ。だが、劉陶の人生からは父親という人物は消失しており、やむなく祖父がその役を果たすしかなかった。陶徳臻がこの世を去ってのち、劉陶は回想で次のように述べている。

「私は祖父の家で育った。幼年期と少年時代、私は幸いにも誰もが想像できないような祖父の愛を体験した。」

祖父は毎日、彼を連れて食料品を買いに行った。商店に入ると劉陶は決まって一直線にお菓子のショーケースに突進した。劉陶はフランス風の菓子が好きで、いつも祖父に数種類も買ってもらった。そういった菓子は一つ四元だったが、小さな子にはその値段が大変高いとは知る由もなかった。

祖父はもともと子供の前でけちけちするふうを見せたことはなく、子共に好きなだけ取らせた。たぶん祖父は「この子はなんて可哀想なんだ。父親は何度も入獄し、母親は遠くアメリカに行っている。だから、この子が欲しいと言ったらできるだけ叶えてやらなければ」と思っていたのだろう。

数年後、劉陶は成長して初めて知った。菓子を買うのに毎月四十元も使うのは、この家庭にとって大変な贅沢だったと。その時、祖父は大学教授として、毎月の給料は二百元あまりしかなく、孫に菓子を買ってやるのに使う金は彼の給料の十分の一以上を占めていた。祖父は孫に菓子を買ってやるため、日頃は倹約し、自分は朝食に薄い粥と漬け物しか食べなかった。

このようなわけで、劉陶と祖父との間の情愛は大変深い一方、父親との情愛は薄かった。二〇一〇年、劉暁波が平和賞を受賞した時、劉陶は満二七歳になったばかりで、アメリカでの生活は十年あまりになっていた。

おそらく既にアメリカの市民権を得ていただろう。六歳の時から父親の愛をほとんど失ってしまったとは言え、成長して大学を卒業し、就職し、結婚し、自立した生活を送っていたことだろう。だが、彼はどのメディアに対しても父親のことを公に語ることはなかった。しかし、未来のいつか、きっと劉陶は父親が中国の民主化のために払った大きな犠牲を理解するようになり、そのような父親を持ったことを誇りに思うことだろう。

劉暁波は友人に「ここ数年、息子から連絡はほとんどない」と語った。父と息子の情愛について見れば、彼は「六・四」の後、たとえ永遠にではないにしても、たった一人の息子を失ってしまった。彼は、心の奥底で、人知れず大きな苦悩に苛まれていただろう。

「息子は遠くに去ってしまった。自分は確かに父親にはふさわしくない。」

だが、これに比べずっとずっと悲惨なのは、かくも多くの子供が、「六・四」のあの夜、あの夜明けに命を失い、かくも多くの父親と母親が、その本来の存在理由を失ってしまったことだ。この寒々とした世界で、もはや花のような笑みを浮かべた子供に会うことはできない。しかし、どの子供も完全に抹殺されてはいない。何故なら劉暁波は次のように堅く信じているからだ。

「毎夜毎晩／死者の魂は母親のひろやかな懐をそっとなでることができる／十月《とつき》経た懐胎のように／母親の胸の鼓動に耳を傾ける。」

あの夜から、劉暁波は、あの命を失った子供たちのために生きている。

3. 知行合一――「六・四」の魂との対話――

「生きるべきか、死ぬべきか、それが問題だ。」

ハムレットの有名な台詞で、深刻な哲学的問いかけになっている。

一九九一年、劉暁波は中国研究者、ジェレミー・バームから客員研究員の招聘を受け、オーストラリアに赴き、「大衆文化と党の文化との関係」、「六・四の嘘から中国の民主化を考える」、「中国知識人の亡命」というテーマで研究・講義に携わった。その間、ハーバード大学やカリフォルニア大学バークレー校でも学術講演を行った。

当局は意図的に彼を出国させた。その目的は騒動を引き起こすトラブル・メーカーを外に出すことだった。そのまま帰国しなければ、記憶が風化し、みな「知らぬが仏」になる。

ニューヨークで『中国の春』誌のインタビューを受け、「天安門事件について、また、コロンビア大学の客員研究員の学究生活を切りあげ、帰国を早めたことを後悔していますか」と質問された時、劉暁波はきっぱり答えた。

「ミラン・クンデラの有名な言葉に『権力に対する人間の闘いとは忘却に対する記憶の闘いにほかならない』がある。[11]だが『六・四』後の中国ではただ忘却だけなのだろうか。『六・四』の苦難はまた豊穣な宝の山で、尽きることなく智恵、経験、美を得ることができる。あの惨劇による血の負債を返してもらおうとすることや、自分の顔を金箔で飾りたてるための元手にすべきではない。これまでのところ『六・四』の惨劇に対して自責の念に苛まれる文章はない。

ぼくは帰国したことを後悔していない。地獄に堕ちるのに暗闇に文句は言えない。まして大陸は地獄ではない。帰国は一時的な衝動に駆られて決めたのではなく、沈思し熟慮した結果だ。

今から振り返れば、民主運動のプロセスではもっと反省し、改善すべきことは様々ある。それが残念だ。」

また、劉暁波はドキュメンタリー「天安門」のインタビューも受けた。そしてオーストラリアに戻り、帰国した。

「大陸の情勢は、ぼくには分からない。ルールに即してカードを切るのではなく、全く気ままだから。今度帰国したら、次にまた出国させてもらえるかどうかも分からない。」

このように認識していたが、彼は一人の自由人として不自由な生活を引き受けることを決心した。案の定、当局は彼が自ら亡命の選択をしなかったことを知り、サッとパスポートを取りあげ、「もう中国から半歩も出さないぞ」と脅した。

二〇〇〇年、劉暁波は戸籍のある大連に戻り、パスポートを申請したが、出入国管理課の警官（中国には警察とは別の法務省入国管理局はない）が、彼を個室に案内して、説明した。

「悪いな。北京からの命令でパスポートは出せない。おれたちにはどうしようもない。」

警官たちは、パスポートを発給しないことは公民の基本的な権利の侵害であることを承知していたが、自分の立場を守るため、お上に服従するだけだった。他の政見の異なる人々と同様に、劉暁波は「出国権」を奪われ、言わば「国内亡命者」となった。また、海外の亡命者も「帰国権」を失い、祖国に帰れなくなった。あたかも中国は巨大な監獄のようで、出られぬ者もいれば、入れぬ者もいる。

「全面西洋化[12]」とレッテルを貼られたほどの劉暁波は普通の中国人のように伝統文化に執着してホームシックにかかることはない。アメリカでの生活では一定の言語的障害（英語）以外に、水を得た魚のように自由自在だった。もし「六・四」がなかったら、彼はそのまま留まり文芸評論家や学者になっただろう。しかし、大虐殺が起き、彼は人権活動家・政治評論家となり、現場である中国に赴くことがベストだと判断した。

『中国の春』誌の「外国にいるより中国に帰る方がもっと役割が大きいとご自身で考えたのですか」

という質問に対して、劉暁波は次のように答えた。

「帰国すれば、中国の民主化のために何かできるなどとは思ってはいない。居心地のいいところに帰るのだ。外国で民主運動組織を立ち上げるより、どんなに小さくとも、中国の現実に根ざして具体的に実践する方が有意義だと考える。」

実際、四六時中の監視、尾行、嫌がらせ、さらに定期的な「談話（事情聴取）」、召喚、軟禁、家宅捜索と、試練は常態となり、まさに強靭な精神でなければ耐えられなかった。

劉暁波は、三回目の出獄の後、胡平に宛てた手紙で、次のように述べた。

「三年の獄中生活を終えたら、みな様が大金持ちになろうと大忙しなことに気がついた。ぼくは北京にいるのがイヤになった。でも、辛い記憶がぼくの足を引き止める。これは〝自虐〟なのだろうか？」

劉暁波にとって「非常」に非人間的な生活が「正常（常態）」となった。このような生活を二十年も過ごす中で、彼は精神的に「中国人」という既成概念に束縛されず、開放的な「世界人」となる一方で、中国の民主化に身を献げる「中国人」であり続けた。トーマス・マンの「私のいるところに、ドイツがある」にならえば、劉暁波は「ぼくはいるべきところで自由を求める」である。

顧炎武[13]は「士大夫の無恥は言わゆる国恥である」と述べた。

天安門事件の後、犠牲者は我が民族の精神を覚醒させたどころか、逆に「民族の良心」を自認する知識人が全体にわたって道徳的なボトムラインから転落した。

「知識エリートと学生を主体とした天安門事件の惨劇が起きたと言うが、実は生命を奪われ、また重い刑を受けた多くは名も知れない一般市民ではなかったか？　彼らは歴史を語る権利を奪われ、生き延びたインテリが耳を覆うほどしゃべっているのではないか？　生きる者は口をつぐみ、墓碑のない墳墓からの訴えに耳を澄まそう。」

劉暁波は廉恥と自責の念に覆われて深く反省し、再び惨劇を起こさないためにこそ闘わねばならないと思った。人を分け隔てすることなく平等に関心を向け、具体的に苦難に思いを寄せ、それにより尊厳のある生き方をしようと努めた。

「ぼくたちは『六・四』の犠牲者と遺族のために何かしなければならない。多くの人命と引き替えに得た道義的な『資源』を大切にしなければならない。」

こうして彼は動き始めた。

劉暁波は、詩《ポエム》という文学的表現で凡庸な虐殺者に対しては粘り強く問いかけ、かつ犠牲者の魂と対話した。二〇〇九年四月二八日、米国ペンクラブは獄中の劉暁波にバーバラ・ゴールドスミス賞を授与した。劉霞も授賞式には出られなかった。だが、彼女は中国から送った挨拶で、次のように述べた。

「私は暁波を単なる政治的な人物と見たことはありません。彼は不器用だが勤勉な詩人で、たとえ投獄されても詩を書くことを放棄しませんでした。……詩人のほとばしる熱情をもって中国の民主化を進め、独裁者に向かって、ノー！ノー！ノー！と繰り返してきました。……詩人の暖かなやさしさをもって無実の罪で殺された人の霊魂、そして親愛なる友や私にイエス！イエス！イエス！と繰り返してきました[14]」

ここから劉暁波の人柄、そして多彩な言論活動の根底には理想を追い求める芸術的精神が一貫していることが分かる。

中国の詩人は、「哀しみで傷《やぶ》らず、怨みで怒らず」[15]を詩歌の最高の境地と信奉してきた。劉暁波も毎年、天安門事件の犠牲者を追悼する詩を発表した。彼は自分を幸い生き延びた者（原文は「幸存者」）と自覚し、犠牲者の想念や悲哀に思いをはせた。彼は「哀しみで傷らず、怨みで怒らず」の伝統を承け、さらに突破し、活火山のマグマのように詩句を噴出させた。

「一字一句みな墳墓の中の魂が吐露したものだ。」

「六・四」という記憶の針を体内に突き刺されている劉暁波は、毎年めぐってくる記念日に、詩の微細な力で追憶していた。

彼は自分を「何の役にも立たない物書き」だとして、十二周年追悼の鎮魂詩「一枚の板の記憶」では粗末な手押し車の一枚の板になって負傷した青年を救助したい、と祈った。[16]

ぼくは一枚の板
五十センチの長さの板
捨て去られる運命の　　　けれど
ある若者に出会い
細部まで木目に保存された
あの戦車が生身のからだに迫った

あの袋小路に追い詰められて銃撃された
驚くべき黎明を

長安街が震撼した
ぼくも思わず痙攣した
キャタピラーがぼくの角を押しつぶし
引きちぎりながら通り過ぎた
植物繊維がひねりだされ
引き裂かれる叫び
隠れろ、逃げろ
知っている、鋼鉄はぼくよりずっと硬いと
でも、ぼくには、できない！

夕暮れ、すぐ近くに
血まみれの死体がひとかたまりになって
横たわっている。撃ち抜かれた
頭には大きな穴が開いていて
深く黒く、血なまぐさい

板の木目に染み込んだ
つぶれた豆腐のような白いものは
何？

あれは何？　分からない　　けれど
彼はぼくよりずっと勇敢
ぼくのふる里の硬い石ころのように
またぼくよりずっと脆くて痛々しい
青草のように　　守りたい
助けたい

同じいのちを生きる若者たちよ
逃げろ、できるだけ速く
彼らはぼくより若く
戦車の前で対峙する
彼らはぼくよりひ弱だ
できるだけ遠くへ逃げよう
芽生えたばかりの青草よ

来てください
逃げ出せない若者よ
汚れた板だけど横たわってください
ぼくなど見向きもされない一枚の板
轢き殺す鋼鉄に歯が立たないけど
君を助けたい
君が気絶して倒れる寸前でも、死体になっても

来てください！
頭に大きな穴の開いた若者よ
君の見開くひとみから
一台一台狂ったように突進してくる鋼鉄のかたまりが見える
戦車を操縦する兵士は
君よりも若い

来てください！　早く
さっきまで友と手と手を組んで

黒い砲口や銃口に向かって
腕を高く振りかざしていた若者よ
青空をじっと見つめるひとみを閉じてください
血で、白い脳みそで
ぼくと四肢が轢断された君を
くっつけよう
ギュッと

耳を澄まそう
心臓が最後の鼓動で何を語ったのか
手でなでよう
引き裂かれた皮膚の下の
冷たくなっていく血の中に
残された最後のわずかなぬくもりを
可能ならば、この体温を
君を待ちわびている彼女のもとに届けよう
来てください！　朗らかな

青空のような若者よ
雨も雲も鳥もいない
できるなら
君を乗せて帰ろう
ご両親が認めるなら
ぼくは簡素な棺になり
君とともに土に帰る
ぼくの根
ぼくの家は
大地の深いところにある
君に寄り添い
ひとみを凝らし
地下で待ち望む
君が思う存分
生長して
森になるまで

もしもできなければ

ぼくたちはずっと
じっと、堅く寄り添いあって
鋼鉄に挽きつぶされ粉々になり
アスファルトの道路の割れ目に落ちていこう
北京の、六部口[17]で
長安街を支える土から
常緑樹となって生い繁り
記憶を保存しよう

二〇〇一年五月一四日　北京の自宅にて

そして、十三周年追悼では「『六・四』、一つの墳墓」を詠った[18]。

劉暁波は言う。「絶望のなかで、ぼくに与えられた唯一の希望は霊魂を記憶に刻むこと」と。このような祈念を幾層にも積み重ね、また組み立て直し、内心を研ぎ澄ませていった。

二〇〇九年、劉霞は、劉暁波の詩を自分自身の「人形シリーズ」の写真、油絵、イラストとともに『念念六四』に編集し、香港の友人を通して出版した。部数は少ないながら、心を込めたプレゼントとして二人の友人たちに贈った。

4.「天安門の母たち」と支えあう

カミュは言った。

「私は正義を信ずる。しかし正義より前に私の母を守るであろう。」

これは劉暁波の心の底にもある。天安門事件から二〇〇八年一二月に投獄されるまで、約二十年間、彼は丁子霖を代表とする受難者家族のグループ（天安門の母たち）に暖かな手をさしのべてきた。

息子や娘を失った孤独な老人、夫を失った妻、父母を失った孤児、生計を立てる力を失った身体障害者たちで構成される受難のグループは、当初の生きているより死んだ方がましだという思いから立ち直り、次第に絶望的な憂鬱から抜け出した。だが、生活の苦しみは言い表すことができず、威圧の下で沈黙を余儀なくされ、覚醒してからの闘いでは危険な状況が続出した。その中で、受難者の家族はお互いに暖かく思いやり、国内外の良心ある人々の共感共苦に支えられ、「天安門の母たち」は誇り高く毅然と立つようになった。それは奇跡的とも言えた。

亡き息子、蒋捷連の遺影の前に立つ丁子霖は悲憤の面持ちと涙声で息子が殺戮されたことを全世界に訴えた。母たちはもはや恐れはしない。恐怖に屈従し、嘘つきに耐え忍ぶことは、まさに恐怖と嘘の製造者を黙認・放任することであると分かったからである。

劉暁波は、一九九一年に出獄すると、かつての指導教員から蒋捷連の訃報を聞いた。彼は六月一日、

「指導を受けた院生として、また罪悪感を背負う後輩として」[19]丁・蒋両先生の家を訪問し、一七歳の連君が頭に赤い鉢巻き、両手で赤い旗を高く掲げた遺影を目にした。そして両先生から連君が学生運動に身を投じ、受難した経緯を聞くと、一束の花を買いに出て、戻ると霊前に献げ、泣き崩れた。

二日後、劉暁波は再び丁・蒋のもとを訪れ、徹夜で綴った詩「一七歳へ」[20]を連君の霊前で詠みあげた。声は悲しみで詰まり、最後まで読みきれない程であった。

二年後の一九九三年、劉暁波は台湾で「我々は自分の正義に圧倒された」というタイトルの長文の論考を発表し、学生の民主運動の問題点を厳しく指摘し、またその参加者に反省的な思考が不足していたため、最終的に運動を失敗へと導いてしまったと自己批判した。

だが、丁子霖は受け入れられず、彼の指導教官を通して「これからはもう家には来ないでください。再び心の傷に触れられたくありません」と伝えた。

一九九五年、劉暁波は民間有識者とともに「腐敗に反対する提案──八回人代と三中全会に──」と「血の教訓に学び民主と法制の発展を推し進めよう──〝六・四〟六周年の呼びかけ」を発表し、半年以上も秘密裏に拘禁された（この時は王丹たちも再び投獄）。

釈放後、劉暁波は友人を通して丁・蒋両先生に「是非ともお会いしたい。何とか反省するチャンスを与えてください」と懇願した。

一九九六年の夏、劉暁波は丁・蒋両先生の自宅のドアをノックした。

彼は自分の考えを率直かつ丁寧に説明した。[21]

「先生たちを含めて、何人もぼくのことを否定的に見ていることを知ってます。でも、ぼくは先生たちの行動に心の底から敬服しています。少しも先生たちに怨みや不満など抱いていません。何故なら、ぼくは真心から先生たちと理解しあい、信頼しあえると信じているからです。——ぼくはただ真心をもって霊前に向かいます。先生たちと心と心を交わしあえば、必ずごいっしょにやることができます。」

それ以来、両先生のわだかまりは次第になくなった。

一九九六年一〇月一〇日、劉暁波は王希哲と「双十宣言」(第5章1参照)に共同署名したため「労働教養」三年の刑を受けた。

一九九九年一二月三一日、三回目の投獄から釈放された劉暁波は、獄中結婚した劉霞とともに丁

・蒋両先生と再会した。

別れる際、劉暁波は『虐殺の証人として立ち、正義を追求する』という八つ切り版の冊子を贈られた。それには百五十五名の犠牲者の氏名、略歴、顔写真、そして「探訪実録」がまとめられていた。帰宅し、この冊子を読むうちに、彼は「墳墓から来る震撼」に襲われた。

「第一頁から、ぼくの目はうるみ、涙が浮かんだ。劉霞に読み聞かせた。……どれほど中断したか、数え切れないほどだった。中断するたびに、沈黙は死のように静まりかえり、犠牲者の霊が地下から無実の罪を着せられたと慟哭するのが聞こえてきた。とてもか細く、はかなくて、心と胸が引き

裂かれた。

「連君の遺影の前で、普段はよくしゃべるぼくなのに、先生ご夫妻を慰める言葉が一つも出ず、ただ沈黙で一緒に犠牲者の霊と悲しみを分かちあうだけだった。世の人々が盛大で華麗な儀式をもってミレニアムの夜を迎えたが、ぼくたちは特別なかたちで過ごすことができた。だからこそ内心から癒され、落ち着くことができた。」

それから二〇〇八年一二月八日に逮捕（四度目）されるまでの九年間、劉暁波と丁・蒋両先生の交流は日増しに多くなり、また彼は「天安門の母たち」グループの傍に寄り添い、真摯で忠実な支援者になった。

二〇〇三年末、蒋先生は心労で心臓の冠状動脈の病気から発作に見舞われ、緊急手術を受けることになった。その当日、劉暁波は張祖樺と早朝から病院に駆けつけ、蒋先生を折りたたみベッドから下ろし、病棟の上層階から一階に、さらにくねくねと折れ曲がった廊下の奥の手術室まで運び、手術後は、特別看護室へ移した。丁・蒋両先生は深く感動し、また医師や看護師は劉暁波を実の息子と思うほどだった。

劉暁波は投獄された者の家族への支援に優るとも劣らず「天安門の母たち」グループを気にかけていた。その声明文の起草や修正、遺族への受難者の手がかりの情報提供、メディアや人権に関心を持つ人々とのコーディネート、内外の支援者の寄付金の受け渡しなど、事の大小を問わず、彼は全力を尽くした。

二〇〇四年、天安門事件記念日の前夜、丁子霖たちが法的手続きなしに身柄を拘束されたとき、劉暁波は「中共公安が『六・四』受難者家族の丁子霖、張先玲、黄金平を逮捕したことに強く抗議する」、「受難者の母たちの涙と愛——拘束された丁子霖、張先玲、黄金平に献げる」という文章を即座に発表し、内外の人々やメディアに強い関心をもつよう呼びかけた。

ただし、劉暁波は「天安門の母たち」グループの内部のことには介入しなかった。[22] 彼は、このように述べる。

「遺族のグループはしっかりしていて、これ以上の〝助け〟は必要ありません。寄付するなら、寄付金をそっとテーブルの上に置いて引き下がればいいのです。」

丁子霖は、次のように振り返る。

「暁波さんはいつも平常心を保ち、落ち着いていました。私たちのグループを助けることをある種の〝コスト〟や〝投資〟などと考えていませんでした。私たちとの交流は政治的資源の獲得のためではありませんでした。私たちとの関わり方は道義的なもので、いかなる利害関係も損得勘定もないことをよくわきまえていました。実際、私たちのような老い衰え、病弱な者とおつきあいしても、リスク以外に何の報いもありません。ですから私たちは暁波さんと忌憚なく気楽に親交を深められ、それを誇らしく思っています。」

殺戮の後に嘘をついてパッケージをほどこすことは、再度の殺戮も同然である。殺戮者は、罪を問われるどころか、逆にとんとん拍子に出世した。これは殺戮が終焉していないことを意味している。

「六・四」十周年のとき、劉暁波は大連の労働教養院にいた。そこのテレビで、彼は国旗掲揚式に参観する人々がひしめき合って頭をさげる実況中継を見て、悲憤で胸が一杯になった。彼は詩で詠う。

「十年後の今日／訓練された兵士が／最も標準的で荘厳な姿勢で／あのまっ赤な嘘を守っている／五星紅旗が夜明けの／朝日にはためく／人々はつま先立ち、首を伸ばす／物珍しげに、驚嘆し、敬虔に／ある若い母親は／抱きかかえた赤ちゃんの手を高くあげて／青空を遮る嘘つきに敬意を表す」

それと際だって対照的な母親もいる。

「ある白髪の母親は／息子の遺影に接吻する／息子の指を開き／爪の血痕を丁寧に洗う／ひとすくいの土もかけられず／息子を地下に安らかに眠らせられない／ただ遺影を壁に掛けるだけ……」

なぜ母親と母親の間に、これほど巨大な差ができるのか？　あのだまされ、愚弄された母親は、もしかしたら白髪の母親の悲劇を受け継ぐことになるかもしれないのに……

「六・四」以後、劉暁波は粘り強く「虫けらが巨人を揺さぶる」如きことを続けた。それは「天安門の母たち」のような親と子の悲劇を断ち切るためであった。

丁子霖は語る。

「二十年間、私たちは大殺戮の真相究明に苦労してきました。今でも到来し得てない正義を追い求めています。進むべき先が見えないほど長いにも関わらず、私たちは倦まずたゆまず苦難に満ちた道のりをたどっています。」

犠牲となった子の魂が、母の涙の吶喊の中で花のように咲く。中国文明史には歴史の証人として語る伝統はないという学者もいる。そのため殺戮、流血、崩壊……の悪循環となる。二千年もの間で古代・中世から脱皮していない。

だが「天安門の母たち」からは違う。中国人はもはや殺戮に対して沈黙しない。蒋捷連、王楠たち若き命の犠牲を代価にして、母親たちは文明の覚醒を呼びかけている。

5.「華麗な新世界」で自分の立ち位置を探求する

「一人の『個人』たる『国民』になるためには、巨大な代価を払う犠牲者になるという覚悟が必要だ。つまり、短い一生の間に人間らしい生活など送れないということだ。」

「六・四」の前夜、劉暁波はこのように友人に語った。あたかもこの一言に運命づけられたかのように、「六・四」以後、彼は普通の人なら耐えられぬ暮らしを送った。

一九九一年の出獄後、彼は天安門広場の記念碑の前にひざまずき、無辜の死者の魂に自分の罪悪感を吐露し、真摯に反省・懺悔しようと思い、二度、西単あたりまで足を運んだ。しかし、血と涙にまみれた記憶が甦り、胸が引き裂かれるようにズキズキと疼いて耐えられず、涙をこらえて折り返した。

ある日、周舵や劉霞といっしょに小解の車に乗り、長安街から西に向かってサーッと広場を走り抜けようとした。劉暁波はジョークを飛ばしていたが、ふと頭をあげると記念碑が山を押しのけ海を覆すような勢いで目の前に迫ってきた。彼は全身をブルブルと震わせ、心臓には激痛が走った。顔をうつむけようとしてもできず、視線は記念碑に釘付けにされ、巨大な吸引力で窓から吸い出されそうに感じた。涙が顔じゅうにあふれ、すすり泣きからとうとう声をあげて泣き叫ぶようになった。誰も慰めの言葉一つかけられなかった。

周舵は言う。

「これは暁波の複雑な個性だ。彼の心の奥底にはいつまでも『天』と『人』が戦いを交えている。彼は自分の軟弱さを反省・懺悔し、聖徒のように決して自分に妥協しない。」

鄧小平が「南巡講話」を発表し、天安門事件以来、停滞していた改革開放政策を加速させた。中国社会は激変し、「全民経商」が中国人にとって唯一の活路になったかの状況が現れた。天安門民主運動に積極的に参加した友人のほとんどが「商海（実業界）」に転身し、大金持ちになった。

「劫」の「幸存者」として、劉暁波は慨嘆した。

「国家の参政の道を閉ざされた人々は『南巡講話』でうっぷん晴らしのルートを新たに見つけた。言論の自由が得られないからには、マネーも評価基準の一つだから、それで自分を評価してもらおうというわけだ。」

八〇年代の時点では、劉暁波は中国知識人の中でいち早く「金銭について話すのは恥ではない」と論じ、一部の有識者がビジネスを研究し、実践することに賛同した。ビジネスの精神をもって権力集中の観念をやわらげ、重層的で多元的な価値観を形成することが重要だと考えたからである。しかし、九〇年代になると、拝金主義や〝金銭麻酔薬〟により著名な文化人が次々に市場経済で投資のもうけ話に走り、あるいは好機をうかがい官職を得るようになった。その中で劉暁波は相変わらず精神の自由と人格の独立を至上の価値として裏道を黙々と歩んだ。

当時、文化界の主流では「思想淡出、学術凸顕（思想を希薄化し、学術を際立たせる）」が提唱されていた。前者は確かだったが、後者は偽りである。何故なら広大なキャンパスでは一卓の勉強机さえ置けないほど商売の大波が逆巻き、みなを巻き込んでいた。

劉暁波は、こう指摘した。

「六・四の銃声は、激情の八〇年代と凡庸な九〇年代を区分した。白色テロの下の静寂の後、銭《ゼニ》金《カネ》がジャラジャラと大手を振って現れ、無礼が責任に取って代わり、犬儒が良知に取って代わり、嘲笑が厳粛に取って代わり、アニメが啓蒙に取って代わり、下劣な妖艶が質実に取って代わり、経済人が文化人に取って代わり、金に目がくらみ利益にあくせくする〝厚黒学[23]〟が社会の気風になった。目的の達成のためには手段を選ばない残忍冷酷な〝狼性[24]〟がトーテムとして崇拝された。」

昔の知り合いは政府のブレーン、花形学者、大成金になったが、対照的に劉暁波は無職・無給・無社会福利厚生の「三無者」、さらには「国家の敵」の「不可触民《アンタッチャブル》」になってしまった。錦上花を添える者は多いが、雪中に炭を送る者は少ない。[25] 栄えれば人は寄り、衰えれば去る、ともいう。では、劉暁波にとって大きな心理的落差があっただろうか？

劉暁波の周りには「秦城大学」を卒業した「三無者」が監視下でも集まり、苦境を乗り越えるために互いに助けあい、励ましあい、共同体をつくった。家族ぐるみでトランプやハイキングを楽しむ一方、「国事」について議論し、公開書簡などを起草した。

「六・四」により人生の歯車が狂った者たちと親交を深めることも劉暁波の楽しみの一つだった。警察官から囚人、出版ブローカー、作家という道を歩んだ野夫はその一人であった。三回目の出獄後、貧しい劉暁波に、野夫は周忠陵とともに温かい手をさしのべ、売れっ子作家の王朔との対談集を企画し、世に出した。書名は『美人　我に贈る　しびれ薬[26]』であった。

その際、劉暁波は「老侠《ラオシャア》」というペンネームを使った。「侠《シャア》」は劉霞の「霞」と同じ発音であることに由った。

義侠心のある王朔は原稿料の全額が劉暁波に渡されるようにした。

註

1 ハンガリー生まれのユダヤ系作家。二〇〇二年にノーベル文学賞受賞。
2 トウモロコシとカオリャンの粉で作った墓の形に似たマントウ。
3 魯迅の短編小説「祝福」の主人公である女乞食。
4 一九九九年九月、中国人民大学出版社から刊行された『民族文化虚無主義評析』に収録。
5 「保釈」の原文は「取保」。民主制では「保釈」は無罪推定の原則に基づく市民の権利の一つだが、中国の「取保候審」は司法機関のとる強制措置の一種と位置づけられる。
6 国務院直属の国営通信社。前身は一九三一年に江西・瑞金で設立された紅色通訊社。三七年に延安で現在の名称となる。記事配信の他に『参考消息』など二十余の紙誌も発行。
7 一九八五年九月、全人代常務委員会で居民証条例が制定され、一六歳以上の全国民は常時携帯を義務づけられた。
8 文革期、出身が悪いとされた階級の子供の蔑称。
9 唐の詩人、孟郊の「登科後」より。
10 司馬遷『史記』荊軻より。
11 前掲『天安門事件から「〇八憲章」へ』六五頁参照。
12 原文は「全盤西化」。胡適が一九二九年に『キリスト教年鑑』で書いたwholesale westernizationに由る。「ブルジョア自由化反対」キャンペーンでは、劉賓雁、方励之、王若望たちへのレッテルに使われた。
13 明末清初の儒学者で考証学の始祖とされる。
14 前掲『「私には敵はいない」の思想』一〇〇～一〇二頁参照。

15 『論語』八佾、『国語』周語より。
16 この詩は、天安門事件の「天安門の母たち」グループの調査による生存者の証言に基づいている。
17 六部口だけで銃撃され、或いは戦車に轢かれた死傷者は十数名にのぼり、「六部口の惨劇」と呼ばれる。
18 日本語訳は前掲『天安門事件から「〇八憲章」へ』四七〜五七頁。
19 前掲『「私には敵はいない」の思想』二八七頁。
20 前掲『天安門事件から「〇八憲章」へ』二七頁。
21 前掲『「私には敵はいない」の思想』二九〇〜二九三頁を参照。以下同様。
22 同前『「私には敵はいない」の思想』三〇四〜三〇五頁。以下同様。
23 清末民初の李宗吾の「歴史を動かそうとする人物は厚顔無恥（厚黒）であれ」に由る。「面の皮は城壁より厚く、腹は石炭より黒く生きる」との論は儒教道徳の裏に隠されているが数千年を貫く原理であり、現代でも読み継がれる「成功哲学」となっている。
24 第1章の「狼の乳を飲んで育った」に関する註を参照。
25 王安石や範成大の詩句に由来する成語。
26 魯迅の諧謔詩「私の失恋——擬古的新戯詩——」（一九二四年）に因む。これは後漢の張衡の「四愁詩四首」のパロディでもある。

独立中文ペンクラブ「自由創作賞」授賞式
（左より：包遵信、章詒和、劉暁波、王怡、余傑）

第5章　ぼくは屈しない

人類が文明社会に入ってから夢想し続けてきたもの、それは即ち慈悲と理性と公正によって支配される社会である。これは果たして実現不可能な夢だろうか？　カール・ポパー[1]は、我々のこのひどく乱れた世界について、何故、常に楽観的であるのかを説明し、次のように述べた。――暗黒はとうの昔からそこにあった。だが光は新しいものだ。だから思いやりと勤勉によって面倒を見なければならない。その通り、最も小さな明かりですら全世界のあらゆる暗黒によっても消されることはない。何故なら暗黒は完全に受け身で、消極的なものだからだ。ひたすら恐れているだけでは、もとより光はない。また、もし光がとても小さければ、あたり一面に立ちこめている暗さを追い払うことは無理だ。明かりを強くして、その光明をより遠く、より遠くへと広げなければならない。そして人々の目をこの明かりに慣れさせ、それを苦痛ではなく、祝福をもって見、学習により愛すようにしなければならない。我々はもっと光明のある世界を、世界のあらゆる住民に十分な避難所を提供できる世界を、どれほど必要としていることだろう！

――アウンサンスーチー

1．独裁体制との「粘り強い闘い」

「天安門の四人」がハンストを始めたばかりの時、劉暁波は自分自身と数人の仲間の影響力を過大評価し、運動を新たな軌道へと導き、新たな境地に進ませることができると考えた。記念碑の下で、彼は感情を高ぶらせて拡声器を取りあげ、群衆に向かい「（首相の）李鵬と粘り強く闘おう！」と大声で叫んだ。

「死磕《スクウ》（粘り強く抗争する）」という言葉は東北方言の生き生きとした言葉で、その意味は「食い下がって離さない、最後まで頑張る」ということだ。「死磕」は劉暁波の天安門広場での行動を形容しているだけでなく、その後、二十年あまりの彼と独裁体制の間の関係を総括していると言える。たとえ連戦連敗でも、少しも手を緩めず、息を引き取るまで止めない。

九〇年代初めの中国は、人々がすべて物を言わない時期だった。二～三年の間にソ連と東ヨーロッパの共産党政権が次々に崩壊し、しかもこの崩壊は間接的に中国の「六・四」に関係した。だが中共当局はそれ以来ますます専横になり、ソ連・東欧の激変を反証として弾圧の合理性を証明するものとした。「六・四」の虐殺は社会全般の非政治化という重大な傾向をもたらした。政治では活路がないため、一般民衆は精力を金儲けに注ぐしかなく、「全人民が商業を営む（全民経商）」という風潮が出現した。

このような状況において、政権に異議を唱える人々は日増しに社会の片隅に追いやられた。一九九二年、鄧小平は「南巡講話」を発表し、引き続き経済改革を推し進めたが、イデオロギーの極左的傾向、メディアへの強力な締めつけ、批判的意見に対する全面的封殺などはいささかも変えなかった。国全体から見れば、経済領域での畸形的な繁栄を除けば、その他の領域はどこもかしこもまるで活気がなく、息が詰まるようだった。表立って政府当局を公然と批判する者がいないため、数えるほどしかいない何人かが「反体制分子」の責任を担うことになった。

中共当局がメディアと大学を厳しく支配していたため、劉暁波たちは公共の活動の場からすっかり姿を消してしまった。志を同じくする者と連絡をとり、力を結集するため、劉暁波は絶えず政治改革を呼びかけ、人権擁護を求める公開状を出した。彼は文書の起草者、改訂者であるばかりか、東奔西走し、大小にかかわらずあらゆる事がらに参画した。

安全の必要から、彼らは電話や手紙で議論することができず、劉暁波はいつも自転車に乗り北京市内のすみずみまで走りまわり、友人の家を訪れては意見を求め署名を募った。時には拒絶や皮肉にすら耐えなければならなかった――彼はもともと心の細やかな敏感な知識人だったが、公共の利益のため自分の個人的「面子」を守ることはとうに忘れてしまっていた。

一九九五年二月二〇日、劉暁波は「第八期全国人民代表大会（全人代）第三回大会宛て――反腐

敗の建議書」を起草し、包遵信らと連署して発表し、短期的に改革すべき八項目の目標を提案した。それらは、「全人代による執政党と政府に対する独立した監督機構を確立し、全人代に反腐敗委員会を設立する」、「全人代は国家の財産の浪費を禁ずるための特別法を制定する」、「裁判官の終身制の廃止を実行する」、「試験による公務員の採用制度」、「国家公務員の財産申告規則を制定する」、「国家公務員が任期内に商業経営に従事できない法律を制定する」、「民間の世論による監督を実施する」、「報道法を制定する」の八項目である。

「建議書」では長期にわたる改革の五項目の目標も提案した。それらは「新政党結成の禁止を解く」、「権力の分立を実行する」、「独立した憲法裁判所を創立する」、「出版、報道の統制を解く」、および「私有財産の合法性を憲法で明確に定める」の五項目である。署名者は包遵信、王若水、陳子明、徐文立、劉暁波（執筆者）、陳小平、周舵、呉学燦、閔琦、沙祐光、廖亦武、金橙の十二人だ。

たとえ十年後であっても、これらの建議は先見性を持っている。今日に至るまで、建議書の中の一項目といえども実現されておらず、長期目標は最後の一つが実現しただけだ。公民の私有財産の保護は憲法に記載され、「物件法」も採択されたが、実際は二つとも棚上げされ、都市における野蛮な家屋の取り壊しと強制的な立ち退き、農村での暴力的な土地の囲い込みはごくありふれた現象になっており、これによって誘発された民衆の直訴や官民の暴力をともなう衝突もまたますます熾烈さを増している。

劉暁波と陳小平たちは、さらに「血の教訓をくみ取り、民主と法治への過程を推進する――『六・四』六周年アピール」を共同で起草し、発表した。このアピールは「報道出版法」、「結社法」、「人の権利と自由の宣言」、「憲法裁判所」の制定を重ねて表明し、また「中華民族は近代化された民主社会へのプロセスの中で苦難をしばしば経験し、『六・四』もまた甚大な苦難だった。しかし、もし我々が十分な良知、智慧、勇気、信念それに気力をもって悲痛な傷口を直視して自省すれば、苦難は最も貴重な財産となる。苦難をしばしば経験した民族は、豊かな経験を持ち、深遠な思慮に富み、希望に満ち満ちた民族になる」と提起した。このアピールには王之虹、王丹、包遵信、劉念春、劉暁波、江棋生、呉学燦、沙祐光、陳小平、周舵、林牧、黄翔、廖亦武、金橙の十四人が発起し、連署した。

一九九六年八月、劉暁波は広州に行き民主運動の先達たる王希哲に会い、ともに関心を持つ問題について議論し、国民党、共産党両党に「我が国が直面する若干の重大な国是についての意見」を提起し、両党が「双十協定」[2]に署名した五十一周年にあたる一〇月一〇日に「双十宣言」として発表することを決めた。この文書は主として王希哲が起草した。王は強い民族主義的なコンプレックスを持っており、この点では劉暁波との差異が割合に大きい。

当局の迅速な取締りを避けるため、劉暁波は余裕をもって文書に訂正を加えることができず、彼の署名のあるこの文書は、彼の一貫した思想とは全く相容れないものとなった。

ネットが発展する前、劉暁波たちの発表した一連の公開状は、海外のメディアで発表され、国内の小さな範囲内で流布されただけで、大部分の中国人には知られず、影響力にはかなり限度があり、署名者も少なくなっていった。それにも関わらず、劉暁波はなぜ倦まずたゆまず、このような「連戦連敗」の事業をやろうとしたのか？

ある夜、劉暁波は旧友の周忠陵と徹夜で話し込んだ。周忠陵は何とも不可解だとして、劉暁波に問いかけた。

「こんなことをやっても、中国はとても大きいから、どんな意義があるんだい？　足を地につけ、着実に個々の問題に関心を払ってはどうだい？　たとえば梁暁燕[3]のように農村の勉学の機会を失った児童の問題に取り組んではどうだい？」

劉暁波は「ぼくも梁暁燕の活動には敬服している。だが他にもやらなければならないことがある」と答えた。社会進歩の過程では、各個人が選択する役割、受け持つ責任は一様ではない。彼自身は制度の改変の問題をより重視しているのだ。

「一つの制度の改変は、全人民が恩恵を受けるもので、ぼくはそのような方向を目指して努力している。例えば、最近起こったばかりの孫志剛事件[4]は、もし収容し送還する制度の改革がなければ、引き続き無数の〝孫志剛〟が被害を受けることになる。もし、ぼくたちが制度の改革を推し進めて実現させれば、全人民が恩恵を受けることができるのだ。」

最後に、劉暁波は、このように語った。

「ぼくが一九八九年にとった言動は痛恨の極みで、その後悔を和らげ、重荷をおろすためにこそ、活動は続けなければならない。でなければ『六・四』殉難者に対して申し訳ない。他の人は放棄してもいいし、距離をおいてもいい。でも、ぼくにはできない。」

周忠陵は「君は感情が豊かで、何でもまっすぐだ。腹にそろばんがないので、いろいろ策をめぐらす政治をやるタイプじゃないよ」と言った。

劉暁波は答えた。

「当然それは承知しているさ。だから、ぼくがやるのは政治じゃなく、人権なのだ。もしある日『六・四』が名誉回復されたら、多くの人がそのパイを分けあうことになる。そうなれば、ぼくはすっかり身を引き、分け前なんか取ったりしないよ。ぼくはそれで心の重荷をおろすことになる。そうしたら教壇に戻るさ」

その日、彼らは長いこと話した、話の内容はとても濃かった。劉暁波は、こう語った。

「もし劉霞がいなかったら、きっと今ここに座って君とおしゃべりをすることなんか全く不可能だったろう。彼女のことを思って活動をセーブしているところがある。でなければ、まだ監獄の中にいたかもしれないなぁ。刑務所に入るのは、ぼくの運命だ、未来もまたそんな日があるだろう。その時がきたら、劉霞のことは君に頼むよ。」

周忠陵は「おれたちは家族みたいなもんだ。他人行儀の話はよそう」と答えた。そして、周忠陵は「やつには間違いなくその日がやって来るだろうな」と思った。だが、その後、劉暁波が四度も投獄され、しかも長期で、とても残酷な刑を下されるなど思いもよらなかった。

これは「優れた者が自分を打ち負かす相手を探す」作業と言える。それはシーシュポス[5]が大岩を押して山に登るのと同様に、「涙とともに種をまく」けれど、「喜びの歌とともに刈り入れる」ことはできないのかもしれない。[6]

九〇年代中期、中共政権は一九八九年の「民主運動」の衝撃、ソ連東欧の共産党政権の崩壊の揺さぶり、それに西側諸国の経済制裁でも運よく生き残り、数億の奴隷労働者の血と汗やグローバル化の波を利用し、経済の高度成長を進め、さらに大多数の民心をも征服した。このような背景において、引き続き中共の一党独裁に反対するのは、身の程知らずに他ならない。だが劉暁波は意志を曲げず「粘り強い闘い」を最後までやり遂げた。

2. 独立ペン会長

劉暁波の二一世紀初における最も重要な活動は、独立ペンを創設し、リーダーとなったことだ。独立ペンは二〇〇一年に創立し、同年一〇月、ロンドンの国際ペンクラブ第一六期年次総会で国際ペンクラブの正式メンバーとして加入した。以後、独立ペンは毎年代表を派遣して国際ペンクラブ大会とその他の活動に参加し、国際ペンクラブの集団の中で最も活力のあるペンクラブ・センターの一つとなった。

創立の当初、その主要メンバーは海外の亡命作家のグループだった。二〇〇三年、独立ペンは一大転換点を迎えた。その年の一一月、独立ペンは初めてインターネットを利用して国際的な大会を開いた。ネットを利用した選挙は、この小集団が民主主義を試行的に実践した第一歩であった。まさに、劉暁波が「ネットを通して民主主義を実行するというのは最近の新しいやり方であり、ぼくたちには全く経験がなかったので、実践し、学習し、経験を積みながらやるしかなかった」と述べたとおりだった。

何回かの投票・採決を経て、大会は独立ペンの規約を制定し、初めて理事会を選出し、会長責任制を実行することにした。劉暁波は圧倒的多数で第一期の会長に当選し、その後すぐに独立ペンの会友に向け「就任の言葉」を発表した。

まず彼は、自身が選挙に立候補した理由を次のように説明した。

「ぼくが選挙に立候補し、このポストに就くことを引き受けたのは、個人の自由、特に言論の自由の信条と中国の言論の不自由な環境との間の論理矛盾に対峙するためだ。言論の自由は即ち現代文明にとって極めて意義あるものの一つだが、現今の中国はまさしく言論の自由という基本が欠如した国家である。言論の自由を勝ち取り、文字の獄に反対し、より優れた作品を創作することは、実に独立ペンの主旨であり、ぼく自身の抱負でもある。」

劉暁波は会長に就任すると、直ちに全力で様々な事業に取り組んだ。独立ペンは「規模は小さいが、やるべき事はいくらでもあり」、彼の時間と精力の多くは仕事に割かれた。劉霞はたまに不平をこぼし、冗談で「あの人は労働組合主任兼婦女連合会主任なのよ」と言うこともあった。

だが、働いただけの酬いはあり、活動の成果は著しかった。第一期の任期内に、独立ペンの会員数は四培以上に増加した。特に国内にいる影響力のある作家が幾人か加入し、独立ペンは作家集団の中で大いに名を上げた。

二〇〇五年一〇月、独立ペンは再度ネットを利用して大会を開き、規定の改正案を採択し、新たな理事会を選出した。九月二七日、劉暁波は独立ペン内のインターネット・フォーラムに「二〇〇五年一〇月の第二期大会に」と題する文章を発表し、「これまでいかなる組織活動もしたことがなかったぼくが、ひょんなことから独立ペンの会長を引き受け、あっという間に二年が過ぎ去り、ぼくと今期の理事会の任期はもう終わった。大した業績はないが、最低限、独立ペンを規定どおりに運営し、基本的に当初予定した目標をやり遂げた」と述べた。また「二年間の独立ペンの活動は異なる意見の議論、交流、説得、妥協を通して乗り切った。独立ペンの公益のための議論は、公開された対決でありさえすれば、もっと激しくても構わない。妥協を通して共通認識に合意したこともあれば、或いは多数に従い、自分の見解を保留したこともあった。こうした異なる意見の公開の場での対決がなければ、またお互いの許容と妥協がなければ、独立ペンの今日はあり得なかった」と振り返った。

このネットによる大会で、劉暁波は再び会長に選出され、余傑と陳奎徳がそれぞれ第一、第二副会長に選ばれた。

二〇〇七年一一月、独立ペンはまた大会を開き、第二期会長の任期を終えた劉暁波は、独立ペンでは既に「制度は人に勝る」という状況ができているとし、もう会長には就かないと決めた。しかし、理事の任期がまだ一期残っており、彼は二〇〇八年一二月八日に逮捕されるまで、理事として引き続き独立ペンのために働いた。

劉暁波が会長に就いた四年間で、独立ペンは基本が確立し、大いに飛躍した。会長責任制を実施したことで、その地位と役割は極めて重要となり、彼はかなり多忙だった。独立ペンの経費は主としてアメリカの民主基金会からで、それに個人的な少額の援助によっていた。これにより独立ペンのいくつかの部門の責任者やネットの編集者たちは、その仕事量に応じてわずかな報酬を受け取ることができた。

会長としての劉暁波は独立ペンのために最も多く働いたが、一銭も受け取らず、独立ペンのボランティアの「筆頭」であった。活動をスムーズにするため、独立ペンは経費で会長用の携帯電話を用意することにしたが、劉暁波は最も安いのを買うように繰り返し頼んだ。彼は「独立ペンへの援助を手に入れるのは容易なことではない。資金は必ず一番肝心なところに使わなければならない。特に獄中の作家を救援する活動にあてなければならない」と語った。

劉暁波の独立ペンへの熱意は、決して「役人になること」を考えたからではなく、実践的な修練を通して、ＮＧＯ[7]組織の運営・管理を学びたいと願ったからだ。中国の知識人は従来「思想では巨人、行動では小人」であり、これは大きな弱点だった。

一九八九年の民主運動の後期、天安門広場での組織的活動が疲弊困憊に陥り、「六・四」後、民間の力の成長が緩慢だった原因の一つもこれだ。劉暁波は自ら率先して、一人の著述家・思想家であるだけでなく、組織運営の仕事の一部を担える者になることを願った。このプロセスで、彼の性格はますます穏やかになり、思考はますます明晰になった。

独立ペンを組織し、管理することは、劉暁波とスタッフにとって、公共的役割をいかに引き受けるかを学習する過程だった。それ以前、劉暁波は世俗に超然とした自由気ままな人物で、八〇年代に文壇に闖入した時には、あたかも雄牛が瀬戸物屋に突っ込むようなありさまだった。彼は才気をひけらかし、直言してはばからず、それは控えめで、あいまいな中国人の中にあっては珍しい長所だったが、多くの人の恨みを買い、「劉暁波はつきあいにくい」という悪名が広まった。

民主運動の中にあっても、劉暁波は知識人の集団的な活動や署名に参加することが少なく、一人我が道を行くかのように、学生たちと直接連絡をとっていた。彼はあの「群れている」学者や作家たちは一顧だに値しないと見なした。天安門広場に時を同じくして登場した「天安門の四人」は、実際はたまたま集まったものだった。お互いに私人としてのよしみがあり、また、それほど深くはなかったものの、民主や自由の理念で一致していたからであった。

かなり長い間、劉暁波は一貫して「君子は組みせず」を標榜して我が道を行き、それで完全なる批判の自由を保っていた。だが、現代社会において、公共知識人は社会に対して影響力を発揮しなければならず、時には集団の姿で現れ、互いに力を合わせて協調することが必要とされる。このように、知識人にとって何らかの民間団体をつくることは必要なオプションとなり、そのため、個人化した生活が習慣になっている知識人は集団に適応するライフスタイルを学ばなければならない。

独立ペンの会長に当選したことで、劉暁波はこの状態に合わせて調整をせざるを得なかった。彼は友人に「会長というささやかな責任を背負いこんだからには、もはや自由気ままではいられない。自分が本来やりたくない事でもしなければいけない」と語った。独立ペンはせいぜい百〜二百人ほどの小さなNGOだが、この個性が強くて、揚げ足取りを好む文人で結成された組織は、取るに足らない小さな事でも大騒動に発展しかねなかった。従って、会長にはコミュニケーションによる卓越した協調性と組織管理能力が求められた。

劉暁波と志を同じくする者たちの努力により、独立ペンには次第に秘書部、自由創作委員会、獄中作家委員会、ネット活動委員会、文学交流・翻訳活動委員会などから構成された機構が形づくられた。独立ペンのウェブサイトが開設され、会員のネット文集、「自由創作賞」、「林昭記念賞」などにより、会員たちはいっそう大きな熱情と勇気をもって自由な創作に打ち込むように励まされた。

早くも八〇年代に、劉暁波は次のような認識を持っていた。共産党の官製刊行物で割合に激しい批判的な言論を発表しても言論の自由の権利の意義はない。だが独立した民間の刊行物で言論を発表すれば、たとえそれが最も保守的であるとしても、言論の自由の権利という意義がある。

彼は独立ペンが中国国内で紙媒体の刊行物を発行することを希望し、余世存、廖亦武、余傑たちと独立ペンの刊行物を編集、印刷するために協議した。当時、季刊の形式で編集し、印刷し、独立ペンの会友と知識人の間で回覧することを検討した。しかし、状況は厳しさを増し、この願いは実現することができず、「自由創作ネット刊行物」の形式で存在できるだけだった。

劉暁波は夜に仕事をして、午前は休息するのが習慣だった。北京の深夜はちょうどよい具合にアメリカやヨーロッパの日中に当たるので、彼はネットを利用し、音声による対話と文字による対話の方式で欧米の会友と活動について議論し、意見を交換した。会長を務めていた四年間、彼は独立ペンの仕事に毎日少なくとも二時間を費やした。

独立ペンは小さな組織だが、「スズメは小さくても、五臓六腑すべてそろっている」のたとえのように、いろいろな日常の仕事は複雑で多岐にわたっていた。多くの作家は個性がはっきりしており、他人と協力するのが難しく、何らかの組織の中で一緒に仕事をするとなると容易に摩擦が生じ、火花を散らした。劉暁波はもともと才気をひけらかす「ダークホース」だったが、会長を引き受けてからは極力自制し、妥協することを学び、居民委員会[8]の主任のように大小のもめ事の処理に当たった。こうしたことに彼は多くの時間と精力を費やした。ネットが活用されるようになると、彼は常にみなから捜される人となり、彼の私人としての生活は無情にも侵害され、切れ切れに寸断された。

後に会長を務めたドイツ在住の作家・廖天琪は、次のように述べている。

「私は劉暁波が四年間会長を務めていた間、互いに頻繁にネット上で話したり筆談したりした。……この上なく聡明な人物に共通して見られるように、暁波は文才に秀で、筆が立ち、筆を執れば自然で滞りがなかったが、話すときは少しどもり気味だった。ある時、ネット上で雑談したが、マイクを通すと、彼はタバコを吸い、お茶を飲みながら、あるいは食事をしながら話しているようにさえ聞こえた。」

まさにネットを通し、劉暁波は多くの面識のない文学仲間と身近に交流し、遠距離を目と鼻の近さに変えた。

ネットのおかげで、劉暁波は次第に多くの旧友と連絡を回復し、独立ペンに加わるよう説いた。ある会友は海外にいて、面会や電話が不便だったが、費用の安い「チャット」が最適な連絡方法となった。作家の孟浪は、次のように回想した。

「彼は投獄される前、常にパソコンで、ぼくや独立ペンの仲間とコミュニケートしていた。彼はネット空間に期待し、勇気百倍と感じるほどだった。」

つまり、インターネットというツールは、かつてなかったプラットフォームを提供し、中国共産党が言論統制を思うに任せない状態へと変化させた。

劉暁波は会長になると、獄中の作家の救援活動を非常に重視した。独立ペンの獄中作家委員会は二〇〇三年一二月の設立で、それは正に劉暁波が会長に当選してから間もなくのことだった。

中国は独裁主義の長い伝統を有しており、いわゆる三千年の文明史を貫いているのは、三千年の筆禍史である。数々の独裁者に共通しているのは、書籍と言語、及びそれらを創り出す者への嫌悪と恨みである。何故なら書籍と言語の中には独裁に反対する力が込められているからだ。

文字の獄があれば、獄中に作家がいる。獄中作家委員会のコーディネーター代理を務めた詩人の井蛙は次のように書いている。

「獄中作家とは人を悲しませる名詞だ。……人口が十三億の国で、彼らの微小さ及び強大さは既に挑戦という形を成している。彼らが挑戦するのは暴力的な政府だ。教育や知識の水準の低い群衆だ。彼らは言語の中で、明白に中国文化と政治体制の危機を展開させている。」

中国は世界中で獄中作家の数が最も多い国だ。「獄中作家」の存在は、国家の恥辱であり、その国家が言論の自由を欠いている証左である。近年、中国の獄中作家の数は不断に上昇しており、独立ペンの獄中作家委員会は世界で最も忙しい獄中作家委員会になっている。

獄中作家委員会は設立されるや直ちに活動を展開し、それ以前に国際ペンクラブが収集した中国の獄中作家の資料、及び「国境なき記者団」、「ジャーナリスト保護委員会」、「アムネスティ・インターナショナル」、「ヒューマン・ライツ・ウオッチ」、「中国人権協会」、「中米対話基金」等の人権擁護組織が報告した個別の案件を調べ、最終的に獄中作家の名簿を確定した。その後、迅速に「獄中作家サポート計画」[9]を進めた。

その後、独立ペンはさらに「名誉会員」と「獄中作家賞」（劉暁波の投獄後は「劉暁波勇気賞」と改称）を設けた。「名誉会員」は独立ペンが重点的に救助する獄中作家で、二〇〇五年から選考を始め、これまで三回、四十二人に授与したが、その内なお獄につながれている者は二十九人いる。また「獄中作家賞」は二〇〇六年に設けられ、最初の受賞者は独立ペンの獄中会員・楊天水である。

劉暁波は、会長として自ら一人一人の獄中作家の個別の案件を処理することまでできなかったが、獄中作家を支援することに最も多くの苦心と労力を注いだ。彼自身も以前は獄中作家であり、世間と隔絶した状態下では、どんなことであっても外界からの支持と励ましはこの上ない慰めだということを、身を以て体験した。

多くの獄中作家は投獄前には劉暁波とあまり往来がなく、面識すらない場合もあったが、劉暁波は受難者に対し兄弟のように親しみを寄せ、独立ペンの資源をできる限り獄中作家たちのために使い、その上、自分の原稿料を持ち出して支援した。多くの言論のために罪を着せられた者の家族、例えば楊子立の妻、杜導斌[10]の妻、劉荻[11]の外祖母らはみな、劉暁波からの慰めの電話やメールを受け取った。劉暁波はまた受難者の家族と面会し、共に食卓を囲み、彼らを慰め励ました。彼は「心牢の中の妻」という文章の中で、政治犯の妻たちの苦しい境遇について非常に細やかな心づかいを示している。それは、彼自身の家庭もまた「大海の小船」という心もとない状態にあったからだ
作家、詩人、ジャーナリストの師濤は、海外のネット「民主論壇」に文章を発表し、中共の宣伝

部が「六・四」の報道を禁止すると命じたことを暴露したため、懲役十年という重い判決を受けた。師濤はそれ以前、劉暁波とは全く交流はなかったが、母親が監獄に面会に行った時、彼は母親にこっそり、何かあったら「波」を訪ねるようにと言った。師濤が劉暁波を信頼に足る教師、友人と見ていたことが分かる。これはある意味で「君子の交わり」と言えよう。このささやかな出来事からも、劉暁波が後輩の自由知識人の心の中でどう見られていたかが分かる。

劉暁波は願いに背かず、独立ペンの場を利用して師濤の案件について直ちに強く発言し、国際ペンクラブが重点的に関心を向けるようにさせた。彼は自ら師濤のために、「師濤に秘密はない」、「師濤のために声を上げよう」、「師濤の件についてヤフーの楊致遠（ジェリー・ヤン）ＣＥＯに公開状を送る」[12]など多くの文章を書いた。特にヤフーへの公開状は悪人を助け悪事を為すという行為について徹底的に分析し、ヤフーに対し瀬戸際で思い止まり、中共が「心魂の監獄」を作るのをこれ以上手助けしないよう促した。公開状が発表されるや、国際社会の強い注目を引き、中国語、英語のメディアは次々に転載した。

この間、監獄委員会コーディネーターの張裕は何度もアメリカや香港に行き、香港の有力な弁護士で民主党主席の何俊仁に連絡し、彼に弁護士代理になってもらった。後に、アメリカの労改基金会（Laogai Research Foundation）の責任者・呉宏達の努力により、師濤事件はアメリカ議会から重視され、議会人権委員会主席のラントス（Thomas Peter Lantos）議員がヤフーの楊致遠ＣＥＯを呼んで国会で証言させ、被害者の家族に公に謝罪するよう促した。最終的にヤフーは師濤らの被害者に巨額の賠償を支払い、ヤフー人権基金を設立し、ネットでの言論を理由に中共の迫害に遭った人々を助けることに同意した。

二〇〇八年一二月八日、劉暁波は北京の警察によって家から連れ出され、以後、自由を失った。獄中の作家を助ける者自身が獄中作家になってしまった。ジョージ・オーウェルの小説『動物農場』に見られるブラック・ユーモアが現実のものとなった。

3．ネット時代の公共空間

独立ペンの急速な発展は、ネットがもたらす通信の自由と利便性によるものであった。ある意味ではネットがなければ、独立ペンの大いなる発展はなく、二一世紀に入ってからの劉暁波の政治評論の執筆がさらに前進することもなかった。

劉暁波はかつて論文で、パソコンを使った著述と「ネット事始め」の過程を詳しく回顧した。一九九九年一〇月七日、彼は三年の牢獄生活を終えて家に帰った。この時、家にはパソコンが一台あった。それは友人が劉霞に持って来てくれたもので、劉霞は字の打ち込みとインターネットへのアップを勉強中だった。劉暁波が帰ると、パソコンはたちまち彼の著述と社交の道具に変わり、劉霞はそれ以後パソコンに触れることが少なくなった。

劉暁波が家に戻ったばかりの時、彼を訪ねてきた友人はみな彼にできるだけ早くパソコンに慣れるように勧めた。彼は何度か試みたが、機械に向かっては文章を書けないと感じた。彼は紙と筆で著述をすることに慣れている多くの人と同様、一度はパソコンに対し拒否反応が生じ、ペンで紙に書くことにこだわった。だが、友人の辛抱強い勧めと手本によって、彼は次第にパソコンに習熟し、パソコンから離れられなくなった。著述を生業とする者として、また民主運動の参加者として、「六・四」から長期にわたって民間の運動に立ち会った経験者として、公私にかかわらず、彼のネットに対する感謝の意は一言では言い尽くせない。

劉暁波はパソコンで最初の文章を書くのに、途切れ途切れで一週間かかった。彼がそれまでどおりペンを使っていたら、一日で書き終えたはずだ。途中何度か放棄しようと思ったが、友人の励ましでついに書き終えた。その間、彼は紙とペンを捨てることにひどく不安を感じ、友人に宛てた手紙の中で次のように書いている。

「もうすぐ半年あまりになるが、いつもパソコンでものを書いている。今はここでペンを使って手紙を書いているが、自分が正業に就かなくなってから大分たったたような気がし、突然いささか感傷的になった。このように手紙を書いているとやっと真実の自分であるように感じる、パソコンで書いたものはまるで自分が書いたのではなく、もう一つの、ぼくがコントロールできなく、ぼくをコントロールする手が書いたかのようだ。」

間もなく、彼は初めて電子メールを使って原稿を送ったが、なんと数時間後に編集者から返事がとどき、彼は初めてネットの不思議な力を感じた。それとともにできるだけ早くパソコンを使いこなせるようになろうと決心した。

「六・四」後、当局の言論封鎖の下で、劉暁波の文章は国外のメディアでしか発表できなかった。

パソコンを使う前、彼の手書きの原稿は、手直しをするのに時間と手間がかかったことは言うまでもないが、送るのに料金がかなりかかった。原稿を送る際に中共当局が検閲で没収するのを避けるため、彼はしばしば北京市の西部から東部まで急行し、ファックスを持っている外国人の友人を訪ね、原稿をファックスで送信してもらった。このように高い元手をかけるとなると、著述の効率と熱情にも自ずと影響し、国外のメディアに一カ月に一、二編の文章を発表できればいい方だった。

だがパソコンを習得した後は、情報の広がりは以前には想像もできなかったほどになった。パソコンは著述の利便性を増し、ネットは情報の獲得や外部との連絡の利便性も増し、その上、国外への投稿がとても容易になった。彼の著述は、あたかも油井から石油が噴出するかのように爆発的に増大し、あっという間に彼の八〇年代中期の最初のピークを上回った。

さらに、インターネットは独裁中国に暮らす民衆に、完全に封鎖することが困難な情報のルートを提供し、民間の発言と交流を促進し、特に民間の組織に発言のプラットフォームをもたらした。この面で、劉暁波には一層深い体験があった。

独裁国家において、個人あるいは民衆が署名した公開状は、民間が独裁に抵抗し、自由を勝ち取るための重要な方法の一つだった。九〇年代中期、中国の民間に公開状運動の小さな高まりが現れ、前後して「労働者権益保障同盟宣言」、「労働教養制度の撤廃についての建議」、「反腐敗建議書」、「血の教訓をくみ取り民主と法治のプロセスを推進しよう――『六・四』六周年のアピール」など数編の体制内外の知識人が発起した署名のある文書が出た。これら公開状の内容は全て人権の保障に関連していた。

特に一九九五年、「六・四」六周年をめぐり一連の公開状が出現し、その中には「国連寛容年に当たり、国内の寛容の実現を呼びかける」があった。この公開状は古参の党内自由派の許良英が発起したもので、核物理学者の王淦昌が最初に署名し、楊憲益、呉祖光、楼適夷、周輔成、範岱年、王子嵩、丁子霖、蒋培坤、王若水ら中国科学院の院士と文化界の多数の著名人がこぞって署名していた。この年、「天安門の母たち」は最初の全国人民代表大会にあてた公開状を発表し、その後、毎年公開状を発表してきた。劉暁波と包遵信が発起した陳子明の病気による仮釈放を要求する公開状には多数の知識人が参加した。その中には北京大学の季羨林、湯一介、楽黛雲と北京師範大学の何茲全、童慶炳、王富仁らが含まれていた。

以前の限られた通信技術で一通の公開状を企画するのに要した時間の長さと高額な費用は、ネットによる権利擁護運動しか経験していない人々にはなかなか想像しがたい。公開状を企画するため、企画者は往々にして一カ月前から準備を始めなければならない。先ず発起人を捜し、人を集めなければならないが、それには一定の時間が必要だ。その後、公開状の内容、言葉づかい、発表の時機を検討し、最小限数日間を費やして共通認識に合意する。

次いで、場所を探し、手書きの公開状を活字にし、さらに数部プリントしなければならない。これらの作業は主に建国門外の外国の友人の所でなされた。確定した文書ができ上がった後、最も時間をとるのは、発起人が手分けして責任をもって署名を集めることだ。当局はブラックリストの人物の電話を盗聴しているので、あまり電話を使うことはせず、自転車かバスに乗るかして北京市内の東西南北を駆けめぐるしかなかった。例えば、劉暁波はかつて「六・四」六周年を記念する公開状の起草と発起に参画したが、詩人の芒克と芸術評論家の栗憲庭の署名を集めるのに、この二人の友人の家に行って面談する必要があり、北京の東のはずれから西のはずれまで行き、それから東のはずれから北のはずれに行かなければならなかった。このように多大な時間と労力を要したが、成果には限りがあった。

ネットがなかった時代には、短時間で数百、時には千以上の署名を集めるのは不可能であり、世界中に迅速に行き渡らせることも不可能だった。当時は、民間の公開状運動への参画とその影響の範囲はとても限られており、何日も東奔西走しても、最終的に集めた署名は数十人だけだった。

だが中国がネット時代に入ると、ネットの伝播力や瞬時性により発現する権利をめぐりネットユーザー（網民）と当局との間で闘いが繰り広げられ、当局が全面的に封鎖するのが困難になった。劉暁波は、ネットが「ネットによる人権擁護」の誕生を促したと考えた。九〇年代の電話と自転車で署名を集める人権擁護活動に比べ、ネットの発展により、新世紀の連名の公開状という運動は飛躍的に発展した。民間の動員力は急速に強まり、質量ともに目覚ましい進歩をとげた。ネットの効率性、高速性、国境を超えるグローバル性などにより、民間組織の人権擁護のコストは大幅に削減された。

公開状の起草、討論、改正、プリントなどはみなパソコンでできる。数回軽くマウスを動かしさえすれば、数通の手紙のやり取りで基本的に問題を解決できる。最も困難な署名集めでも、メールの一斉送信と署名のサイトで解決できる。一通の一斉送信のメールは同時に数十、さらに百以上の署名を集めることができる。全開放の署名のために確定されたウェブサイトやアドレスは、中国各地と世界各地から署名を同時に集めることができる。もしさらに、署名の数とメッセージを集めるのに責任を持つボランティアがいれば、毎日ネットを通して署名の進展に関連した情報を公表し、持続的で広範なネットによる人権擁護活動を進めることができる。その動きに連動して、他の人権擁護サイトも出現する。

次に、ネットによる迅速で、開放的で、自由な発言は、民間世論を活性化した。ネットの民意が世論による監査の主力となり、深刻な災厄が起こるたびに、ネットの民意は伝統的なメディアや当局の姿勢に多少なりとも影響を及ぼした。

また、ネットには情報の交流と人心を集約する強力な機能があり、民間の自由な組織のために簡便なワークショップを提供した。民間の思想学術でも、ネット空間の仲間が集う自由な組織でも同様であり、そこにおける交流や議論は思想の共通認識を形成するための基礎となった。重大な事件が起きたときは、民意の集約や組織化、及び民間における動員において、ネットは強力な支援の機能を果たした。

これらに関連して、ネットの自由と高い効率性は並々ならぬ「スター作り」の機能を有しており、次から次へと「民間の人権擁護のスター」を育て上げ、民間の「オピニオン・リーダー」、「道義的なモデル」、あるいは「真実を語るヒーロー」を育て上げた。

劉暁波は鋭敏にも、この新たなネット署名運動における特徴と趨勢を把握し、「署名は席次の順位を決めることではなくなり、人権の抗議活動は少数のエリートの独占から解放され」、「民間の公共的な発言はますます庶民化、普及化に向かっている」と述べた。最も際だった例証は、ネットの言論の自由を守り、それにより罪を着せられた「ステンレスのネズミ」劉荻を声援する署名を添えた公開状の発起と組織活動であった。劉暁波はこれらに参画した「ネット知識人」王怡の次の見解に賛同した。

「八〇年代には、署名を添えた公開状は完全にエリートの立場を厳守しており、基本的にエリートの知識人が大衆に向かい大声で呼びかけるものだった。署名のたびに、誰が署名できるか、誰に資格があるか、エリートの団体の中では漠然と梁山泊の序列のように席次が決まっていたかのようだった」が、ネットの隆盛につれて、「署名行動のエリート化の色彩はそれまでになく影が薄くなった。……最近の多くの署名の中では、署名した学者と知識人が、普通のネット仲間と一緒に署名簿に載っていることが比較的よく見られるようになった。」

また、ネットは政見の異なる人々の存在様式を変えた。当局による異議を唱える人々の封じ込めや孤立化は打破され、エリートと大衆の間の懸隔も打ち払われた。

劉暁波はひとたび「ネットを始める」と一日の大部分を外部とつながっているネットフリークになった。海外で政論を主として扱う中国語のサイトが盛んになるにつれ、劉暁波がそれらのサイトで発表した文章によって得た原稿料は、海外の新聞雑誌など伝統的メディアで得る原稿料を上回った。

その後、劉暁波は「民主中国」サイトの編集長になった。このサイトにはアメリカの国家民主基金会が資金援助をしていたため、中共のメディアは、民主基金会は中央情報局（ＣＩＡ）が後ろ盾になっていると非難し、劉暁波は〝アメリカの特務だ〟と暗に誹謗中傷した。しかし、アメリカ国家民主基金会のサイトに公開された情報では、中国の司法部（省）などの政府部門が裁判官の養成などの協力のために当該基金会に多額の資金援助を申請していることが読み取れる。中共のロジックを進めれば、中国政府こそ「アメリカの傀儡」となるのではないだろうか？

二〇〇八年、中国でブログ・ブームが起こり、劉暁波は「劉老侠的不老歌」という名前でブログを開設し、友人に管理を委託した。ブログでは主として劉暁波個人の文章が掲載された。国内のインターネット統制の実情を考え、このブログには一般に政治的な影響が相対的に小さな、たとえば文学評論のような文章や情報がアップされた。このブログはしばしば文章が当局に削除されたが、劉暁波の投獄後もなお正常に閲覧でき、劉暁波の名前と写真も削除されていなかった。

二〇〇九年一二月二三日、劉暁波の裁判が始まってから、ブログへの訪問が増え、管理者は文章を発表する頻度を増やしたが、裁判の内容や情報には婉曲に触れるだけで、サイト管理の「隠れた規則」に直接挑戦することはなかった。多くのブログの訪問者はそこで劉暁波の文章を読み、劉暁波のために感動的な祝福の言葉を残した。だがある日から、ブログの情報はすべて消去され、以後、このサイトは全面的に禁止された。

ネットの中国に与えた影響は革命に他ならない。劉暁波はある中国のキリスト教徒の言葉を引いて、次のように述べた。

「中国人は宗教観を欠き、大多数の人は西側の神を信じないが、神は世に遍く恩恵を賜り、苦難の中の中国を見捨てることはない。ネットは神が中国人に与えた大きな贈り物だ。それは中国人が奴隷のような酷使から逃れ、自由を勝ち取る事業のための最も素晴らしい道具となる。」

彼は、ネットがもたらした情報の自由の潮はついには中共の世論に対する規制や情報の封鎖を押し流すだろうと深く信じていた。

ネットの社会に対する影響がますます大きくなるに従い、中共のネットに対する規制も日増しに厳しくなった。二〇〇二年七月、新聞出版総署と資訊（情報）産業部は連署で「ネット出版管理暫行規定」を公布した。これに対する民間勢力の言論の自由を勝ち取ろうとするネットでの抗議活動は二カ月あまり続いた。劉暁波、茅於軾、楊小凱、呉思、余傑ら十七名の国内外の学者、作家は、同年七月二七日「ネット公民権利宣言」を公表し、抗議活動の高まりをもたらした。

だが、その宣言は中共を引き止めることはできなかった。中共はその特権的地位を守るため、時代の流れに逆行し続けた。その後の数年間、一つまた一つとネットの審査、取締り、封鎖が立て続けに行使された。劉暁波は次のように述べた。

「（ぼくは）まるで不断に拡大する民間のサイトの墓場に立っているかのようだ、あたりは新しい墓がますます多くなり、今日は『文化先鋒』と『憲政論考衡』の埋葬、明日は『一場糊塗』と『燕南社区』の墓碑、明後日は『愛琴海』と『民主与自由』の土まんじゅうといった有様だ……。」

だが「野火は野山を焼いても焼き尽くせず、春風が吹けばまた芽を吹く」という。古いサイトが閉じられると、新しいサイトがすぐに誕生する。当局のネット監督規制部門は奔命に疲れ、スタッフと組織は不断に膨張し、「五毛党[13]」は非難・排斥される悪名高い職業になった。

劉暁波は情け容赦なく頑固で独善的な官僚を糾弾する一方、ネットで活躍する若い世代、サイトの創設者、ウェブサイト論壇の管理人、ブロガーなどには大きな期待をかけた。彼はこれらの人々と連携を密接にして、絶えず激励、支持、提案した。王怡、楊子立、野渡、楊支柱、劉檸、羅永忠、冉雲飛、楊恒鈞たちはみな、劉暁波を良き師、良き友と見ていた。彼らが当局の様々な抑圧を受けた際、劉暁波はそのたびに文章で声援し、また実際的に援助した。

楊子立が「新青年」事件で逮捕された後、劉暁波は彼が運営しているサイト「羊子思想家園」を開き、読みながら感嘆して言った。

「子立の言葉を読めば読むほど感動を覚える。子立は九〇年代の大学生で、九八年に北京大学を卒業した。彼が学んだのは力学だが、自由主義の思想を広めることに力を尽くした。『六・四』に対して、法輪功が弾圧を受けたことに対して、社会の底辺に生きる人々に対して関心を持ち、九〇年代の知識人層の分裂に対して明確な立場を持ち、しかも、その上、自分のサイトを創設したとは！」

また、王怡は随筆集『美得驚動党中央』を脱稿した後、劉暁波に序を書いてもらった。劉暁波は「王怡ら青年世代の自由知識人はネットを通して登場し、血なまぐさい『六・四』虐殺の中から、彼らは自分も制度的なペテンと残忍さの中に生きていると自覚した。隷従に反抗する民間の人権擁護運動の中で、彼らは次第に内在的勇気と輝きを獲得した」と述べた。

王怡のこの著書は地下出版（深夜叢書）で友人の中に広がり、後に当局の文化精査部門に押収された。劉暁波は再び声を上げ、支援した。王怡の方法は、劉暁波が八〇年代から提唱し始めた独立創作、独立印刷、独立宣伝のモデルと一致しており、それ故、劉暁波は大いに称賛した。後に独立ペンサイトの管理者を務めた野渡は「民主と自由」等のサイトを主宰した。どれもしばしば封鎖されたが、そのたびに転戦し、ますます勇敢に闘った。このような野渡の努力を、劉暁波はとても高く評価した。

「野渡が主宰する『民主と自由』は疑いもなく大胆で強靭な民間のサイトの一つだ。このサイトでは、ほとんど全ての敏感な政治情況のニュースと政治的に敏感な人士の言論を見ることができる。しかも、このサイトはネットによる人権擁護運動に積極的に参加し、特に『劉荻事件』と『杜導斌事件』では専門的な署名ホームページ・アドレスとして重要な役割を果たした。」

4．結社の制限の突破と創作の自由の提唱

劉暁波が会長となって以来、独立ペンの最も重要な成果は、中国大陸で集会と結社の制限を打ち破った唯一の民間組織になったことだ。中国の憲法では公民は集会と結社の自由を有すると規定されているが、実際の社会生活ではこの二つの自由は破棄されるか、幾重にも制限されている。事実、NGOは何らかの政府部門に附属するように要求され、全面的に制約されやすい制度下に置かれている。中国に非常に多くある、いわゆる民間の大衆団体は、実際は「半官」の組織である。例えば中国作家協会は部（省）に準じるクラスの組織で、国家財政から巨額の経費を受け取ってお

り、内部に共産党の組織がある。党組織の書記（トップ）が作家協会の主席を指導している。

これらの「エセ民間」組織に比べ、独立ペンは真に「独立」した民間団体である。それが中国本土で生きながらえることができているのは、独立ペン自身のスタンスと関連しているが、さらに、独立ペンのリーダーとしての劉暁波たちの努力も大きい。

先ず、独立ペンはアメリカのニューヨークで登記をしたので、中共は取り締まりようがなかった。また、独立ペンは中国大陸で登記する必要がなかった。実際、それは不可能だった。たとえより中立のNGOであっても、中国では同様に合法性を取得するのは難しい。ましてや独立ペンのような「高度に敏感」な民間組織にあっては言うまでもない。

もとより、独立ペンのすべての会員が決して政見を異にする傾向があるわけではないが、独立ペンの主体は確かに異議を唱える作家たちだからである。独立ペンはこの事実を避けて通ったことはない。そもそも、中国では、「独立」ということは必然的に当局側の「基本的観点」と衝突することを意味している。

次に、独立ペンは国際ペンクラブに受け入れられた分会で、国際ペンクラブは国連が承認した国際組織だ。早くも八〇年代に、中国当局の作家協会は中国筆会センター、上海筆会センター、それに広州筆会センターの名義で国際ペンクラブに加入し、今に至るも正式に退会していない。それ故、中共当局は人権派弁護士が創設した「公盟」に対するように税収問題で難癖をつけたり、ひいては強引に「非合法組織」と宣告するのは難しい。

そのロジックを延長させれば、国際ペンクラブ、国連、及び中国当局が作った作家協会もみな「非合法組織」になってしまう。
それ故、独立ペンは独裁制度の間隙でどうにか存在して発展を勝ち取った。劉暁波は、外部環境の現状では、独立ペンの公然化はできないが、「非合法の状態」でいるわけにはいかないと考えた。そして、独立ペンは二〇〇二年に米国で、さらに二〇〇四年と二〇〇五年には北京で二度続けて自由創作賞の授賞式を開催し、成功させた。

二〇〇四年一〇月三〇日、独立ペンの第二回自由創作賞授賞式が北京の郊外で行われた。劉暁波と独立ペンの多数のメンバーの入念な準備と手配により、当局の厳重な監視と妨害がありながら、六十二人が独立ペン貸し切りの大型バスや自分の車で昌平県黒山荘二道溝の「口楼画家村」にやって来た。

集会の場所はある画家のスタジオであり、広くオープンしている「農村休暇村」のレストランでもあった。主人はそこに自分で間口数軒の平屋を建てていた。周囲は山で、山の上には荒れ果てた長城の跡があった。

作家、独立ペンの理事、会議の企画者の一人である余世存と数人の友人が「独立ペン第二期自由創作賞授賞式」と書かれた赤字に白抜きの横断幕を掲げ、自然に囲まれ芸術の気風に満ちた部屋の中はそれなりに雰囲気が出た。風流に満ちた観は、自由・独立とライフスタイルの関係を十分に示していた。赤い横断幕、出入りする人々がひっそりした田舎の小さな家の様相を変えていたのである。

マスターは食事の準備を整えた。食事になると、みなは旺盛に食べた。予期していたより参会者が多かったので、テーブル、椅子、料理は明らかに「物が少ないのに人は多すぎる」という状況であった。

会友で日本問題の専門家であり、北京師範大学の卒業生の劉檸は、十五年前の劉暁波の著作、及び劉暁波と関連のある書籍――例えば中共が劉暁波を批判した『劉暁波その人その事』などを保存していた。劉檸はその数冊の蔵書を持参し、初対面の劉暁波にサインをしてもらった。劉暁波は三冊の書物にそれぞれ「十五年」、「今までの保存に感謝」、「長髪の日は戻らず」などと書いた。十五年の光陰は矢の如く、ため息が止まらなかった。

午後一時半ごろ、作家で独立ペン副会長(当時)の王怡が開会を宣言した。先ず劉暁波が発言した。彼は会長の立場で来賓に感謝し、今年度の自由創作賞の受賞者が『往事並不如煙』[14]の著者・章詒和であったため、劉暁波は「反右派闘争」の歴史に論及し、「五十万の右派は簡単な問題ではない、五十万の知識人が自由をなくし、独立した創造を失った、この上ない悲劇だ」と述べた。彼はさらに「独立ペンの自由創作賞は当局の評価システムの外にあり、自由な作家が同意した評価システムであり、受賞者はみな中国の現実と歴史に責任感を持つ作家と作品だ」と提起した。

次に、独立ペン理事の余傑が授賞の言葉で、章詒和は漢語の尊厳と栄誉を取り戻したとして、次のように読みあげた。

「章詒和が三十年の苦難と血涙を凝集して書き上げた文字・言語は、権力と金銭の奴隷に身を落とした現代の漢語創作に斬新な品性を賦与した――この創作は暗黒時代に対する告発であるのみならず、一層重要なことは、この作品が打ち砕くことのできない人間性の尊厳の肯定と、この尊厳を破壊するあらゆる企図に対する否定を表明したことだ。」

そして、章詒和は謝辞を述べ、人生の経験と真相は人間としての正義と社会の正義にとっていささかも欠けてはならないと力強く指摘した。

その後、第一期の自由創作賞授賞者の王力雄、学者の包遵信、九鼎公共事務研究所の張祖樺、弁護士の浦志強らが前後して発言し、彼らは自由創作の今日の中国における意義を重ねて表明し、章詒和の受賞に対し祝賀の意を表し、また独立ペンが言論の自由を切り開く努力に希望を寄せた。作家の廖亦武が簫を吹き、詩歌を朗唱して、授賞式に興を添え、雰囲気を盛り上げた。

参加者には、独立ペンの二十名あまりの会友の他に、四川、山東、湖北、河北、北京などから来た呉思、盧躍剛、王東成、徐暁、老村、高氏兄弟らの作家、学者、アーティストがいた。イギリス・ロイター通信のベテラン記者で劉暁波の古い友人のベンジャミン・リムも授賞式の一部始終を取材し、式の終了後、劉暁波に単独インタビューを行った。翌日、多くの参会者が秘密警察に呼び出され、劉暁波に至っては数時間も「お茶を飲まされ」た。全体として、脅されはしたが、危険な目には遭わなかった。

ともあれ、何事も初めが難しいとおり、第一期ができたので、第二期はスムーズに運んだ。

二〇〇六年一月二日、独立ペン二〇〇五年度の「自由創作賞」と「林昭記念賞」の授賞式は、劉暁波の家の付近にある金山城レストランの個室で、「友人どうしの会食」という形で行われた。

場所に限りがあったので、参会者は前回よりやや少なかった。

式が開かれる前、北京の「国保」大隊の警察官が何度も劉暁波と「面談」した。最初は今回の集会を取りやめるよう圧力をかけたが、これを断固拒否すると、彼らは次いで参加者を審査し、式の規模を制限するよう要求した。劉暁波は理詰めで押し通し、新年に当たり友人どうしが会食して何がいけないのかと言った。同時に、彼は巧みに「授賞式の横断幕を張らなくてもよい。わざわざ式としてのプログラムを組まなくてもよい。食事の間にちょっと話をするだけだ」などいくらかの譲歩をした。このようにして、ようやく「合法的に食事をする」権利を勝ち取った。

今回の授賞式には、国内にいる独立ペンの五名の理事、劉暁波、余傑、王怡、趙達功、余世存と多くの会員が出席し、北京の知識界と人権派弁護士界からも合わせて四十人あまりが参加したが、その中には蒋彦水、包遵信、劉軍寧、徐友漁、江棋生、郝建、莫少平、浦志強、滕彪、高智晟たちがいた。このような会食そのものが、民間の力が合わさり恐怖政治に打ち勝ったことの証しだった。

前二期の自由創作賞授賞者の王力雄と章詒和が先ず祝辞を述べた。章詒和は、参会者の数は多くはないが、中国ではこのいくつかのテーブルがあるとないとでは事情が全く異なると指摘した。

第三期の自由創作賞の授賞者は歴史学者の呉思で、彼は出席し、受賞の挨拶を述べることができた。「林昭記念賞」の授賞者は大学の青年教師・盧雪松[15]だったが、ちょうど「保証人を立て審問を待つ」期間だったので受賞に来られず、独立ペン理事の趙達功が受賞の辞を代読した。

独立ペンが順調に小規模な活動を行えるかどうかは、中国の人権状況の風向計の一つである。

二〇〇七年一二月、独立ペンはまた北京でこの年度の「自由創作賞」と「林昭記念賞」の授賞式を開く計画を立てた。二つの賞の授賞者はそれぞれ作家の廖亦武と李剣虹（小喬）だった。しかし、北京オリンピックが秒読み段階に入って以来、中共当局は政見の異なる人々に対する規制を絶えず強めていた。

一二月二二日、劉暁波はAP通信に対し、独立ペンは前から二二日の夜、北京で授賞式を開く予定だったが、二人の授賞者はともに警察当局に拘留されたと語った。上海の女性作家・李剣虹は警察当局により自宅軟禁にされ、四川の作家・廖亦武は北京に着いたが警察当局に拘留され、直接四川に送還された。元々四十名あまりの作家が出席する準備をしていたが、その大部分が警察当局に脅され、出席を許されなかった。警察当局は劉暁波の住居の外に二十四時間見張りを立たせ、外に出ると警察当局が車で送迎し、その一挙手一投足を厳しく監視し、規制した。このため、授賞の行事はやむなく取りやめになった。

独立ペンは授賞式を利用して集会と結社の制限を突破しようとしただけでなく、国内で各種形式のシンポジウムを企画した。二〇〇六年一月一二日、独立ペンと「公民半月談」は北京の三味書屋で「文学と記憶」シンポジウムを共催した。独立ペン副会長の余傑と「公民半月談」企画者・張大軍が共同で司会し、章詒和、徐友漁、丁東、王東成たち作家と学者がシンポジウムに参加した。シンポジウムでは章詒和の『往事並不如煙』、楊顕恵の『夾辺溝記事』などの歴史を取り戻し、記憶を守る著作の現代中国における意義と価値について討論した。その記録は二〇〇七年に地下出版された『公民半月談』の中に収められている。

警察当局の妨害を避けるため、劉暁波自身はシンポジウムに出席せず、閉会後にやって来てみなと一緒に食事をした。ただし、彼は書面による発言を提出し、他の者が次のように代読した。

「記憶喪失症にかかった現代中国で、歴史の事実は依然としてそれに相応しい原状回復がなされない。事実や真相が大きな声で語られるようにならなければ、中国の未来に関するいかなる理論的探究や研究プロジェクトもすべて空中の楼閣だ。それ故、未来の中国のために数多くの構想を建てるよりも、歴史を取り戻し、真相を明らかにすることが第一である。歴史が明瞭になり、現実が露わになれば、中国がどこに向かうべきか、いかに進むべきか、こうしたことは自ずからはっきりする。」

劉暁波本人も努力し、実践している。彼は多くの文章を書き、共産党がもたらした「土地改革」、「三反五反運動」、「反右派闘争」、「大飢饉」、「文革」そして「六・四」に至るまでの惨禍について独特の分析と論評を提出した。「生き続け、かつ記憶する」。これは良知を有する現代中国の知識人の避けて通れない使命だ。

かくして、独立ペンは「独立した人格、自由の思想」を提唱する先鋒となった。独立ペンの会員、及び密接な関係がある一群の作家の活動により、かの体制と畸形な市場に媚びを売る御用作家たちは生彩を欠くことになった。廖亦武、章詒和、野夫、楊顕恵たちは国内、国外の文壇で大きな影響力があり、中国の現代文学の最高水準を代表している。劉暁波はまさに「縁の下の力持ち」であった。

5.「大監獄」と「小監獄」の往復

各種の人権擁護活動を進め、政治評論を執筆し、いくつもの署名入り公開状を企画し、起草したことにより、劉暁波は一般人には決して耐えられない大きな代償を払った。劉暁波は人生で四度も投獄された。九〇年代を通して、日常的な嫌がらせ、軟禁、「強要された旅行[16]」などの他、二〇〇八年一二月の四度目の投獄までの間に、彼は二度もかなり長期にわたって自由を失った。

最初は「反腐敗建議書」と『「六・四」六周年のアピール』により、公安当局はいかなる合法的手続きもなく彼を家から連行し、北京郊外の秘密の場所に半年の長きにわたり拘禁した。二度目は「双十宣言」を発表したためで、「労働教養」三年の処分を受けた。

一九九四年、劉暁波と陳小平らは全国人民代表大会に「労働教養制度を廃止する建議」を提出した。わずか二年後、劉暁波本人が労働教養制度の被害者になり、三年もの長期間人身の自由を剥奪された。

一九九六年一〇月八日の早朝、熟睡中の劉暁波はドアを叩く音に驚かされた。起きてドアを開けると、眼前にはよく知っている派出所の警察官・居暁非ともう一人、会ったことのない警察官が立っていた。居暁非はいつも私服を着るのを好んでいたが、この日は警察官の制服に着替えていた。彼の身なりと厳しい顔つきから、劉暁波は、今回はおそらく通常の事情聴取や呼び出しではなく、もっと重大なことが起ころうとしているのだと察しがついた。「六・四」後、彼はずっと警察官と付き合ってきた。居暁非との付き合いは短くはなかった。居暁非は良心のある警察官で、平素は劉暁波に対し大変礼儀正しく、いつも温和な笑みを浮かべていた。

劉霞も驚いて目をさました。劉暁波は彼女をなだめて言った。

「居さんだよ。何でもないだろう。」

劉霞は「これもまたよくあるいつもの形式的な用事だろう。定期的な『訊問』だろう」と思った。もともと、劉暁波は劉霞を起こし、彼女と一緒に外に出ようと思っていた。もし本当に何か起これば、劉霞は彼が連行される一部始終を目撃することができる。だが彼は、実際には生き別れになるかもしれない残酷な一幕を劉霞に目撃させることも、彼女の張り裂けんばかりの叫びを聞くことも、彼女の涙に潤んだ眼差しを見ることも願わなかった。それは忍びないことだった。

そこで、彼は何事もないかのように服を着て外に出、そのまま階段を下り、表門の通路を数十メートル行ってから、北向きの小さな家の窓を一目振り返った。窓はまだ小さく開いたままだった。

二人の警察官は劉暁波を万寿路の派出所に連行すると、二階の大会議室に直行した。そこには既に七、八人の警察官が待っていた。制服を着ている者も私服の者もおり、その内の三人は姿勢を正し、長い机の真ん中に座っていた。その部屋も、長い机も彼には見慣れたもので、それまでこの場所で何度も北京市公安局一処（政保処、後に国保大隊に改名）、海淀分局、また派出所の警察官たちと顔を合わせていた。その大部分は、形式的な「雑談」或いは「意思疎通」だった。

部屋に入ると、彼らは劉暁波を向かい側に座らせた。劉は頭を上げると、部屋の東南のすみにカメラを担いでいる者がいて、レンズをまっ直ぐ自分に向けているのに気づいた。

劉の正面にいた人物が質問を始めた。分かっていながらわざわざ尋ねる型どおりの質問で、姓名、年齢、本籍、民族、その他の事柄を聞かれた。劉は面倒くさそうに答えた。

次いで、彼らは外国の新聞の写真を二枚提示した。内容は劉が台湾の「聯合報」に発表した「侮辱され忘れられた死亡」と題する「六・四」五周年を記念する文章と一通のアピールで、彼が書いたものであることを直接確認したのだった。このすべての質問が終わった後、彼らは劉暁波に「デマ」、「誹謗」と「社会の治安を攪乱した」ことを理由に三年の労働教養に処するという「北京市人民政府労働教養委員会決定書」を読み上げた。

これまで二度、人身の自由を奪われた経験があり、自分の運命に十分な心理的準備ができていたためか、「労働教養三年」の判決を聞いても――今回は自由を剥奪される時間が「六・四」後の時を上回っていても――劉暁波は少しも取り乱さず、不安すらなかった。

公安当局は劉暁波に判決に署名させようとしたが、彼はきっぱりと拒絶した。怒ったためではなく、平静な態度の拒絶で、その場でこの判決には承服しないという上訴を提出した。

警察官は何度も「君、もっと真面目に考えたらどうだ。署名すれば君も得をするのだ。拒絶すればもっとひどいことになるぞ」と脅した。説得しても無駄と分かると、法的文書に「本人は署名を拒絶する」と書かせるしかなかった。劉は相変わらず冷静にその通り書き記した。

いわゆる「法的手続」はここで終了した。劉暁波はタバコに火をつけ、警察官は彼を派出所から連れ出した。彼は劉霞に会いたいと申し出たが、警察官は「後で我々が劉霞に通知する」と言った。

警察の車が三台、派出所の入口に停まっていた。警察官は劉暁波に手錠をかけることはせず、どちらかと言えば礼儀正しく、彼を中間の車に乗せた。居暁非ともう一人の警察官が彼を挟んで両脇に座った。

大通りに出ると、車はサイレンを鳴らし続け、長安街から東に向かい、公主墳の立体橋で右に曲がり西三環に入り、また南二環に曲がった。およそ三十分後、車は狭い胡同に入り、そこを出ると半歩橋四四号の北京市公安局看守所に着いた。

看守所の正門で警察官が拘留手続を済ませるのを待っていると、居暁非がタバコ一箱をこっそり劉暁波に押しつけてよこした。劉暁波が車の中でタバコを吸っていると、私服を着た警察官が取りあえずの朝食として数個の油條[17]を手渡した。劉はなんと一気に二つ平らげた。

後日、劉暁波はあのような状況下でも、気持ちがあれほど落ち着いて、食欲もあのように旺盛だったことを不思議に思った。

それから、劉暁波は看守所の中に連れて行かれた。まず部屋に入れられ、女性警察官が登録と訊問に当たった。訊問が終わると、彼は紙と筆記用具を要求し、法律委託証書と上訴書を書いた。その女性警察官が出て行くと、部屋には彼と居暁非、それにもう一人の車に同乗してきた若い警察官だけになった。居暁非は彼に「劉霞に伝言することがあるか」と尋ねた。劉暁波は服のポケットから財布、鍵などあるだけの物を取り出し、先にもらったタバコと一緒に居に渡し、彼女に持って行ってくれるように頼んだ。さらに劉霞への伝言も託そうと思ったが、とっさには言葉が出なかった。その時、看守所の警察官が戻ってきた。

劉暁波が家を出、派出所に入り、また警察の車に乗せられるまで、全部でおよそ十数分しかかからなかった。劉は次のように語った。

「これが即ち中国の特色ある労働教養制度だ。国民の人身の自由を剥奪するというこんなに厳しい懲罰を加えるのに、なんと逮捕、取り調べ、起訴、裁判を経ることもなく、十数分内に決定して、人権を踏みにじる元手を最大限に節約している。」

一九九七年一月末、北京市公安局は劉暁波を戸籍のある大連の労働教養院に送致し、服役させた。かつて大連で記者をしていた姜維平は、大連の司法関係の役人が劉暁波の労働教養中の情況について語ったことに言及している。それによれば、労働改造所副所長の張某は「劉暁波を大連の労働教養院に監禁したのは上部が入念に検討した結果である。一つは彼の戸籍が大連にあり、ここに拘禁するのは自然なことだ。もう一つは彼の父親は大連におり、二人とも感情的な結びつきは切りがたいだろう。この関係を利用すれば彼をうまく改造できる」と明かした。しかも大連には外国のジャーナリストや公使館が少なく、国際的な関心度は北京に比べ低い。

ところが、二〇〇九年に劉暁波は懲役十一年の重刑を言い渡されると、彼の戸籍とは全く関係のない遼寧省の錦州監獄に移送され、今も服役している。中共の司法が少しも進歩していないどころか、逆に後退を続けていることが示されている。

労働改造所の副所長・張某の言うところによれば、労働教養院での劉暁波はよく政治を語り、たとえ頭を剃られようと、囚人になろうと悔い改めなかった。ある時、彼は陰で管理教導員の誰それを罵っていたなどと密告された。張某はそこまで話すと、片方の手で自分が劉暁波の肩をつかみ、「これ以上おかしなことをすれば、電気警棒を食らわせてやるぞ」と警告した様子を再現して見せた。

労改所ではどの管理教導員も電気警棒を携帯している。

この他、当局は劉暁波を監督する方策として、特に一人の教養の程度が極めて低く、小学校をまだ卒業していない少年犯を彼の身辺に常に付き添わせ、彼の影響が周囲に及ばないようにした。鄭義強という名の警察官は、「劉暁波が大博士だろうと、字も読めないやつと毎日一緒にしておけば、馬の耳に念仏だ。あいつがどうするか見ものだな！」と得意気に言った。

入獄することについて、劉暁波の心境は穏やかだった。彼は、これは「仁を求めて仁を得た（願った通りになった）」もので、異議を唱える人々にとっては一種の「職責」であり、入獄するのは正常な状態で、入獄しないのは非常な幸運だと考えていた。

もしこのような心理的準備がなければ中共に挑戦してはならない。蛇を捕まえる者で蛇に咬まれない者などいるだろうか？　劉暁波は「六・四」後に投獄された作家・秦耕の回想録のために書いた序言の中で「政治犯は超人ではない。自由のために入獄することは身をひけらかす資本でもない。その平常心の下でよくよく考えれば、監獄の鉄の扉は自由に至るためには必ず通らなければならない道へと通じる。獄外の抗争と獄内の抵抗の堅持は共に独裁下の自由のための事業を構成する」と述べている。

一人の囚人として、どうすれば長期間もの牢獄にいる災厄に打ち砕かれずにすむだろうか？

劉暁波は自身で体得したことを次のように語っている。

「極端に苛酷な環境の中で、楽観的平常心を保ちさえすれば、時に襲われる絶望も自殺の毒薬にならずにすむ。特段の災厄に遭っても、男に捨てられてくどくどグチを言い続ける女のようになららずにすむ。『なぜ自分はこんなに不運な目に遭うのだろう』といった自己中心の深い淵に陥らずにすむ。『自分はこの世で最も不幸な者だ』という悲嘆に沈み込み脱け出せなくならずにすむ。全世界の人々が『自分に借りを返してくれない』と考えたり、少し思い通りにならないだけで癇癪玉をはれつさせたり、嘆き悲しみ、自分の憎しみ、怒り、悲観、厭世、落魄、退廃などの気分を外的な環境と身内や友人、その他の人に転嫁せずにすむ。」

劉暁波は秦耕が打ち出した「獄を愛すること家の如し」という観点を特に気に入り、これは得難い資質である上に、独裁制度下で異議を唱える人々が持つべき「職業道徳」だと考えた。反抗の選択は、まず個人的、自発的なものであり、当人もその他の者と同様に沈黙を選択しても構わない。個人的、自発的なものであるからには、平然としてこの選択がもたらした一切を引き受けなければならず、特に入獄しても良心犯のために期待される社会的名声や大衆の尊敬がもたらされなかったとしても、良心犯は何事も人のせいにすべきではない。ましてや入獄したことを資本に社会に返済を要求すべきではない。

同時に、外部の社会的評価が良心犯に種々英雄としての称賛を奉れば奉るほど、良心犯本人はますます冷静になるべきで、入獄しさえすれば有名になるという自己陶酔に陥るのを避けるべきだ。たとえどれほど苦難を経験しても、自分を見、社会を見る「平常心」を保たなければならない。これは劉暁波が「自分のことにあてはめて」言ったことだ。心の自由のために、彼は身体の不自由という代償を支払った。

そもそも中国全体が彼にとっては「大きな監獄」であり、長年にわたり、彼は従容として「大監獄」

「小監獄」と「大監獄」の間を往復した。入獄した後で心理的なバランスを失った多くの人たちに比べ、彼は常に謙虚な心理状態を保っていた。

6. 影の如くつきまとう警察官

中国当局のいう「反体制分子」の中で、劉暁波は入獄していた時間が最も長い人ではない。四度目の十一年の刑期が満了になったとして、[18]彼が四度にわたって失った自由の時間は総計すれば十七年ほどになる。しかし中国では、数人の良心犯は無期懲役の判決を受け、有期の懲役刑では最も長い人で二十年である。

ただし、劉暁波は疑いもなく「反体制分子」とされる身分を最も長く堅持した一人だ。彼の監獄の外での生活は常に不正常で、不自由な状態にあった——警察官が自分の本当の家族とは別に〝家族〟同様に家に居座る（四六時中付きまとう）ようになるとしたら、あなたはそのような歪んだ生活にどれほど長く耐えられるだろうか？

劉暁波の日常生活は、オスカーの外国語映画賞をうけたドイツ映画「Das Leben der Anderen」（邦題「善き人のためのソナタ」）を思わせる。ただし、その主人公は、劉暁波のような「反体制」作家を盗聴する東ドイツ「国家保安省（シュタージ）」のスパイのように次第に作家に理解・共感するようになることなどない。

ともあれ映画はしょせん映画で、現実は映画より残酷だ。聞くところによると、映画の撮影中に「シュタージ」の監獄内を撮影しようとしたが、そこはすでに「シュタージ」の歴史を保存する公文書館になっていた。そして公文書館の館長は監督の要求を断った。その理由は、彼の知るところでは歴史的に「シュタージ」のスパイの中に誰一人として自分が監視している者に共感した者はいなかったということだった。

劉暁波を監視していた国保の警察官もそのようで、彼らは劉暁波に同情したことも、保護したこともなかった。唯一の例外は、九〇年代初め、北京市の国保部門にいた高という所長だった。彼はいささか人情味があったが、後に「公安系統内の右傾投降路線を代表する」という罪名を着せられ、職場から追放され、自営業に転じた。

劉暁波の友人はみな次のような場面に慣れている。劉暁波と会うとき、私服の警察官が蠅のように後についてくるのだ。劉暁波の大学の同窓生・温玉傑の回想によれば、劉が最初に監獄から出て来たとき、温は彼のために長春で歓迎会を開いた。劉は彼の弟を温のもとに相談に送った。「ぼくが長春市公安局の所長を連れて行くことを認めてくれないか（後にこの人物は劉を監督する責任者だと聞いた）」。

温は了解した。もちろん、歓迎会では基本的に友情について話しただけで、政治は語らなかった。一九九二年、温は一家をあげて南方の珠海に引っ越した。一九九六年の某月某日、同窓生の劉が突然訪ねてきた。温はただちに宴を設けてもてなした。

すると、珠海にこんなに多く劉の友人がいるとは思いもよらなかった、何と六、七人が来た。夕飯が済んだ後、みなさらに温の家で夜を徹して麻雀をやった。劉は翌日さっさと立ち去ったが、五日目に面倒が起きた。真夜中の一時に誰かがドアを叩いた、温がよく見てみるとなんと警察官だった。

彼らは温に「あなたはなぜ珠海に来たのか。今はどんな仕事をしているのか」といった痛くもかゆくもないことを質問した。温は心の中では劉のせいだと分かったが、相手はそうとは言わなかった。それ以後は何事もなかった。温は次第にこのことを忘れてしまった。思いがけなく三年後、一九九九年にマカオが中国に復帰した日、温は派出所から突然、町に出てはいけない、家にいてマカオが祖国に復帰する式典の盛況ぶりをテレビで見るだけにするようにという電話を受けた。当時の感覚は、またしても「何が何だか分からない」ということだった。

中国の領土内であれば、劉暁波の行く所はどこでも、警察官がついてきた。二〇〇三年三月末、劉暁波夫婦は丁子霖夫婦の招きを受け、彼女たちの故郷の無錫の家に遊びに行き、また老夫婦のお伴をして太湖の三山島に遊んだ。そこは交通が不便で、無錫から汽車に乗って蘇州に行き、蘇州からまた二時間バスに乗って東山に行き、さらに東山から島巡りの車に乗って陸巷埠頭に行き、毎日一便だけの渡し船に乗り換え、やっと三山島に入ることができる。その日、彼らはいやというほどの手間でやっと三山に着いたのだが、思いがけなく一群の私服の警察官が彼らより一日早く既に島に来ていた。十数人の私服の警察官は彼らが借りた農民の旅館のそばの旅館に泊まっており、二軒の旅館の窓は向かい合っていて、どうやら事前に手配してあったようだ。島の住民の言うところによれば、この島でただ一艘の遊覧船は埠頭につながれたまま二十四時間待機の状態で、この四人の

「重要犯人」がいつ逃げ出すかと、それだけを心配しているようだった。

文学評論家の呉亮は劉暁波と連絡をとったことで引き起こされた空騒ぎについて次のように書いている。二〇〇六年、一団の作家と評論家が蘇州で会議をした。劉暁波が丁度うまい具合に蘇州で遊覧していたので、呉亮は劉暁波に「会議をしているホテルで会おう。多くの友人が劉暁波に会いたがっている」との短いメールを送った。その結果、この短いメールがその会議に大きな厄介ごとをもたらした。

「後でホテルの従業員が言うには、その日、劉暁波には七人の警察官がついて来ており、従業員に会議の参加者の名簿を出すように厳しく要求し、支配人をひどくびっくりさせた。我々が将来どのようにそれを論評したとしても、こうしたことは永遠に過ぎ去ることはない。特務たちはおそらく劉暁波が会議で発言するはずだと思い、それでひどく緊張したのだ。」

地域の違いにより、監視の程度にも違いがある。上海のように表面的には開放された「国際的大都市」は、イデオロギー面では却って最も保守的だ。劉暁波が享受した「身辺保護」のレベルもより高かった。

上海の劇作家・沙葉新は次のように言った。

「ある時、劉暁波が上海に来て、私と劉暁波それに上海の友人たちが我が家の近くの湖南料理店で食事をしたが、国安[19]が尾行し、監視していた。我々は九人で皆個室の中にいた。国安は男三人、女二人で我々の個室のすぐ外の二列に並べられた椅子に座っていた。個室のガラス窓を通して双方は相手の全てをはっきり見ることができた。」

時たま一、二回このような体験があるのなら、まだなかなか面白いと思えるのだが、二十年も毎日このようだと、どんな気持になるだろう？　このように人からほとんど丸見えの生活に耐えることのできる人が一体どれほどいるだろうか？

劉暁波の学生だった王小山が語った話はいっそうドラマティックで、中国版「善き人のためのソナタ」の中の一シーンになり得る。数年前のある日、数人の友人が劉暁波を食事に誘った。ドアの外には当然かなりの警察官がお伴をしていた。食事の席上、劉暁波が王小山に「外でおれのお伴をしているあいつは君の同窓生だぜ」と言った。王小山がその警察官のところまで行き話してみると、果たしてやはり自分と同じ北京師範大学の一九九〇年の卒業生で、同期だが学部は違った。その警察官は赤面して「全く面目ない。自分の先生を監視するなんて。でも仕方がない。これが私の仕事だ」と言った。王小山は寛大な態度で「分かった、分かった」と言い、ついでに長い間連絡を取っていなかったある同窓生の電話番号を聞き出した。後に王小山は次のようにコメントした。

「『分かった』という意味について、私は次のように考えたのだ。私はこの国では、よい飯の種がその家庭にとって何を意味するかを当然分かっている。それで国保になるのは明らかにそのようなよい飯の種にありついたということだ——『よい』というのは、即ち収入がよいということだけだ。

だが実際には、国保になっている者は、見たところ全く甘い汁など吸えはしない。しかもいつも私のような者に皮肉や当てこすりを言われ、何もいいところはない。そんなわけで、私が分からないのは、なぜこんなことをしたがる者がおり、しかも自分の先生を監視しながらちょっともじもじするだけで、ほかの態度を全く取れないのかということだ。」

長年、いわゆる「敏感な日」、例えば「両会」[20]、「六・四」、「七一（中共建党記念日）」、「八一（建軍記念日）」、「十一（国慶節）」、それに中共が各種の重要な会議と各種の重要な活動を行う時や外国の元首と高官の訪中する時などの日には、劉暁波の家の入口には期せずして警察官たちが警察の車輌つきで現れ、ボディーガードのように「歩哨」に立ち、来客は取り調べを受けなければならなかった。時に、彼らは劉暁波の外出を許可するが、彼の行く所はどこにでもついていった。いかなる法律上の文書も提示せず、乱暴にも劉を家に軟禁し、出かけるのを許さない時もあった。

二〇〇四年だけを例にとっても、「両会」前の二月二四日から劉暁波に対する監視が早くも始まり、しかも次第にエスカレートした。初めは尾行と見張りだけで、外出や人に会うことは妨げられなかった。外国の記者が取材に訪れれば、必ず阻止されたが、家の電話もインターネットも問題なかった。

三月三日から三月一六日までの両会の期間、監視は幾分きつくなり、劉暁波は外出し、人に会うことはできたが、記者には会えず、彼の家を訪ねた人はみな訊問を受けなければならず、電話は通話中いつも突然切れ、その頻度はますます多くなった。このため、彼は監視している警察官に抗議した。両会が終わっても変わらずにそのままの状態が続いた。

五月二四日からは、監視の網は再度きつくなった。時々妻の母の家で夕食をとる以外は、当局は劉暁波が別の場所に行くのを許さなかった。電話やインターネットはいっそう頻繁に妨害を受け、記者やいわゆる敏感な人物からの電話であれば、必ず切られた。インターネットに接続すれば、数分後には必ず中断された。このため、劉暁波はまた警察官に抗議し、さらに一一二番の苦情窓口に訴えた。

五月二五日の早朝から、劉暁波の家のネットと電話はほとんどずっと通じなくなった。六月一日から、電話は一日中通じなくなく、彼はもう岳父の家に食事に行けなくなった。これと同時に、監視の程度は日ごとに厳しさを増し、海淀分局の者がいつも彼の所に話しに来た。態度は穏やかだったが、実際には警告と言えた。「六・四」時期の監視は、六月一一日まで続き、やっと解除された。

これについて劉暁波は「この闇夜は、大自然の昼と夜の交代ではなく、独裁制度下で持続する闇夜だ、身辺のつきまといから我が家に来る客の取調べまで、最後にはぼくのあらゆる通信連絡を切断し、ぼくを家に軟禁し、ぼくを情報の盲人と聾唖者にした」と嘆じた。

二〇〇四年を通して、劉暁波に対する不法な監視は四カ月の長きにわたり、一年の三分の一に及んだ。

二〇〇五年、状況は更に悪化した。劉暁波が身をもって体験したところでは、胡錦濤、温家宝が権力を掌握してからは、「敏感な人々」にたいする軟禁の方式による監視の程度はその前の江沢民、朱鎔基の時代をはるかに上回った。

この年の春節（旧正月）には、警察官がこれまでで初めて見張りについた。

「今日は大みそかの三〇日だというのに、警察官がまた見張りにつくとは思いもしなかった。ぼく、張祖樺、江棋生の家の入口には同時に見張りがついたが、ぼくらが外出するのは阻止しなかった。これまでは、春節の間は見張りはいたことがなかった。今年は様子が違った。おそらく今年の春節の到来が遅く、両会までの時間が近かったからだろう。下りて行って抗議したが、警察官は上からの命令だと言った。今晩当直の警察官はもっとみじめだ、ぼくたち見張られている者は、少なくとも家族と大みそかを一緒に過ごせたが、彼らは持ち場で手持ちぶさたなだけだ。大みそかに警察官を見張りに立たせるのは、人権を害していることは言うまでもないが、基本的な人道すら重んじないやり方だ。ぼくは強く抗議する！」

その後の見張りの状況について言えば、両会の期間は三月初めから三月一六日まで半月、趙紫陽が逝去した期間はやはり半月で一月一七日から三一日まで、「六・四」の期間は半月あまりだった。一二月一三日、劉暁波の家は家宅捜索を受け、召喚された後、また半月あまり見張りが立った。その間、ある時は厳重な規制を受け、警察官が建物の各階の廊下に座り込み、劉暁波が家を離れるのを許さなかったばかりか、劉霞まで人身の自由を失い、付近のスーパーに日用品を買いに行くのにも、尾行されねばならなかった。

重要な外国の要人の来訪がある度に、劉暁波は必ず家に軟禁された。二〇〇五年五月二〇日、アメリカのライス国務長官が来訪したが、警察官はその前から階下にきて見張りについた。劉暁波は文章を書いて中共当局の人権問題における言行不一致を暴露し、警察側が不法に人身の自由を制限し、中共当局がこれ以上このような背反する手口を弄してはならないと提起した。

二〇〇五年八月二九日、国連のルイス・アーバー人権高等弁務官が北京を訪問した。アーバーは胡錦濤との会談を求めただけでなく、中国ができるだけ早く「市民的及び政治的権利に関する国際規約（自由権規約、B規約）」を批准するよう促すことを主旨とする協定を結ぶことも求めた。名と実を一致させようという常識的論理に従えば、いかに人権を改善するかを討議するからには、最低限、アーバーが北京に滞在する五日間は、国内の人権状態にはいくらかは改善が見られるべきだ。

　だが事実はこの上なく馬鹿げていた。胡錦濤とアーバーは人民大会堂で人権について話しあったが、人民大会堂の外では異議を唱える人々の自由が制限された。劉暁波は「我が家の下にはまたもや五、六人の警察官が車つきで見張りについた。……現政権は『人を以て本となす』、『調和の取れた社会』と言っているではないか？　なぜ、ぼくたち異議を唱える者の人権はこんなにも低いのか？　蹂躙されるばかりではないか？　警察官が見張るような状態で、どうして『調和のとれた社会』がうち立てられるのか？　政見が違うからといって、毎日家で読書し、文章を書いているぼくや基本的にぼくと同じように生活している者が、どのようにして人民大会堂の中で握手したり、写真撮影したり、時候の挨拶をしたりするのを脅かせるのだろうか？　まさか、ぼくらはみな『特殊な働き』を持っていると言うのではあるまいか？」

　二〇〇五年一一月二一日、夜八時、劉暁波は警察により家から連れ去られた。その言い分は「話をしに行きましょう」ということだった。すぐに茶館に行き一時間近くしゃべった。当局はアメリカのブッシュ大統領の訪中時にとる軟禁の措置について何かしら説明をした。

　これがつまり劉暁波の日常生活である――監視され、嫌がらせを受け、通信を切断され、軟禁される。それらは随時起こる可能性がある。

　そして、警察官に対する劉暁波の態度は次のようなものだ。

「ぼくはかねてから次のように主張している。ぼくたちが向き合う警察官は、警察の制服を脱げば普通の人で、彼の道徳も普通の人に比べて劣りもせず、優りもしない。だから付き合う時には、彼が野蛮なやり方で怒らせようとしたら、怒ったりせず、逆に自分の品のよいやり方で彼の野蛮さを抑え、彼の身についた人間性を呼び覚ませる。もし警察官が罵り、それに対し逆に警察官なんて犬だと罵るとする。そんなふうに罵れば、彼を怒らせるだけでなく、彼は道徳的重荷をただちに下ろしてしまい、犬と罵ったからには、犬になって見せてやろう、犬の本性は人を咬むことだなどと思うはずだ。そうなると道義的な圧力は少しも感じなくなる。」

ほとんどの場合、劉暁波は最大の善意をもって警察官に応対している。以前、彼は面白いエピソードを話した。

ある時、彼は友人の家を訪問したが、数人の私服が彼について友人の家のある建物の下にきた。一時間ほど経って、彼は一人の私服からの電話を受けた。

「劉さん、私は下で長いこと我慢していますが、どこにもトイレが見当たりません。上がっていって、そこのトイレを使わせてもらってもいいでしょうか？」

劉暁波は家の主人の同意を得て、私服を中に入れ、トイレに行かせた。

またある時、劉暁波が劉霞と一緒に外出すると、警察官が後ろについてきた。タクシーが見つからなかったので、二人はバスに乗った。前にはサンタナ、後ろにはアウディが走っており、さらに一台のバイクが前になり後になりしているのを発見した。彼らは家を出るなり、大臣級の待遇を受けたのだ。間もなく、バスの運転手はこのおかしな事態に気づき、ぶつぶつ文句を言った。

「こんなに広い道なのに、こいつらは何だっておれのじゃまばかりしやがるんだ。あいつら頭がおかしいのと違うか？」

北京のバスの運転手は何者も恐れない気性があり、「八九」民主運動の時には多くの運転手が大型バスを運転して通りに繰り出し、戦車を食い止めた。次のバス停まで来ると、この運転手はついにこらえられなくなり、乗客が乗り降りする時間を利用して自分も車を下り、後ろに追いついたアウディの前に行き、力一杯窓を叩いた。中の私服の警察官は運転手に事の真相を言うわけにもいかず、知らぬ顔の半兵衛を決め込むしかなく、ドアを開けるのを拒んだ。次のバス停で、運転手はアウディがまだ後ろについているのを見つけ、またバスを降りて車の窓を叩いた。このようなことが何度も繰り返された。幾つかのバス停まで来て、劉暁波夫婦はバスを降り、ついてきた車もやっとバスから離れた。

劉暁波はそばでハハハと大笑いしていた。後日、友人に「全くタダで喜劇を観ているようだった」と語った。

とは言え、毎日笑えるようなことが起こるわけではない。

日常の監視、尾行、家での軟禁に比べ、より厳しいのは法的手続きなしの召喚だ。

二〇〇四年一二月一三日、劉暁波と余傑、張祖樺は「中国人権白書」の起草で、同一時刻に警察側に召喚された。翌日の早朝二時、劉暁波は釈放された。彼はメディアに次のように述べた。

「昨日夕方六時になろうかというころ、十数人が家になだれこみ、召喚状を提示し、先ず家宅捜索し、次いで録画し、写真をとり、更にパソコンを押収した。彼らはぼくを派出所に連れて行き、文章を書いたことについて質問し、ぼくの書いた五、六編の文章を「罪状」として見せた。早朝二時半ごろ、ぼくを家に送り返した。」

彼はさらに「このような召喚は日常茶飯事で、一定の間隔で行われ、もうそれが十五年になり、ずっと公安局と付き合いを続けている。ただ今回いつもと違っていたのは、家の中に入りこんで捜索したことで、こんなことは一九九九年に出獄して以来初めてだった。それで非常に突発的な感じがした」とも語った。

警察が入りこんで来た時、劉暁波は徐友漁と電話の最中だった。彼は電話を切らず、警察官はそれに気付かなかった。徐は電話を通し警察が劉暁波を召喚したドラマティックな一部始終を耳にし、すぐにこのニュースを知人に伝えた。でなければ、当局が劉暁波の家の電話を切断し、劉霞も自宅軟禁になったということが、のちに外部に知られることはなかっただろう。

翌日早朝、劉暁波が派出所から家に帰ると、あっという間に無数の友人、顔なじみ、見知らぬ人からの電話による慰問を受け、また多くの国外のメディアの電話による取材を受けた。電話は途切れ途切れだったが、厳冬期にあっても劉暁波に暖かみを感じさせるのに十分だった。彼は謝意を表す文章の中で「一二月二一日、多くの人たちが電話で、ぼくが『言論の自由を守る賞（Fondation de France Prize）』を授賞したというニュースを教えてくれた。友人の知らせは閉ざされた狭苦しい部屋を激励し、暖かな空気で満たしてくれた」と述べている。

この事件は「胡錦濤・温家宝新政」とは空っぽの作り話で、しかも始まらないうちに破綻してしまったことを示した。その夜、法学者の王怡は抗議の文章の中で次のように書いた。

「余傑と劉暁波が同時に国安に召喚されたことは、明らかに最近数カ月の趙岩、黄金秋、師濤ら一連の良心犯の逮捕に見られるとおり、胡・温当局が作家、記者を逮捕し、建言の道を扼殺する動きのもう一つのピークだと言える。これはまた、近年の民間とネットの人権擁護の高まり、政論の高まり、公共知識人の活発な動きに向けられた最も荒々しく、最もあからさまな脅迫である。」

人びとの清廉な役人への渇望はこれより終局を迎えることになった。王怡は続けて「彼ら二人の政論は、これまでずっと漸進的改良の立場をとっており、暴力革命や過激主義とは共にあい謀れない。今、私は劉暁波氏が十五年前に語った『むしろ三百年の殖民地になろうとも』（第６章４参照）という悲しく痛ましい言葉を思い出さずにはいられない。今日の中国に目をやれば、我々が夢想した租界はどこにあるか？　もし我々の私的財産権のある家屋が独裁政権下の小さな租界になり得なければ、もし我々が家の中にいて秘密警察がドアを破って入って来るのを阻止できなければ、我々の家と監獄にどんな区別があるだろう？　我々は共産党の半分囚人で半分人質なのだ」と書いた。

二〇〇八年六月四日、「六・四」虐殺十九周年記念日の午後、国保の要員が劉暁波と「ちょっと話したい」と要求した。劉暁波は「このような日、ぼくの気持は重苦しい、あなたたちと話したくない」と言った。彼の家の階下にいる国保の要員たちは彼をとり囲み長時間まとわりついたが果たせなかった。彼は中に入り、部屋にとどまっていた。夜六時ごろになり、劉霞と家を出て岳父の家に食事に行こうとしたところ、再び階下で多くの警察官に取り囲まれ、行く手を阻まれ、双方の間で議論となり、体がぶつかり合った。警察官を率いる派出所の所長と数名の警察官が劉暁波への殴打に加わり、さらに彼を監視するため特に作られた交番のような小さな暗い部屋に彼を引きずり込んだ。

　夫が虐待されるのを見て、劉霞はぽろぽろと涙を流し、大声で助けを求めた。現場では幾人かの群衆が取り囲んで見物しており、中には警察の暴行を非難する人もいた。北京市人代の代表を自称する中年の男が出て来て、警察の行為を制止し、北京市公安局に電話で訴えた。その後、国保のボスの一人が現場に駆けつけ、その場を執りなし「これは誤解だ」と言った。劉暁波を殴った警察官は直接詫びた。夜の七時半ごろ、劉暁波夫婦はやっと家に戻った。この醜悪な一幕は、警察官の無知と横暴が滑稽で恥ずべきものであり、また政府の劉暁波に対する恐れがまさに本物であることをはっきり示した。

　その日、劉暁波が暴力に遭ったことに対する抗議を示すため、多くの人権擁護活動家が共同で公開状を発表した。公開状は「十九年来、劉暁波氏は常に平和的で理性的な闘いの信念と主張を堅持し、国民に暴をもって暴に替えてはならず、寛容と対話によって恨みを取り除くよう呼びかけ続けてきた。にも関わらず政府はかくも野蛮に自由知識人を扱った。改めて述べるならば、中国政府は二〇〇四年に人権を尊重し保障すると憲法に書き入れたが、我々のこの国土では、憲法の条文は実行に移されず、中国国民の基本的人権は依然として最低限度の保障さえ欠いている」と指摘した。

　劉暁波が逮捕される半年前、彼の生存のための境遇はすでに極度に悪化していた。一面では、中共はオリンピックによって「大国の勃興」の勢いを示し、世界各国は喜んで中国とビジネスを行い、中国の人権問題に対し見て見ぬふりをした。もう一面では、中国の人権状況は長期にわたり退歩し、劉暁波を代表とする異議を唱える人々に対する抑圧は一層ひどくなった。

北京の学者、郭玉閃と張大軍たちが創設した民間シンクタンク「傳知行研究所」[21]は、毎週土曜日午後三時に講座を開催し、学者や専門家を講演に招いていた。主催者は劉暁波を一一月二九日、土曜日の午後に講演してほしいと招請した。みな劉暁波が政治的に敏感な人であることを承知しており、当局のぎりぎりの出方を探ろうという考えだった。もし劉暁波がこのような民間の講座に公然と現れることができるなら、何を話そうとやはり一つの突破だ。そういうわけで、彼らが選んだ講演のテーマは大変穏健で、「悲劇的文学」というものだった。二八日の夜、警察官が突然劉暁波に電話をし、土曜日の講座に参加してはならないと要求したが、彼は拒絶した。

二九日午後二時、劉暁波は約束通り「傳知行」に向かった。彼がドアから外に出るや三人の警察官が近づき、取り囲んだ。劉暁波は断固として約束の場所に行くと理詰めで押し通し、建物の入口に向かって歩いた。

それほど行かないうちに、さらに五人の警察官が取り囲み、彼をぐるりと包囲し、身動きを取れなくした。劉暁波が警察官に関連する文書の提示を求めると、警察官は「上からの命令だ」とだけ言った。最後には、警察官にむりやり遮られ、彼は建物の外に出ることができなかった。

劉暁波はメディアに対し、「『六・ッッΖ四』の後、こうも長い間、つまり私が北京師範大学を免職されてからずっと、このような公開の講座に顔を出したり、授業をしたことはなかった。今回の講座が成功できるように、現実の政治とは無関係の文学しか話さないつもりだ」と表明していた。

だが、たとえ講演の内容が現実の政治と関係がなくても、当局は禁止した。

その後、「紅旗の下の卵」という署名で、ネット仲間が「劉暁波の『悲劇の文学』の講座が実現しなかった」という日記を発表した。日記には次のように書かれていた。

「今日は傳知行研究所が企画した週末恒例の講座に参加した。講師に呼ばれていたのは劉暁波で、予定された演題は『悲劇の文学』だ。開始時間は午後三時の予定だった。私は開始の約十分前に会場に着いたが、会場にはまだおよそ十数人分の座席があった（全部でざっと五十〜六十の座席だった）。見たところ実際そんなに多くの参加者とは言えない——劉暁波の名声の大きさから言えばだが。大体三時ごろ、企画側の人が来て、劉暁波は大勢の警察官に路上で止められ、まだ交渉中だ、もう少し辛抱して待って下さいと言った。およそ三時半ごろ、企画側の人がまた来て、劉暁波は家の出口で止められた、きっともう出て来られないでしょう、みなさんすみません、申し訳ありませんというようなことを言った。そこでみなは各自解散するしかなかった。」

このように非常に厳しい状勢、劣悪な境遇の下でも、劉暁波は動じることなく「〇八憲章」の要《かなめ》の人物となり、なおも平和、和解、理性、法治、非暴力などの理念を提唱した。外部環境の惨憺たる有様と彼の澄みきった内面世界は鮮明な対照を成している。だからこそ、まさに称賛に値するのである。

註

1　オーストリア出身のイギリスの哲学者。『開かれた社会とその敵』（日本語版は内田詔夫、小河原誠訳、未來社、一九八〇年）等で全体主義を批判。

2　日中戦争終結後の一九四五年一〇月一〇日に成立した国民政府と中国共産党の平和的国家建設に向けた合意。これに基づき、翌年一月、重慶で政治協商会議が開かれたが、対立は解けず、国共内戦に突入した。

3　北京外国語学院教員で、天安門民主運動に参加。一九九四年、中国初の草の根環境NGO「自然の友」創設者の一人で、野生の動植物の保護とともに子供の教育支援に取り組む。

4　孫志剛は湖北省出身の服飾デザイナー。就職準備のため広州市に来ていたが、二〇〇三年三月一七日、身分証や名刺は所持していたものの「暫住証」を携帯していなかったという理由で派出所に連行され、収容施設で暴行され死亡した。警察の人権無視、権力の乱用を批難する世論が広がり、浮浪者の収容と本籍地への送還に関する国務院の条例が廃止された。この事件の起きた二〇〇三年は民間の権利擁護運動の元年とされる。

5　ギリシャ神話に登場するコリントの王。ゼウスの怒りを買い、死に神を送られたが、死に神をだまして捕らえたため、重なる悪行の報いとして、死後は地獄で大岩を山頂に押し上げるが、頂上の直前で転げ落ち、それを永遠に繰り返さなければならないという罰を受けた。

6　『聖書』詩篇一二六篇を参照。

7　中国のNGOは設立当初から非政府団体であることが中国政府に警戒され、設立や運営の面で西側諸国とは異なる規制や煩雑さがつきまとう。この点は今も基本的に変わらない。

8　都市の「大衆の自治組織」とされ、日本の町内会に相当するとの見方もあるが、事実上、国家統制の末端機関。

9　この計画には以下の七項目が含まれる。①逮捕された自由作家の事件について抗議し、関連する声明や宣言を発表し、国際ペンクラブに緊急行動を採るように報告し、国際的な関連組織と協力し救助行動を講じ、中国語のメディアと世界のメディアに事件に対する関心を促す。②獄中作家のデータバンクを作る。③獄中作家委員会のホームページを作る。④獄中作家、家族と協力し作品を発表する。⑤獄中作家の親戚、友人と連絡・通信を行う。逮捕、裁判、判決から釈放されるまでの獄中作家とその家族の各種の情況と関係する要求を随時把握し、支援と援助を提供する。⑥法律上の支援活動。⑦獄中作家のための資金を集め、募金を行う。

10　二〇〇三年、ネットで発表した言論のため「国家政権転覆煽動罪」で三年の実刑判決。

11　北京師範大学を卒業し、二〇〇二年、ウェブサイトで「今や我々は自由人だ」など発表して身柄拘束。翌〇三年に仮釈放。「ステンレスのネズミ」と称された。

12　この公開状で、劉暁波はヤフー香港が中国の国家安全局（省）に師濤のパソコンの記録、メールボックスの番号、IPアドレスなどの個人情報を提供し、これが師濤に重刑を科す証拠となったと非難した。劉暁波は、ヤフーは中国警察の密告者となり、商業利益のために権力と政治的取引を行い、しかも何ら謝罪も弁明もしていないと批判した。

13　ネットの監視・密告で「五毛」の報酬を得る要員の俗称。

14　『往事並不如煙』は、著者の父で、反右派闘争において「大右派」とされた中国民主同盟副主席、交通部長の章伯鈞を軸に家族や被害者の知識人たちとの交流、生きざまを活写した書。日本語版は横澤泰夫訳『嵐を生きた中国知識人――「右派」章伯鈞をめぐる人びと』集広舎、二〇〇七年。

15　一九七三年生まれ、吉林芸術学院教師で、ドキュメンタリー映画『林昭の魂を求めて』を授業で取りあげ、学生と議論したため、授業停止処分を受けた。ネットで彼を支持し、処分に抗議する運動が広がったが、彼は「労働教養」を科せられた。

16　「強要された旅行」は当局が安定維持を図るための手段の一つ。政府に「反体制」的と見なされる者を特定の日（六月四日など）に北京など敏感な地区から強制的に遠く離れた地方へ「旅行」に連れ出し、敏感な地区で事件が起こる可能性を少なくする。

17　小麦粉をこね、棒状にして揚げた食べ物。

18　実際は二〇一七年六月、末期がんで病院に移されたが、自由はなく、七月一三日、事実上の獄死。

19　国家安全局の略称。専ら政治的案件のみを扱い、所属の警察官は秘密警察、政治警察などと呼ばれる。

20　中華人民共和国の全国及び地方各級の人民代表大会と中国人民政治協商会議を指す。「両会」は毎年初春に開かれ、その時期は常に治安にとって最重要な時期の一つとなる。

21　民間シンクタンク。二〇一三年「不法経営」で取り締まられ、翌年、創設者で中国の法制改革などの調査研究を行っていた郭玉閃は刑事勾留された（二〇一五年釈放）。

劉暁波（2007 年 3 月 27 日、北京・万聖書園にて。劉燕子撮影）

第６章　「〇八憲章」と「私には敵はいない」の思想

人権と社会権に関する条項に署名した時の願望は既に可能になった。これは歴史の発展の新段階であり、人々の良知の覚醒を代表している。我々の行動の動機は、もはや恐怖、或いは物質的生活の追求に限られず、人間の優越性への尊重、そして義務と共通する価値の概念もあり、その合意形成に注目すべきである。さらに重要なのは、当然のこととして理解すべきだが、このような崇高な目標を達成するため、我々は、不公正な処遇、ひいては残酷な身体的破壊にやむを得ず向き合あわねばならない点であり、常にそれに備えておかねばならないだろう。

――ヤン・パトチカ[1]

1.「〇八憲章」と「七七憲章」

劉暁波の四度目の投獄の原因となったのは「〇八憲章」である。劉暁波は最初の起草者ではなかったが、憲章の構想や改訂で最も重要な役割を担った。「〇八憲章」は劉暁波と友人たちの「六・四」後二十年の思想が結実した「点睛の筆（仕上げの書）」であり、これ以前に彼が参画し、起草し、署名した三十あまりの公開状と声明の「集大成」であり、老年、壮年、青年の三世代の独立知識人と社会に責任感を持つ公民がこの時代に書き与えた最も真摯な覚書である。

これはリスクが極めて高かった。劉暁波の旧友の江棋生は、「〇八憲章」のために、長いあいだ人権問題に関心を寄せていた老科学者の許良英のもとを訪ね支持を求めた。許良英は『憲章』という二文字は気軽に使ってはいけない、使えば当局が捕まえるだろう」という考えを述べた。後に江棋生は「当局の本性に対する理解では、許先生は真に先見の明があり、ずば抜けた政治的見通しを持っていた」と感嘆した。しかし、さすがの許良英も、「〇八憲章」が劉暁波の逮捕と重刑でむしろ不断に存在感を増し、さらにノーベル平和賞により時代を画することになろうとは思いも及ばなかった。

劉暁波が二度目に投獄される前、丁子霖は「これからは個人の名前で文章を書き、自分の観点を明らかにした方がよい。これ以上署名活動をしてはならない。リスクが大きすぎる」と彼に忠告した。「〇八憲章」以前に劉暁波は三度入獄したが、それはみな類似した公開状や連名の文書の起草に参画し、また企画したことによるもので、彼が個人の名前で書いた文章の表現が過激なせいではなかった。当局は、たとえ個人の手によるラディカルな文章を容認しても、多数の人が連署した公開状を受け入れることはできない。前者は個人の意見であり、後者は集団の活動だ――大衆を思うままに動かすことによって革命の事業を成し遂げた共産党が最も恐れるのはまさに大衆運動なのだ。

劉暁波が友人たちと憲章の原稿を討論している過程で、劉霞は女性の敏感さと劉暁波と生活を共にした経験から、今回の活動は極めて大きな危険性を孕んでいると気づいた。友人たちとレストランで世間話をしていた時、劉霞は劉暁波に「もしあなたが今回のことをするなら、私はまたあなたに面会するため監獄への道を駆けずり回ることになるでしょう」と言った。劉暁波は妻をなだめるため「ぼくはこの文書に署名するだけで、深く立ち入ることはないから」と答えた。

第一段階の草稿がまとまり、最初の三十人あまりの署名者の名簿が集まったが、劉暁波は大変不満だった。まず文書がまだ粗削りだった。次に、署名者の数と重みが共に不足していた。彼は、長い歴史の評価に耐えられる完璧な文書であるべきだと考えた。また、より多くの声望の高い人びとが署名に加わり、これによってこの文書の影響力を高めることを望んだ。彼は「我々がこの事をやるからには、それを最も素晴らしいテキストに仕上げなければならない。当局の笑いものにされてはならない」と言った。

あの二〇〇八年秋の数カ月、劉暁波は「〇八憲章」の作業を生活の軸に据え、誠心誠意、全力で、少しも休まずエネルギーを傾注した。彼は各界の友人に連絡し、顔を突き合わせて意見と署名を求めた。彼は「〇八憲章」の出現により光明がただちに到来するわけではないが、少なくともその到来のきっかけにはなると深く信じた。

当時、オリンピックが終わったばかりで、中共当局は非常に満足し、論功行賞を行い、北京の雰囲気は比較的緩和されていた。このため事前の準備作業はしばらく当局の注意を引かなかった。

二〇〇八年一二月に発表された「〇八憲章」は孫悟空が石の中から跳びだしたように決して出し抜けにこの世に出現したのではなく、それには外と内の両面の思想的根源と精神的関連性があった。外的な影響について言えば、中国の「〇八憲章」はチェコの「七七憲章」[2]に遙か遠くから敬意を表している。

「七七憲章」の中心人物のハヴェルは「〇八憲章」が発表された後、両者の関連性を鋭く見抜き、次のように指摘した。

「三十年あまり経て二〇〇八年一二月、中国公民の一グループは我々の取るに足らない努力を手本にして、人権について、あるべき政府について、また公民が政府を監督する責任について類似した提言を行い、それによって彼らの国家が近代社会のルールに則って事を処理するのを確実に保障しようとした。彼らが公表したこの文書は人びとに深い印象を与えた。『〇八憲章』の署名者は基本的人権の保障、司法の独立、議会制民主主義を要求した。」

その一方で、ハヴェルは「〇八憲章」は「七七憲章」の単純な繰り返しではなく、多くの独創的な面があると認識した。今日の中国社会が当面する問題は、当時のチェコスロバキアとは明らかな相違がある。チェコスロバキアはソ連の支配下にある衛星国で、その執政党は政治的、経済的に硬直化したマルクス・レーニンの原理主義を実行し、西側に対して鎖国の状態だった。その一方、チェコスロバキアの共産党政権はソ連の軍隊が押しつけたもので、民衆自身が選択したものではなく、それだけに崩壊は非常に早かった。近代以来のチェコスロバキアの民主の伝統、長期にわたって強靭に続いた宗教信仰と教会組織は、その転換過程において潜在的だが主要な力となっていた。

チェコスロバキアとは異なり、中共の政権は自らの力で勝ち取ったもので、中共は一党独裁をやるにも一層〝自信満々〟である。毛沢東時代から鄧小平時代まで、さらに江沢民、胡錦濤時代まで、中国はもはや〝主義のない〟国、即ち権勢資本主義とポスト全体主義の〝雑種〟になってしまった。中国の経済成長の秘密は、〝低人権の優位性〟が経済のグローバル化の体系に深く融合していることにあり、その経済の繁栄と政治の専制は奇妙に併存し、社会の矛盾と衝突の激化をもたらした。これが中国の民主への転換を当時のチェコスロバキアに比べより複雑で極めて困難なものにしている。

「〇八憲章」の署名者たちはこのような現状を十分に認識していた。これについてハヴェルは、次のように指摘した。

「『〇八憲章』の署名者たちは基本的要求にとどまっていなかった。時間の経過につれ、自由で開放された社会とは、基本的人権のみならず、より多くの内容を保障することを意味していると次第に認識するに到った。この点で『〇八憲章』の署名者たちは賢明にも、より有効な環境の保護、都市と農村の格差の解消を呼びかけ、より健全な社会保障制度、及び人権を侵害した過去の行為について和解への真剣な努力を要求した。」

「〇八憲章」の署名者たちは東ヨーロッパの経験を非常に重視した。ハヴェルが提起した「無権者の権利」からコラコフスキーが主張した「尊厳の中に生存する」まで、ハンガリーの作家・社会学者のコンラッドが唱道した「反政治」からミフニクが研究した「新進化論」まで、独裁への反対を通して一連の思想、態度そして価値が提起された。今日の中国でも、劉暁波はじめ独立不羈の知識人のグループもそのような試みを行っており、「〇八憲章」はその成果の一つである。

「七七憲章」の発表後、ハヴェルたちは投獄され、その過程で暴力をふるわれた。まさに受難の歴史は相似しており、それ故、劉暁波が逮捕された後、ハヴェルは「〇八憲章」と劉暁波事件を最も積極的に声援した国際的友人の一人となった。彼は病を抱えながら厳寒をおかして中国の駐チェコスロバキア大使館に自ら赴き、抗議の書簡を提出した。中国大使館は、問題を無視し、問題そのものがまるで存在しないかのように振る舞ういわゆる「駝鳥政策（ostrich policy）」をとり、門を閉ざし、書簡を受け取らなかった。

二〇一〇年、ノーベル平和賞発表の前夜、「七七憲章」起草者のハヴェル、ダナ・ネムコヴァ、ヴァツラフ・マリらは連名で「ニューヨーク・タイムズ」紙上に文章を発表し、ノーベル委員会が劉暁波に賞を授与するように、それは十三億の民主を追求する中国人民にとり最大の支持と励ましになるだろうと、次のように呼びかけた。

「劉暁波は監禁された。だが、彼の思想を縛ることはできない。……劉暁波は孤立させられるだろうが、決して忘れられない。我々はノーベル委員会が劉暁波氏の名を輝かせ、二十年間、断固として努力を重ね、平和的な方法で改革を提唱してきた事績により、彼をこの偉大な賞を受けるべき中国人とすることを呼びかける。そうすれば、ノーベル委員会は劉暁波と中国政府に一つのシグナルを出すことになり、それは中国内外の多くの人々が、彼とともに十三億の中国人の自由と人権を実現しようとする理想に向けていささかも動揺せずに立つことになる。」

この呼びかけ人の一人ヴァッラフ・マリは人権擁護活動に積極的に従事するローマ・カトリック教の司教である。「七七憲章」に署名したため、彼は教会で説教することを禁止されたが、民主化の後、チェコスロバキア・ローマ・カトリック教連合会の主席になった。二〇〇五年八月末、マリは一般の旅行者の身分で中国を訪問し、何人かの独立知識人や宗教者に会った。

彼は入国するや中共の厳密な監視下に置かれ、ホテルに入ってから、わけが分からないまま部屋替えを要求された。その日の午後、劉暁波は招きに応じ、マリの宿泊するホテルに行き、二時間も語りあった。その場には李柏光、余傑らもおり、李柏光が通訳した。言葉と時間の制限があり、多くの問題が討論されないままだったが、二人は旧知の如く打ち解けた。マリはおそらく劉暁波と会ったことのあるただ一人の「七七憲章」署名者である。

友人の話によれば、マリ司教は帰国後、中国で会った数人の知識人の中で、劉暁波が最も印象深かったと語ったという。彼はさらに劉暁波の状況や「公共知識人」グループの存続についてハヴェルと何度も話しあった。だが、三年後、劉暁波が志をともにする者たちと中国版「七七憲章」、即ち「〇八憲章」を発表し、そのため「七七憲章」の全ての署名者より重い、十一年の長きにわたる重刑を科せられるとは思いもよらなかった。

報道では、マリら「七七憲章」の中心メンバーは共同で文章を表明し、「〇八憲章」を支持するとともに、中共が劉暁波を釈放するよう呼びかけた。だが、マリ司教が一層思いもよらなかったのは、彼が会ってから五年後に、劉暁波が晴れてノーベル平和賞を受賞し、名実ともに「中国のハヴェル」になったことだ。これについて、マリ司教はおそらく「悲喜こもごも」の感を持ったことだろう。

2. 民主派の中心的人物

「七七憲章」の成文にいたる過程について、ハヴェルは「『七七憲章』はその全体の支持者に属しており、誰がじきじきに『憲章』の起草に参加したかということはさして重要ではない」と述べている。「〇八憲章」が成文にいたる過程も確かにそのようだった。「七七憲章」は集団的な智慧の結晶だったが、ハヴェルは疑いもなくその中心的人物だった。ほぼ同様に「〇八憲章」も集団の智慧の結晶だが、劉暁波は疑いもなくその要となる人物だった。

劉暁波は「〇八憲章」の産みの親ではなかったが、その改訂に最も多くの心血を注いだ。署名者を最も多く探し出したのも彼だった。検察側は初めから最初の三百三人の署名者を集めたという罪名を劉暁波に着せたが、彼は七〇人あまりに連絡しただけである。しかし、それでも、第一陣の署名者のほぼ四分の一を占めている。しかもこの七十人あまりは大きな影響力のある人物たちで、この意味では、「劉暁波がいなければ『〇八憲章』はなかった」という言い方も誇張とは言えない。

二〇〇八年の秋から冬にかけて、劉暁波と友人たちは会食する度に「〇八憲章」について盛んに議論したが、友人たちの対話の中ですら意見の衝突から思想の火花がしきりにはじけた。ある時、劉暁波と張祖樺、艾暁明、余傑たちがレストランで食事をし、どんなタイトルにすればよいか討論をした。

最初にプリントアウトされた原稿のタイトルは「政治文書」だった。

しかし、発表に向けてよりよい名称を考えようと「人権宣言」、「人権憲章」、「〇八人権憲章」などが出た。議論を経て、チェコスロバキアの「七七憲章」と呼応し、最も簡潔で明快な「〇八憲章」となった。その時、劉暁波は太ももをはたと叩き、「これで決まりだ！」と言った。

「〇八憲章」の署名者の多くは劉暁波個人に対する信頼からで、それは文書そのものに対する賛同を上回っていた。例えば、著名な中国現代芸術の評論家である栗憲庭は『〇八憲章』を実は子細に読んではいなかったが、私は署名した。何故なら私は劉暁波のような人と、彼が代表する自由知識人の良知を完全に信じていたからだ」と言った。

チベット人女流作家オーセルは、次のように語った。

「今でも覚えているけど、ある深夜、劉暁波のあのいくらかどもった声がスカイプから聞こえてきて、『〇八憲章』に署名して欲しいと言ったの。彼への信頼と尊敬から、彼は長い間ずっとチベット問題に関心を向けてきたことに感銘していたから、感謝の気持ちから、私はためらいなく署名したわ。」

ジャーナリストの王小山は「第一陣で署名したが、それは先生への信頼によるもので、署名した時は何も考えることすらしなかったし、こんな大騒ぎになるとは思いもしなかった――後に真剣に読んで、基本的に（九九％）同意した。自分から願って署名したのであり、誰も強要しなかった。今手渡されても、やはり署名するだろう。私は我が師を愛する。私はなおのこと真理を愛する」と述べた。

多くの署名者と同様、劉暁波本人も決して「〇八憲章」の各論点に一〇〇％賛同したわけではなかった。例えば、彼としては小さい政府、大きな社会、自由経済スタイルの英米の体制に関心を向けており、高福祉、高税収、大きな政府といった社会民主主義のヨーロッパ大陸の体制には惹かれていなかった。彼は広い意味で「自由主義者」の中の「英米保守主義者」である。だが、このような重大な意味を含む思想の分野は、憲章の文中には示されていない。

現在の中国の知的状況について言えば、最初の署名者の中であっても、多くは後者に賛同しており、劉暁波のように「自由右派」の立場は少数だ。なぜなら中国には根深い「貧窮を憂えず、富の均しからざるを憂える」という儒家の伝統があるからだ。[3] 例えば、学者の秦暉は憲章の署名に加わらなかったが、彼本人が説明した理由の一つは、憲章の社会福祉方面への強調が足りないということだった。ところが、劉暁波から見れば、憲章はそれでも社会福祉を強調し過ぎているのだ。

とは言え、劉暁波は「〇八憲章」が決して個人の観点を表明する署名の文章ではないことをよく承知しており、ハヴェルの「七七憲章」に関する詳しい説明を借用すれば「その性質は多元的で、人はみな平等でなければならず、いかなるセクトも、どんなに強大であっても『牛耳を執る』者ではなく、『憲章』に自分の跡形を印してはならない」ということになる。或いは、ジョン・ロールズのいう「積み重ねたコンセンサス」と「最大公約数」の追究であり、そのためには可能な限り「小異を残して大同につく」必要があり、そうしてこそ「公民社会の接着剤」になることができる。

劉暁波は辛抱強く異なる意見を聞き、受け入れ、そうすることで文書の決定稿に衆知を集め大成させた。学者の徐友漁は初めこのことに積極的ではなく、この文書を発表する時機は最善ではないと考えたが、劉暁波の説得により、「暁波の見解は非常に情理にかない、私の一貫した理念と一致していると思い、署名した。私はさらに文書の表現について幾つかの修正意見を出したが、彼は後に、私の意見はみな受け入れ、新たな文書の中に取り入れたと話してくれた」と回想している。

劉暁波は早くから「〇八憲章」のために投獄される心の準備をしており、この点はハヴェルに驚くほど似ている。ハヴェルは「七七憲章」発表前夜に感じたことについて、「今回の直感は未知の事物に対する予感であるばかりか、この未知の事物の意味についての理解、つまり誰にも知られない頑張り及びその避けがたい結果――数年の苦しい獄中生活だった」と書き記している。

このように歴史に呼びかけられた人びとは「連戦連敗」の使命を引き受けなければならない。ハヴェルが「私は非常に平静だ。間もなく訪れることにもくよくよしない。成算がある。我々は極端で良く知らない環境のもとでどうした態度を取れるか（例えば、暴行を加えられた時どうなるか）分からない。だが、もし少なくともまあまあ知っているか、或いは想像できる状況下でどうすべきか知っていれば、我々の生活はずっとやりやすくなるだろう。一九七七年五月に逮捕されてから四年間の獄中生活は、私のライフ（生）の中で新しい独立したページを構成している」と言っているように、謙虚で誠実な心で真理を実践しなければならない。劉暁波について言えば、耐えなければならないのは一層長い十一年の獄中生活だったが。

「七七憲章」の作成過程に比べ、「〇八憲章」で最も遺憾な点は、この文書が発表された後に中共当局が残酷に報復する可能性があり、しかもドッと押し寄せる残酷な打撃にどう対応するかという点を十分考慮に入れていなかったことだ。「〇八憲章」のグループは「七七憲章」のように事前にスポークスマンの体制を作るということができていなかった。

当時、「七七憲章」のグループは、まず三名からなる最初のスポークスマンのチームを選出した。それは共産党政権下で外相を務めたイリ・ハイエク、徳望が高い老学者ヤン・パトチカ、それにハヴェルだった。ハヴェルは「私は引き受けなければならなかった。もし私が受け入れなければ、私は全くの馬鹿になるところだった。これは私が献身しなければならないと強く感じていた事業だったからだ。準備の過程で、他者に参加するよう説得するために、私はそれまでに非常に大きな精力と情熱を払っていた」と回想している。

その後すぐに、彼らは第二、第三のスポークスマン・チームを選出し、前のチームが逮捕されれば、次のチームがただちに取って代わり、「七七憲章」が持続可能な人権運動になるようにした。

だが、「〇八憲章」の署名者たちはそのような長期的なプランを持っておらず、劉暁波がひとたび捕まるや、後に続くべき作業の多くが中止に追い込まれた。署名者グループを代表して発言するいかなる組織も個人もいなかった。

そのような状況下で、偽物が本物を詐称することは免れられなかった。例えば、「〇八憲章」の署名者の同意を得ずに、勝手に「〇八憲章」の名義を用い、ネット上に「〇八憲章フォーラム」を立ち上げ、また「〇八憲章フォーラム」の名義で幾つかの「社説」を発表した者がいたが、その中では、全くいやらしいことに、温家宝の言論をほめそやしていた。それは明らかに劉暁波と大多数の署名者が認めることのできないものだった。スポークスマンの制度を作らなかったために、この類の言説の真相をはっきり示し、制止することが難しかった。

中共当局の統治戦術は公民社会を消滅させ、公民の活動を抑圧し、公共的空間を崩壊させ、一人一人をばらばらの小さな「原子化」した状態に置くことにある。この「分割・支配」により、民主派の大部分は孤立させられ、隔離されるため、大きな無力感に陥る。

しかし、劉暁波は老壮青三世代の民主派にとって「合流点」と「接着剤」となり、彼のコーディネートやコミュニケーション的行為により、多くのコンセンサスが産み出され、発言はより集団的で強力になった。

劉暁波は長年にわたって蓄積した人脈により「〇八憲章」のために多くの署名を集めることができた。その数は新記録と言うべきものであった。

「〇八憲章」は極めて水準の高い公民の憲章だが、中国という前近代的な「コネ社会」では、人びとが類似の署名に参加するのに考慮する重要な要素の一つは発起人に対する信頼度である。劉暁波を除けば、老壮青三世代の民主派の中でこのような信頼度を持っている者は他にいなかった。多くの人が何らかの「サークル」に属しており、劉暁波はそれらの「サークル」の架け橋になる数少ない人物だった。まさに彼の旧友の陳軍が次のように言うとおりである。

「私は、劉暁波は極めて善良な気立ての人だとよく知っている。彼は間違ったことを言い、間違ったことをするかもしれない。しかし、彼の積極的に善に向かおうとする努力や理想を追求するあの溢れる思いによって、私は、彼が一般の民主運動の人々に比べより広い視野と自由の精神を持っており、それによってここ一番事を成し遂げる多くの潜在力を持っていると思う。これが、なぜ劉暁波が今のところ、他の民主運動の人々が演じられない役割を果たすことができるのかということの理由だ。」

「六・四」は趙紫陽と劉暁波の運命を一つに結びつけ、彼らは異なる方式で受難し、昇華した。趙紫陽は十六年間軟禁され、二〇〇五年一月一七日に死去した。趙紫陽は秘書の鮑彤と会うことさえかなわず、ましてや劉暁波と会うことはできなかった。だが、趙紫陽は親友が香港から持ち帰った何冊かの書籍を通して劉暁波の多くの文章を読み、言葉を尽くして称賛した。

かつて趙紫陽の秘書、中央委員、中共中央政治体制改革研究室主任を務めた鮑彤は「六・四」で刑を受けた中共の最高級政府要員だ。趙紫陽は、鮑彤が自分の代わりに投獄されたと考え、とても気が咎めていた。一九九六年、鮑彤は出獄したが、当局の厳しい監視の下に置かれた。劉暁波夫妻が訪問したところ、警察官に妨害された。鮑彤を監視していた国保の警察官は劉暁波の住居がある派出所の警察官を呼び、劉夫妻を家に連れ帰らせた。

幾多の紆余曲折を経て、彼らはその後、ある茶館でやっと顔を合わせた。たちまち旧友の如く打ち解け、年の差を超えて親密な友人になった。彼らはしばしば会食し、茶を飲み、国事について大いに論じ、苦しい境遇の中で互いに慰め、励ましあった。

劉暁波が逮捕されると、鮑彤は二〇〇八年一二月一二日、「〇八憲章に何の罪があるか？言わざるを得ないこと」を書き、「〇八憲章」を支持し、当局に抗議した。

その後ずっと、鮑彤はこの世を去った包遵信に代わり、劉霞を思いやる「義父」の役を果たした。彼らは日曜日ごとに、約束した時間に玉淵潭公園か付近の茶館で会った。劉暁波が受賞すると、劉霞は家に軟禁されたが、彼女は「私はそれでも本当に運がいいわ。包さんが逝ったら、今度は鮑さんが来てくれた、彼らはなんと愛すべきおじいさんたちだろう」と言う。

八〇年代の思想啓蒙運動の中で、包遵信は旗手的な人物だった。「八九」の後、包遵信は先ず投獄の災厄に遭い、後に「無職の浮浪者」に身を落とした。劉暁波は包を最も理解し、時には包を子どもに対するのと同様にあやしもした。ある時、友人たちが、四川人が北京で開いているレストランで食事をすることになり、腰を落ち着けるとすぐ料理を注文した。包遵信は店員の客あしらいがそっけないと怒り、席をけって出て行った。劉暁波はすぐに後について外に出て、包のためにタクシーを呼び止め、彼が車に乗るのを手助けした。

友人たちが一堂に会した時には、いつも老若の別なく笑い興じた。この場では、包遵信はもはや昔日の知識界で風雲を起こした大人物ではなく、劉暁波ももはや世間に喧伝された文壇のダークホースではなく、彼らは共に劉霞のからかいの対象だった。劉霞は包先生を「包包」と呼び捨てにし、彼の奥さんのいいつけ通り、手にしたタバコを情け容赦なく奪い取った。

二〇〇六年、包遵信は、脳溢血が突発し、入院して応急手当を受けた。医療保険がなかったため巨額の医療費を支払えず、劉暁波はこのため募金活動を発起した。あるとても寒い日、劉暁波が包の家を訪れ、奥さんに募金した医療費を届けたことがあった。その後、奇跡が起こった。包は死線を乗り越え、生きながらえた。だが、包の体はもはや元通りではなくなった。喉の手術を受けたため、物を言えば咳が止まらず、もはや肉をぱくつくことも、茶碗酒もできなくなった。劉暁波はいつも包のそばに座り、料理やご飯を取ってやり、あれこれ面白い話をして聞かせた。

二〇〇七年一〇月二八日、包遵信は残念なことに病没した。劉暁波は日夜骨を折り、包遵信のために追悼会の準備をした。劉暁波は「包さんは生まれてすぐ孤児になり、一生惨めな暮らしをした。このお年寄りを立派に逝かせてあげなくては」と語っていた。

官憲の圧力と妨害がありながら、劉暁波と友人たちは山積する困難を克服し、滞りなく追悼式を執り行った。遠くアメリカにいた余英時先生は劉暁波に電話で「花輪を買って供えたい。小切手を郵送する」と頼んだが、劉暁波は「大した金ではないから、必要はありません。私に払わせて下さい」と言った。

追悼会で小さなエピソードがあった。ある友人が劉暁波に「君の身なりはいつもと変わらず気ままなものだ。厳粛さに欠ける。あいさつの時、みなの目の前で古いぼろぼろのカバンを肩からぶら下げていて、大変みっともなかった」と批判した。劉暁波は次のように釈明した。

「追悼会の前はいろいろ入り組んだ複雑なことがあって、ぼくは自分の身なりのことはすっかり忘れていたんだ。カバンの中には葬儀場に支払う数万元が入っていて、みなが寄付したもので、なくすといけないから肩に掛けているしかなかった。ぼくの責任だから。しかも、外では数十人の警察官がこっちの様子をうかがっていて、少しも油断ができなかったんだ。」

二〇〇八年一〇月二八日、包遵信の一周忌に、劉暁波は三十人あまりの友人とともに北京の西郊に行き、包の遺骨の埋葬式を執り行った。包遵信の墓地は劉暁波が自ら選んだもので、視野が開けた山腹にあった。みなは墓地の周りに侍立し、劉暁波がまっ先に墓穴の中に跳び込み、服が泥だらけになるのをかまわず、先ず頭を前に突き出し、遺骨を安置する場所を調え、それから包遵信の遺族から遺骨を受け取り、腰をかがめ恭しく安置した。そして、彼は墓穴から這いだし、涙ながらに最初の盛り土をすくってかけた。そばにいた墓地の作業員はみな、劉暁波は墓の主の実の息子だと思い、多くの具体的な仕事について彼の意見を求めた。劉暁波は説明ぬきに一つ一つ適切に指示した。

体制外の民主派と体制内の民主派の多くは互いに付き合いもコミュニケーションもなく、このような状態は民主化の事業の発展に不利である。一人の体制外の知識人として、劉暁波は体制内の人々に対し道徳的な優越感を抱いたことはなかった。彼は、体制内の人々の幾つかの活動の意義はより大きいとさえ考えた。

体制内外の民主派は（民主、自由などの）普遍的価値を認め、一党独裁に反対しさえすれば、小異を残し大同に就き、互いに支援すべきである。例えば、劉暁波は中共党内の開明派の元老・李鋭の公開された政治論を称賛した。李鋭は『氷点週刊』が停刊させられた時、勇敢に立ち上がり声援の意志を表した。彼はまた『炎黄春秋』編集責任者・呉思の歴史研究を高く評価した。劉暁波の提案で、独立ペンの理事会は投票により、二〇〇五年の自由創作賞を呉思に授与した。

劉暁波は体制外の人々の心の中の旗印となったばかりでなく、体制内改革勢力の共感と信頼をも大いに得ていた。彼の友人はますます多くなり、学者から企業家まで、芸術家から直訴者まで、さらにはいく人かの末端の政府要員すら含まれていた。

廖亦武は「劉暁波はいくども成都に来たが、その度におれの家に泊まった」と回想している。何度も、真夜中になってから、劉暁波に夜食を誘いに来る者がいた。その中には当時「六・四」に参加した人が多くおり、すでに政府の役人になっている者もおれば、ビジネスに成功した者もいた。彼らは恐怖の心理を克服し、劉暁波のような政治的に「敏感な」人々とこだわりなくつきあった。まさに王小山が次のように述べている通りである。

「当初は、暁波と一緒に食事をすると言うと、こいつら大丈夫か、といぶかしげに言う者がいたものだ。また避ける人もいた――電話をして一緒に食事をしようと誘っても、何人かとはどうしても約束が取れなかった。今はますます多くの人が怖がらなくなった。……勇気があるのとないのと、結果は同じだ。社会の不平等・不公正に対して、たとえ微弱でも、声をあげなければ、最後は自分の番になる。このことは『〇八憲章』の前にみなが意識するようになり、変化がすでに始まっていた。その先頭に立つ人は何の理由もなく跳びだしたのではない。徐々に共通認識が形成され、その最大公約数の結果なのだ。」

ますます多くの人が恐怖に打ち勝ち、劉暁波の輪に加わり、それはますます大きくなった。劉暁波はそのような変化を感じ取っていた。

例えば、ある友人が結婚式を挙げた時、喜んで彼を招待し、式が始まると彼は最初に紹介されたが、警察官は彼の後ろにぴったり張り付いていた。またある時、彼が上海に行き、友人たちに会った時、警察の車も尾行していたが、友人の若者たちは少しの恐れもなく、逆にこれは面白いと思い、我先にとその車を写真にとった。

それは民間の恐怖感がゆっくり消失していることを示していた。恐怖感の消失は大変重要なことだ。中共の統治は恐怖の上にうち立てられており、民衆がもはや恐れなくなることは、その政権の解体の第一歩となるからである。

こうして体制内外の民主派の中で、劉暁波は要になる中心的な位置にいるようになった。何より、彼は精力旺盛な壮年に当たっていた。老年の人たちは体力や知識の深さ広さに限界があり、大きな貢献は成しがたい。さらに若い世代は十分に成熟していない。そのため壮年世代が柱石の役割を果たすことになる。次に、彼の性格が明朗で、元気にあふれ、友人が多く、時間と精力を費やして獄中の良心犯の救援、人道的援助の募金、公開状の起草など直接利益のない公共のことがらに喜んで従事した。

この中心的な位置は時間をかけ、試練を経て形成されたもので、短期間に他の者が取って代わることはできなかった。

3.「国家政権の転覆煽動罪」による十一年の判決

二〇〇八年一二月八日、夜九時ごろ、劉暁波の家の階下に多くの警察官が現れ、見張りについた。一一時ごろ、十数名の警察官が劉暁波の家になだれ込み、「国家政権の転覆煽動罪の嫌疑あり」と刑事拘留証を提示し、彼を家から連行した。

そして、大勢の警察官が家宅捜索を始めた。十一名の警察官が翌朝九時まで捜索を続け、劉暁波と劉霞の三台のパソコン、私的な郵便物すべて、それに若干の書籍を持ち去った。

その後、劉暁波からは全く音信がなかった。劉霞と弁護士は何度も北京市公安局、国務院陳情(上訪)受付室、全国人代を訪ね、問い合わせたが、どこでもはねつけられた。一人の人間がこうして生きながら「この世から蒸発」した。

四カ月後ようやく、中共当局は、劉霞が劉暁波と北京北郊の小湯山会議センターで面会するよう手配し、夫妻は警察官の監視下で一緒に食事をした。後にもう一度、二人は面会を許された。

劉暁波が明らかにしたところ、彼は一人である秘密の場所に閉じ込められた。十平方メートルにも満たない狭い部屋で、窓がなくて風は通さず、陽にも当たれなかった。型どおりの取調べがあったが、残りの時間に読める本がなかった。

不法に半年あまり拘禁された後、二〇〇九年六月二四日、新華社は、劉暁波が検察機関の承認をへて逮捕されたと、次のように報道した。

「公安機関が取調べ、掌握したところによると、近年来、劉暁波はデマ、誹謗により国家政権を転覆させ、社会主義制度を打倒するよう煽動し、中華人民共和国の刑法に違反し、国家政権の転覆煽動罪の容疑がある。」

その日の午前、劉霞は、北京市公安局から「劉暁波は国家政権転覆煽動罪の容疑により、北京市人民検察院の承認を経て、二〇〇九年六月二三日十一時、本局が逮捕を執行し、現在、北京市看守所に拘禁している」という逮捕通知を受け取った。

正式な逮捕の後、劉暁波は初めて弁護士との面会を許された。その時、彼はまず「〇八憲章」のことで他に逮捕された人がいるかどうかを尋ね、他にはいないと知ると、彼はとても喜び、安堵した。当局は最初の署名者三百三人を一挙に逮捕せず、ひいては憲章のあらゆる署名者一万人以上を逮捕しなかったが、これは胡錦濤、温家宝が毛沢東に比べ情け深いやり方に変わったというのではなく、中国社会の発展と変化が当局の逆行に一定の制約を加えたものであり、「やらなかったのではなく、やれなかった」のである。

劉暁波は劉霞と面会した時、莫少平に弁護の担当を頼むよう明確に言っていた。しかし、法的手続に入った後、当局は莫少平が劉暁波のために弁護するのを妨害した。六月二五日、莫少平は事務所の他の二人の弁護士を連れて公安機関に赴き、交渉した。

警察は「莫弁護士、我々は劉暁波の案件の資料の中に、あなたの名前が出ているのを見つけた。あなたとこの件は関わりがある可能性がある。そのため、我々はあなたが劉暁波の弁護士として適していないと認定した」と告げた。莫少平は「一体、ある弁護士がある当事者の弁護人になれるかどうかを決定する権限が警察にあるのか？　それとも検察官にあるのか、裁判官にあるのか？　中国大陸の法律の規定の中には確かに詳細な規定はない。だが法理の原則から言えば、この決定権を有すべき者は裁判官以外になく、警察ではあり得ない。私は、もし私が劉暁波の弁護士に相応しくないというのなら、私に、文字に書かれた書面を提示し、何を根拠にしているかはっきり記述するよう希望する」と問うた。

莫少平によれば、警察側は非常に困惑し、そのような文書を作成・交付しなかった。莫少平は最後に、もし案件が検察機関に移され、或いは検察機関が裁判所に起訴するとしても、それは自分には関係のない話で、当然、自分には依然として劉暁波を弁護する弁護士となる権利があると態度を表明をした。

ただし、弁護士が早期に劉暁波と面会するため、莫少平は自分の事務所の尚宝軍と丁錫奎の二人にこの案件を引き継がせることを決定した。二人の弁護士は二五日、即座に登記に行き、翌二六日午後に劉暁波に会いに行った。面会の後、尚宝軍はメディアに次のように話した。

「劉暁波のからだの状況は見たところまあ悪くなかった。精神状況もまあよかった。我々は彼が獄中で拷問による訊問や虐待という行為がなかったか尋ねたところ、彼は特になく、一九九六年に投獄された時に比べ、礼節に関しては進歩していると言った。最も長時間の訊問でも四時間を超えないということだった。」

弁護士との面会で、劉暁波は起訴された「国家政権転覆煽動罪の容疑」について、自分の見解を話した。それを、尚宝平が劉暁波に代わり述べた。

「第一に、主として訴えられた事実、つまり『〇八憲章』、それから二〇〇一年から二〇〇八年までネットで発表した二十数編の文章について、その全責任を負う。第二に、このような行為について、彼は『中華人民共和国憲法』が公民に賦与した言論の自由の範囲であり、彼も一愛国者の立場からこれらの言論を発表したもので、国家政権を転覆する意志は毛頭ない。たとえ文章に穏当でなく、或いは過激な部分があるとしても、論議できる問題であり、また観点の違いでもあり、犯罪行為に当たるとは絶対に認めない。」

この後また半年引き延ばされ、法律の規定している開廷の最終期限である二〇〇九年一二月二三日、劉暁波の案件はようやく北京市石景山区石景山路一六号の北京市第一中級人民法院において開廷・審理された。八輛の警察の車の先導で劉暁波はそこに連れて行かれ、審問がなされた。

法廷で、劉暁波は以下のような自己弁護を行った。

「私は独裁化、或いは壟断化した執政の方式に反対するが、決して『現政権の転覆を煽動』したのではない。」

劉暁波はまた言論の自由の重要性を強調した。

「いかなる政権も異なる政見を抑圧することで合法性をうち立てることは不可能であり、文字の獄によって長期にわたる太平と安定を達成することも不可能である。」

彼は一日も早く文字の獄に別れを告げるよう呼びかけた。

「制度的に文字の獄を根絶してこそ、憲法が規定している言論の自由の権利は初めて一人一人の国民の身に具体化される。国民の言論の自由の権利が制度化されるという現実の保障があってこそ、文字の獄は初めて中国の大地から根絶される。」

この日、劉霞と劉暁波の多くの友人は家に軟禁されたため、法廷で傍聴し、或いは現場で声援することができなかった。法廷で傍聴したのは劉霞の弟と劉暁波の弟だけだった。

当局は劉霞にわなを仕掛けていた。数カ月前、警察官が劉霞をお茶に誘い、枝葉末節なことを質問し、劉霞に署名を求めた。後に劉霞は、それが「劉暁波案件の予審尋問記録」であることを通知された。このため、劉霞は当該案件の「証人」となり、警察官に家で監視され、傍聴に行くことを許されなかった。

アメリカ、カナダ、オーストラリア、それにEUなど十五カ国の中国駐在大公使館の代表が法廷の外に駆けつけともに傍聴を要求したが、均しく拒絶された。ドイツの駐中国大使ら高位の外交官は法廷の外でそれぞれの政府を代表する声明文を読み上げた。

法廷の外にやって来たネット仲間の杜斌は当時の様子を次のように記述した。警戒線は北京市第一中級法院をほとんどぐるりと取り巻き、見張りに立っていた武装警察は動かなかった。動いていたのは勤務中の警察官だけで、そのトランシーバーはひっきりなしに仲間と連絡を取り合っていた。陳情（上訪）者と紛らわしい人が次から次に尋問され、陳情者と判断されたら強制的に陳情者を一次的に収容する公安局の施設「馬家楼（陳情者を拘禁する収容所）」に連れ去られた。北京駐在の外国人記者はわりによい待遇を受け、警戒線に囲い込まれた。

このような状態でも、声援に駆けつける一般人はなおひっきりなしだった。雷という名の四八歳の男は、「〇八憲章」に名を連ねた者の一人だが、二千キロを列車に乗り、江西省から北京にやって来た。彼は「私は劉暁波と同じく独立ペンの会員だ。兵隊をやっていたが転業した。レイオフされ、自分から離党した。『〇八憲章』は中国の民主と法制の建設を促進するもので、国家政権を転覆する内容はない。庶民が党に建議したからといって、まさか国家政権を転覆したことにはなるまい？」

北京市平谷県の宋という男はキリスト教徒で、やはり「〇八憲章」署名者の一人だが、早朝五時に彼を監禁していた警察官をかわし、タクシーに乗って駆けつけた。彼は他の陳情者が告発の標語をびっしり書き込んだ「上訪着」を身につけ、既に「馬家楼」に強制連行されている陳情者に代わり、彼らが濡れ衣を着せられた事情を書いた資料を配布していた。鉄柵の外で彼を睨みつけていた三人の警察官に向かい、彼は腕を振り大声で叫んだ。

「暴政に反対！　民主万歳！　自由万歳！　劉暁波万歳！」

彼の服装は法院の司法官を驚かせた。だが、司法官はビデオカメラと写真機のすぐ前では敢えて彼を捕まえようとはしなかった。一人の司法警察職員がプロ用のカメラを持って法院の中から飛び出し、彼の証拠写真を撮った。彼は「上訪着」を整え、気をつけの姿勢をとり、ほほえみ、発言した。

「おやおや、あにきが苦労をなさっている。何枚でも撮ったらいい。そうすりゃ俺は飯を食う場所（留置所）ができるってぇもんだ。ご苦労をかけちまって、あにき、ありがとさん！」

司法警察職員はカメラのシャッターを数回切り、引き下がった。

北京の数人の大学生が胸を張ってやって来て、声援者に黄色いリボンを渡し、政府に劉暁波を無罪釈放するよう呼びかけた。四六歳の童国菁は上海で強制的に転居させられた陳情者で、「〇八憲章」の署名者の一人だが、胸に黄色いリボンを付け、腕を振り大声で叫んだ。

「民主万歳！　自由万歳！　劉暁波万歳！　劉暁波を無罪釈放せよ！」

外国のジャーナリストと在外公館員は門の外でじりじりしながら法廷の審理が終わるのを待っていた。十二時三十分、法廷から一人の司法官が出てきた。ジャーナリストに向かい、この司法官は笑いながら「法廷の審理は終わった。劉暁波の親族と弁護士はもう裏門から帰った」と言った。ジャーナリストが「いつ判決を言い渡すのか」と尋ねると、「日を選んで言い渡す」と答えた。ある人が「あなたの名前は」と尋ねたら、この司法官はちょっとうす笑いを見せたが、一言も発せず、体の向きをかえ、その場を離れた。


二〇〇九年一二月二五日、北京市第一中級人民法院は判決を下した。弁護士が手配し、この日、劉霞は傍聴することを許可された。法廷は「北京市第一中級人民法院刑事判決書（二〇〇九）一刑初字第三九〇一号」と読み上げた。判決書は「北京市人民検察院第一分院は被告人劉暁波を国家政権の転覆煽動の罪で告発し、二〇〇九年一二月一〇日、法院に起訴した。法院は法に基づき合議の法廷を構成し、公開で開廷し、審理を行い、北京市人民検察院第一分院は検察官張栄革、検察官代理潘雪晴に出廷し、公訴を維持するよう命じ、被告人劉暁波とその弁護人の丁錫奎、尚宝軍が出廷し、訴訟に参加した。現在すでに審理は終結した」と告げた。

さらに判決書は「法院は『中華人民共和国刑法』第一〇五条第二項、第五五条第一項、第六四条の規定に従い、以下の通り判決を下す。一、被告人劉暁波は国家政権転覆煽動罪を犯し、有期懲役十一年に処し、政治的権利を二年間剥奪する。二、案件に伴い移送された劉暁波犯罪者が用いた物品は没収する。裁判長・賈連春、裁判官補佐・鄭文偉、翟長璽」と述べた。

一篇の「〇八憲章」は区々たる四千二十四文字に過ぎず、十一で割れば、毎年三百六十五字だ。言い換えれば、一文字が刑期一日に換えられたということになる。これは偶然の一致だろうか？

この法廷審理は、中国式の手続きからして正義を踏みにじった裁判の典型例である。主任裁判官の賈連春はでたらめ極まる時間制限という決定を出し、検察側の発言時間はいかほど、弁護人と被告の発言時間はいかほどと要求した。そのため、検察側は法廷で十四分間、弁護人と被告も各自十四分間発言できただけだった。劉暁波が準備した自己弁護も全文を読み上げることができなかった。弁護士は法廷で「このような時間制限は法律上の正義の行為に欠け、先例もない」と抗議した。裁判長の賈連春は「他のことはともかく、私の法廷では、私が勝手に決める」と言った。

一二月二八日は劉暁波の誕生日で、午後二時半、二人の弁護士が劉暁波と面会した。弁護士は劉霞の詩「無題」を劉暁波に朗読して聞かせたが、それは疑いもなく劉暁波にとって最もすてきな誕生日プレゼントだった。

最初、劉暁波は弁護士に「もし私が控訴しなければ、私が判決に対し軽蔑したことを示すことになるか」と言った。弁護士は、控訴して判決を変える希望が極めて少なくても、法律上の手続をやり終えれば、この時代の中共の司法制度に対する歴史的証言になるだろうと考えた。そこで、劉暁波はもともと控訴しないとしていた決心を改め、弁護士に控訴を依頼した。

二〇一〇年二月九日、北京市高級法院は裁定書を伝え、劉暁波の控訴を棄却し、原判決を維持した。「原審の人民法院が劉暁波の犯罪の事実、性質、経緯と社会に対する危害の程度に基づき出した判決について、罪名の言い渡し及び法律の適用は正しく、量刑及び案件に伴う物品の移送の処理も適切で、裁判の手続きは合法で、維持すべきである。これにより、本院は『中華人民共和国刑事訴訟法』第一八九条第一項の規定に従い、以下の如く裁定する。劉暁波の控訴を棄却し、原判決を維持する。本裁定を終審の裁定とする。裁判長・趙俊懐、裁判官補佐・林兵兵、劉東輝。」

法廷の審理は全てで十分間という短さで、司法官が裁定書を読みあげた以外は、劉暁波が「私は無罪だ！」と大声で抗議しただけで、他に発言した者は誰もいなかった。

法廷尋問は小さな部屋で行われ、新華社は、判決言い渡しの時には劉暁波の家族と何人かの公衆が傍聴したと報じた。劉暁波の弁護士は、傍聴した二、三十人の中で、劉霞と劉暁波の弟の他は、みな見知らぬ人で、当局が手配した私服の警官だったと指摘した。十人あまりの西側の在外公館の外交官はやはり傍聴することを拒絶された。

最終審の判決が出た時には、弁護士はもはや劉暁波を弁護することのできる法律的な道筋をすべて使い果たしていた。

劉暁波は弁護士に面会した時、このように語った。

「ぼくは、ぼくの行った事業が道義にかなったものであり、中国はいつかある日、自由で民主的な国になり、あらゆる人が恐怖のない陽光の下で生活するものと信じている。ぼくは代償を払ったけれど悔いはない。独裁国家の中では、自由を追求する知識人にとっては、監獄は自由へ通じる第一の敷居であり、ぼくは既にこの敷居に向かって前進した。自由はそう遠いものではない。」

彼は自由を失ったが、彼こそが十三億人の中で精神が最も自由なその人である。

劉暁波とは逆に、かの警察官、検察官、それに司法官こそ、最も不自由な人たちだ。また、劉暁波は裁かれるべきではなく、彼らこそ歴史の法廷に送られるべきだ。

「七七憲章」のスポークスマンで、そのために生命の代価を払ったチェコスロバキアの哲学者パトチカは、独裁体制は自発的、また受動的に良知を放棄した「退化した人間」を作り出し、個人が演じる役割は技術的プロセスの中の簡単な歯車に退化し、より適切に言えば非人間的になると考えた。チェコスロバキア当局と異なる政見を持つミラン・シメチカは『秩序の再建』において、彼の友人で作家のラディスラフ・ムニャチコの判決へのプロセスで「真に私の興味を引いたのは裁判の司法官だ」と述べ、「私は最初に彼を見て、彼の顔つきから彼の自分の仕事に対する失望を読み取った。彼の頭脳には一筋といえども『公平』に関する概念がよぎったことはなかっただろう」と指摘した。

これら悪人を助け悪事を働く司法系列の人たちは、「自分の思い通りにならない」ということを口実に自分を免責することができるだろうか？　彼らは人権侵害の案件に参画したことに、いかなる責任を持つべきだろうか？

ウエブサイト「眞名網」の責任者で文学評論家の呉洪森は「今回一人の公民が言論の故に十一年の監禁に処されたが、私は抽象的な抗議を目にしただけで、具体的に悪事を働いた北京市検察院第一分院は検察官・張栄革、検察院補助・潘雪晴、それに北京市第一中級人民法院裁判長・賈連春、裁判官補助・鄭文偉、翟長璽（当然、二審の北京市高級法院の裁判長・趙俊懐と裁判官補助・林兵兵、劉東輝もいる）に対し何も言わない。このようなやり方は正しくない」と提起した。この法律を踏みにじり、良知を消滅させる司法官はいかほど言い逃れ、自己弁護しようとも、世論の譴責や未来の民主中国で公正な裁判を受けることから逃れることはできない。

司法が独立の地位を欠いている現在の中国の権力構造では、劉暁波事件の最後の決定者は北京市中級法院と高級法院の司法官ではなく、中共の最高当局、即ち中共中央政治局である。このような重大な案件は、九人の常務委員が会議を開き討論するのではなく、胡錦濤自身が断を下さなければならない。二〇〇八年一二月八日に劉暁波が刑事拘留されてから、二〇〇九年六月二四日に正式逮捕されるまで、二〇〇九年一二月二五日の一審の判決から、二〇一〇年二月九日の原判決維持まで、引き延ばされた時間は三年にまたがっている。

劉霞は、二〇〇九年一二月二五日に判決が出た後、当局が法廷の脇の部屋での彼女と劉暁波の短い時間の面会を手配したと明かしている。劉霞は、十一年の重刑に直面したが、劉暁波はいつもと同じように落ち着き払っていた。夫妻は二十分ほど大きな声でほがらかに話をしたが、その中身は日常の瑣事だった。

「私たちは会議室で大きな机を隔てて会いました。最後に私は彼を抱かせてくれないかと要求し、私は彼に深い愛情のこもった抱擁をしてあげました。彼は随分痩せたなと感じました。」

深い愛情のこもった抱擁は十一年の別離の始まりでもあった。

「彼を抱くことができ、私はとても満足しました。なぜなら、これ以後、監獄に行っても、ガラスを隔て、送話器を持つことができるだけで、多分十一年間もう触れることはできないからです。」

控訴が棄却された後、劉暁波は相変わらず北京市看守所に留置されていた。二〇一〇年五月二四日になり、やっと遼寧の錦州監獄に移送され、服役した。このプロセスは一般に比べて長かった。当局は劉暁波をどこに送って服役させるか熟考したのである。もし北京で服役するなら、首都という要地であり、外国の在外公館や国際メディアが集まっており、劉暁波は常に注目の的になる。もし劉暁波をその戸籍のある大連に送って服役させれば、大連も国際化した都市で、多くの外国の領事館や国際メディアの支局が駐在している。最終的に、当局は現行法の規定を無視し、劉暁波を法規とは無関係の錦州に移送し、服役させた。以前も彼らは「六・四」の学生リーダー・王丹をこのように処置したことがあった。

錦州監獄は遼寧省監獄管理局の管轄で、同省最大の監獄の一つだ。以前、日本の戦犯を拘禁したことがあり、条件は相対的によい方だ。錦州監獄は錦州市太和区南山里八六号にあり、主に刑期十年以上の罪人を収容している。この監獄は、錦州錦開電器集団有限責任公司錦州新生開関工場と錦州変圧器有限責任公司の二つの工場を管轄している。

五月三〇日になって、当局は劉暁波が錦州監獄に移送されたことを初めて劉霞に通知した。六月二日、劉霞は許可され初めて錦州監獄に夫を訪ね、食品、衣類、書籍をいくらか持って行った。応接室で、二人はガラスを隔てることなく三十分ほど話すことができた。暁波は霞に、毎日午前中一時間、屋外に出ることができ、政治犯なので強制労働の必要はないと話した。六人一緒の監房で、彼とその他の五名の囚人は関係がうまくいっており、生活は規則正しく、気分は穏やかだとも述べた。

劉暁波が逮捕され重刑に処されてから、中国の民間社会では連鎖反応が起きた。「〇八憲章」に連署した数百人は「我々と劉暁波を切り離すことはできない」[4]との公開状を発表し、次のように表明した。

「共通の思想と理想を分かちあっているが故に、我々と劉暁波氏には切り離すことのできない関係がある。憲章は我々の心魂に等しく、我々一人一人は憲章の肢体であり、我々相互の関係は統一体である。劉暁波氏が憲章に署名したために危害にあったなら、それは我々一人一人に対する危害でもある。劉暁波氏が自由を禁じられるならば、我々一人一人もまた拘禁されているも同然である。」

劉暁波案件の判決があまりにも拙劣だったため、前『人民日報』社長の胡績偉、前新華社副社長・李普、新華社のベテラン記者・戴煌、前人代委員長・万里の秘書・呉象、中国社会科学院名誉学部委員・何方ら数十名の中共の開明派の老幹部がただちに連署した公開状を発表し、劉暁波を支援し、この判決を糾弾した。彼らは必ずしも劉暁波の観点に賛成しないが、中共党史の角度から劉暁波の罪が決定された合法性に疑いをさしはさみ、当局が改めてこの案件を審査するよう呼びかけた。

当局が劉暁波を重刑に処しても、劉暁波の友人たちを怖じ気づかせなかったばかりか、却ってより多くの国民の権利意識を呼び覚ました。劉暁波が重刑に処せられたことは、中国の民衆がさらに劉暁波について知る契機となった。民衆の覚醒の現れの一つは、万という桁を数えるネット・ユーザーがネット投票の方式で、劉暁波がアメリカ『タイム』誌の「世界で最も影響力のある百人」に選ばれるよう働きかけた。劉暁波が裁判にかけられていた数日間、ネット空間では至る所にネット・ユーザーが心をこめて作った「黄色いリボン」の図柄が見られた。

「どうか署名を。劉暁波を声援する隊列に加わって下さい。私と彼、それにあらゆる同志が同じ側に立っています。」

こういった言論は至る所で見受けられた。

とりわけ新興メディアのツィッターは、見るものすべて黄色いリボンと劉暁波の胸像で埋められた。ネット時代にあって、民主を追い求める思いは文化や芸術の創意工夫や構成要素に浸透し、それを通して若者たちから歓迎され、高い評価を受けた。ツィッターのユーザーの多くは一六、七歳の高校生、大学の新入生、若いホワイトカラーで、彼らは貪るように外国のネットで劉暁波の情報を、さらに「六・四」と「〇八憲章」の情報を捜し求めた。

劉暁波への重刑は、国内で民衆の怒りを引き起こしただけでなく、海外でも非常に大きな反響を呼び起こした。各国政府は次々に声明を発表し、この判決を非難した。アムネスティ・インターナショナル、ヒューマン・ライツ・ウオッチ、国境なき記者団、国際ペンクラブなども次々に劉暁波の釈放を中国政府に呼びかけた。

香港では、各界の民衆が中国中央政府駐香港連絡弁公室を取り囲み、警備員から乱暴な対応を受けると、オフィスになだれ込み、入口に劉暁波の帰宅を意味する黄色いリボンを掛けた。民主派の議員は、北京に劉暁波の釈放を呼びかけるという動議を何度も立法会に提出した。ローマ・カトリック教香港教区の陳日君前枢機卿は、劉暁波は「良心と平和的方法で真実を語る人」と形容した。さらに「〇八憲章」に署名した一九八〇年代生まれの数十人の香港の青年が深圳に赴き自首し、劉暁波と共に入獄すると要求したが、内地の警察によって追い返された。

香港市民支援愛国主義民主運動連合会、香港教育専業人員協会、香港記者協会、維権律師関注組などの民間団体は「劉暁波釈放」はがき署名行動を進め、三つの様式で合わせて六万枚のはがきを印刷し、市民に署名とメッセージを書いてもらい、全部まとめて錦州監獄に捕らわれている劉暁波のもとに郵送した。

台湾では、劉暁波の案件は近年で最も注目を集めた中国の人権事件となった。中央研究院の銭永祥教授、映画監督の侯孝賢、作家の朱天文、朱天心姉妹ら四十一人は連名で声明を発表し、「中国の公民には政治社会の体制に対し異なる構想を発表する権利はあるのか？　執政者の施政方針に批判を述べる権利はあるのか？」と問いかけた。声明に参加した台湾清華大学社会学研究所の李丁讃は、これが劉暁波の声援だけでなく、両岸の知識界の連係を通し、未来において大陸の思想的に進歩した人々の台湾に対する支持の一助になることを希望すると表明した。

三十六カ国の八百名あまりの学者で構成するヨーロッパ中国研究学会は胡錦濤に宛てた公開状を発表した。

「もし『〇八憲章』が提起した問題と解決案に対し討論することなく、それとは反対に処罰するなら、長期的に言えば、それは国家の健康な発展を妨害することになるだろう。……我々は閣下に、あなたが中華人民共和国の最高指導者として再度この問題における立場を熟慮し、またあなたの権威を利用し、改めて劉暁波案件について考慮し、劉暁波を釈放するよう念願する。」

二〇一〇年三月一〇日、全世界の百五十名あまりの学者、作家、弁護士、及び人権の提唱者は中国全国人民代表大会の呉邦国常務委員長に宛てた公開状を発表した。

「劉暁波博士は、ただ単に中国憲法と国際法が保護する言論の自由の権利を行使したために牢獄につながれた。……我々は中国が現在定義している国家政権転覆煽動罪は国際的人権の基準に違反すると信じる。」

さらに、署名者は中国の最高権力機関とされる全国人代が劉暁波の釈放を推し進めることによって、中国が真剣な態度で法治を実現する目標を表明するよう呼びかけた。署名者にはイギリスの作家サルマン・ラシュディ、南アフリカのノーベル文学賞受賞者ナディン・ゴーディマたちがいた。

4. 「私には敵はいない」

劉暁波は法廷の最終陳述で「私は二十年前（六・二ハンスト宣言）に表明した『私には敵はいない。憎しみもない』という信念をしっかり守っている」と弁明した。

この言葉が公表されると、国の内外でいろいろな議論を引き起こした。特に、劉暁波が看守所について施設というハード面も、管理というソフト面も大きな改善が見られ、「ヒューマニズム管理」と肯定的に評価したことは、とりわけ厳罰と虐待を受けた人びとには共感することができなかった。

他の人権擁護の人たちが警察官と獄卒の凶暴な対応を受けている同じ時に、劉暁波が中共の監獄制度と司法制度の取るに足らない「進歩」を称賛するとは、極めて不適切だと考える者もいた。本来大声で抗議すべき時に、こうした「むかむかさせる」話をするのは、彼がまさに強権に対し頭を下げ、共産党にお世辞を言い、刑期を短くしようと企図したのではないのかと指摘した。このような批判は、表面上は理にかなっているが、むしろ劉暁波の言葉と思想に対する誤解である。

まず、この文書には「状況に基づく」理解があるべきだ。劉暁波がここで述べたのは、彼の個人的体験と彼が観察した司法と監獄のシステムの中の限られた一部分に過ぎない。彼を拘禁した北京看守所は中共当局が国連の人権関係の要員と西側の司法界の人々に開放した模範的かつ見本とする看守所で、それは一般の看守所とは全く比べものにならない。劉暁波が述べたのは彼個人の体験で、彼は嘘をついたり、わざわざ中国の監獄を美化したりしてはいない。

このような表現の背後には、確かに劉暁波の心遣いがあった。それはこのような善意によって当局が事態をあまり悪化させず、彼を北京の監獄で服役させるように希望したからだ。そうすれば妻の劉霞は、以後とても長い十一年間、遠くまで行かずに獄中の自分に面会することができる。そうではなく、もし地方の監獄となれば、旅行に疲れ果てる面会となり、体の弱っている劉霞にとっては大変な負担だ。妻のために表面的にいくらか妥協することは普通の人情であり、劉暁波は鋼鉄で作られた「鉄人」ではない。しかし、中共当局はこのような善意を決して受け入れることなく、相変わらず極めて下劣なやり方で劉暁波を扱い、遙か遠くの錦州監獄で受刑させることを決めた。

次に、劉暁波は自分がどちらかと言えば人道的な待遇を受けたとは述べたが、他の政治犯が厳刑や虐待を受けた事実を否定したことはない。ある友人が劉暁波に、君はどうして以前何回か入獄した経験を書かないのかと尋ねたことがあった。多くの著名な政治犯がみな獄中の回想録を書いている。

彼は、まさに自分が比較的「特殊」な罪人であるため、境遇は一般の受刑者よりよく、それで我慢して獄中の回想録を書かなかったと答えた。劉暁波は廖亦武への手紙で、次のように述べた。

「君の四年間の牢獄生活に比べれば、ぼくの三度の入獄は真の災厄とは言えないものだ。一度目の秦城監獄は独房で、時々一人でしんと静まり返っていると感じた以外は生活面では君よりずっとよかった。二度目の八カ月間は香山の麓の大きな施設だった。待遇はとても特殊で、自由がない以外は何でもあった。三度目の大連の労働教養院でも一人部屋だった。ぼくは監獄では貴族のような者で、君が大変な目にあったのとは比べようがなく、三度牢屋を出入りしたなどと公言できはしない。」

劉暁波はさらに次のように続けた。

「ぼくは、『六・四』の後、非常に多くの逮捕者がぼくのような風雲児に比べて重い判決を受け、獄中の条件が極めて劣悪で、一般の人が想像し得るものではないということをよく分かっていた。……ぼくの恥ずかしさは言葉では表しようがないと思っている。それ故、ぼくの残りの人生は、死者の魂のために、あの名もなき受難者のために生きていく他ない。何事も過ぎ去ることができるが、無辜の人たちの血と涙はぼくの心の中で永遠の石として残る。重く、氷のように冷たく、鋭い切っ先で。」

劉暁波は、何人かのそれほど有名でない政見の異なる人たちや一般の陳情者の悲惨な境遇を知っており、その上、彼らや家族に力の及ぶ限りずっと援助してきた。高智晟、滕彪、李和平ら人権擁護の弁護士が厳刑と暴行を受けたというニュースが伝わると、彼は何はさておき文章を書き、声援した。法輪功のメンバー、キリスト教家庭教会などの集団がいろいろな形の残酷な迫害を受けると、彼は中共の暴行を厳しく糾弾した。

劉暁波の最終陳述に関する見方は他にもあった。その代表的なものについて述べよう。「あなたは当局に投獄され、当局はあなたを敵と見なしていた。それなのにあなたは相も変わらず当局を敵とは見なさないと吹聴している。これは耳を掩って鈴を盗むというもので、人を欺き自らも欺くものではないか。」

悪意のある攻撃は脇に置き、議論するまでもないが、劉暁波の友人でも「私には敵はいない」という宣言に対し否定的な見方を取っていた者もいた。だが、それはこの観点の出された文脈も具体的な発言の場も理解しておらず、劉暁波の二十年来の思考の筋道や理念についても理解を欠いている。

劉暁波の「敵はいない論」について、ある評論家は次のように述べた。

「劉暁波のこの言葉を理解しようとすれば、彼の非暴力、非敵、非憎悪の政治理念を完全に理解する必要がある。『私には敵はいない』は三非理念の簡潔な表明だ。悪逆非道な政権に向き合い、彼は常に平和的転換を提唱し、理性、非暴力を堅持した。彼は民間に希望を寄せているが、それと正反対の暴虐に向き合うには、通常を超えた勇気がなければならず、苦難を引き受けなければならず、仁愛、尊厳、寛容が必要だと戒めている。『私には敵はいない』は、彼が悪逆非道な政権が加えた重刑に向き合う中で、二十年来堅持してきた信念の再度の表明だ。」

「私には敵はいない」の思想は、決して突然思い立ち、もっともらしく振る舞ったものではなく、彼の一貫した価値観を背景にしている。

八九年の学生運動で、劉暁波が最初に貼り出した大字報のタイトルは「我々の要求　キャンパス内の自由フォーラム」であり、そこで彼は「中国の民主化は『仇敵意識』を取り除くことが前提とされねばならない。何故なら、民主的な政体の中には敵はいなく、ただ異なる利益集団のチェック・アンド・バランスがあるだけだからである。……民主を勝ち取るために奮闘する人々は誰でも、その知恵が憎悪に毒されないようにすべきである」と提起した。

さらに「『六・二』ハンスト宣言」では「仇敵意識の放棄」が繰り返し強調された。即ち、次第に仇敵意識や憎悪の心理を捨て去り、徹底的に「階級闘争」式の政治文化を放棄する。それは暴力と独裁しかもたらさないからだ。民主的な寛容の精神と協力の意識で民主主義の建設を開始しなければならない。中国数千年の歴史には、暴を以て暴に替える伝統が充満し、近代に至っても仇敵意識が中国人の遺伝子になり、それが「階級闘争」で極端にまで押し進められた。天安門民主運動に対する軍事管制でも「階級闘争」式政治文化が体現されている。ハンストは、これを根底から取り去り、寛容と協力の精神で民主的な中国を建設するためである。（全文は巻末資料）

たとえ二十年以上経た今日でも、これらは時代遅れではなく、むしろ重要性や緊迫性がますます高まっている。中国の暴虐的な状況は強くなり続けているが、暴力を放棄することは暴力を実行するよりも一層大きな勇気を必要とし、「私には敵はいない」と言明することは、「私には敵がいる」よりももっと強靭な精神力が必要である。

劉暁波の「私には敵はいない」の宣言は、彼の心の深みに込められた広く豊かな宗教的心情に源泉があり、とりわけキリスト教的精神の影響がうかがえる。早くも一九八〇年代中期に、彼はキリスト教文化について研究し、熟考し、中国の伝統文化を厳しく批判すると同時に、中国を起死回生させる〝薬〟を見つけ出した。彼は西側の思想史を摂取し、整理する中で、キリスト教の要素が常に主要な脈絡となっている一方で、中国人の悲劇は神のいない悲劇であるという点を認識するようになった。

「十字架への信仰には純粋な超越性の追求があり、神に対する懺悔の中には絶対的な忠誠がある。まさにパラダイスが人間に卑俗、軟弱を意識させた。人間自身に対する否定と批判は、キリスト教が人類に貢献した最も貴重な財産だ。……西側の近現代人が持っている職業精神、超越の精神、及び自己批判の精神はみなキリスト教神学から来ている。」

劉暁波が「六・四」の前夜に出版した最後の本、その本の書名は『赤身裸体、走向上帝（全てを捨てて、神へと向かう）』である。だが、この本はまだ市場に出回らないうちに回収・廃棄され、これまで中国の文化界にまともな影響を及ぼしてはいない。

八九年の民主運動の中で、劉暁波はしばしばハンストの発起は「神へと向かう」ためだと提起した。彼は「八〇年代、聖アウグスティヌスの『懺悔録』は私がよく読む教典の一つで、それは私の人生にあった聖なる足跡に追随する衝動を自覚的信仰への渇望に変えてくれた」と言った。

劉暁波の旧友で学者のジェレミー・バームは「中国のエリートは殉難のイエスになろうとし、世界の注目を集める大英雄になろうと思っている。だが、彼らは永遠に十字架にはりつけになることを願わず、しばらく打ち付けられた後には助けられ、人びとの歓呼の中を十字架から下りたいのだ。これが中国特有の、あるいは中国の特色ある十字架から下りた殉難者だ」と指摘した。このため、劉暁波は、神のない人間は不可避的に「自己無限化」と「人間の内在的制約と卑小の覚醒を欠く」という二つの大きな致命的結果を引き起こすということを意識するに到った。人間の限界について覚醒を欠くため、中国は原罪の観念を欠き、中国人は懺悔の精神を欠いている。

「ぼくは、懺悔し罪を認める時の人は最も敬虔で、最も透明で、最も生命力と激しい情熱に富んでいると信じる」と、彼は言う。

中国人はこれに反して今生に満足している。彼らは物質的な満足を求め、神に助けを求めることをせず、従って許しと贖罪に助けを求めることをしない。

二〇一〇年二月二六日、尚宝軍弁護士は北京第一看守所内に劉暁波を訪ねた。面会の最中、劉暁波は「私には敵はいない」という最終陳述について以下の三点を説明した。

第一に「敵はいない」と強調したのは、広義なもので、個人的な敵を指したのではなく、人間性の観点から憎しみをなくし、取り除き、それにより暴を以て暴に替えるというリスクを低下させるためである。なぜなら歴史を通観すれば、通常は暴力革命の成功は必然的にそれに続く暴政をもたらすからだ。

第二に、自分自身が何回か入獄した体験から見ると、以前の監獄（主として一九八九年から一九九一年までの獄中生活と一九九六年から一九九九年までの「労働教養」）から現在の監獄まで、時間を追って比較すれば、司法の面でも、また監獄での処遇や管理の面でも進歩がある。ただし、これは個人の体験に過ぎず、他の方面や諸個人を代表してはいない。

第三に、法廷がいかに判決を下そうと、終始一貫して自分が無罪であることを強調し、どうあろうとこの観点は堅持する。

この面会の中で、劉暁波はさらに「もし機会があればルーマニア籍のドイツ人女流作家で二〇〇九年のノーベル文学賞の受賞者ヘルタ・ミュラー女史に特に感謝したい。看守所内で偶然『北京日報』に掲載されたこの女流作家を紹介する文章を読み、非常に親近感を覚えたからだ」と述べた。

劉暁波は知らなかったが、ミュラー女史は後にノーベル平和賞を彼に与えるよう強く支持した。チャウシェスク政権下で長年生活したミュラーは、西側の人びと、さらには大部分の劉暁波の同胞よりも劉暁波の苦難と信念をより一層理解していた。彼女は「第二の靴が落ちる時」と題する文章を発表し、劉暁波を声援した。これは、劉霞が書いた劉暁波夫妻の生活情況についての描写が出所になっている――長い間、劉霞は不眠になっていた。まるで階上の人が靴を一つ放り投げた音を聞いた後、二つ目の靴が落ちる音をずっと待っているかのように。劉暁波が逮捕された後、第二の靴が落ちてきて、彼女はどうにか安眠できた。

　ミュラーは、自由を求める運動の指導者は後に自由の闘士と呼ばれたが、その自由の闘士は基本的に二つの類型に分けることができると考えた。自己の過大評価が一つで、自己の懐疑がもう一つだ。通常この二者は互いに相手を受け入れることができない。だが、劉暁波においては二者が一つに融合され、彼は誠実で純粋に生きている。ミュラーは「私は試みに想像してみた。劉暁波とは、かくも孤独で、抑圧されながら、裸足で一方のもみあげからもう一方のもみあげへと何千回となく自分のおでこを横切るようなものだ」と生き生きと表現した。

　劉暁波の二十年来の精神的変遷について、学者の蘇暁康は「『中国には三百年の殖民地が必要』から『私には敵はいない』まで、この間の距離はどれほどか？　またどのように測ればよいか？　それは文化から政治までの距離であり、ニーチェからガンディーまでの距離であり、叛逆、狂騒、眼中に人なしから、自省、謙遜、甘んじて地獄に堕ちるまでの距離だ」と言った。

　劉暁波は、一九八八年、オスロ大学からハワイ大学に向かう途中で香港を経由し、初めて殖民統治による自由貿易港の土地を踏んだ。「やった」といい気分であった。[5]

　オピニオン月刊誌『解放（後に開放）』の金鐘のインタビューを受け、率直な質問で気分はますます良くなり、談論風発、話に花を咲かせた。その中の「香港は百年の殖民地時代を経て今日を迎えた。中国はこれほど大きい。当然ながら三百年の殖民地経験を経なければ今の香港のようにはならない。いや、三百年で足りるのか、ぼくは疑問に思う」という発言は、多くの憤激を買った。「六・四」以後、この「三百年殖民（地）化」という即興的な答は、中国政府の彼に対する政治的迫害を正当化するための動かぬ証拠となった。さらに「愛国憤青（愛国で憤激する青年）」が劉の「売国主義」を非難するときによく持ち出した。それにも関わらず、この即興的な答について、劉は弁解しない。「とりわけナショナリズムが言説の高地を占拠している今日の中国において、ますます撤回したくない。この発言は、今日でも変わらないぼくの信条を極端に表現したのにすぎない」という。

そして劉暁波は論じる。そもそも、中国の現代化は、長期にわたる西洋化のプロセスによってこそ実現できる。中国の現実が証明しているとおり、公に西洋化できる領域は全て、まちがいなく進歩のスピードが速い。最も明らかなのが経済の領域である。もし官と民が、西側を淵源とする市場経済、私有制（権）、自由貿易を徐々に受け入れなかったならば、経済はこのように巨大な前進を遂げることはなく、また民衆の私有財産も今日のレベルに達することはなかったであろう。

それ故、政府が民主憲政など政治の西洋化に対して頑として拒絶するのは、まさに弊害となっており、改革の跛行をもたらす諸問題の根源である。政治改革は停滞しているため、中国の政治は相変わらず野蛮な独裁制の段階にとどまっており、政治と経済の断裂というイメージを世界的に発信している。

金鐘の「全面的西洋化に同意しますか」という質問に対して、劉暁波は「私有制、民主政治、言論の自由、法治などの現代化は明々白々な真理」だと答え、次のように述べた。

「中国には理論的な問題は存在せず、ただ政策的な問題だけだ。全面的西洋化とは人間化であり、現代化である。西洋化を選択するのは人間らしい生活を送りたいためである。水増ししたり、何か加えて混ぜ合わせたりする余地などない。西洋化は国際化、グローバル化でもある。西洋化においてこそ人間性が十全に発揮される。これは某民族だけの選択ではなく、人類が選びとってきた道筋である。『民族性』、『中国の特色ある』という言葉ではすまされない。」

劉暁波は一九八九年の時点で既に「西洋文明は現段階の中国の改造に用いることができるが、未来の人類を救うことはできない。超越的な高みから見れば人類の弱点は西洋文明の様々な弱点として暴き出されている」と認識していた。それ以来二十年の道のりを経て「私には敵はいない」へと到った。それは暴力を乗り越えて正義と和解を実現できる理念である。国際社会において、「私には敵はいない」の思想はますます広範に受け入れられ、賛同されている。確かに中国では、それはまだ幽谷のこだまのように空しく響くだけである。しかし、劉暁波の提唱により、春雨のように「風に随って潜かに夜に入り、物を潤し細かにして声なし」（杜甫）と、人びとに浸みいることだろう。

註

1　チェコの哲学者。ヴァーツラフ・ハヴェルたちと、グスタフ・フサーク一党独裁政権に抗議する「七七憲章」の発起人となる。逮捕され、取調べ中に心臓発作で死去。

2　一九六八年、「ワルシャワ条約機構」軍がチェコスロバキアに侵攻し、民主運動「プラハの春」を鎮圧し、独裁体制は強化された。一九七七年五月、二百四十一名のチェコスロバキアの知識人や各階層の人々が基本的人権の保障を要求する宣言「七七憲章」に署名し、発表した。宣言は、責任感を有する公民として真実を話し、嘘を拒絶し、人としての尊厳を回復すべきだと指摘した。「七七憲章」は執政党、政府と建設的対話を行おうと試みた。特に当局に対しいくつかの人権に違反する事件に注意し、文書によってこれらの事件の真相を公表し、解決の方法を明らかにするよう要請した。署名者や支持者は独裁政権と十年以上も闘い、一九八九年以降のソ連・東欧の激変を通してチェコスロバキアの民主化を実現した。

3　『論語』季氏篇の「不患寡而患不均」に由来。

4　日本語訳は前掲『天安門事件から「〇八憲章」へ』所収。

5　洪琳編『劉暁波面面観』Perth, NY, Hong Kong, London, 二〇一〇年、六七頁等参照。以下同様。

劉霞は劉暁波とのツーショットではしばしば
ふざけた顔をすることを好んだ（廖亦武撮影）

劉霞が手に持っているのは、2009 年に中国のネットで話題を呼んだ想像上の動物「草泥馬」。困難な環境の中で権力に対してユーモアを武器に粘り強く立ち向かう草の根ネットユーザーの代名詞となった（写真は艾暁明提供）

第7章　劉霞　土埃といっしょにぼくを待つ

素寒貧の君は
家の土埃《つちぼこり》とともに、ただ
ぼくを待っている
土埃は幾重にも
隅々まで降り積もるのに
君はカーテンを開けたがらない
陽光が土埃の安らぎを邪魔してはいけないからと

――劉暁波「土埃といっしょにぼくを待つ」

1. 詩を競いあい、食を楽しむ

一九八六年頃、劉暁波と劉霞はそれぞれ家庭を持ち、文学をこよなく愛し、特にカフカとドストエフスキーに傾倒し、また文学サロンでは白熱した議論を交わした。

前年一月に『中国』と命名された文学隔月誌が創刊され、誌面は思想的に自由闊達な気風が漲り、劉暁波は数篇の文芸評論、劉霞は現代詩を発表した（第2章参照）。

当時、劉霞は国家税務局で働いていた。そこは皆がよく知る「役得の多い」職場で、待遇はよかった。彼女は海淀区双楡樹近くに小さな二間続きの居室を分け与えられていたが、あの時代の若者で自分専用のこうした住居を持つことができる者は非常に稀だった。若き講師の劉暁波でさえ筒子楼（第2章の註4を参照）と呼ばれる狭苦しい部屋に住まざるを得なかった。そういうわけで、劉霞の家は北京の有名な文芸サロンになった。

劉霞は次のように回想している。

「私たち、当時、中国銀行の食堂で食事をしていたのよ。最初に彼の大学の同窓生の鄒進、王小妮とその食堂で知りあったのね。みんな現代詩を書いていた。私、自分の家を持ってたので、みんな私の家に来て会食し、おしゃべりなんか楽しんだの。劉暁波は私の詩を気に入って、私の手料理も大喜びしたわね。」

劉霞の父は中国銀行の幹部なので、彼女はしばしば手づるを使って友人を連れて食堂に行き、ただで食事をした。当時、知識人の多くは懐具合が窮屈で、友人の勤め先でただ飯にありつけるのは食欲を満たすよいチャンスだった。それは計画経済時代の最後の「うまい飯」であった。

あの時代、詩人は大衆の寵児だった。廖亦武は、詩誌『星星』で劉霞の詩を読み、彼女に手紙を書き、それで知りあいになった。後に、廖は北京に行き、劉霞の家で多くの作家や評論家と知り合った。サロンでは皆、劉霞の詩が最も素晴らしいと認めた。ある時、劉暁波も詩を書き仲間に加わったが、皆からとても鼻持ちならないと皮肉を言われた。議論好きの劉暁波は納得せず、論争になった。

劉霞の当時の夫は作家兼編集者の呉濱だった。ある日、劉霞は夫婦げんかをし、一人でチベットに気晴らしに行ったが、途中、四川の涪陵にある廖亦武の家に立ち寄り、廖夫婦と数日間一緒に過ごした。劉霞はタバコを吸い、酒も飲み、しかも酒量は並大抵ではなく、白酒《バイチュウ》を一斤(約五〇〇グラム)も飲めた。それに毎日、激辛の鍋料理を食べても、何とも思わなかった。

彼女は、まるでアメリカ五、六〇年代の「ビート・ジェネレーション」の文学青年のようだった。八〇年代半ばの保守的な内地の県政府所在地では、このような女性を見かけることなどなかった。彼女の言行は常軌を逸したものと受けとめられ、廖の家族に非常にいぶかしい感じを抱かせた。

「六・四」以後、劉霞と夫は四川に旅行した。二人の夫婦関係はすでに破局に瀕していた。廖亦武は「六・四」を記念する長詩「大虐殺」を執筆中で、さらに詩歌映画「レクイエム」の撮影を計画していた。

だが、彼の周りにはすでに目に見えない網が広げられていた。劉霞は危険に対して詩人の直感があり、廖亦武に「ひげづら、あんた、今とっても危険よ。早く逃げなきゃ」と忠告した。彼女はさらに廖が逃亡計画を立てるのを手助けした。彼に深圳の友人を紹介し、深圳から香港に逃げることができると勧めた。だが計画が実行に移される前に、廖は捕まえられた。

その時、劉霞は廖と彼らの共通の友人で、まだ獄中にいる劉暁波のことを話した。劉霞は「六・四」の前の天安門広場は非常に混乱しており、彼女は劉暁波に近づけず、大勢の中に小さな姿を見ることができただけで、首が痛くなったと言った。この情景を、劉霞は後に詩にした。

「私はあなたと一言も交わせなかった／あなたは時の人になってしまった／みなと一緒にあなたを仰ぎ見ていたら／くたびれ果てた／人の群れから逃れ／タバコを吸い／空を見上げていた。」

八〇年代最後の数年間、劉暁波の名は天下に鳴り響き、彼の身辺には若くてきれいな女の子が群がっていた。彼は女の子が懐に身を投じ、歓心を買おうとするのを拒まなかった。学生運動の学生リーダー・張伯笠は初めて劉暁波に会った時の場面を次のように述べている。

「一九八九年五月三日、北京大学の二八楼で『五・四宣言』について検討した時、劉暁波は学生のリーダーたちに会いたいと要求した。その時、私は初めて劉暁波に会ったのだが、彼の後ろには流行のファッションの女性がついていた。」

後日、劉暁波は、あの天安門広場でも暇を見つけては外国の女性ジャーナリストや他の女友だちとふざけていたことを認めた。

八〇年代、女の子の理想のタイプは詩人と作家で、また詩人や作家も異性の追っかけや崇拝者がいることを自慢にしていた。劉暁波は性と女性についてよく話し、性を伝統文化に挑戦し、個人の自由を勝ち取るためのシンボルとしていた。女流作家の孟濤児は、次のように述べている。

「ニューヨークで、ハワイで、ヨーロッパで、どこでも劉暁波の風流なエピソードを聞いた。彼がふざけあった女性はみな白人女性だった。……私は、人間が一層優れた文明を渇望し、魂が古い体から抜けだしたいという思いをよく理解する。そのようなコンプレックスは中国人、つまり世界と長く隔絶していたこの民族だけが持つものだ。」

おそらく禁欲主義の毛沢東時代にあまりにも長く抑えつけられていたためだろう、中国知識人の中の叛逆者たちは、魂を解放するには、先ず体を解放することから始めるのだと考えた。

劉暁波は「八〇年代、ぼくには強い欲望があった。無数の女性の体から異なる美を発掘しようと思った」と言った。彼の女性に対する渇望は、手当たり次第という事態にまでなった。

その時、劉暁波を背後から黙って見つめる瞳があった。

その後、劉霞と愛しあい、劉暁波はやっと永遠の落ち着き先にたどり着いた。彼は「今や、一人の女性にあらゆる美を見出した」と言った。

八〇年代の劉暁波の愛情に対する態度は、「五・四」時期の作家・郁達夫と同様である――「曾因酒酔鞭名馬／生怕情多累美人（若気の至りで酔っぱらって名馬に鞭をあて／恋多くして美人に苦労をかけたのに気がとがめる）」。だが、九〇年代、劉暁波の愛情への姿勢は変わった。

九〇年代初、再会した時、劉暁波は結婚が破局に至り、無一物で、釈放されたばかりの前科者だった。劉霞は独身状態になったばかりで、人生の目標も真実の愛も探し当てるにはほど遠かった。

人生は変数にあふれており、愛し愛されるのも変化を起こす要素だ。かつて学生運動を積極的に支援した四通公司の万潤南は「暁波と陶力が離婚し、私は心の中では許せなかった。私は自分を陶力の実家の一員だと思っていた。しかし、劉暁波が劉霞に献げた恋愛詩を読み動揺した。あー、感情というやつは、曰く言い難く、どうにもできないものだ」と感嘆した。

熱愛中の二人は初々しい少年少女のようだった。劉霞はこう語った。

「一九九六年、私、アメリカに行き、一カ月後、戻ってきたの。飛行場を出ると、彼が花を握りしめて出迎えてくれたのよ。ずいぶん長いこと握っていたみたいね。飛行機がちょっと遅れたから、花はもうぐったり。今でも忘れられないわよ。家に帰り、部屋中、花で飾り立てたの。花の市にいる気分だったわ。」

ずけずけものを言う劉暁波にも、細やかでロマンティックな一面があるのだ。

劉霞の父親は中国銀行で要職に就き、中央財経大学の党委員会書記を務めたこともあった。毛沢東時代、彼は党に忠誠をつくし、劉暁波の両親と同様、子どもに温かな愛情をそれほど与えなかった。幼いころ、父親は香港で働いていた時に、花柄のスカートをお土産に持って帰った。ところが、劉霞はこの花柄のスカートをはくチャンスはなかった。マルクス・レーニン主義の塊のような母親はそれを箱にしまい込み、幼い劉霞が夜通し泣いても、心を動かすことはなかった。

劉霞はいつも劉暁波に外祖父のことを話した。彼女の外祖父は若い頃、北京高等師範学校で勉強し、「五・四」運動に参加し、逮捕された。だが民国時代に県長となり、農場と学校を経営した。

一九四九年以後、外祖父は「歴史反革命」とされ、五〇年代初に共産党の監獄で孤独の死を遂げた。外祖父には四人の娘と一人の息子がいたが、みんな父親への愛を示そうとはせず、次の世代にこのことを話すことはなかった。劉霞は心密かに、母親の冷淡さと頭の固さが外祖父の悲惨な死の原因の一つではなかったかと問いただしていた。

劉霞は聡明だったが、学校には行きたがらず、大学入試には全く無関心で、ある専門学校（大学に準ずる三年制）に合格しただけだった。卒業後は、国家税務局や金融関係の出版社に勤めたが、生まれつき折り目正しい公務員の柄ではなかった。この普通の人なら喉から手のでるほど欲しがる二つのポストに彼女は我慢できず、とうとう辞職して自由人になった。彼女の辞職は金をかせぐためではなく、自由の身を保持するためだった。彼女が最も苦手だったのは金と数字で、劉暁波と外出する時には財布を携帯することはなかった。

劉霞の両親は、劉暁波が政治的に敏感な人物だからと娘の恋愛に反対することはなかった。劉暁波の率直さや誠実さが気に入り、実の息子のように見なした。劉霞の弟の劉暉は実の兄弟より仲がよかった。劉暁波は劉霞の実家でぬくもりを実感した。

劉霞の両親は「うちの子はみな学校嫌いだけど、娘の旦那は高学歴だ」と冗談を飛ばした。両親の目に映ったのは劉暁波の人間性であったのだろう。

二〇〇八年の冬、劉霞の両親は郊外に引っ越し、自宅を娘と娘婿に貸した。その家は中央軍事委員会のビルの北側にあった。五階建てマンションで、部屋を上下に仕切った構造で、小さな屋根裏部屋がついていた。窓からは玉淵潭公園の樹林と池を眺めることができた。

劉暁波はやっと大きな書斎を持てたが、一日もそこで仕事をすることがなかった。家のリフォームが始まったばかりの時に、彼は監獄に押し込められた。

劉霞は西洋料理を得意にしていた。洋食好きの劉暁波は彼女の手作り料理で幸せだった。彼は「一〜二週間おきに一度はたまらなく食べたくなる」と語った。友人たちは「あいつは思想だけでなく、胃袋まで西側に変わってしまった」と笑った。

劉霞の家には、一般の中国人の家にはめったにない西洋料理を作る各種の調味料が用意されていた。そのような調味料を探すため、彼女は北京市内をくまなく歩き回り、輸入食品を専門に売るスーパーマーケットに行って買い求めた。

劉暁波が台所に入ることはめったになく、せいぜい「東北乱燉[2]」を作るくらいだった。

強権的な監視と暴力の妨げの下でも、この夫婦の日常生活は温かく、ロマンティックかつ質素だった。劉暁波はいつも、生活を深く愛するには、先ず飲食を心から愛することから始めるのだと話していた。また夜には劉暁波は友人たちと外で食事をするのが好きだった。

彼らが最もよく行ったのは、親友の周忠陵がやっている海淀区塔院にある「食虫湯《スウチヨンタン》」という四川料理の店だった。この店は劉暁波夫妻や包遵信が開店の手伝いをしたもので、店内に壁には翰墨《かんぼく》の額があり、力強い筆で「義気」と書かれていた。包遵信の筆になるものだった。批判的知識人、独立作家、人権派弁護士などがよく集まった。

外食の時はほとんど、劉暁波と劉霞は一緒だった。劉暁波はがつがつ食べ、あっと言う間に平らげるほどだった。劉霞はゆっくりと食べていた。それは面白い対照を成していた。飲み物は、劉暁波はコーラで、劉霞は赤ワインにはとりわけ目がなかった。

たまに劉霞の体調が思わしくない時には、劉暁波は一人で会食に出るしかなかった。もしうまい料理に出会えば、彼はすぐに携帯を取り出し、劉霞に「ここのこんな料理はとてもうまかった、君に持って帰ってあげるよ」と電話するのだった。電話し終わると、彼は招待側の主人に「この料理をもう一人前取って下さい。劉霞に持って帰りますから」と言った。彼は見せかけの遠慮はしたことがなく、率直で正直だった。

劉霞は手料理の腕前に鼻高々だった。彼女は「小説より詩の方、詩より絵の方、絵より写真の方、写真より料理の方よ」と言っていた。

劉暁波が逮捕されてから、劉霞は「日常生活で最も彼を懐かしく思うのは、例えば市場に買い物に行く時に『何食べたい』って聞くと、彼いつも『肉、肉』と言ったの」と、悲しみを浮かべながら語った。

「監獄では肉が食べられないから、まだ入れられないうちに食いだめをしておこうと思ったのじゃないかしら？　彼が行ってしまって、料理人としての私は失業してしまったのよ。」

2.「私、国家の敵に嫁ぐのよ!」

劉霞が劉暁波を選んだのは、非正常な生活を選んだということだった。

一九九五年五月一八日、劉暁波は「六・四」六周年の呼びかけを起草したことで、北京市公安局によって西山にある秘密の場所に軟禁され、八カ月間も人身の自由を奪われた。劉霞は半月に一度、食品や書籍を持って面会に行くことが許された。

一九九六年一〇月八日早朝、劉暁波は警察官によって家から連れ出され、それから三年の長きにわたり「労働教養」を科せられた。後に、劉暁波は劉霞に送った手紙の中で当時の情景を次のように述べている。

「あの離別の早朝、陽光は燦然として輝いていた。徹夜に慣れ、昼になってやっと起床する私からすれば、全く見慣れない奇怪なできごとだった。何の準備のない空白状態の中、ドアを叩く音でぼくたちは驚き、目覚めさせられた。二人の顔なじみの派出所の警察官が入口に現れた。心の準備があっても、災難が突然、早朝の夢を打ち砕けば、狼狽と激しい心痛に襲われる。ぼくは君に手を振って別れを告げることもできず、果てしない苛みの中でただ待つことしかできなかった。」

間もなく、劉暁波は大連の労働教養院に移送された。劉暁波と劉霞はまだ正式に結婚の登記をしていない「恋人」の関係でしかなく、当局はそれを口実に彼らの面会を阻止した。劉暁波が「労働教養」を強いられていた三年間で、前半の一年半、劉霞は劉暁波に食品、日用品それに書籍を持って行けただけで、それらの品物は門衛を通して届けられ、彼女は労働教養院に半歩たりとも足を踏み入れることができなかった。

当局はこのようないやがらせによって劉霞の意志をくじこうとしたのだが、逆に彼らの結婚の決意を固めさせ、婚姻への足取りを速めることになるとは思いもよらなかった。劉霞は関係部門に結婚の申請を提出した。

「私、国家の敵に嫁ぐのよ！」

彼女の、あの痛めつけられた葦のようにひ弱な体のどこに、こんなに不屈な魂が隠されていたのだろう！

結婚は本来天賦の人権の一部であり、それは中国の憲法と婚姻法にも明確に規定されている。しかし、劉暁波は政治的に敏感な人物なので、普通の人のように順調に結婚の手続を進めることはできなかった。申請は長い間ずっと引き延ばされた。幾重もの手続や審査の後で、面倒を見てくれる人として友人が陶斯亮を見つけてくれた。陶斯亮は建国の元勲・陶鋳の娘で、統一戦線部第六局の副局長を務めていたことがある。彼女の思想は開明的で、学生運動では学生に大いに共感し、「六・四」後に免職された。陶斯亮は高位の人物の中にわりに広い人脈があり、公安部のある副部長を訪ねてこの件の話を通し、その副部長が自ら指示を書き、劉暁波と劉霞はやっと「結婚する権利」を獲得した。

劉暁波と劉霞は結婚証明書を大連の労働教養院の中で受け取った。その日の状況はことのほか奇妙だった。労働教養院側は、当地の民生部門と連絡を取ったところ、プロのカメラマンを派遣し、二人の結婚用の写真を撮り、それからその場で手続をすると言った。しかし、このカメラマンが労働教養院にやって来て、二人の写真を撮ろうとした時、突然カメラのシャッターが落ちないことが分かった。カメラマンは訝しげに、このカメラは長いこと使っているが、それまでこのような問題が起こったことはなかったと言った。カメラマンは大汗をかいて長いこといじくりまわしていたが、とうとう直すことができなかった。ただし、これは当局が故意に悪だくらみをしたのではないようだった。

どうしよう？　幸い、劉霞は二人がそれぞれ写っている二枚の顔写真を持って来ていた。彼女はその場で一人ずつ写っている二枚の写真を一緒に結婚証書に貼り、それから事務員に役所の印を捺してもらった。この時は、縁起がよいか悪いかを考える余裕はなかった。こうして、彼らはようやく合法的な夫婦となった。このように一人ずつ写っている二枚の写真を貼り合わせた結婚証書は稀なことだろう。

続いて、簡単な祝いの昼食があった。労働教養院の食堂が彼らのために作ってくれたのは二皿の炒め物だったが、二人にとってこの上ないごちそうだった。この三年間で、二人でいっしょに食卓を囲んだ唯一の食事だった。

「結婚したからには、私は合法的に面会することができるようになったのよ。」

その間、劉霞は毎日カードを一枚書き、家の壁にぶら下げておいた。三年経ち、千枚あまりのカードがたまった。この千枚のカードは、劉霞の劉暁波に対する愛の形だった。

劉霞は、劉暁波が出獄前に、家をリフォームして、劉暁波の帰宅を迎えようと考えた。だが当時、彼女は職を辞して家におり、固定した収入も蓄えもなく、工事の金をひねり出せなかった。友人の周忠陵が劉霞を助けたので、どうにかリフォームができた。

劉霞の愛を、劉暁波は何よりも大切なものに思った。九〇年代から、劉暁波は責任の倫理を強調していたが、その中の非常に重要な部分は家庭の倫理だった。彼は過去の自分の家庭に対する倫理の欠如について懺悔した。

「ぼくは毎日、自分の身辺で生活している具体的な人にほとんど関心がなく、崇高で抽象的な正義、人権、自由にのみ関心を寄せていた。ぼくは肉親たちが一日中、ぼくの安全のためにびくびくしているのを俗世間的な弱さだと見ていた。」

さらに彼は、あの「革命の事業」に対する自己神聖化と身近な肉親に対する軽視は「共産党とどんな違いがあるのか？」と反問した。

劉暁波の愛と責任に対する認識は最初の結婚の失敗からくみ取った深刻な教訓であり、また「六・四」の受難者家族のグループから学びとった真理でもあった。

一九九九年の年末の夜、それは劉暁波が再び自由を得た後に初めて丁・蒋夫妻に会った時であり、また夫妻が初めて劉霞に会った時でもあった。丁子霖は初めて劉霞に会った時の印象を次のように回想している。

「さっぱりした気性の痩せて弱々しい女性で、あまり話をしなかった。彼女は劉暁波のそばに寄り添って私たちの議論を聞いているだけで、たびたびホホホと小さい声を立ててほほえむくらいだった。その時、劉霞はまだ耳元までの短髪を残していた。四十前だったが、既にごく僅かながら白髪がほんのり見えていた。」

二人の老人は劉霞と古くからの友人のように親しくなり、それ以後、彼女を娘としておつきあいした。

「彼女とは初対面だったが、弱々しいこの女性が、妻という合法的身分がないのに、数年間も毎月、北京と大連の間を往復していたことに感銘した。あのように屈辱を耐え忍んだことは、とても常人のできることではないと思った。私たちの劉霞への慈しみの情は、あの初対面の時から始まった。これも何かの縁でしょう！」

この時の出会いについて、劉暁波も次のように書いている。

「別れる前、丁先生は劉霞の面倒をよく見るように、これ以上無鉄砲な行動をして、劉霞一人を形ある監獄の中の『心の牢獄』に残してはならないと繰り返し言い含めた。ぼくは非常に心を打たれた。それはぼくたち夫婦に対する真心からの思いやりだった。政治犯の妻としての痛苦は、政治犯自身に少しも劣らない。いや増さりこそすれ決して軽くない。ぼくは時おり、丁先生の劉霞に対する関心がぼくに対する関心より強いのは、きっと彼女自身のこの数年の体験によるものだと思うことがある。彼女は最も親愛な人を失った遺族たちの苦しみを非常によく知っているからだ。残虐な制度の迫害と良知の欠如した社会は、独裁制に対する反抗者の身内に極めて大きな圧力を強いる。いつ肉親と別離を強制されるかもしれないとやきもきするばかりか、さらには監視され、プライバシーを奪われるという心配もあり、その上、当局の様々な方策を凝らした洗脳が作り出す忘却と無関心までである。」

劉暁波の人生の位置づけで最も重要なのは中国の民主化の青写真だけではなく、劉霞との相思相愛であり、「汝の手をとり、汝と友に老いん」という永遠の愛である。

3．この世の危険なゲーム

劉霞の坊主頭と長いショールという装いは、初めて会った人を大いに驚かせた。劉暁波は美学者だから、こんな前衛的ないでたちの妻を見つけたのは無理もない！

彼女はボヘミアン的な気質で、貧乏に苦しみ尾羽打ち枯らし、落ち着き先が定まらなくても、反伝統の活力に満ち満ちていた。劉霞は一切の束縛から解放されることを希望するボヘミアンで、劉暁波が追求する民主にも過大な期待を持たなかった。

人間性が深刻に荒廃したことの体験や認識に基づき、現実の政治については、彼女はより一層無政府主義の立場に立っていた。フランスの経済学者で夫妻の親友のギ・ソルマン教授は劉霞を「中国のユダヤ人」と形容した。ここで言う「ユダヤ人」は民族的な意味ではなく、旧約聖書「エミリアの哀歌」四章八節で「彼らの姿は煤《すす》より黒くなり、街で彼らと気づく者もないほどになり、皮膚は骨に張り付き、枯れ木のようになった」と記されているような、あらゆる抑圧され、侮られた人たちの群れを内包している。やせ細った劉霞のうら寂しいまなざしは、見たところ今しがたナチの強制収容所から救い出されたばかりのユダヤ人女性を彷彿とさせる。

「中国のボヘミアン」と「中国のユダヤ人」は劉霞の二面性をちょうどうまい具合に作り上げている。まさに彼女が詩の中で「私はもう一人の自分を見た／この世で危険なゲームに興じている」と描写しているように。

劉霞は写真、絵画、グルメ、ワイン、タバコ、旅行、そして優雅な生活をこよなく愛した。彼女自身は政治活動に参加したことはなく、公に発言することも非常に少なかった。だが「国家の敵」に嫁したために、政治がいつもそばから離れなくなり、日常生活で振り払っても付きまとう悪夢となった。彼女自身「政治なんて、そんなに関心がなかったわ。社会の変革には何の希望も持っていなかった。劉暁波の書いたものはほんの少ししか読んでいない。でも、このような人と一緒に住めば、政治に関心がなくても、政治の方が『関心』を寄せてくるのよ」と言う。

しかし、彼女にも自分なりの政治的見識がある。彼女は西単民主の壁の啓発を受けた世代の人であり、劉暁波は「当時、北京に家のあった若者は他の地の人より恵まれていた。関心があれば、『民主の壁』に行くことができた。劉霞は『民主の壁』の熱心な読者の一人だった」と書いている。

当時、一八歳になったばかりの劉霞は、毎日徒歩で西単に行き、多くの人が集まって混雑する民主の壁の前で足を止めた。民主の壁の数区切りの文字を書き写すため、彼女はいつも頑張って前列に割り込まなければならなかった。残念ながら、彼女は体が弱かったため、前列にもぐり込める確率は極めて低かった。

劉霞の心の中には汲めども尽きせぬ温情があったが、それよりもいささかもゆるがせにしない是非の判断があった。

出版人の李貴仁は、八〇年代半ば、報道出版界のある会議の席上で劉霞と一回だけ顔を合わせたことがある。李は次のように回想している。

「当時はまさに『精神汚染一掃』の時期で、新聞出版署のある副署長が講話の中で、編集者たちに原稿の審査を厳格に行うよう要求したが、私はその場で異なる意見を述べた。昼食の時、劉霞はわざわざ私のそばに座り、支持を表明してくれた。会議が終わった後、飛行場で劉霞は十メートルあまり隔てたフェンスの外側から大股で歩み寄り、私の手をきつく握りしめながら『あなたは特筆すべき人だ』と言った。『六・四』の後、私は逮捕され、投獄された。ある日突然、劉霞から手紙を受け取った。彼女は政治には触れず、私が捕まったことにも言及していなかった。ただ『そちらのお天気はいかが？』とだけ尋ねていた。手紙の末尾には詩のような言葉が書いてあった――明日、お日様はまた昇るわ、妹の劉霞は若いままよ！」

もし劉霞が、劉暁波の価値観に賛同しなければ、彼との結婚を選択し、彼が身に負った重荷を分かちあうことはなかった。サロンの中では誰もが劉霞を姉貴分と見ていた。

劉暁波が投獄された後でも、彼女は相変わらず彼が家にいた時と同じ生活習慣を守っていた。それは良心犯の家族を招き食卓を囲むことだった。彼女自身も良心犯の家族の一人だったが、他人に関心を払い、慰めることを片時も忘れなかった。

劉霞に初めて会ったばかりの人は、「変な人だ。冷たいなぁ」と思う。でも劉暁波の瞳に映る彼女は透明な氷だ。彼は次のように詠う。

「愛しい人よ、君は盛夏の黄昏の中に端座している。ぼくは君の体の中の氷を見た。君はずっと冷たいままで、生まれた時は指先がひんやりしていた。」

この透明な氷は、人間性の本質を映し出している。劉霞は劉暁波よりも人を見る目があった。劉暁波は表面的には辛辣な話しぶりだが、実際は暖かく穏やかであり、陰険で腹黒い人に対して脇が甘く、いつも人に利用された。劉霞は時々意見を出し、後になると、それが十中八九当たった。

長い間の監視下、薄氷を履むような暮らしを続ける中で、劉霞は内分泌失調状態で、皮膚は過敏症になった。さらに深刻な睡眠不足にかかり、睡眠薬を服用するか、あるいは夜に赤ワインを一瓶丸ごと飲んでやっと眠りにつくことができた。友人たちは劉霞の体調を心配し、彼女に不眠を治療する秘伝の処方を勧めたり、治療効果のある特別な枕をプレゼントしたりした。彼女は一つ一つ試みたが、どれもこれも効き目はなかった、やはり睡眠薬を飲まなければならないと言った。不眠は、恐らく劉暁波の妻として、しかもこの歪んだでたらめな時代に生活している者として、支払わなければならない代償だった。

〇八年一二月八日、劉暁波が司法手続きなしに身柄を拘束され、司法機関から何の連絡もなく十日以上も行方不明で、まるで蒸発したかのようになった。中国外交部のスポークスマンは外国メディアの記者会見で質問されると、「我が国の内政だ」としか答えなかった。

一二月二〇日の午後、筆者と妻は尾行・監視する国保から何とか逃れて、ようやく劉霞に会え、夕食をともにした。彼女は次のように語った。

「八日の夜十一時頃、警官が十数名も押し入ってきたの。彼を連行した後、数名が翌日の昼まで徹底的に家宅捜索したわ。もう何回も家宅捜索されたけど、今度は洗いざらい隅から隅までチェックされ、押収されたわ。

私たちの通帳がテレビの横の紙の箱に置いてあったの。一人の警官がジッと見つめて、不思議そうに『何で無造作に置いてんだ？』と尋ねた。私は『うちには金庫なんてないわよ。それにあなたたちの〝特別保護〟のおかげで盗賊も来やしない』と言ってやったら、『ふん、これっぽっちかよ』と言ったので、『これで十分よ』と答えてやったわ。」


ある友人が劉霞に睡眠の具合はどうかと聞いた。彼女は、この所、劉暁波がそばにいないのに穏やかに眠れていると言った。

「ずっと前に天井から靴の片方が落ちてきた。長年、私はもう一方の靴が落ちてくるのを待っている人と同じようだった。今、その靴がついに落ちてきて、私はやっと心の落ち着きを覚えた。これこそ私たち自身が選んだ運命なのよ。」


「笑い」は劉霞を特徴づける表情で、たとえ何の理由がなくても、彼女はわけもなくよく笑い出す。もし彼女をよく知らない人ならば、このような何もはばからない笑いを見れば、きっといぶかしく思うだろう。その笑いの背後には、自由に対する固守、愛に対する執着、ロマンに対するやむにやまれぬ渇望、それに苦難と邪悪に対する軽蔑がある。劉霞は劉暁波の魂の深みにあるあの盤石のようにどっしりした「如意棒」だ。劉暁波と一緒にいれば、彼女は幸福だが、苦痛でもあり、楽しいけれど、心配で心が痛んだ。それら一切が彼女の「笑い」の中に凝縮されていた。

劉霞の笑いについて、彼女の親友の廖亦武は次のように書いている。

「思い出されるもの、それは笑いだ。その笑いぶりは白痴のようだ。……おれと劉霞との共通点は学歴が低く、独学で一人前にもなれなかったことだ。異なる点は、彼女は酒好きで、おれは食道楽ということだ。暁波の所に嫁に行っても、彼女はまだケラケラ笑っていられるだろうか？」

このもともと笑うことの好きな女性は、劉暁波、中国第一の政治犯、最もタブーとされる人物と結婚して、最後にはやはり追い詰められて涙を流した。一九九六年、劉暁波が警察に連行されてから、杳として消息がなかった。劉霞はこのことを親友の周忠陵に話すと、周は「よし、一緒に劉暁波を探しに行こう」と腰を上げた。

劉霞は「香山植物園付近の公安が管轄している建物に閉じ込められているかもしれない。前に短期間そこに拘禁されていたことがあった」と話した。そこで二人して片端から探し回った。確かにその建物を探し当て、ドアを叩いたが答える者はなかった。二人は建物の高い屏の周りをいく度も巡り、喉が枯れるまで大声で劉暁波の名を呼び、最後には声が出なくなった。劉霞は劉暁波が彼女の声を聞きつけてくれたものと思い、心の中はいくらか慰められた。しかし、中からは何の反応もなかった。後で彼らは、劉暁波はそこに閉じ込められていなかったことを知った。

家に帰ってから、遠く四川にいる廖亦武が劉霞に電話をした。劉霞はいつも笑ってばかりいるのに、その時は「あの人たちは私に会わせてくれない……」と言ったきり、最初から最後まで二十分あまり泣き続けた。廖亦武はただ黙って劉霞がしくしく泣くのを聞いていることしかできず、慰めの言葉ひとつ口に出せなかった。

このように夫が行方不明になって、妻の心の中の陽気な笑いは永遠に失われてしまった。だが、その後の日々も、彼女は笑い続けなければならなかった。

二〇〇九年に劉暁波が懲役十一年の判決を受けた後、ツェリン・オーセル[3]はエピソードを書いている。

「十一年の刑と聞いて、劉霞にショート・メールを送った。夜遅く、十二時頃にやっと彼女の返信を受け取った。『私はまあ元気よ。暁波と十分間ずっと笑っていたわ』……しばらくして、劉霞は、家に帰って初めて心がつぶれたと言った。『つぶれる』という言葉はひどく目に痛かった。……彼女はすぐに、『私はそれでも夜には出かけて行って飲んだり食べたりしたわ』と返信してきた。他人を煩わせたくなかったのだろう、何でもないようにオホホと笑っているようだったが、ある晩、彼女は王力雄への電話の中で、毎日笑うのに疲れ切ったと涙ながらに訴えた。」

次から次へ回を重ねるごとにますます大きな苦難が正面からぶつかってきた。だが、劉霞はへこたれなかった。劉霞は「暁波は数回も投獄され、家にいる時も、その大半は不自由だった。妻として、夫の不幸な運命の一部となるほか選択の余地はなかった」と語った。彼女は中共政権の最も隠された本質を見抜いており、よこしまな動きが正面から襲ってきても、彼女は全く動じなかった。彼女は言う。

「日常生活では、いつも物事を最も悪い方に考えることにしている。見かけは笑いながら生活しているけれど、ある友人は『君は生まれつき悶々としている、そんな人だ』と言ったわ。確かに、私はとても消極的で、この社会とは如何なる関係も持ちたくなかった。心の奥底で自分を苛んでいた。しかし、それとは正反対に、事が本当に起こってしまってからは、私は突然、今、眼前に現れ出たものが素晴らしい画面に変わったことに気づくのよ。」

二〇〇八年、劉暁波が拘束された頃、友人たちはすぐに釈放されるだろうと楽観的に考えていたが、劉霞は多分十年の刑になるだろうと悲観的に予測した。友人たちは信じようとしなかった。結果は、刑期十一年で、劉霞の予測より一年多かった！

劉霞はこの時、笑いながら友人たちに「もともと十年と予測していたのに、十一年ということね。それなら私はわずか一年の判決だということにしよう」と言った。

劉暁波は法廷で行った最終陳述で次のように表明した。

「この二十年で私にとつて最も幸運なことを挙げるならば、それはわが妻、劉霞の無私の愛である。今日、私の妻は法廷に来れず、傍聴してはいない。だが、私はやはり彼女にこう呼びかける。愛しい妻よ、私に対するあなたの愛がこれまでと同じものであることを。」

劉霞の一途な愛により、劉暁波は一層粘り強い、心の広い、慈しみ深い人間に変わった。

この厳粛で重々しい法廷陳述の結びに向かうところで、劉暁波は突然、情の深い心のこもった語調に変わり、それはあたかも夫婦の間のひそやかな内緒話のようだった。まさに口に出さない正義は正義ではないように、口に出さない愛も愛ではない。中国人の間では、劉暁波は滅多にないはっきりした性格の人物で、彼は公開の場でも妻に対する賞賛を隠さなかった。劉暁波と劉霞の愛は、この愛を信じない時代の奇跡である。

4. 芸術の中に自由を獲得

劉霞は写真、絵画、そして詩を心から愛した。友人たちと会食する時、劉暁波はいつも最近の時事について長広舌を振るい、劉霞は傍らで女友だちや芸術家たちと写真、絵画、詩について語った。彼女は何度も「私、劉暁波の従属物ではないわ。詩や絵画、写真をこよなく愛してるの」と言った。楽観的で明朗な劉暁波とは異なり、劉霞の心の奥には形而上的で底深い生の憂愁がみなぎっていた。人生について悲観的であったが、虚無的ではなかった。何故なら彼女には心から愛する領域、即ち写真、絵画、詩があったからだ。

創作もせず、作曲もせず、絵も描かない人たちは、どうやって気がふれたり、憂鬱になったり、驚きおののくといったような、人類の境遇の中に常に存在するものから逃避することができるのだろう。劉霞にとって、写真、絵画、詩は自ら傷を癒す功能があるのだろう。

それはアマチュアの面白さのためで、芸術の中で自由自在である。彼女はプロのカメラマンになろうと思ったことはなかった――彼女にとっては、何事も「職業」にするというのは、味気ないものだ。劉霞の思考スタイルとライフスタイルはみな非職業化している。この一点では、彼女は大部分の中国の芸術家に比べ「先覚者」だ。まさにこのような非職業化の、発表するためでもなく、金を稼ぐためでもない自由な精神は、その写真作品に独特の「オーラ」を持たせている。

劉霞が使っているカメラや備品もアマチュアのものであり、彼女は機械が大の苦手だった。このため、劉暁波ですら、コンパクト・カメラさえ使えない妻がどうして、ある日、突然、よくもまあ素晴らしい写真を撮れるものだと、いぶかしがった。夫のために撮った肖像写真から気ままに撮影した風景や静物まで、どれにもぬぐい去れない「劉霞という烙印」が押されている。

アメリカの学者ペリー・リンクは、劉霞の写真はすべて真四角とモノクロであることに気づいた。古代中国の城壁はみな長方形をしており、紫禁城、天安門もみなしかりである。中国では長方形は秩序、原理原則、荘厳そして閉鎖を表現している。中国伝統の国画は、色がついているものもままあるが、書道のような最も純粋な芸術は例外なく黒と白の二色だ。

劉霞の写真はここ数十年の中国に対するコメントと見なすこともできる。それらは自ずから「見よ！歴史はここにある」と言っているようだ。

劉霞の写真作品の中で最も人の心を揺り動かす力があるのは「醜い人形シリーズ」である。劉霞が撮影の対象としたのは大部分が古くぼろぼろで、変形し、不揃いな「西洋人形」だ。普通の西洋人形は、たとえば王女が美しく可愛いらしいように、美しくあでやかだが、彼女が撮影した西洋人形は見苦しく、苦痛に満ちた表情をしており、恐怖映画に出てくる身の毛のよだつ人形のようだ。

ある時、劉霞は友人に西洋人形を捜して欲しいと頼んだことがあった。ある友人はわざわざ外国から美しい西洋人形を持ち帰ったが、彼女が求めていたのは全くそのような若い女学生の玩具ではなかったことに気づいた。

劉霞の画面で、西洋人形は一群の奇怪なチビたちとなる。赤子の大きさしかないが、成人の顔つきをしている。表情は苦痛、あるいは恐怖にゆがみ、中には叫び声を上げながら途中で凍りついたようなものもある。病気でややぐったりしているように見える容貌もある。ペリー・リンクは言う。

「写真は決して愉快なものではないが、我々はそれでも見なければならない。これらの人形が幼児だとするなら、顔にはすでに最後まで見届けるには忍びない未来が刻印されている。もし大人だとすれば、何が原因か分からないが、発育しないままの姿だ。性別もない。それに我々自身をも象徴している。」

劉霞は醜い人形の作品を一枚、丁子霖に贈った。丁子霖は、これは彼女がもらった最も意義深い贈り物だと、次のように語った。

「劉暁波夫妻は私たちに一枚のモノクロの大きな写真を抱えて来た。画面では二つの西洋人形が、大きく山積みになった火のついたろうそく立てに向き合っている。一つの人形は低く頭を垂れ、もう一つは目を大きく見開き、口を開けている。まるで叫んでいるか、大声で泣きわめいているようで、その悲憤のあまりねじ曲がった表情は人の心をつかんで放さない。これは明らかに『六・四』のために撮ったものだ。暁波は私に、これは劉霞の作品で、彼が獄中にいた間に家で撮影したものだと説明した。」

愛する息子を失ったことを嘆き悲しむ老夫婦は、歪められた人形の姿から子どもの幼い声が発する暴力への無限の告発を聞き取ったのである。

二〇〇八年の初め、三度目の出獄の後、劉暁波は劉霞のために写真展を開いた。あるアメリカ人のお婆さんはこの写真を見るや感動して涙を流し、この大きな写真を買っていった。劉暁波と劉霞が丁・蒋先生夫妻に贈ったのは少し小さ目の一枚だった。夫妻はこの写真を、事件で一命を落とした息子の遺影の傍にずっと置いていた。その写真は無形の絹紐のように天安門の死者の魂、獄につながれた者、そして彼らの肉親たちをしっかり結びつけていた。丁子霖は「我々は感受性が豊かで繊細な劉霞に感謝しなければならない。また、面識はないが、この写真の意味を理解したアメリカ人のお婆さんにも感謝しなければならない」と語った。

劉暁波は文字の力で劉霞の様子を次のように描写している。

「髪の毛をもっと短く切りたくても、ちっとも短くできないのが苦痛だ。白髪がもっと多くなっても、青春はいささかも損なわれることはない。君は魚の舌と雨の皮膚を持ち、海中で紺碧の陽光を味わう。そのへんてこな味を。」

劉霞も負けず劣らず、レンズで劉暁波の思想を捉えた。劉暁波が拘束される少し前、劉霞は劉暁波をモデルにして、彼と醜い人形を組み合わせた写真を撮った。その写真は、いかなるカメラマンの作品よりもビビッドに怒濤が逆巻き、激しく奔流する彼の内面世界を余すところなく表現している。

劉霞の絵画は写真と同様、オーソドックスなものではない。彼女は美術学院のような学府で系統的に絵画の技巧を習ったことがなく、著名な画家を師として技法を学んだこともなかった。劉霞はたいていの場合、ある日突然、インスピレーションが出るところがあり、画筆を取って胸中にあることを率直に表現した。

一九八〇年代、劉霞はサロンの文学愛好者が称賛した小説と詩を書いたことがあった。九〇年代後半、彼女は基本的に小説を書くことを放棄し、たまに少しばかり詩を書いたが、絵画は彼女が才能を発散するもう一つの「はけ口」となった。劉暁波は劉霞が絵を描くことを支持し、劉霞に絵画の天分を認めてからは、すぐさま妻のために額縁、キャンバス、油絵の具、画筆を買ってきた。劉暁波は劉霞の画作の最初の鑑賞者と批評家でもあった。

劉霞は数百の絵画作品を創作した。それは外に展示したことはなく、ギャラリーで売ったこともなかった。彼女はこれらの絵を生命の一部と見なし、極めて稀な場合にのみ、親密な友人に数枚贈ることがあっただけだ。また少数の友人が彼らの家の客になった時には、誘われるまま絵を鑑賞することもあった。その時にはいつも、劉暁波は楽しそうに自ら劉霞の作品を一つ一つ運んだり、並べたりし、博物館の解説者よろしく、丁寧に説明した。劉霞はいつも彼の話をさえぎり、「あなた、こんなに自分の女房を称賛すると、私、恥ずかしくて仕方がないわよ」と言った。

二人の家では劉暁波の書斎はなく、客間に書斎の役割を兼ねさせていた。普段、著述は書斎の角で行われ、そこには小さなパソコン用の机がおかれ、あたりは壁一面の本棚だった。それでも、劉暁波は劉霞のために小さな画室を確保し、劉霞はまあまあ独立した創作のための空間を持つことができた。

劉霞の絵の大部分はこの狭い部屋で描かれたものだ。大きな油絵を描くのは肉体労働で、体質の弱い劉霞には時間がかかり、骨の折れる仕事だった。一枚描き終えると、精も魂も尽き果て、何日も休んでやっと回復できた。

彼女はどちらかというと陰気で沈んだ色調を好んで選び、けばけばしい鮮やかな色はほとんど使わなかった。花でさえもほとんどが黒や濃い青で、線は柔らかな弧を描いたものはなく、鋼鉄のように硬く鋭かった。ごく少数の肖像画を除けば、劉霞の絵の内容はほとんどが抽象的な処理を施された情景で、多くは木、花、曠野だった。これらのモノは作者の独特の心象や情感を映しだしている。彼女の芸術を貫流するライト・モチーフは純粋で奥深い生の憂愁と言える。

劉霞の画風はノルウェーの表現主義の巨匠ムンクと非常に似ており、北欧的な陰鬱、生き生きとしたタッチ、奇異、それに神経質なところが組み合わされている。彼女には極度に繊細な心があり、それは異なるイメージとなってそれぞれの作品の中に現れる。このような心の存在様式により、たとえ広大で果てしない暗さの中でも、やはり一筋の光が滲み出てくる。たとえ恐怖と泣き声の中でも、やはり幸福への切望がある。

劉霞の作品は有名な中国の現代芸術家の「中国の特色ある」人物の構図に比べてもより深く現代中国の本質を衝いている。それは薄暗く不気味で恐ろしい国である。だが、どんよりとした空や汚染された大地でも、人々は木や草のように、諦めず粘り強く生き続ける。こうした生命への賞賛と希求は、彼女の作品の深層で貫かれている。

劉暁波とノルウェーの結びつきができる以前、劉霞は作品でムンク及びその祖国に敬意を表した。もし、劉霞がノルウェーの大地を踏む日があれば、ムンクが生活し創作した場所を自ら訪ね、もっと多くのインスピレーションをかき立てられることだろう。もし彼女の作品がノルウェーで展示される機会があれば、ノルウェーの芸術家と大衆は劉霞という東方からやって来た神秘的な女性を、自分たちの芸術家と見なすことだろう。何故なら劉霞はある意味でムンクの精神的末裔だからだ。

二〇一〇年秋、劉暁波の罪刑が最終審で決まり、「土埃」は収まった。劉霞は静謐な生活に戻り、絵を描き、写真を撮り、読書に耽り、詩を書き続けた。同時に、パリとプラハで個展を開く計画に乗りだした。全ての準備が軌道に乗り、彼女は間もなく出発できる段階になった。チェコではハヴェルがすでに絵画展の開幕式に出席することを承諾していた。まさにこの時、劉暁波がノーベル平和賞を受賞するというニュースが入ってきた。劉霞はもはや二度と出国できなくなった。芸術家としての劉霞は政治の巻き添えになり、彼女の個展は再び「和諧（調和）社会」の犠牲になった。もしムンクが生き返り、劉霞を知ったなら、そして今回、外部からの圧力で強制的にキャンセルされた個展があることを知ったなら、いかなる感想を持つだろうか？

劉霞の詩作は写真と絵画より早かった。八〇年代半ば、彼女は『詩刊』、『人民文学』、『中国』などに作品を発表したことがあった。

国家や大家族などの共同体への情念が濃厚だった時代に、劉霞の詩はとうに雄大な叙事の様式を離れ、繊細でヒューマンな純情や鋭いエスプリなどを備えた多面的「個」の確立を模索していた。専制主義と男権文化の二重の圧迫の下で、彼女は詩のなかで女性の地位、自我の地位、アイデンティティの確立を懸命に追求した。

「私はこの舞台の外のオブザーバー／プロットからはずれて片隅に逃れ／薄暗い幕の後ろで／不器用な手で／シーツを繕う／私の舞台／生命の残されたあらゆる時間が／すべてがわずかに／私のシーツにくるみこまれているよう／誰も聞いてはいない／一つの魂が／縫い目の中でさめざめ泣くのを」

廖亦武は「詩の売春婦が氾濫して災いをもたらしていた前世紀の中国で、詩の世界の外にいた劉霞は運よく生き残った唯一の女性詩人だ」と評価した。

「六・四」の後、詩人の抗議として、劉霞はもはやいかなる官製刊行物にも投稿するのを止めた。彼女は詩を、自分のために書くか、劉暁波のために書くかのどちらかにした。劉暁波の詩も同じで、二人は互いにインスピレーションを与えあい、五感で交流した。

劉霞が最も好きな詩人はアメリカの女流詩人シルヴィア・プラスだ。プラスの肖像画を枕元に貼り、机のガラス板の下に入れておいた。プラスは劉霞のように幸運でなかった――劉霞は劉暁波に出会ったが、プラスの夫で詩人のエドワード・J・ヒューズは後に彼女を裏切った。

劉霞はそれまで個人で詩集を出版したことがなかった。劉暁波は三度目の出獄後、『劉暁波劉霞詩集』の編集に着手し、妻へのプレゼントにしようと思った。

だが、このような本は中国大陸では出版できず、海外でするしかなかった。詩集はよい売れ行きが期待できず、引き受ける出版社はなかなか見つからなかった。その時、香港の雑誌『前哨』の編集長で、夏非爾出版社の経営者の劉達文が一肌脱ぎ、この原稿を受け取った。劉達文は次のように述べた。

「友人の謝平と貝嶺が期せずして劉暁波のことで私を訪ねてきた。劉暁波は出獄したばかりで、〝沖喜〟[4]のような詩集を出し、ついでに中共に〝デモンストレーション〟しようと考えた。このようなことは、以前は田園書屋の経営者の黄さんが手助けをしていたが、彼は随分この種の手助けをしていたので、今回もまた彼を煩わすのは気の毒に思った。そうであるからには、私がこの〝政治的任務〟を引き受けようということになった。こうして、二〇〇〇年の『劉暁波劉霞詩選』が世に出た。」

『劉暁波劉霞詩選』が香港で出版されてから十年になるが、それほど多くの読者の注目を引いていない。純文学を愛する人は詩選が重苦しすぎるのを嫌い、政治的議論を喜ぶ人は詩が胸中を十分に率直に述べていないと考えた。この本に収録された百首以上の詩は劉暁波と劉霞の凝縮された愛情史と心魂史と言える。

まさに劉暁波が「この三年間、妻はぼくのせいで大変な苦労をした。この詩集の出版の目的は主にぼくたち二人の結婚、お互いの愛を記念するためだ。ぼくたちは三年間の苦難を分かちあった」と述べている通りである。多くの詩は二人が強制的に引き離された時に書かれたもので、劉暁波は形ある監獄の中で刑に服し、劉霞は形のない心の牢獄で夫を待つ。詩は彼らを結びつける唯一の架け橋となった。

劉霞は常々自分を小鳥になぞらえている。それは劉霞の詩の中でも宗教的、形而上的な意味を有している。

「私は真実お前を放してやりたい／暗く小雨でかすむ今のうちに／飛びなさい／お前のライ麦畑にお戻り／決して目をさますではないよ」

廖亦武はあるエピソードについて書いている。

「鳥をモチーフにした小説があった。一人の女の子が彼女の小さな手で通りのショーウインドウをなでながら〝歩く〟。陽光の反射の中で、小さな手の跡は次第に小さなスズメになったというのだ。」

これは命運か？　小鳥になりたかった女の子が、囚われの人、劉暁波の妻になった。

5．監獄を訪問する道はいつ果てる？

時間と本質は関連している。政治的立場について言えば、一日だけ反対派になるのはたやすい。多くの人は流星のように昇っては落下し、跡形もなく消え去る。しかし二十年一日の如く反対派を続けるのはとても困難だ。

劉暁波は中国本土にしっかり陣取り、中共の「目の上のたんこぶ」になった。二十年一日の如くということは、果たして何人がやれることか？

愛情から結婚までも同じようなことだ。一日だけの仲むつまじい夫婦というのはたやすい。仲むつまじくない新婚夫婦などいるだろうか？　二十年一日の如く仲むつまじい夫婦であることはとても難儀なことだ、とりわけ劉暁波と劉霞のように逆境の中で苦楽を共にする夫婦は、強権下の中国では確かに指折り数えることができるほど少ない。

劉暁波は劉霞に出会い、傲慢不遜な「ダークホース」がついに自分の軌道を探し当て、それに沿って着実に前進した。劉暁波は「一通の手紙で十分だ——霞へ——」という詩で次のように詠んだ。

　二本の鉄道のレールが突然重なり合う
　灯火に飛び込んでいく蛾は
　永久に変わらぬ姿で
　君の面影につき従う

一人の女性の愛は、一人の男を変えるに十分な力がある。劉霞の愛があって、劉暁波という放蕩息子は改心し、金にも換えがたい立派な男になった。

劉霞と劉暁波は結婚して長いが、ずっと子どもがない。劉霞は「ずっと前、男の子だろうと、女の子だろうと、子どもは作らないと話しあって決めたの。父親が投獄されるのは、子どもにとってはどう見ても残酷なことだから。それで、私たちは今でもディンクス[5]なの」と語った。

二人が子どもはいらないと決めたのには、もう一つの理由がある。それは、劉霞は母親になるには気が重すぎると感じていたからだ、彼女は小さい時、母親の愛を受けたことがなく、この呪縛が遺伝していくことを願わなかったのだ。

子どもがいないので、この夫婦は互いに抱きあい、温めあった。家、そこは何といっても温かな場所だ。何故なら愛する人がいるからだ。夜、友人たちが料理に満腹し、興を尽くして帰ると、ほぼ十時頃になる。普通なら就寝の時間だ。ところが、劉暁波と劉霞にとっては、やっと一日の仕事が始まる時だった。二人はともに「宵っぱり」で、夜に仕事をすることを好んだ。

夜の十時頃になると、劉暁波は客間兼書斎の中で色の見分けもつかないほどの濃い茶を淹れ、パソコンを開いて文章を書くか、電話で友人たちと話をする。劉霞は例の小さな画室で絵を描き、詩を書き、読書をし、あるいは写真の作品をいじくったりする。二人は早朝四、五時まで仕事をし、やっと床に就くのだった。翌日の午後一時ごろにやっと起床する。誰かが午前中に電話をしたとしても、電話に出る者はいない。

家にはテレビが一台あるが、普段は見ることはない。だが見応えのあるサッカーの試合がある時は別で、骨の髄までサッカー・ファンの劉暁波はテレビの前に吸い寄せられる。

劉暁波にすれば、サッカーはサッカー、スポーツはスポーツで、力と技の美であり、民族主義とは無関係だった。中国のサッカーは民族主義の色合いが濃いため、あまり見なかった。

この世に適応する能力では、劉霞は劉暁波より弱かった。劉霞は「適応障害の女の子」だった。

劉暁波が家にいる時は、彼女は「不器用な子」で、一人で大通りを渡ることができず、交通量の多い通りを見るとおじけづいた。通りを渡る時には、劉暁波が彼女の手を引いてやるとやっと安心した。長年、彼女は携帯とパソコンを使えず、携帯で電話をする時は、劉暁波か友人が代わって番号を打ち、それから携帯を彼女に手渡した。

二〇〇八年一二月八日の夜、劉霞が帰宅すると、劉暁波はパソコンに向かって「〇八憲章」について友人と相談していた。十一時ころ、外で激しくドアを叩く音がした。

劉暁波は劉霞に「急いで携帯で電話して！」と叫んだ。劉霞はそこにじっとしたままだった――彼女は携帯を使ったことがなく、携帯の中の電話帳を探し出せなかった。結局のところ、警察官がなだれこみ劉暁波を連行した時には、彼女は電話を一本もかけていなかった。劉暁波が警察官に連行されて家を出るとき、劉霞は劉暁波に向かって携帯を振りまわしながら「電話なんかいいわよ！」と言った。

この一幕はあたかもカフカの小説の中の筋書きのようだ。劉霞は言う。

「カフカは私たちの生活を書いているのだと思ったわ。読書で、他人の生活、しかも極端な体験を経験することができるのね。例えば『大虐殺（ホロコースト）』の中のユダヤ人もそう。他人の生活に失踪、焦慮そして苦痛を目の当たりにできるわ。それで、自分の身に小説より奇なりのことが起こった時には、さしあたりもう一冊別の本を読んでいることにするの。」

劉暁波が捕まってから、劉霞はようやく携帯を使うことやショートメールを送ることを学んだ

――だが、句読点は打てず、受信者は自分で文の区切りをつけなければならなかった。彼女はさらにパソコンを使い、文字を入力してメールを送ることを学んだ。ＩＰ電話もできるようになった。

性格が外向的で朗らかで、友人との交際を好む夫とは異なり、劉霞は性格が内向的ではにかみやである。彼女は「内面的生活」が習慣になっており、見知らぬ人、特に外国人ジャーナリストや外国公使館の外交官との付き合いを好まず、ましてやメディアのフラッシュの前に姿をさらけ出すことなど望まず、個人の生活が「公共性」を帯びることを願わなかった。

しかし、劉暁波が逮捕されてからは、彼女はやむを得ず「自分を開け放し」、多くの外国人ジャーナリストや外交官と面会し、夫のことについて話し、アピールし、また支援を求めた。こうしたことは彼女にとって、写真を撮影し、画を描き、詩を書くよりも大変難度の高いことだった。

劉霞の人生に対する見方は悲観的だが、絶望的ではなかった。劉霞は、自分たちを傷つけた人たちを含め周囲の人に対して憐れむ愛を持っていた。たとえ彼女を監視する職責を持ち、制服を着た、あるいは私服の警察官たちが、心にもなく口先だけで「姉さん」と呼びかけた時であっても、彼女は笑みを浮かべて受け入れ、軽蔑や恨みのかけらも見せなかった。

劉暁波と結婚したのを契機に、劉霞は監獄への道を頻繁に往き来することになった。劉暁波は三度目の出獄の後、劉霞が監獄に訪ねて来た回数を細かく数えあげた。

「ぼくが投獄されてから三年間、妻は北京と大連の間を三十八回も往復したが、その中の十八回はぼくと会えず、持って来た物を置いて寂しく帰って行った。冷酷さに包囲された孤独の中で、少しのプライバシーすら保てない尾行と監視のもとで、彼女は辛抱強く待ちわび、もがき続け、一夜の間に白髪がぐんと増えたようだ。ぼくは全体主義の有形の獄中で刑に服し、肉親たちはぼくのために建てられた無形の心の牢獄に連座させられている。」

毎月、劉霞が北京から大連に劉暁波に会いに行くのにかかる往復の道のりはおよそ二千キロだった。彼女は一人で混みあった汚い汽車の旅をし、骨を折って食品と書籍の大小の包みを運んだ。それはなんと苦痛でつらい道中だっただろう。

さらに劉霞を苦しめたのは、劉暁波の父母が彼女を受け入れてくれようとせず、彼女の訪問を許さず、彼女と劉暁波の母親との間に激しい衝突すら起こったことだった。

苦難はさらに続いた。二〇一〇年五月、劉暁波は錦州監獄に移送され、同年六月から、劉霞は毎月一回、劉暁波と面会する許可を得た。一般の刑事犯の場合は、家族は毎週一回面会できるが、劉暁波のような政治犯の場合は、毎月一回だけだった。もし劉暁波の刑期が満ちるとすれば、劉霞は北京と錦州の間を百回あまり往復することになるだろう。北京と錦州間はおよそ五百キロで、もし汽車に乗れば、夜行列車でおよそ六時間かかる。もし自動車で高速を走れば、およそ六〜八時間かかる。つまり、合わせて六万キロの旅路になるだろう！

前は、北京と大連の間を三年以上も頻繁に往復した。今度は、北京と錦州の間を十一年間も駆けまわることになるだろう（九年目の二〇一七年に事実上の獄死）。劉霞は、妻の訪問が獄中の夫が最も心から待ち望んでいることだと知っていた。劉暁波は前回の入獄時の手紙の中で「困窮すればするほど楽観的になり、外部が暗黒であればあるほど心の中は明るくなる。例えば、君の微笑は長雨が降り続く中の赤い雨傘だ」と書いていた。このようなわけで、何がどうあれ、彼女は頑張り続けなければならず、しかも光輝く微笑を夫に残してやらなければならない。

十一年という時間は大きな山のように劉霞の面前に横たわっていた。彼女は語った。

「私、暁波に言ったの。毎月の面会の日に、私は必ず現れるし、必ず手紙を書くし、必ず本を持って行ってあげる。動ける限り、起き上がれる限り、私はきっといつまでも面会に行くわ。それから、私自身を建て直し、自分自身の生活に戻らなければならない。私は囚人と面会する妻に留まっていてはいけない。私は自分自身のことをしなければならない。できるだけ非正常な日々を日常として暮らさなければならない。……私は本を読むべきなら本を読み、絵を描くべきなら絵を描き、写真を撮るべきなら写真を撮り、詩を書くべきなら詩を書く。一日中、泣き言を言うような人であってはいけない。一日中、暁波のことをしゃべる以外に話題がなく、何もすることがないような十一年間を過ごしたなら、暁波は出て来た時にとても悲しむことでしょう。」

劉霞は、劉暁波が帰宅する時、もう若くはないが、相変わらず意気揚々としているのがベストだと考えている。

だが近年、眼病、内分泌失調、不眠、神経衰弱などの症状が日常的に彼女を苛んだ。しかし、ますます多くの友人が立ち上がり、彼女が面会に行くとき一緒に食品や書籍を運ぶのを手伝った。皆は予定表を書き出し、毎回二〜三人の友人が彼女のお伴をするように手配した。すぐに一年間の予定表は埋まってしまった。

劉暁波が受賞する前、劉霞は三度監獄を訪れた。三回目は、劉暁波の兄の劉暁光と弟の劉暁喧と錦州で合流した。

同行した友人たちは、直系の親族でなければ中に入れないので、車の中で待つしかなく、劉霞と劉暁光、劉暁暄が一緒に中に入った。面会の時間は前回より長く、二時間ほどだった。

面会の後、劉霞は顔に笑みをたたえていた。彼女は「今度の面会は一つの部屋で、間を隔てるガラスはなかったのよ。三人それぞれ暁波と抱きあえたわ」と言った。別れの時、みな胸がいっぱいになり、涙を流した。差し入れの食品と書籍、それに肉親に会えて、劉暁波はとても喜んだ。

劉暁波と長兄は付き合いが少なく、長い間ずっと会っておらず、長兄まで訪ねて来るのは思いがけないことだったのだ。劉霞は劉暁波の獄中生活の状況について「食事が粗末なのよ。朝は普通のご飯で、暁波は胃病があるから、何度もお粥のような軟らかな食べ物と換えてくれないかと頼んだのに、ずっと実現してないの」と語った。


ノーベル賞授賞のニュースが伝わった翌日、劉霞は錦州監獄に連れて行かれ劉暁波と面会した。もともと面会は翌週の予定だった。

この時、当局は二人の話の内容を制限しなかった。劉暁波は「もし、ぼくの代わりに授賞式に出られるなら、最終陳述でぼくが君に献じた箇所を必ず受賞の挨拶にして欲しい」と頼んだ。劉霞は「いいわよ。でも、それはとても難しいわよ（恥ずかしい）」と答えた。

二千字余りの最終陳述で、劉暁波は三百字以上を費やして愛妻への深い愛情を表した（巻末資料を参照）。

劉霞は「暁波の体調はよく、毎日午前午後それぞれ一時間、屋外に出て、庭でジョギングしたり、日光浴ができるわ。監房にはテレビがあり、遼寧テレビ局と中央テレビ局の綜合チャンネルを見ることができるけど、新聞はないの。暁波は家ではテレビを見ることがなかったから、番組を見て、『随分おかしい、現実の生活とは全くかけ離れている！』と言ってたわ」と、獄中の様子を明らかにした。

授賞前、監房は六人一部屋だった。劉暁波と同部屋の五人は全て刑事犯で、彼らは劉暁波のことを全く知らなかった。しかし劉暁波は「彼らとの関係はうまくいっている」と言った。獄中の看守について、劉霞は「礼儀を守っている」と言い、また政治犯であるため、劉暁波は「肉体労働に参加してない」とも述べた。

その日は、ちょうど日曜日に当たり、錦州監獄側では面会を手配するつもりはなかったが、北京は「どうしてもこの日でなければならない。他の者を避ける必要がある」とし、指令を受けた現地は緊張し、監獄側は休むことができなかった。劉霞は「錦州の公安は北京の公安に文句たらたらだったわよ」と言った。

この日の面会で、劉霞は劉暁波の体調について聞いたところ、劉暁波は胃の調子が悪いと言った。脇に立っていた隊長はすかさず「午後には食事を改善する。さらにいつでも物を温めて食べられるよう、電磁調理器を支給しよう」と言った。劉暁波は魚と肉それに野菜を取り合わせた弁当を食べることができた。中身の質はそう高くなかったが、一般の囚人の食べ物（例えば白菜の外側の硬い葉の煮付け）に比べればまだましだと言えた。

しかしこの時期、二人の間の文通には相変わらず問題があった。監獄側はしばしば劉暁波と劉霞の手紙を差し押さえた。

劉霞は「暁波が錦州監獄に送られてから、私たちはずっと手紙を書いてきたわ。多分一週間くらいに一通は受け取れ、当局の審査が厳しくなると十日くらいね。今までで約二十通になっているわ」と言った。二人が面会した時、互いに書いた手紙を突き合わせたところ、受け取った手紙がそれぞれ一通少なく、その二通は愛の詩で、互いに受け取っていないことが分かった。国事に関わりのない愛の詩を、なぜ差し止められたのか？　劉霞は「監獄側は、詩の内容が劉暁波を落ち着いた気分で刑に服させるのによくないと思ったのかもしれないわね」と笑った。

この面会で、劉霞は十数冊の外国の文学作品を持って行った。その中にはウラディミール Ｖ・ナボコフの小説『ロリータ』、それにジェローム Ｄ・サリンジャーの中英対照本の短編小説『九つの物語』が含まれていた。劉霞は「私たち、よく読むのは外国の小説。中国の小説はあまり読まないの」と言う。劉暁波が最も好きだったのはドイツ系ユダヤ人のパウル・ツェランの詩集と伝記だった。彼はその本を何度も読み、劉霞に感想を書きたいとも言った。

その後、授賞の衝撃波は広がり続けた。劉霞は当局によって家に軟禁され、期日通りに劉暁波を訪ねられるかどうかは、外部では知るよしもなくなった。授賞式前の二カ月間、劉霞は買い物でさえ警察の車で「護送」された。

「私をぐるぐる引き回して方向を見失わせ、全く知らないどこかのスーパーで降ろされ、それから彼らは私について歩き、買い物籠を持ち、食料品を買うのを手伝ってくれたわ。私はマコモの新芽、ポルチーニ茸、それに白菜を買って、夜にマコモの豚肉炒めを作る準備をしたの。」

このように劉霞はその時の状況を語った。警察官は彼女があたりを見ないようにとは指示しなかった。

「どうせその場所は、私の知らない所で、私を見知っている人もおらず、スーパーの買い物客は少なく、みな買い物に忙しく、四人のボディガードがついている私のような特別待遇の者に注意を払う人はいなかった。」

ところが、ある日、一人の顔なじみと偶然出くわしたために、スーパーでの買い物は中止させられた。

軟禁中は、劉霞のもともとシンプルだった生活がますますシンプルになった。ほぼ一日一回の食事で、起床後に一杯の牛乳と一切れのパンといった具合だった。

「今じゃタバコも減り、毎日二箱になっちゃったわ。韓国のタバコESSEで、小さく細いもの。大量のタバコを蓄えているから、公安に買いに行ってもらう必要なんかないのよ。」

彼女の両親と弟の他には、彼女に会いに来る者はいなかった。生活費については、彼女の母親が退職金を積み立てていた銀行のカードを彼女に渡してあり、毎月数千元あれば、十分用が足りた。

二人にも微々たる貯金があった。それは劉暁波が少しずつ貯めた原稿料だった。面会の時、劉暁波は「貯金に手をつけないほうがいいよ。十一年後に出獄した時には年をとっているから。文章を書くのはとっても疲れるから。その時に備えて倹約しなければ」と言った。

二〇一〇年一〇月二六日、劉霞はネット上に書簡形式で「暁波の友人への公開の招待状」を発表した。この書簡では自分の境遇について次のように書いている。

「一〇月八日から、私は軟禁状態にあり、行動の自由はなく、外部との文通も極めて困難です。私はこの不法な軟禁がどれほど長く続くのか分からず、これに対し厳重に抗議を表明します。私は当局が法律を遵守し、私の正常な生活に対する妨害を直ちに停止し、国内と国際社会の正当な要求を尊重し、暁波の自由をできるだけ早く回復し、私たちが正常な生活を行えるようにすることを訴えます。」

この時、劉霞は、自分も夫もオスロに行き、授賞式に出る可能性は極めて低いと予想していた。国内にいる百名あまりの友人にノルウェーのオスロで行われる授賞式に参加するよう公に招待したのは、そのためであった。

この招待を受けた百名あまりには二人の家族が含まれており、授賞式の前に出国を厳しく禁止されていた。そもそも、授賞式に参加した者の中には、中国本土から来た友人は一人もいなかった。

授賞式の後、当局はどうしていいか分からず、とうとう怒り出し、劉霞を相手に鬱憤を晴らした。劉霞が家から一歩も出られないまでに軟禁はエスカレートした。家の中の電話とネットなどあらゆる通信手段はみな切断され、彼女はあたかもこの世から蒸発したようになった。ノーベル賞受賞者の妻をこのように処遇するとは、ヒトラーやスターリンですら及びもつかないことだと、ため息まじりに言わざるを得ない。

二〇一一年の元宵節（春節の最後の日）の夜、劉霞はたまたま隣の家の無線ネットを借用し、ネット上で友人と少し話ができた。彼女は友人に「私はもう気が狂いそうだ。私たち一家はこの政権の人質になってしまった」と語った。外部では爆竹の音がひどくうるさかったので、彼女は中国語のピンインを使って幾つかの簡潔な消息を送ったが、これらの消息は明らかに支離滅裂だった。これは数カ月間で、劉霞が唯一外部に向け発することに成功した助けを求める信号だった。

二〇一一年三月、国連人権理事会の恣意的拘禁に関する作業部会は劉暁波、劉霞の案件について意見書を作成した。一五／二〇一一号と一六／二〇一一号がそれである。意見書は劉暁波と劉霞の境遇について述べ、中国政府の劉暁波と劉霞に対する人身の自由の剥奪は恣意的拘禁に該当すると認め、中国政府が劉暁波を釈放し、劉霞に対する軟禁を停止し、彼らに賠償するよう要求した。

三月二九日、中国政府は劉霞の件について国連に書簡で回答した。それは、中華人民共和国政府は既に書状で提起された内容について真剣に調査を行い、劉霞は五〇歳、漢族で、専門学校を卒業し、また劉霞に特定して法律に基づくいかなる強制手段をとってはいない、と述べていたが、全くのでたらめと言わざるを得ない。

四月一三日には劉暁波の件について書簡で回答し、中国の公民は、政府を批判する権利を含め言論の自由の権利を享有し、中国政府は法治を尊重しており、劉暁波は国家政権の転覆を煽動したことにより刑罰を科せられたと述べた。中国政府はさらに回答の中で返答の内容が国連の関連文書に加えられることを希望するとも書いた。

劉暁波は自由を失い、劉霞も自由を失った。彼は一つの島におり、彼女は別の一つの島にいる。当局は劉暁波と劉霞を拘禁し、勝利の見込みは確実だと考えている。しかし間違いである。劉暁波は常に「独裁と対抗するのは、耐久力の試合に他ならない。焦ってはいけない。先に焦った方が負ける」と言っていた。これはシーシュポスの岩の神話を思わせる闘いのようなもので、だからこそ劉暁波と劉霞は互いに支えあって歩み続けていく。

註

1　「釣台題壁」の詩句より。郁達夫は中国近代の詩人、小説家。

2　中国東北地方の家庭料理。インゲン豆、ジャガイモ、ナス、ピーマン、トマト、キクラゲなど多くの野菜と肉類を一緒にして煮込む。五目煮のようなもので、簡単に作ることができ、しかも栄養豊富な料理として好まれている。東北人が年越しに好んで食べる料理の一つでもある。

3　チベット女流作家。夫の王力雄は独立ペンの自由創作賞の第一回受賞者。

4　家に重病人がいるとき、結婚式など喜び祝う事を挙げて疫病神を追い払うこと。

5　二人とも収入があり、子どもはいない。Double Income No Kids の頭文字より。

劉暁波と劉霞

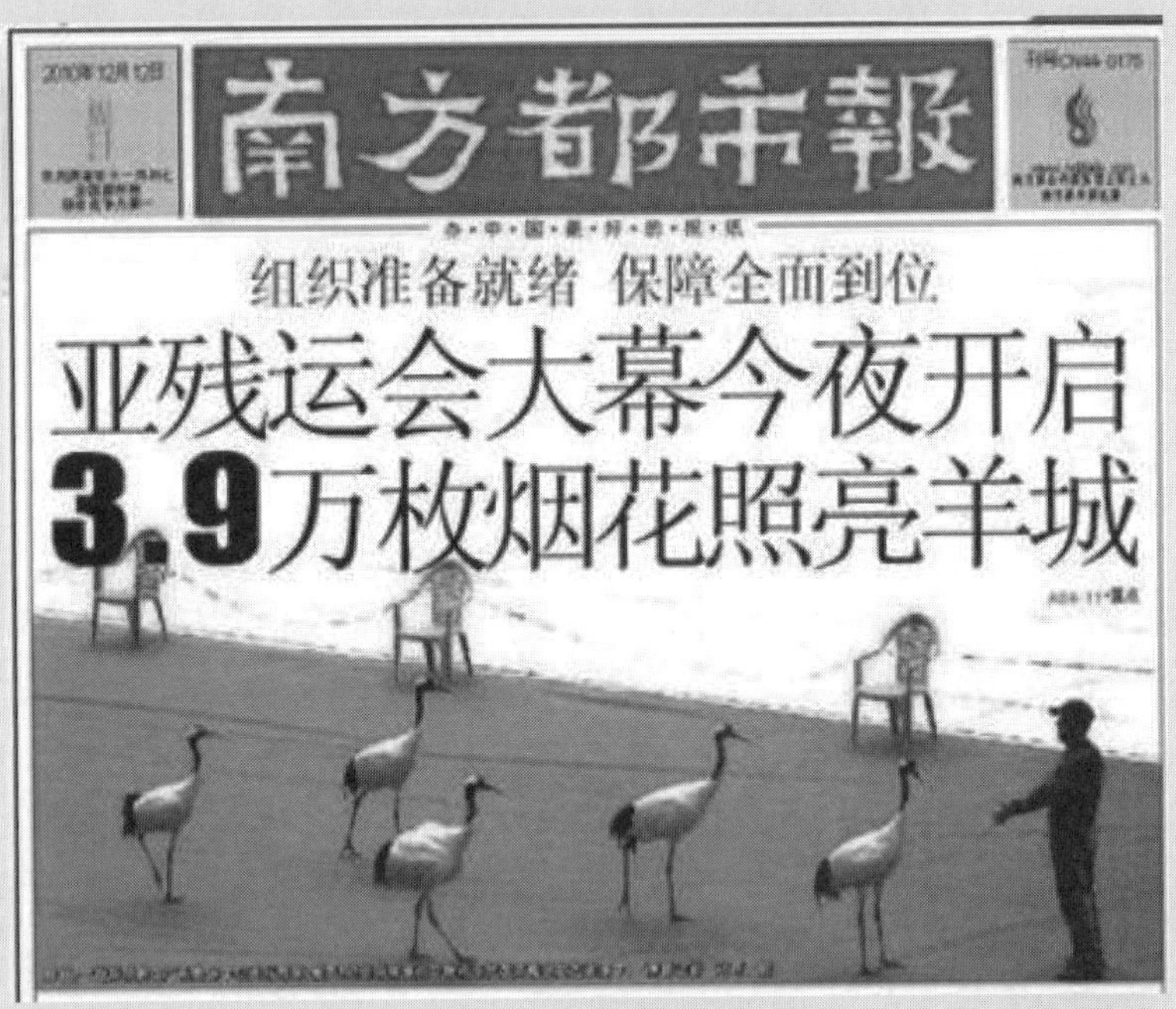
2010年12月12日

南方都市報

办中国最好的报纸

组织准备就绪 保障全面到位

亚残运会大幕今夜开启

3.9万枚烟花照亮羊城

南方都市報 2010 年 12 月 12 日付け 1 面

第8章　ノーベル平和賞　——桂冠、あるいは荊冠——

平和賞を政治的権利と公民の権利を守る人、不法で専横な行為に反対する人に授与することは、原則性の確認を意味しており、この原則は人類の未来を決定する過程でかくも重要な影響を及ぼす。……多くの人たちがこれと同様の原則を守るために高い代価を払った——この代価は自由の喪失、失業、貧困、国外追放である。彼ら個々人にとっても、この決定は極めて大きな喜びと贈り物である。

——サハロフ

1. 二十一年遅れの受賞

二〇一〇年一〇月八日、ノルウェーのノーベル賞委員会は、中国の基本的人権の確立のために長期にわたる非暴力の闘いを継続し、中国の人権状況の改善を推進する者は彼一人ではないが、彼は傑出したシンボル的な存在であるという理由で、平和賞を劉暁波に授与すると発表した。

国際社会はこれを高く評価し、大きく報じた。欧米の人権組織や十五名のノーベル平和賞受賞者は劉暁波の受賞を喜び、中国政府に対して獄中からの釈放を求めた。

劉暁波にとって、これは遅すぎたとも言える。一九八九年六月三日深夜、戒厳部隊が天安門広場を完全に包囲し、一触即発の危機的な状況下、彼は学生たちに暴力的抵抗の放棄を繰り返し説得し、その一方で仲間を戒厳部隊に派遣し、交渉した。その敏速な行動と適切な判断により最悪の流血が避けられ、広場からの「無血撤退」が実現した。これだけでもノーベル平和賞に値するが、二十一年を経てようやく、その桂冠は劉暁波の頭上に置かれた。

劉暁波本人はみずからノーベル賞を求めたことはなかった。彼は「この受賞は天安門事件で犠牲になった人々の魂に贈られたものだ」と語り、涙を流した。だが、死者は明らかに賞をもらうことはできない。実のところ、劉暁波はずっと、中国で最も賞を受ける資格があるのは丁子霖を代表とする「天安門の母たち」グループだと考えていた。早くも二〇〇二年一月一〇日、全米中国学生自治聯合は「天安門の母たち」の支持者の要求に応え、「天安門の母たち」が同年のノーベル平和賞にノミネートされるための活動を発起した。劉暁波は「ぼくは心からの敬意をもって『天安門の母たち』が二〇〇二年のノーベル平和賞の受賞を目指すのを全力で支持する」と声を大にして呼びかけた。

「母たちは勇敢で智慧があり、他人への思いやり、我慢強さ、信念もあり、当局側の威嚇、監視、圧力、尾行、拘留、人道的寄付金の差し押さえなどにも関わらず、不屈の精神で闘ってきた。彼女たちは一人一人訪ねまわり、少しずつ積み重ね、わずかな手がかりも見過ごさず、血の事実を生きとした具体的な細部に変え、この血のしたたる細部を人びとの記憶に変え、『八九』民主運動を証言し、『六・四』の虐殺を証言し、社会の良心を証言し、十二年来の当局の数々の時代に逆行する行為を証言した。『六・四』後、母たちが恐怖政治の中で行った人道的救援活動は、大陸の民間で最も道義的感化力を持ち、最も具体的な人権に向けた努力であり、しかも国際社会の広範な支持と称賛を得ている。」

劉暁波は、中国の人権情況の改善、中国社会の民主への転換にとって、「六・四」は避けて通れないポイントだと考えた。このため、彼は「ノーベル平和賞を『天安門の母たちの運動』に授与することは、中国人民が人権、自由、そして民主を勝ち取ることに対する最大の国際的支持だ」と、国内の学者八名とともに呼びかけた。

「六・四」は劉暁波の心の中の永遠の痛みであり、丁子霖ら「天安門の母たち」や受難者のグループに対して懺悔の気持ちを抱き続け、心の底から交流し、内外の支援者の寄付金を手渡すなど、ひたむきに信愛を傾けた。二〇〇六年、独立ペンの理事会は、彼の提案を受け、投票により、その年度の「自由創作賞」を丁子霖に授与することに決定した。

二〇〇八年一二月七日、蔣培坤は北京大学医院第三病院に入院し、半身不随で話すのさえ困難になっていた。丁子霖は親族や友人のお見舞いを断っていたが、劉暁波夫妻は「どうしても会いたい」と、まるで翌日の投獄を予感していたかのように病院まで来た。その日、夫妻は蒋の病床のそばで「〇八憲章」について三十分ほど語った。蒋は賛成する意味でうなずいていた。

別れ際、劉暁波は丁・蒋夫妻に「〇八憲章」のことが一段落したら、国際的に活躍している何人かの中国研究者に「天安門の母たち」をノーベル平和賞の候補に推薦する共同署名に参加するように連絡をとると伝えた。彼は、これを翌年の「六・四」二十周年記念のために最も重要なことだと考えていた。

胡平も「逮捕される数日前、スカイプで通話した。彼は特に中国の人権問題について話し、引き続き『天安門の母たち』がノーベル賞を受賞するようにしてほしい、くれぐれも頼むと語った」と述べている。

二〇〇〇年、劉暁波は友人の廖亦武への手紙の中で「他の共産社会の鉄の幕の中にいる人物に比べれば、ぼくたちは真の硬骨漢と呼ぶに値しない。こんなに長年の大悲劇だというのに、ぼくらには依然ハヴェルのような道義的巨人がいない」と記した。その時、彼はぼんやりとだが自分自身の歴史的使命を意識していたのであろうか？

「六・四」から「〇八憲章」まで、二十年の道のりはどれほど長かったか？　二十年は人を老いさせるにも、子どもを成長させるのにも十分な時間だ。

インターネットで、電話で、授賞のニュースを耳にすると、多くの人はむせび泣き、感無量だった。その中には学者がおり、企業家がおり、自由業の者がおり、役人もいた。多くは劉暁波と同様に広場で幻と消えた青春期を体験していたが、それ以後は大衆の中に紛れ込み、沈黙して語らなかった。だが、彼らの血は完全に冷え切ってはいなかったのだ。

授賞のニュースが伝わった夜、北京大学や山東大学から「真相不明」の爆竹の音が聞こえてきた。北京師範大学の研究生寮では小規模ながら集会を開き校友の劉暁波の受賞を祝った。ある学生は外国の記者に、今後、大学は劉暁波というこの傑出した校友のために必ず記念碑を建てるだろうと述べた。中央美術学院の学生・魏強は横断幕を掲げ、人々に受賞者の劉暁波はまだ獄中にいると告げた。憲政学者・許志永[1]と友人たちは公園に行き、「劉暁波のノーベル平和賞の栄えある受賞を祝賀する」という横断幕を掲げたが、直ちに警察に追い払われ、拘留された。

多くの祝賀会も「国保《グオバオ》」から嫌がらせや恐喝を受けた。それでは会食をするだけで「犯罪《ファンツィ》」とされるのかと、中国のネット空間ではネット市民が抗議の意味を込めて、同じ発音の「飯酔《ファンツィ》」を使って揶揄している。

その夜、劉暁波を支持するネット市民と当局の間で闘いが繰り広げられた。当局が伝統的メディアを厳しく制限したため、このニュースはネット上でしか伝わらず、硝煙のない戦争が起きた。新浪、捜狐、網易、騰訊、人民網など大手ウェブサイトでは厳重な監視体制が敷かれ、敏感な言葉を削除するため、多数の要員が動員された。

ある内部の人物は、数十人がてんてこ舞いで夜通しミニブログとの戦いに取り組んだありさまを次のように述べた。

「サイトに対する全てのチェック部門において全員が出動した。少なくとも五十人が動員され、人海作戦で夜から逐一チェック・削除し始め、深夜の三、四時まで忙しく働きやっと家に帰れた。翌日七、八時には職場に戻り、作業を続けた。」

しかし、書き込みのスピードは削除のスピードを上回った。

劉霞の自宅がある玉淵潭南路九号院には、非常警戒線が敷かれ、数十名の警官、私服、それに警備員が至る所に配置され、詰めかけた百名あまりの外国人ジャーナリストを遮っていた。様々なカメラやビデオカメラのレンズが非常警戒線の前にびっしりと並んだ。待ち構えている全世界の代表的メディアの記者はマイクを持ち、カメラマンはレンズを接近不可能な一七号楼に向け、現場からの実況中継を始めた。

その日の午後から、劉霞は自宅に軟禁され、携帯と固定の電話、さらにネットも全て切断された。彼女に取材できた者はいなかった。

そこは繁華な通りではなく、数百メートル先は中央軍事委員会の広大な敷地と建物だった。通りがかりの人たちは何が起こっているのか分からず、立ち止まって尋ねていた。そこにいた若者が通行人に、当局が作りあげたネット検閲統制システム「万里の長城（Great Fire Wall）」を乗り越える技術を説明し、いかにして外国のサイトに接続してニュースをチェックしたらいいか教えていた。

2. 授賞式典での空いている椅子

劉暁波の受賞は、「平和賞」と「人権賞」が一枚の硬貨の裏表のように分かちがたいものであることを改めてはっきり示した。ノーベル委員会は声明で、一貫して人権と平和は緊密に関連しあっていると信じており、諸権利はまさにノーベルが遺言で「国と国の間の友好的共存を促進する」としたことの先決条件であると表明した。この声明は「現在、中国は自ら署名したいくつかの国際合意に違反しており、政治的権利を保障する中国自身の憲法に違反している」と厳しく指摘した。

一九九〇年代に委員会の座長を務めたフランシス・セイェルステドは、恒久的平和は個人の人権の尊重の上に打ち立てられ、ノーベル賞は勇敢に人権を守る立場に支持を与えなければならないと述べた。さらに彼は二一世紀に人類が経験した独裁政権と民族浄化を取りあげ、一九四八年の「世界人権宣言」は人権に対する国家の義務を強化し、それ以後、人権に対する義務は国際法の一部となったことを指摘した。まさに、委員会が人権の擁護を選考基準に取り入れたことは、国際的な趨勢の赴くところなのである。

たとえ世論において授賞の結果に異見があるとしても、委員会は授賞後に論評を発表することはあまりない。だが、ノーベル委員会のゲイル・ルンデスタッド事務局長はドイチェ・ヴェレのインタビューを受けるという形で、次のように反論した。

中国当局は「ノーベル平和賞は既に政治化した」と言うが、「平和それ自体は政治と緊密に関連しており、我々が今年配慮した焦点は人権、民主そして平和の間の関連である。ノーベル委員会は長年一貫してこのような関連を肯定してきた。また一部の政府は、ノーベル委員会は平和を妨げていると言っている。我々がオシエツキーに賞を与えた時、ヒトラーはこのように言った。我々がサハロフやワレサに賞を与えた時、クレムリン宮殿の主人たちもこのように言った。このように述べた政府としては、さらに南アフリカ、ミャンマー、そしてイランもあった。だが長い目で見れば、平和と人権と民主の間には必然的な結びつきが存在している。もし政府が国内で組織的に自己の民衆を弾圧しているならば、この社会の平和を長期にわたって維持することはできない。」

また、ルンデスタッドは「ニューヨーク・タイムズ」に「我々はなぜ劉暁波に賞を与えたか」と題する文章を発表し、中国の非難に再度返答した。

「中国当局は、如何なる人も中国内部の事柄に干渉する権利はないと言明した。だが彼らは間違っている。国際レベルの人権法は民族国家より上位にあり、しかも国際社会にはそれらが尊重されるよう確実に保証する責任がある。国連は加盟国に平和的手段により紛争を解決するよう約束させており、また『世界人権宣言』の中では全ての人民の基本的権利が確定されている。宣言の中では、民族国家はもはや最終的で、無限の権力を有しないと述べられている。

たとえ中国が憲政民主の政体でなくても、中国は国連の加盟国である。各国政府は、発言者が異なる社会制度を主張したとしても、その意見を自由に表明する権利を確保する義務を有している。これらの権利はノーベル委員会が既に長いこと守ってきたものでもある。人がただ自分の意見を表明しただけで十一年間拘禁されるというのは悲劇だ。」

劉暁波の受賞が発表されてから、中国はノーベル委員会とその背後にある「欧米色の反中国勢力」を猛烈に非難し、「国家の敵」と見なし、その程度は一九八九年に平和賞がダライ・ラマ一四世に与えられた時を超えてさえいた。当時は、中国政府は天安門事件の事後処理に追われ、また国際社会の批判と経済制裁もあり、何より内部の安定が急務であった。だが二〇一〇年は「大国の勃興」という元手があり、オリンピックと万国博覧会の追い風を鼻にかけ、ノルウェー産サケの輸入を停止し、居丈高になってノルウェーという小国を懲らしめた。

「中国青年報」は「ノーベル平和賞は一体どんな芝居を演じようとするのか、首都の大学生が疑義を呈する」というタイトルの論評を掲載した。数人の学生は次々にノーベル委員会及び「国家政権の転覆を煽動した服役者、欧米諸国の政治の道を主張した」劉暁波を激しく非難したという。しかし、取材を受けた学生はすぐさまミニブログで、報道されたような話は決してしていないと表明した。このように何はばかることのない偽のニュースを作り出すやり方に、「中国青年報」のあるベテラン記者は「驚愕、無恥、行き過ぎ！」と嘆息した。

次いで、「人民日報」系の「環球時報」が「ノーベル平和賞はまたもや自らの看板を叩きつぶした」と題する社説を発表した。それは「ノーベル平和賞は西側の利益の政治的道具になった。平和賞を利用して中国社会を裂こうとしている」、「中国ではこれまで二人がノーベル平和賞を受賞している。一人はダライ、もう一人は劉暁波だ。前者は中国民族の分離主義の代表的人物であり、後者は西欧諸国の政治制度をそのまま中国に持ち込み、中国の現行の法律をボイコットする人間だ。……『平和』と命名された賞を彼らに授けることは、大多数の中国人を尊重しないもので、欧米色のイデオロギーを傲慢にも中国人の面前でひけらかすものだ」と述べた。

奇妙なことだが、中共が信奉するマルクス主義は、正に西欧からそっくり持ち込んだものではなかったか？　中共はマルクス主義、そしてレーニン主義をそっくり持ち込む特権を有しながら、人民が民主・自由の権利を追求するのを許さない。これは何たるロジックか？

中国の宣伝戦に対して、ドイツ紙「ディ・ヴェルト」は社説で、次のように指摘した。

「中国共産党は劉暁波の問題でその成熟ぶりを示す機会を逃した。異なる声と交流することは一種の成熟であり、中国は異なる声を受け入れることができる融通性を示す機会も逃した。それだけでなく、彼らは残忍な行為によって、強大な権力が作り出す偽りのイメージにしがみつき、西欧諸国に恐怖を与えたという印象を残した。」

3.「私はここであなたを待つ、また会う日まで」

二〇一〇年一二月一〇日はノーベルの命日で、国際人権デーでもある。この日、ノーベル平和賞の授賞式がオスロ市政庁で挙行された。受賞者ないし代理人が座るはずだった椅子は空席で、劉暁波の肖像が議長席の台上に置かれていた。ノーベル委員会事務局長のルンデスタッドは今回の授賞を「平和賞百九年の歴史で最も重要な決定の一つだ」と発言した。

受賞者による記念スピーチの代わりに、ノルウェーの女優、リブ・ウルマンが三十分以上も時間をかけて朗々と「私には敵はいない──最終陳述──」を代読した。これは二〇〇九年一二月二五日、北京市第一人民法院で行われた判決を前に劉暁波が獄中で執筆した文章である。法廷では全文を読みあげることはできなかったと伝えられているが、二〇一〇年一月、劉霞はインターネットに公開した。そこにおいて、劉暁波は、自分は無罪で、自分の執筆活動は中国の憲法が国民に賦与している言論の自由という基本的な権利の実践であると主張した。

ノルウェーの著名な女性ソプラノ歌手は、ピアノの伴奏で、イプセンの作品「ペールギュント」にノルウェーの作曲家グリーグが曲をつけた「ソルヴェーグの歌」を詠唱した。「神があなたを導き、あなたを守り、あなたがいずこに行くとも、あなたに神の祝福と憐れみを賜らんことを。ここで私はあなたを待つ、また会う日まで」という節に歌い及んだ時、ホールには感傷的な雰囲気がみなぎった。

次いで委員長のヤーグランが授賞の言葉を述べた。

「我々が深く遺憾とするところは、受賞者の劉暁波がまさに中国東北部の監獄に隔離・監禁されており、親しく今日の式典に出席できないことである。彼の妻・劉霞や他の親族もここに来ることができなかった。このため我々は今日、平和賞のメダルと証書を授与することができない。この事実そのものが、劉暁波にこの賞を授与する必要、およびその適切さを証明している。我々は彼が光栄にも今年度に受賞したことに心から祝福する。」

会場の千名あまりの来賓は一分半にわたって起立、拍手し、その場は大きな感動に包まれた。ヤーグランは劉暁波の生涯と事蹟をかいつまんで紹介した後、次のように述べた。

「中国の人権活動家は国際秩序と国際社会の主流の価値を守ろうとしている。反体制ではなく、彼らが代表しているのは今日の世界の普遍的な価値と基準である。劉暁波は、中国共産党に対する批判が中国と中華民族に対する侮辱に等しいということを否認している。彼は『共産党』が執政の党であっても、国家と同一視することはできず、ましてや民族、及びその文化と同一視することはできないと一貫して主張している。

今の社会では多くの人が紙幣を数えるのに忙しく、多くの国々は目先の自民族の利益にのみ考慮を払い、劉暁波の提唱と努力に端《はな》から取り合わないでいる。その時に、ノルウェーのノーベル平和賞委員会はここに平和賞の授与を決定採択し、それにより我々全人類の利益のために奮闘する人々を支持した。」

慣例により、授賞式の翌日の晩、祝賀のコンサートが行われた。その後、アウンサンスーチーのビデオメッセージが映された。彼女は「私はかつて良心犯だった者として、ずっとあらゆる良心犯が釈放されることを願ってきた。ノーベル平和賞は中国の民主化のプロセスに積極的な影響を与えるだろう。民主は世界の大勢であり、ミャンマーや中国に止まらず、国際社会にとっても有意義である」と述べた。

4.「空いている椅子」

一九三五年、ドイツのジャーナリストで平和運動家のオシエツキーはナチの強制収容所に監禁されていたため、オスロに行き、平和賞を受賞することができなかった。だが、ヒトラーはノーベル委員会が監獄に赴きオシエツキーに授賞することを許可した。後に、一人の身分の定かでない弁護士が賞金を横領した。そのためノーベル委員会は、授賞者本人が来られず、また授賞者の代理となれる親族がいない場合は、表彰メダル、証書、賞金はすべて授与を延期することに決定した。

一九七五年、サハロフが受賞した時、モスクワはとても危険視し、誹謗の手段を尽くし、サハロフ本人の出国と受賞を禁じた。だが、世界の良識者の義憤を引き起こすことを配慮し、サハロフ夫人が代わりに受賞することは許可した。

一九八三年の受賞者ワレサの境遇も似たようなものだった。彼は、出国後に帰国を許されないことを危惧し、オスロに行き受賞する機会を放棄し、妻が代理となった。

一九九一年、アウンサンスーチーの受賞はミャンマーの軍事政権をひどく怒らせ、彼女も授賞式に出席できなかったが、夫と息子が代わりに受賞した。

二〇〇三年、イランの人権派弁護士エバーディーが受賞した時には、イラン当局の反応は厳しかったが、エバーディーが出国して受賞することを許可し、イランの駐ノルウェー大使が授賞式に出席すらした。そのことから、エバーディーはインタビューを受けた際、中国の人権状況はイランよりもお粗末だと表明した。

以前、イラン当局は彼女を出席させる雅量があったが、劉暁波の授賞式には中国の圧力のため欠席した。これに関してエバーディーは「大変遺憾に思う、イランは深く考えることもなく即座に中国のまねをした。このようなやり方はイランが政治的に独立自主を欠いていることをはっきり示している」と発言した。

劉暁波は獄中におり、劉霞は軟禁されていたため、彼女は出席者のリストを提案した。しかし、みな出国を禁止され、ひいては親族にまで連座が及んだ。[2]これは極めて稀なことである。そのために空いている椅子が用意され、ヤーグラン委員長は自らメダルと証書をこの椅子の上に丁重に置いた。

非常に不思議なことに、早くも一九九八年八月、劉霞は「空いている椅子」と題する詩を書いた。彼女はゴッホの絵の中の空いている椅子に座ってみた感触を描写したのだ。彼女の詩はこうだ。

「空いている椅子／こんなにたくさんの空いている椅子が／世界のあちこちにある／ヴァン・ゴッホの空いている椅子には特に魅せられる／

私はひっそりと坐る／両足を少しゆらゆらさせてみると／椅子からにじみ出た息吹に／凍えるほどかじかんでしまい／身動きさえできなくなった／

ヴァン・ゴッホが絵筆を大きく振る／出て行け　出て行け　出て行け／今夜は葬式などしない／

ヴァン・ゴッホが私のひとみをじっと見つめる／私のまぶたを垂れさせる／本焼きを待つ陶器のように／ひまわりの烈火の中に坐る」

中国のテレビ、ラジオ、新聞雑誌などは授賞式を黙殺した。再びBBC、CNN、NHKなどの海外の報道機関のネットを遮断したほか、国内のインターネットのサイト、フォーラム、ブログどころか、あまり名の知られないネットのユーザーまで、授賞に関わるニュースを発表しただけでアカウントを削除された。新浪マイクロブログでは「劉暁波」、「ノーベル」、「平和賞」などが敏感語とされたほか、「空いている椅子」も新たに敏感語のリストに入れられた。唯一、勇気ある報道で知られる「南方都市報」は、一二月一二日の当日一面トップで「鶴《フウ》」（発音が「賀《フウ》」に同じ）と「空いている椅子」の大きな写真を掲載した。

「環球時報」は授賞式を「茶番劇」と呼んだ。これに対し、フランスの「リベラシオン」は「空いている椅子」という言葉さえ中国国内のネットの検索から遮断されたことで、中国はそれほどまで恐れているのかとコメントした。

中国政府は一〇月下旬以降、ノルウェーにある各国大使館に対して授賞式に参加しないよう求める書簡を送った。さらに、「もし誤った選択をするなら、その結果を引き受けなければならない」と警告した。最終的に、中国、ロシア、カザフスタンなど十七カ国のオスロ駐在の使節が式典に参加しなかった。ドイツの国際NGO「被抑圧民族協会」は、この十七カ国はいずれも国内で荒々しく人権を踏みにじっている国々だと指摘した。

授賞式の前後、中国当局はさらに神経を尖らせた。劉暁波の親戚、友人、及び人権活動家、異見知識人は自宅軟禁、或いは「強制的旅行」を余儀なくされた。北京各区の公安局はレストランやバーの経営者を招集して会議を開き、引き続き三日間、六人以上の予約を受けず、また大勢の客を連れてレストランに来る人がいれば、「満員」を理由に受け入れないようにし、同時にレストランの内外で故意に騒ぎを起こし横断幕を広げて見せる者がいれば直ちに通報するよう要求した。警察は経営者たちに「近ごろ宴会で祝賀活動を行う者は国家政権転覆煽動罪の人物との関わりがあり、国家の大局から見て、小利をむさぼるな」と通告した。

劉暁波の自宅の近くにある泓灝閣茶館は、劉霞が普段から憩い、友人と会う場所だが、金曜日に一時営業停止の貼り紙を出した。また北京のリベラル知識人がよく集まる万聖書園と伝知行研究所も営業停止を迫られ、管理人に水道と電気を止められたという。

これは歴史が人々に鳴らした警鐘と言えるかもしれない。劉暁波はオシエツキーに続いて獄中でノーベル平和賞を受賞した二人目である。二人の境遇は、ナチと中共の相似性に関連しており、フランスの思想家レイモン・アロンが「ファシズムと共産主義は同様に一切の自由を排除する。最初は政治的自由で、その次は個人の自由、更にその次は思想の自由、報道の自由、言論の自由、科学研究の自由で、一切の自由がみな影をひそめる」と指摘したことを想起させる。

一九三三年、オシエツキーは再度ナチのゲシュタポに逮捕され、直接強制収容所に閉じ込められた。ナチはノルウェーを脅し、オシエツキーにノーベル賞を授与するのは「敵対行為」、「内政干渉」であり、ドイツはバルティック艦隊の建設を加速させるだろうと告げた。

当時、オシエツキーへの授与は、ノルウェー国内でも大きな議論を呼んだ。ヨーロッパの主たる世論は、オシエツキーはドイツの法律を犯し、自分の国家を攻撃する犯罪者だとしていた。まさにこのように宥和的な世論でナチズムのヨーロッパへの容赦ない破壊を放任したことが、人類史上空前の大災厄が全世界を席捲することへとつながった。それが過ぎ去った後、国際社会は宥和主義を反省し、「平和」に対する理解を改め、発展させた。それは、異なる国の間の、あるいは一国内の衝突は、個人の自由を保護する法治という枠組みを堅持することによってのみ真の平和に達することができるということだ。そして、ノーベル平和賞は、その精神的側面をさらに広げることになった。

オシエツキーは一九三八年に重病でこの世を去った。死後、ナチ政府は墓碑の上に彼の名前を刻することを禁止し、そのうえ彼の妻に改姓を強制し、「歴史が永遠にこの人物を忘れる」ことを願った。しかし、わずか七年後、ヒトラーは暗い地下壕で自殺し、第三帝国は跡形もなくなった。他方、オシエツキーの事蹟は戦後のドイツの教科書に書き入れられ、ベルリンには彼の名前を取って命名した通りがあり、街頭には彼の像が立っている。

劉暁波の受賞はサハロフと同列に論じることもできる。サハロフの時のソ連は、まだ冷戦の鉄のカーテンの背後にいて西側と断絶し、グローバル化には加わらず、世界に対する脅威は主として軍事の領域だった。一方、劉暁波の時の中国はＷＴＯに加入し、全世界の低価格製品の工場と西側資本家の投資の場になっていた。

大部分の欧米の政治家と一般人は、今日の中国共産党はかつてのソ連と東欧の共産党とは異なり、「人に噛みつかない虎」だと考えている。だが、どこに人に噛みつかない虎がいるだろうか？今日の中国の世界に対する危険性は昔日のソ連より甚だしい。中国の低レベルの人権、高エネルギー消費・高汚染の発展モデルは、自由経済と民主政治などの普遍的価値に対する直接的な浸蝕と挑戦になっている。

もし西側世界が「狼とともにダンスする（悪人と共に行動する）」なら、その結果は極めて深刻だ。中共に対する宥和的で経済貿易中心の外交を改め、人権外交を先導的な位置に据えれば、長期的に見て、民主的国家にとって自分も他人も利する方策となる。多くの良知を有する者は既にこのような見通しを持っている。ワレサは、次のように言った。

「中国は偉大な国であり、我々は尊敬しなければならないが、中国も普遍的価値と理念を尊重しなければならない。」

ノーベル文学賞受賞者のペルーの作家マリオ・バルガス・リョサはストックホルムで、国際社会は少しもためらうことなく独裁専制と闘おうと呼びかけた。

「遺憾なことに、民主国家はそれらの独裁と闘う人物とともに奮闘する模範とはなっていない。民主国家はキューバの「白衣の婦人たち」[3]、ベネズエラの反対派、ミャンマーのアウンサンスーチー、中国の劉暁波たち異議を唱える人々をより強く擁護し、支持することをせず、逆に彼らを苦しめる実権者のご機嫌を取った。」

そして彼は国際社会が経済制裁を含むあらゆる方法で独裁専制政権に打撃を与えるよう呼びかけた。

文明は薄い膜のようなもので、ちょっとつつくだけで破れるという。裂け目からは野蛮な行為が現れる。誰も全体主義の腐蝕性と脆弱性を過小評価することはできない。

劉暁波の受賞は、欧米諸国の中国人への恩恵となるだけでなく、欧米諸国の自力救済の一部にもなる。なぜなら、劉暁波の存在は西欧諸国を蜃気楼のような幻想の中から目覚めさせるからだ。欧米諸国が中国の民主化プロセスに力を貸すことは、欧米諸国の民主制度を一層強固にすることだということを深く意識させるからである。

5. 出獄への期待

劉暁波の受賞は暗黒の中の一筋の光と同様である。暗黒は光を受け入れないが、光を消滅させられない。しかも、その光はますます強まり、ある日、夜を昼に変える。

中国や世界は、劉暁波の出獄が未来の発展に寄与することをどのように期待するだろうか？ここで、マンデラ、サハロフ、エリ・ヴィーゼルに即して述べていこう。彼らは世界を変える三つの異なる道筋を代表していると考えるからである。そして、この三つの可能性は劉暁波に存在しているだろうか？

まず、劉暁波と、自由知識人で一九八六年の平和賞受賞者のヴィーゼルの相似性について取りあげよう。

ホロコーストはヴィーゼルが生涯問い続けるテーマである。彼はアメリカ大統領のもとに設置されたホロコーストに関する委員会の座長を務め、ワシントンに大規模なホロコースト記念館を建設する活動を推進し、ナチのユダヤ人に対するホロコーストの記憶を守り抜こうとした。同様に、劉暁波は「六・四」天安門事件の虐殺の歴史と記憶の守護者である。彼は「六・四」の死者の尊厳のために著述活動している。

「死について、ぼくが言えること、書けること、できることは、どうあっても、死者の魂が息を引き取る前の一瞥より決して多くはなく、天安門の母の遺影を見守る白髪より決して多くはない。このように見渡すことによって心が揺り動かされるのは、ぼくという幸運にも生き残った者に対する道徳的な裁判のようだ。この白髪が呼びかける明日は、ぼくという幸運にも生き残った者に対する永遠の激励だ。」

沈黙を強いられる死者の魂のために、真相を究明し、責任を追及することは、彼が生涯放棄することのできない使命なのである。

この授賞に関して、実は、欧米でも異なる意見があった。それは、授賞決定が理知を欠き、中国の強い抗議を引き起こし、最終的に体制内の強硬派の勢力を助長し、開明派が押さえ込まれるだけではないかと危惧したからだろう。

しかし、独裁国家に向きあう時、ノーベル委員会は象徴的意義を有する人物を選択する。たとえ遙か遠い将来でも、平和に向けた変革の運動をまとめかつ指導することができる人物ということだ。

一九七五年、サハロフが受賞した時は、まさに西欧諸国とソ連が「ヘルシンキ宣言」[4]に調印した数カ月後だった。ノーベル平和賞は「ヘルシンキ宣言」において安全保障、経済・技術協力、及び人権と交流促進という三点を再確認するメッセージとなった。

同様に、一九八四年、ノーベル平和賞がツツ大主教に授与されたが、これは一石三鳥の決定だった。即ち、南アフリカ政府がバイブルを使いアパルトヘイト政策を弁護した荒唐無稽を批判し、南アフリカ民族会議が暴力抗争の方法をとる幻想を指摘し、欧米の政府に悪人を助け悪事を働いてはならないとも警告した。南アフリカの平和的転換は極めて困難な事業であった。ヤーグランは劉暁波授賞に際したスピーチの中で、ノーベル委員会が南アフリカの平和的転換の過程にどのように参画したかを次のように振り返った。

「ノーベル平和賞委員会はかつて南アフリカの人たちに四つの平和賞を授与した。四人の受賞者は全員オスロにやって来た。だが一九六〇年のアルバート・ルツーリと一九八四年のツツ大主教の受賞は南アフリカの人種隔離政策をとる政権の強い不満を引き起こした。一九九三年のマンデラとデクラークの平和賞の受賞に至り、ようやく嵐のような拍手となることができた。」

もしこの歴史を参照するなら、南アフリカは四人の受賞者の力が一つになることでやっと平和的転換を実現したことになる。そうであれば、「図体が大きすぎて方向転換が難しい」中国の平和的転換の過程は一層困難で、四人どころではなく、もっと多くの受賞者が必要とされる。つまり、劉暁波の後、より多くの中国人がこのような栄誉を獲得し、劉暁波と肩を並べて闘い、苦難の中を突き進まなければならない。

もし劉暁波をマンデラになぞらえることができるなら、未来の中国において寛容と和解の信条を体現している中国「家庭教会」の中にツツ大主教のような人物が現れなければならない。中国の旧体制内からはデクラークのように潮流に順応し、変化することによって生き残りを図る人物が現れなければならない。その日まで、まだどれほど待つことになるのだろうか？

受賞したが、劉暁波の身は相変わらず獄中に閉じ込められている。しかし、彼の精神は既に新たな船出をしている。将来、出獄した時、彼は国際社会と中国の民間においてどのような役割を果たすだろうか？　劉暁波は暗黒の最も深部に到達する一筋の光だ。だが、中国に累積している暗黒は余りにも深い。果たしてその光芒はあの屑綿同然に詰まった暗黒を射し貫くことができるだろうか？

歴史は劉暁波を選択したのである。中国の執政者は、誰であろうと、劉暁波の存在を完全に無視することはできず、ただ彼を監獄に押し込めることでその統治が難攻不落であることの証しとするだけである。だがこれに反比例して、劉暁波を押し込めておく日が長ければ長いほど、それに応じて、中共が未来に民主体制の下で合法政党に転換する可能性は低下する。中共の指導者はこの極めて大きな代価について気にかけたことがなかったのだろうか？

ヤーグランはスピーチの中で「歴史の経験は我々に、持続的でスピーディーな経済成長を維持するには言論の自由、研究の自由、そして思想の自由を前提条件とする必要があると我々に教えている。……中国の国際社会での新しい地位とは、より大きな責任を引き受けなければならないことを意味している。中国は批判を受け入れる準備をきちんとしておき、これを外部からのポジティブな入力と見、改善のチャンスとしなければならない」と述べた。

十三億の人口を擁し、GDP世界第二位に躍り出た中国は、民主化を実現し、公民の基本的人権を尊重して初めて、世界平和を推進する肯定的な力となりうる。この意味で、劉暁波への授賞は、ノーベル委員会が近年に行った最も正しく、勇敢で、重要な決定であったと言えるかもしれない。

授賞式の後の晩餐会で、副委員長のカーシ・クルマン・フィーベが感動的なスピーチを行ったが、それはまるで獄中の劉暁波と面と向かった語りあいのようだった。

「委員会のメンバーとして、私には我々が討論した詳細な内容を披露する権利はないが、私は小さな規則違反をしたいと思う。劉暁波、我々はあなたを選ぶことを決めた後、我々も自分の良知に問い返した。こんなにも重い責任を加え、あなたとあなたの家庭に対し公正だったろうか？　あなたは、我々が平和賞をあなたに授与したことで、却ってあなたを苦しめることになると感じなかったろうか？　後に劉霞はCNNに対して喜んで『光栄にも平和賞を受賞したことはこの上ない栄誉であり、より大きな責任を引き受けることでもある』と語った。二日後、彼女が面会した時、あなたは喜びの余り『ぼくは彼らが敢えて監獄の中にいる〝罪人〟を授賞するとは思いもよらなかった』

と言った。このことを聞いた後、私は重責を果たして一息ついたような気がし、あなたが決して望まない授賞者ではなかったことを喜んだ。」

劉暁波は中国民主化のシンボルとなった。

今後、劉暁波は中国を自由な国に非暴力で変革する諸力をまとめる存在となり得るだろう。

註

1　人権活動家でもあり、憲政の実現や公民の権利擁護を求め、「新公民運動」を提唱。二〇一四年、「公共秩序騒乱罪」で懲役四年の実刑判決を受けた（二〇一七年釈放）。

2　前掲『「私には敵はいない」の思想』一五五～一五六頁参照。

3　政治犯の釈放と人権の尊重を求めるキューバの家族団体。毎週日曜に反政府デモを行っている。

4　一九七五年八月一日、ヘルシンキで開催されたヨーロッパ安全保障会議で調印された最終文書。①ヨーロッパの安全保障に関する諸問題、②経済、科学、技術、環境の分野における協力、③人道、及びその他の分野における協力などから成る。ソ連・東欧の社会主義体制の崩壊の遠因となったという。

エピローグ

1. 出逢い

一九九九年のある日、劉暁波から電話がかかってきた。その時、彼は三年の「労働教養」から釈放されたばかりで、私は大学院に在籍しつつ若手の評論家となっていた。いくつかの大学から講師に招かれていて、その日は「魯迅と中国文学」と題した講演のために中国人民警官大学に行く途中だった。

私はピシッとした制服を身にまとった学部長と学生サークル責任者に付き添われ、大学の送迎専用車に乗っていた。突然、私の携帯電話が鳴った。耳に当てると、きつい東北地方のなまりの吃音で「キ、君、君は余傑君ですか」と尋ねられた。

「ハ、はい、どなたですか?」

「リュ、劉暁波といいます。」

私はビックリした。一九八九年、天安門事件の銃声の響きがまだ残る頃、まだ一六歳だった私は「劉暁波」の論文を読み、激しく心を揺さぶられたのだった。[1]

実は、それが収められた本は、当局が武力鎮圧の後に、事件をカモフラージュするために中国青年出版社から出した『劉暁波　その人その事』だった(第4章1参照)。初版は五万部で、ベストセラーになった。その前文では、次のように述べられている。

この小冊子に編まれた劉暁波の言論は、反動に狂った者が書いた反共のとんでもない代物である。我々は読者諸君とともに読み、分析し、批判し、それによってこの毒草を根こそぎ引き抜いて肥料に変え、我が社会主義精神文明の陣地を強大にすることを期する。

そして、次から次に非難が続き、その根拠として劉暁波の論文数編が附録に収められていた。しかし、私は問題の核心を鋭く衝いたその論文に惹きつけられ、貪るように読み、ほとんど全ての行に赤く傍線を引いたものだった。

私はとまどった。

「この電話の声は、ほんとうに私を啓蒙してくれた劉暁波先生だろうか？」

彼は余計な挨拶はせず、単刀直入に切り出した。

「君が出た陝西テレビのトーク・ショーを観ましたが、君の考え方には賛成しません。」

私は少し考えた。確かに、しばらく前、テレビ番組で西安の文学者と中国の教育における腐敗と危機について議論した。

「えっ？　何かまちがったことを言いましたか？」

「君が鄧小平の『中国の最大の失敗は教育に在り』を引用したのは適切です。だが、それは当局が学生を十分に洗脳せず、思想政治教育を強めなかったので、天安門反革命暴乱が起きたというのが本意です。君は鄧小平の言葉の背景を理解せず、テレビで失言した……」

劉暁波は電話の向こうで誰はばかることなく大声で直言した。車内は狭い空間なので、私は「劉先生、分かりました。日を改めてお話しましょう」と、慌てて電源を切った。

劉暁波はきっと、私が得意の絶頂で有頂天になっていて真正面からの批判を受け入れない若輩だと思ったかもしれない。私も、面識もない初めての電話で痛烈に批判するのは、ほんとうに率直すぎると感じた。

その後、私たちは顔と顔を合わせて何度も語りあったが、あの時、電話で心おきなく話せなかった理由を説明したことはなかった。彼も聞かなかった。

私たちが出逢う前、劉霞は二度目の投獄の劉暁波に拙著『火與氷』や『黒馬文叢（ダークホース・シリーズ）』収録の拙論などを差し入れ、大胆不敵な批判精神を継承する若者が輩出したことに喜んでもらいたかったようだ。ただし、劉暁波は拙著に対して犀利《さいり》に批判した。それは作家の王朔との対談集『美人　我に贈る　しびれ薬』に収録されている（第4章5参照）。

2.「お前の問題はただ友だちづくりに気をつけなかっただけだ」

二〇〇四年一二月一三日、午後六時、北京の警察は私と劉暁波を同時に「国家安全危害罪」容疑で家宅捜索し、パソコンを押収して資料も文章も削除し、さらに訊問した。私たちが中国人権状況の年次報告をまとめようとしていたためであった。

毎年、アメリカ国務省は国別の人権状況に関する報告書を公表する。それに対して、中国当局は自画自賛の中国人権白書を公布する。そのため私たちは、政府や政治組織から独立した「民間」[2]で、知識人は責任をもってより真実でより客観的な報告書を作成すべきだと考えた。ところが、私たちのパソコンは秘密警察にハッキングされ、何もかも知られていた。

十四時間に及ぶ徹底的な訊問の中で、警察は下手な芝居を演じた。一人の警官が途中で入ってきて、訊問する年配の私服警官の前に、意味ありげに数枚の紙切れを置いた。年配の警官は驚き呆れた表情でじっと見つめ、それから思いやり深げに、諄々《じゅんじゅん》と私に言い聞かせた。

お前はまだ若い。お前の問題はただ友だちづくりに気をつけなかっただけだ。あいつのような漢奸（売国奴）と友だちになったのは残念至極だなぁ。お前はあいつにそそのかされただけだ。ところで、あいつがＣＩＡからどれほど金をもらっていたか、知らねえだろう。少しはお裾分けしてもらったんかい？　もらってなかったら、まあいい。おい、見てみろ。あいつは洗いざらい白状したぞ。責任はみんなお前になすりつけて、陥れたんだ。こうなったら、お前にとって一番いいのは、あいつを告発して、あいつと「一線を画す（文革式の言説）」ことだ。そうすりゃ、党と政府のお許しをいただけるってぇもんだ。でなけりゃ、おい！　すぐさまブタ箱にぶち込んでやる！

こうした手口で、私をだまそうとした。その中の一つだけは当たっていた。確かに、私は劉暁波に導かれて独裁政権に反対する道を歩み続けたのである。

3.「国保《グオバオ》3」との「〇八憲章」をめぐる談話

二〇〇八年一二月八日に劉暁波が拘束されたため、「〇八憲章」は予定より一日早い九日に、彼の拘束に対する抗議声明と合わせて発表された。その時、私は米国にいて、あるシンポジウムに出席していたが、北京市朝陽区の「国保《グオバオ》」の趙警官が「談話」という名目で電話をかけてきた。

彼は二〇〇八年の北京オリンピックから私につきまとっていた。開催の一カ月前、彼は「専属の付け人と専用車の特別サービスだ。ガソリン代が節約できるぞ」と言ってきた。

それ以来ずっと、私は趙警官に対して卑下もせず、傲慢にもならず、分別のある言葉や態度で接した。彼は「お上の命令を忠実に実行する」末端組織の警官にすぎない。仇敵とは見なさず、その公権力を尊重するが、自分の考えは率直に言った。

もちろん、手柄を立てるためにニワトリの羽を鉄の矢じりに見せて（虎の威を借る狐のように）越権行為をする者に対しては違う。

私を監視、尾行、護送する若手の「国保」はマルクス・レーニン主義や共産主義の戦士などではない。「坊主でいるときは鐘をつく」のとおり、仕事だからやっているだけだ。

「こんな仕事、ただ北京の戸籍[4]のためさ。甘い汁なんて大してありゃしねえ。」

別の新米警官はこう言った。

「おれだって党員だけど、ヒラさ。共産主義なんか、誰が信じるもんかい。そんなバカ、どこにいるってんだ？」

中国のKGB[5]たる「国保」は既に仕事に対する誇りも誉れも失い、それればかりか「地下党」のように、人目を避けてこそこそと任務に当たるようになってしまった。

また、その仕事の〝特殊性〟から、外部の人たちの知らない情報や文献資料に触れられるため、一般の民衆より中共の本質と中国の現実をはっきりと分かっている。かつてドミノ式に東欧・ソ連の社会主義諸国が次々に崩壊したとき、秘密警察のボスたちは共産党から離反したが、それは旧体制の末路を誰よりも痛感していたからだ。そんなことを思わされる。

一二月二二日、私服姿の趙警官から、「〇八憲章」の起草、組織、署名などについて尋問された。

余　起草のプロセスや組織についてまったく知りません。私は張祖樺[6]と会食したときに憲章を読み、賛同したので署名しました。個人的には宗教の自由についていくつか不十分なところがあるけれど、一九八九年以後、最も成熟した理性的で建設的な〝人権白書〟となっています。署名者一人一人は勇気をもって真理を明らかにしようとしています。個々人が〝公民〟

へと成熟していくプロセスが現れています。

趙　近頃ご活躍だな。文書に署名じゃなく、口頭で賛同しただけなのか。

余　劉暁波が自由になる日まで、絶えず力を尽くして呼びかけます。私にとって文書の署名も、口頭の賛同も違いはありません。近年の署名でも、どれも理念に賛同しただけです。あなたたちは、みんなの筆跡がある〝オリジナルな文書〟を持っていないでしょう。

趙　お前は、この文書をどう思ってるんだ。

余　さっき話しました。憲章では共産党政権を覆すという文言はありません。よく読んで考えてください。すべてのメディアで原文を掲載して、自由に議論し、批判しあい、そして政府と民間が対話できるルートを設立することを提案します。民の判断力を信じてください。行政、司法、党、文化、教育など各方面の人たちが署名者や民間の代表とコミュニケーションをとることです。政府は提案の一部を受けとめたら、ある程度は「善政」を示すことになるでしょう。憲章は中国の平和的な転換のためのよいチャンスを提供しています。みすみす好機を逃さないでください。

趙　なぜ、この時期に公表したんだ？　まもなく建国六十周年なのに、「和諧（調和）」の雰囲気を破壊するつもりだろう。なぜ、正規のルートを通じて関連部門に伝えずに、ネットで発表したんだ？　しかも、文章の内容は重大な法律違反だ！

余　起草と署名は憲法と法令の枠組みの中で行われました。公民として言論の自由や権利を履行しただけです。「正規のルート」とは何でしょうか？　人代や政協の代表なら提出できるのですか？　むしろ、劉暁波は公表前に自宅から連行され、拘禁されたのです。

趙　やつの逮捕について、お前はどう思うんだ？

余　極めて愚かです。劉暁波は理性的で穏健な知識人です。もし穏健な改革の道筋を歩まなければ、腐敗汚職、貧富の格差、不公平な司法などで社会的な危機はますます深刻化し、人々の義憤は熾烈に燃えあがり、正義を求める楊佳[7]のような人物がますます生まれるだけです。私たちはいかなる暴力にも反対しています。日増しに高まりつつあるポピュリズムや暴力と、改革を拒む中国共産党政府との間で、漸進的改革の立場を堅持しています。

趙　劉暁波の逮捕は、おれたち下っぱが決めたんじゃねぇ。おれたちゃ、お上の命令を忠実に執行しているだけだ。

後日、再び趙警官と談話した。

趙　先週、おれが電話した後、劉霞に会いに行ったんか？　警官といざこざになったんかい？

余　そうです。果物を届けに行った時でした。劉霞は容疑者じゃありませんよ。

趙　劉暁波が拘束されたばかりで、敏感な時期だぞ。

余　どの法律の、どの箇所によって会いに行けないのですか？　正式の条文を示してくれれば、納得します。その日、海淀分署の警官と自称する方の態度は悪質で、私たちを囚人のように扱いました。もちろん、たとえ囚人だとしても、そうすべきではありません。「警官証を見せてください」と言っても、見せませんでした。当然、私も身分証を見せませんでした。彼の警官番号は〇三八五四〇で、私は北京市信訪[8]の窓口まで陳情に行くつもりです。話を戻しましょう。あなたは「〇八憲章」を読みましたか？

趙　正直に言えば、仕事が忙しくて、時間がねえ。それにネットも封鎖された。（不満たらたらで）月給はたったの三千元だ。北京じゃ何とか暮らせるだけだ。それに週末も残業だ。家に帰れば、子供の勉強を見たり、家事をしたりで目が回る。寝る時間さえねえ。

余　憲章を読まずに意見を表明するのは軽率ですし、共産党の「実事求是[9]」の原則に合っていませんよ。また、趙さんも一党独裁の被害者で、自分の権利さえ守れません。山猫ストなどできないでしょう。民主的な国家の中には警察にも組合があって政府と交渉して昇給できます。ですから「〇八憲章」は私たち一人一人の生活条件に密接に関わっています……

趙　つべこべ言うな！　とにかくこれから「〇八憲章」には関わるな！

趙警官は、私の話をさえぎった。

二〇一〇年七月五日、私は再び警察に連行され、四時間半も訊問された。香港の新世紀出版社から『中國影帝温家寶（中国最高の役者　温家宝）』を出す計画のためだった（八月に出版）。「国保」の警官だと自称する朱旭が初めて現れた。彼は私を十年以上も研究し、世界で一番資料を持っているという。彼は、こう言った。

劉暁波ってのは、テメエのアニキだな。ヤツの末路を見てみろ。惨めだなぁ。十一年もブタ箱だ。どんなに西側の圧力があっても、屁にもならねぇ。オレたちゃ、ぜんぜん気にしねえ。ヤツが裁判で有罪になった六つの文章と似たようなのを、テメエの文章でも見つけたぞ。おい！　その気になりゃ、これを証拠に同じような判決を下せる。どうするかは、オレの手の中だ。警告しとくぞ。温家宝総理と我が党の悪口を書きやがって。出版は諦めろ。さもねえと、承知しねえぞ。劉暁波の二の舞だ。

このような離間工作と恫喝では、私たちの言論の自由を求める信念は全く揺るがない。むしろ、劉暁波の使命を負おうという意志が強まった。それに、私の妻も劉霞とベスト・フレンドである。重要な公共的問題について、私たちは信頼しあい、心と心を通わせあい、苦しみを分かちあい、共通認識を創りあげてきた。

4. 侠骨もあれば、柔情もある

私も劉暁波も吃音がちだ。一種独特の敏感さのためだろうか。

このような二人がつっかえつっかえ懸命に話しあうのを、劉霞はそばで聞いていて、笑いながら「あなたたちに真実を話させるのは神様のユーモアね」と語ったことがある。

劉暁波との交友で心の底から感じたのは、侠骨もあれば、柔情（優しい情愛）もある、あるいは柔情が侠骨に到達しているということだった。劉暁波は、丁子霖先生たち「天安門の母たち」グループ、投獄された政治犯や良心犯の家族を支援した。彼自身、長年当局から言論を封殺され、執筆や講演・講座などの収入はなかったが、海外メディアのわずかな原稿料で、直接間接、自分より困難な人士を励まし、慰め続けた。

また、投獄された時の劉霞の苦難を深く知っていた。獄中の当人は刑期が確定しているので気持ちは落ち着き、規則を守って毎日を過ごせば瞬く間に獄中生活が過ぎるが、待ち焦がれる家族は一日千秋の思いで絶望的になる。並大抵の者では堪え忍べない。

劉暁波は劉霞とともに過ごす日々をとりわけ大切にし、常に優しく情愛を注いでいた。「お気に入りの服を買ったら」など口癖のようになっていた。

受難者や政治犯・良心犯の家族の劉暁波への敬慕や感謝は、余英時先生の言うとおり、体制への「獅子吼《ししく》」だけでなく、報いなど考えない慈愛に満ちた思いやりからでもある。

私の両親が北京に来たときも、劉暁波は礼を尽くして迎え、親切に配慮して、次のように語った。

ご両親はきっとご子息の安全を心配なさっているでしょう。以前、私の両親もそうでした。でも、納得してくれました。息子を引き止めることができない以上、選択した道を尊重するようになりました。ご子息のなされていることは強権体制の弾圧下で、多くの人びとに理解されませんが、歴史は必ず公平に評価します。誇りを持ちましょう。

私の両親は感動し、帰る道すがら、「劉暁波さんは舌鋒鋭い文章を書くが、日常生活ではよく気を配って、思いやりが深いなあ」と繰り返した。

二〇〇八年春、劉暁波と劉霞は新作の油絵「如花（花の如く）」を持って、私たちの子供の百日祝いに来てくれた。このプレゼントには寒々とした荒れ地にたくましく咲き誇っているダークブルーの花が描かれている。

天安門事件の後、劉暁波は投獄され、前妻と六歳の息子はアメリカに渡り、連絡は途絶えた。親として養育の責任を果たせないことは、彼の内心の奥底で痛切にうずいているに違いない。

一九九六年、劉暁波と劉霞は結婚する際、子供はつくらないと約束した。二人は緊張の続く鋭角的な生活の闇を直視し、また専制政治が子供の成長に害を及ぼすと判断したからだ。

近年、投獄された政治犯の杜導斌や劉賢斌たちの子供は、「国保」の恫喝や脅迫を受け、またクラスメートから差別され、いじめられている。だから、劉暁波と劉霞はやむを得ず苦渋の選択をしたのだ。

このような二人は私たちの子供を優しくあやし、「お母さんそっくりだ」と喜んでくれた。

5. 友愛で結ばれる堅い絆

劉暁波と友人たちは、世間では「負け組」と嘲笑され、当局により「不可触民（アンタッチャブル）」の状態に置かれているが、みな心を通わせ、苦境の中でも助けあい、励ましあっている。

周忠陵の経営する四川料理のレストラン・食盅湯は批判的知識人、異議を唱える市民、官製文壇から独立した作家、人権派弁護士、党内改革派たちが交流する重要なプラットフォームとなっている。[10] 私たちはいつも激辛の火鍋子（中国風の寄せ鍋）を囲みながら、様々な問題をめぐり真摯に熱い議論を重ねてきた。

ある天安門事件受難者の家族が、地方政府の救済的な性質のある「補助金」を受けるべきかどうか迷っていた。独立ペンや「天安門の母たち」グループの中には反対する者もいた。[11]

他方、黄琦[12]は一人一人の被害者がそれぞれの具体的なケースに即して政府の関係部門と協議し、最低限の生活保障を求めることを支援した。劉暁波はこの点について意見を表明しなかったが、黄琦は誤解して独立ペンや「天安門の母たち」グループだけでなく劉暁波まで「六・四天網」で批判した。だが、劉暁波は、黄琦が四川大地震で犠牲となった生徒の名簿を添えて手抜き工事を批判したため再度投獄されたとき、彼の妻・曽麗（北京に出稼ぎに来ていた）を手厚く支援し、温かくいたわった。

また劉暁波は裏切り者で悪いやつとレッテルを貼られた者に対しても温かく見守り、ヒューマニズムや良心の覚醒を期待していた。二〇〇〇年、楊子立、張宏海、徐偉、靳海科たちが北京で「新青年学会」を設立し、政治改革や農村における民主的な選挙について議論した。しかし、二〇〇一年に逮捕され、二〇〇三年、北京市第一中級人民法院で「国家政権転覆煽動罪」で八年から十年の判決が下された。

審理では証言や証拠が不十分であり、公安・検察・裁判の各部門は冤罪だと分かっており、結審は延び延びになっていた。これに対して中央政法委員会書記の羅干は直筆の「批示」を出し、このため短期間で判決が下され、しかも刑が重くなった。

新青年学会の会員に人民大学の学生、李宇宙がいた。彼は、事件をでっち上げようとした安全局に買収されて、新青年学会は「地下党」的な反動組織であると偽証した。だが、友人たちが重刑を科されるようになることを知ると、後悔に苛まれ、良心の呵責に耐えきれず、西側メディアに真相を語り、最高法院に新たな証言を申し立てようとした。その直前、彼は私が楊子立たちの友人であることを知り、私と劉暁波に面談を求めた。

李宇宙は水鳥の羽音にもギョッとするほどビクビクしていた。彼は盗聴を恐れ、絶対に建物の中では話そうとしなかった。そのため、劉暁波の自宅に近い首都師範大学のキャンパスで会うことにした。

大雪のあがった日の午後、突き刺すように吹きすさぶ寒風の中、私たちは一時間ほど歩きまわった。劉は李に真相を表明することが過ちを正す唯一の方法であり、もしも当局に迫害されたら、必ず支援を呼びかけると約束し、励まし続けた。

彼は二〇〇二年にタイに逃れ、全てを告白した。

6．二度の号泣

劉暁波はいつも明るく、ほほえみをたたえていた。だが十年の交友で、彼が二度号泣したのを見た。最初は、二〇〇三年七月、私がアメリカから帰国して、丁子霖先生の自宅で劉暁波夫妻とニューヨークで行われた「萬人傑文化新聞奨」授賞式のビデオを観ていたときだ。二度目は、二〇〇八年一〇月、中国社会科学院歴史研究所元研究員でリベラルな思想家の包遵信（一九三七〜二〇〇七年）の追悼会で弔辞を読み上げたときだった。

前者について述べよう。二〇〇三年の受賞者は楊逢時と私だった。彼女は純粋で高雅な音楽家で、「六・四」虐殺のときは、シカゴ大学で音楽を専攻し、博士課程修了公演の準備をしていた。しかし、遠く離れた故国の銃声と慟哭により、彼女は芸術の世界から現実の世界に引き戻された。以後、彼女はシカゴで年一回、「六・四記念追悼コンサート」を開催し続けているが、そのため、帰国する権利を剥奪された。

私は授賞式の謝辞で、次のように述べた。

「一九八九年六月四日の未明に、私の少年時代は繰り上げられて終わった。一夜で私は通過儀礼を経験し、成人になった。あの未明、私は涙でかすんだ目から、善と悪、自由と奴隷、闇と光をはっきりと見ることができた。それ以来、私を欺き、愚弄する者は誰一人いなくなった。ウソと偽りで建てられた共産党政権の宮殿は、紙の家のように崩れ去った。私の人生は一変した。私は母が産んだ子であり、また天安門事件の子でもある。私と天安門事件の間には血まみれの臍帯がある。」

これを聴いていた劉暁波は突然ソファから立ち上がり、私をギュッと抱きしめ、からだを震わせて号泣し始めた。無念の痛恨がひしひしと伝わってきた。劉霞も、愛息を失った丁・蒋先生ご夫妻も、私も妻も子も涙が止まらなかった。

当時、私たちはまるで道をさまよい、だまされた子供のようで、長く暗い谷底を模索しながら、中国に欠如した道義と慈愛を待ちわびていた。ちぎれた暗闇の中で、足もとの道は何処に向かっているのか、と。

7. マーティン・ルーサー・キング牧師を想いつつ

二〇一〇年一〇月一日、私はアトランタを訪れ、地元の中国人教会の陳雪涛兄弟の案内で、マーティン・ルーサー・キング牧師の生家や、生前は牧会[13]し、永遠の眠りについているエベネザー・バプティスト教会を見学した。アメリカの多くの都市のように、旧市街は人口減少で、さびれていた。だが、マーティン・ルーサー・キング・ジュニア国立歴史地区は一九世紀から二〇世紀初めの家々が保存・復元されて、観光客が行き交っていた。

キング牧師記念館で、私は一九六四年のノーベル平和賞受賞講演に耳を傾けながら、あの熱く燃えた歴史を振り返りつつ、獄中の劉暁波に思いを馳せた。キング牧師は天性の雄弁家で、その演説は力強く人の心を揺さぶるが、その一方、劉暁波は訥弁の読書人だ。柔和だが強靱で、争わず、叫ばず、傷ついた葦を折ることはない[14]。

私たちが若い解説員に、今日の中国で劉暁波がキング牧師の精神を継承していると言うと、彼女は親指を立てて「グッド！」と示した。

一〇月八日、私は南カリフォルニア大学での講演を終え、ホテルに戻り、一睡もせずにノーベル平和賞のニュースを待っていた。未明の二時半ころ、テレビの画面によく知っている劉暁波の写真が現れた。私は、まっ暗な部屋でひざまずいて祈り、思わず慟哭した。大人になってから、このように激しく泣いたことはなかった。頭を枕に埋めて、涙を流し続けた。ずっと待ちわびていたからだろうか？　それともあまりの朗報に心の準備ができていなかったからだろうか？


一〇月一四日午後、私は北京空港に降り立った。私は「重点対象（ブラックリストの重要人物）」なので、スーツケースから手荷物まで徹底的に調べられた。税関の一人はキング牧師の写真集を取り出し、一頁一頁、仔細に十五分もかけてチェックした。見るのが楽しかったためか、重箱の隅を楊枝でほじくるようにしてかすかな「罪状」を見つけようとしたのか分からないが、最終的に彼は写真集を戻した。

でも、監獄の規定により、国外で出版された書籍は差し入れることができないため、この写真集はまだ私の手もとにある。キング牧師の祝福は獄中の劉暁波にいつ届けられるだろうか。

二〇一〇年一〇月一六日　北京の自宅で非合法に軟禁される中で

註

1 前掲『「私には敵はいない」の思想』一一頁参照。
2 官府に対する民間。「公民」と密接に関連するキーワード。
3 各地の公安局に置かれた国内安全保衛隊。異見論者、NGO、法輪功、陳情（直訴）者などを監視・取締。
4 中国では農村と都市の戸籍に格差があり、都市の中でも北京の戸籍は特に高い。
5 旧ソ連の国家保安委員会。情報機関・秘密警察。
6 起草者の一人で憲政学者。一二月八日深夜、家宅捜索と尋問を受けたが釈放。
7 北京五輪直前の二〇〇八年七月、警察に不当に処遇され、訴えても当局は取りあげないため、楊佳は上海の警察署を襲い、ナイフで六名の警官を殺害し、四人の警官と一人の警備員を負傷させた。この事件はネットで話題になり、彼は〝英雄〟と崇められ、賞賛された。
8 三権分立が確立されず、市民の要求に対応する制度が十分でない中国で、陳情（直訴）が数少ない手段である。
9 元々清代の考証学派が思弁的な朱子学に対して、文献から得られる論拠に即して合理的に事実を究明することを提起する中で用いた文言。これを毛沢東が正しい工作方法として評価し、また文革終息後、鄧小平は改革開放路線に転じるために用いた。
10 『チベットの秘密』四一〇頁を参照。
11 『「〇八憲章」から天安門事件へ』一二二～一二八頁を参照。
12 ウェブサイト「六四天網」創設者の一人。天安門事件十一周年記念日に逮捕、二〇〇三年、国家政権転覆煽動罪で五年の判決。二〇〇七年、ヘルマン・ハメット賞受賞。再逮捕され二〇〇九年に国家機

密輸法取得保有罪で三年の判決（二〇一一年、釈放）。
13　教会への奉仕として牧師が行なう有形無形の働き。祈り、魂への配慮、礼拝、信徒の指導や教育、教会組織の管理・運営など。聖書では「主は私の牧者」（「詩篇」二三編）、「迷える子羊」（「マタイ福音書」一八章）などと喩えられている。
14　聖書「イザヤ書」四二章二、三節、「マタイ福音書」一二章一九、二〇節参照。

前列右より丁子霖、蒋培坤、蒋彦永
後列右より劉霞、劉敏、劉暁波、余傑

「中国の劉暁波」から「東アジアの劉暁波」へ――日本の読者へ――

はじめに

劉暁波は、自らの一生を中国の民主や自由の実現への活動に捧げた。そういう意味では、かの口先では「愛国主義」を標榜しながら、自分の家族にはとっくに西側国家の国籍または在留資格を取得させている共産党当局者（「裸官《ルオクァン》」という）と比較して、劉暁波こそ真の中国人で愛国者である。

また、「文明論」という面では、劉暁波は英米の古典的自由主義の価値を認め、九・一一テロ攻撃事件の後、彼が「今夜、ぼくらは皆アメリカ人だ」と宣言したのは普遍的価値に基づく〝共苦〟、〝共闘〟であった。彼は広い懐と国家・民族という観念を超越した「世界人」だった。劉暁波は、困難の中で進めた人権擁護運動、及び知行合一の思想と行動により、「世界の劉暁波」という栄誉を受ける資格が十分にある。

「中国の劉暁波」については贅言を要さないが、「世界の劉暁波」を論ずるにあたっては、「東アジアの劉暁波」を知ることがぜひとも必要である。中国の近代化は東アジアの近代化の一部であり、もし中国と日本、韓国、台湾、香港、東南アジア諸国、ロシア（精神的にはロシアはヨーロッパの国というよりアジア的である）との関連性を無視するならば、中国が近代化の過程で遭遇した難局や困難を理解できない。

劉暁波の膨大な文章の中には、中国の東アジアにおけるポジションや、中国と東アジア諸国との複雑な関係を論ずると題したものが若干あるが、こうした国家の外交政策や国際情勢はまた各国の内政にも深く影響している。こういう劉暁波の論説は、中国の読者に精読が求められるだけでなく、日本を含めた東アジア諸国でも注目される必要がある。

拙著を通して、たんに劉暁波という、このアンドレイ・サハロフ、ヴァーツラフ・ハヴェル級の知的巨人の姿を知るに止まらず、さらにその中から日本と中国との関係を見極め、共産党一党体制が有する日本、及びアジアの平和に対する深刻な脅威を理解し、そしてまた日本が中国の民主化の過程でどういう役割を演じることができるか考えていただくことを願う。

劉暁波は中国の激しい反日的潮流に「Ｎｏ」

劉暁波は、現代において中国の熱狂的な民族主義を手厳しく批判した知識人であった。そのため、憤青《フェンチン》（社会に憤懣を抱く青年）や五毛党（五毛＝〇・五元の報酬でインターネット上の政権に不都合な発言を削除する要員たち）によって「売国奴」に列せられた。彼は非難や誹謗を恐れることなく、民族主義は共産党政権の統治に若干の合法性を与えるだけで、中国の制度の遅滞、文明の崩壊、環境の悪化といった焦眉の難題を解決することはできないと指摘した。ある意味、民族主義は劉暁波の言う「片刃の毒剣」であり、一服で中毒になる高純度のヘロインでもある。

民族主義は歴史の各段階や全ての国際環境に適応しているわけではない。善悪両面の剣としての民族主義は、その起源を殖民時代にまで遡り、殖民化された人々が殖民者の覇権主義に反抗し、民族独立と自由を勝ちとろうとした段階では、時代や状況に適応していた。しかし、外部の危機がほぼ消失した平和な時代――ポストコロニアル、ポスト冷戦時代――が到来し、この平和的な環境において国際情勢が自由や民主主義という方向に進むと、民族主義の喧噪は往々にして、それに逆行した。特に、独裁政権が煽動する民族主義は、両刃の剣ではなく、片刃の毒剣にしかならず、非道の輩の最後の避難所となった。独裁民族主義は政客の弄ぶイデオロギーとなり、また精神的、知的に未成熟な民族が無知蒙昧の深淵にはまり込んでいく際の標識となった。

――劉暁波『単刃毒剣――中国当代民族主義批判』(二〇〇六年六月、博大出版社)

七〇年代末、「改革開放」を始動したばかりの中国は、西側の資金と技術を早急に必要とし、日本の昔日の殖民地戦争に対する後ろめたさや、中国の近代化を助けたいという思いを巧妙に利用し、積極的な対日外交を繰り広げ、それに加えて、胡耀邦・趙紫陽の開明的政策により、日中の交流・友好が主流になった。

劉暁波はこうした流れに対して鋭い観察眼を働かせた。

復活した鄧小平は、一九七八～七九年にアメリカと日本の二カ国しか訪問しなかった。訪米は、西側の最も強大な国家によるその政策――米中国交正常化、改革開放、対ベトナム戦争や台湾問題等――に対する政治的な支持を勝ち取るためであった。訪日は、経済復興に最も必要な資金、技術、マネジメントを得るためであった。それゆえ、鄧も毛沢東の日和見主義外交を継続し、日中間の歴史的恩讐や尖閣諸島の紛争を棚上げする代わりに、鄧小平の改革への日本による経済的支持をとりつけたのである。

――劉暁波「真由美のロングヘアが中国でなびいた」(原題「真由美披肩髪飄飛在中国」、以下「真由美のロングヘア」と略記)

そのため、当時の中国では日本文化ブームが起こった。文革という災厄が過ぎ、長い間ずっと目を閉じ、耳をふさいでいた中国人は、日本を知ることを通じて世界を知ったのであり、日本は中国の窓であった。劉暁波は次のように回想している。

七〇年代末から八〇年代半ばまで、ぼくたちの世代は外来の映画、文学、音楽そして絵画によって審美眼を養うという洗礼を経験した。最も早く受け入れたのは、日本映画だった。「追捕（君よ憤怒の河を渉れ）」、「生死恋（愛と死）」、「望郷（サンダカン八番娼館 望郷）」、「金環蝕」、「人証（人間の証明）」、「遠山的呼喚（遙かなる山の呼び声）」、「幸福的黄手帕（幸福の黄色いハンカチ）」といった映画や、「姿三四郎」、「鉄臂阿童木（鉄腕アトム）」、「血疑（赤い疑惑）」、「排球女将（燃えろアタック）」、「阿信（おしん）」、「聰明的一休（一休さん）」などのテレビドラマは、いずれも当時の国民が非常に好んだ映像作品であった。「君よ憤怒の河を渉れ」の主題歌「杜丘之歌（孤独の逃亡）」、「人間の証明」の主題歌「草帽（麦わら帽子の意）」も、同時に一世を風靡した。著名な映画監督の黒沢明や溝口健二、小津安二郎の映画は、八〇年代、中国の第五世代の監督に多大な影響を与えた。

——「真由美のロングヘア」

無論、これは日本文化が当時の中国に広範な影響を与えたうちの氷山の一角である。その中で、劉暁波は日本映画の『君よ憤怒の河を渉れ』が彼にもたらした視覚的、聴覚的そして精神的な震撼を、次のように活写している。

ぼくは今でも「君よ憤怒の河を渉れ」の一場面を鮮明に覚えている。それは、高倉健の扮するクールな男・杜丘冬人が駿馬に乗って、真由美の扮するヒロイン（真由美は中野良子の役名で、「良子の扮する」の誤り）はその後ろに乗り、両手で彼の腰に手を回し、頭は彼の頑丈で広い背中にくっつけている、というものである。馬の四つの蹄が空中に飛翔し、河を勢いよく渡った時、二人の頭上には高く透明な青空、足元には急流の清んだ波があった。馬の跳躍により、スクリーンには上下に起伏する曲線が現われ、真由美の肩に掛かったロングヘアが上下に波打つ中で風になびいて、その美しさにほれぼれした。映画のテーマ曲は、歌詞のない例の「杜丘之歌」で、当時は津々浦々で中国人に歌われたものだった。

——「真由美のロングヘア」

そして、日中関係の逆回転は、「六・四」流血事件の後に始まった。事件の翌日から七月半ばまでの一カ月間、アメリカ、日本、EU、及び先進国サミットは足並みをそろえて声明を発表し、中国との軍事交流や武器輸出、対中新規借款の停止などの制裁措置をとった。こうした難局に直面した中国は「改革開放」政策は不変だと繰り返し主張しながら、「孤立打開」外交を精力的に展開した。かくして「日中関係の特殊性」のある日本は、この「孤立打開」外交の格好の対象となった。日本が西側諸国の中で一歩先んじて対中制裁を解除し、日本のビジネスマンが率先して中国になだれ込み、欧米が撤退した後の市場の真空状態を埋めたが（そのため、劉暁波は日本の対中功利主義的な外交政策を鋭く批判した）、だからといって中国は微塵も日本に感銘してはおらず、却って国内の統治が危機的状況に陥ると、日本に国内矛盾を転嫁し、民衆の恨みを集中的に集める「標的」や「公共の汚水溝」にした。反全体主義を訴えたイギリスの作家・ジョージ・オーウェルは、寓話小説『動物農場』の中で、動物農場の統治者である「ナポレオン」が、存在しない架空の「外敵」を作り出し、抑圧された民衆が鬱憤を晴らすことができる「公共汚水溝」としたことを描いた。それによって自らの権力を固めたのである。だが、その結果は、日本に対する長期的視点を欠いた外交政策による「自業自得」にもなった。

江沢民時代の後期から習近平時代に至るまで、反日は中国共産党の絶対に失敗せぬ「錦の御旗」となった。劉暁波はこう指摘している。

> 中国の国力の不断なる増強につれて、体制側の洗脳と容認の下の民族主義は、恨み節の女のような防衛型から〝憤青〟による攻撃型へと移行しはじめ、殺戮による復讐と武力統一を助長する声は日々高まり、ヒステリックな過激派も少なくなく、その上、こうしたヒステリーは絶えず国民にも害を及ぼした。中国の〝憤青〟たちが、〝反日愛国〟という道徳に彩られた金棒を振りかざし、国民を愛国という言葉で脅迫するさまは常軌を逸していた。
>
> ――劉暁波「中国における桜の受難」（原題「桜花的中国劫難」）

劉暁波は有名な反日事件――政治評論家の馬立誠が「対日新思考」を発表し、ネット上で愛国者に糾弾された上、深圳で人身攻撃に遭ったこと、姜文が『鬼が来た』を撮影するために靖国神社に行ったことがメディアで伝わると、やはり愛国者の疑念と罵声を招いたこと、最も不運であったのはスター女優の趙微《ヴィッキーチャオ》で、「反日」の空気を全く読めないまま旭日旗模様の服を着たことで、全国的に譴責と罵声がどっと沸き上がり、過激派に汚物まで投げつけられたこと――を列挙している。劉暁波は勇敢にポピュリズムに立ち向かい、身を挺してこうした「後ろ指をさされた」人物の側に立ち、応援したのである。

反日の狂気じみた潮流は、武漢大学の桜にまで波及した。桜が日本から来たものであることから、花見が「国辱」となった。これは中国式のロジックであろうか。劉暁波はこれを次のように論じた。

過激な民族主義者は桜と花見をする国民を罵倒するが、それはもう洗脳による知識の欠如かと思うほどに悲しいことだ。もっと悲しいのは、こうした知的障害かと見紛う指弾が、あろうことかさらに全国的な熱い論争を引き起こし得たことである。これによって、今日の中国の民族主義はもう何かに取り憑かれてしまっていることがよく分かる。取り憑かれたものは如何なるものでも、極めて破滅的な結末を迎えるだろう。原理主義的宗教は、神の名のもとに信者を脅迫して人間爆弾にするが、国粋の熱狂もまた宗教への熱狂に取って代わって〝愛国教原理主義〟に発展し得る。とりわけ〝愛国教原理主義〟が、民意のメインストリームまたは国家の利益という装いで現れた時には、誰にとっても、それは一種の理屈が通らぬ強力な脅迫となり、強奪にさえなる。普段は常識派の人物であっても、一たび民族主義という精神的な毒物を吸うや、こうした脅迫や強奪に泥沼式に順応し、人間としての最低限の良識や平等、また人と付きあう時の最低限の公正さを失う。最初にその視野が狭まり唯我独尊の井の中の蛙となり、最後には熱狂的な好戦的人間にさえなってしまう。かつてのナチズムや軍国主義は、まさしく何かに取り憑かれた民族主義の産物だった。

——前掲「中国における桜の受難」

また劉暁波は、中国の反日愛国主義が実はパフォーマンスで、被害者の多くは自国の民衆であることに気づいた。かつてのドイツ人は、本当にヒトラーのために戦場に赴いたが、今日の中国人が共産党のためなら火の中、水の中、などということはあり得ない。中国式の愛国主義は表面的には熱狂的で、中身は利己的で打算的である。

二一世紀の世界で、中国の愛国主義者たちがいかに日本を越え圧倒したいと思っても、自分の同胞に憤るばかりで独裁政府に対する懐疑精神も器量もない国民の、内心の惰弱と骨の髄までずる賢いそろばん勘定では、他の国に「NO」をつきつける資格など全くない。また、日本の民主主義への転換の経験に学ばず、日本の〝女体盛〟しか持ち込めない国家は、常軌を逸するほど国を愛したところで、真に世界の強国に発展できず、まして既に強大な立憲政治による法治国家を超越することなど一層困難である。

——劉暁波「熱狂から機転のきく愛国主義者への転身」（原題「狂熱到精明的愛国主義」）

実際、このような現象が観察された。憤青たちは反日デモをする時に、煉瓦で他人の日本ブランドの自動車を壊したくせに、自分の胸にぶら下げていたソニーやキャノンは、大事に守っていたのである。

昔日の殖民主義の再評価、現在の日本の民主的成就を肯定

劉暁波は一九二〇年代末から軍国主義の道に向かった日本、及び日本軍の戦時中の暴力行為を批判しているが、慎重かつ丁寧に日本がアジアの近代化の中で果たしたプラスの貢献を評価もしている。殖民主義を全面的に否定することはできないというわけである。殖民主義には優劣の区別があり、劉暁波は英国の良質な殖民主義を評価していた。

八〇年代末に香港を訪れた時、彼は今も議論の続く「三百年の殖民地」説［香港の『解放月報』（一九八八年一二月号）］で、「香港が百年に渉る殖民地を経て発展したのだから、中国はその大きさからいって三百年間、殖民地になれば香港のようになれる」という主旨の発言をした（本書第6章4参照）。

そして、日本の殖民主義については、いっそう具体的に評価を定めなければならない。即ち、日本の台湾と満州における殖民地政策は、国際情勢の変化を受け、客観的に見れば慈恵的になった側面もあり、制度や経済の近代化に貢献した側面もある。日本が支援した汪精衛政権も、重慶の蒋介石政権よりガバナンス上の効率が優れていた。一九四〇年代初期、普通の庶民の生活においては、台湾や満州、或いは汪精衛統治下の中国東南部の方が、重慶の蒋介石政権や延安の毛沢東政権の下よりも比較的治安が保たれていた。

劉暁波は中国の東北部、即ち旧満州国であった地域に生まれ育ち、日本による傀儡政権統治下の満州国の近代化を、身をもって体験した。

初期の大連市は日本人が建設した。有名な鞍山鋼鉄集団公司、小豊満水力発電所や阜新炭鉱、そして東北に張り巡らされている鉄道網など……そうしたものはいずれも日本人が残したのである。

——前掲「中国における桜の受難」

劉暁波は誠意をもってこう指摘している。

ぼくは長春出身で、長春が有名な都市になったのは、日本人が長春を重視したことに関わっている。日本人は長春を満州国の首都「新京」として設計しただけでなく、関東軍司令部も長春に置いた。こうしたことがなければ、長春は決して今日のような規模を有することなく、恐らくは吉林省の省都ともなり得なかったであろう。一九五〇～六〇年代、東北の鉄道は全国の先端を行き、長春のガスやスチーム暖房などの近代的な生活インフラも全国に冠たるものだった。北京の人が主に無煙炭ストーブで炊事をしたり、暖を取っていたりした時に、長春ではガス暖房が主流だった。これも全て日本人が残した遺産である。長春の人が「当時の小日本《シャオリーベン》は本当にこの長春を自分の家だと思って建設したんだ」という通りなのである。まさに日本が東北に大量の人的、物的資源を投入して、多くの近代的インフラを建設し、全国屈指の工業地帯としての基礎を築いたからこそ、一九四九年以降の中国共産党政権が東北を重工業の基地と定めたのである。もし日本人が残した桜が『国辱』であるとすれば、日本人が残した近代的東北はもっと『国辱』ということになるのではないだろうか？　長年日本が残したガス暖房の恩恵を受けてきた私のような長春の者は、恐らく誕生したその日から「国辱を忘れた」という道徳上の罪を犯した疑いがあるのだ。

――前掲「中国における桜の受難」

東北の人が首都圏の中国人より早く近代的な生活を送ったのは、日本統治時代の正の遺産と言わざるを得ない。そして、共産党が東北を七十年間統治した後、東北は生気をすっかり搾り取られて「共和国の捨て子」に落ちぶれた。

殖民主義を歴史学者・劉仲敬の理論による解釈で再評価するなら、「西洋的秩序の輸入」である。東アジアは「秩序の窪地」だった。儒家は近代文明の構築には力不足で、西洋近代文明の輸入が必要だったという説もある。日本はスムーズに「脱亜入欧」を果たした後、「イギリスの優等生」という身分でアジアの秩序を維持した。劉仲敬は、次のように論じる。

満州国や興安四省（満州国時代、内モンゴル盟旗地区に設置されていた行政区域）、蒙古連合自治政府（日本の支援の下、一九三九年に徳王が内モンゴルに設置）が先住民に保障した権利は、明らかに東北九省（一九四五年、日本の中国撤退後、中華民国政府により東北部に設立）やチャハル省（中華民国時代に設置された塞北四省のうちの一つ）、綏遠省（中華民国時代に内モンゴルに設置）よりも多かった。自治を基準にするなら、日本の汎アジア主義は大英帝国には及ばないが、大英帝国に取って代わる革命的勢力の中では、やはり最も悪くない選択であった。

――劉仲敬「遠東的線索（ファーイーストの手がかり）」

だが、残念なことに、近代的な条約体制の瓦解とソ連・コミンテルンによる破壊のため、日本は軍国主義的に「大東亜共栄圏」を建設するという大きな賭けをする方向に転じ、自ら半世紀の長きに渉って築き上げた近代化の蓄積を〝一晩で磨って、スッテンテンになってしまった〟。

戦後、日本はアメリカの影響下で「再近代化」し、ドイツとともに経済成長のモデルとなった。近年、日中の外交において、日本は中国に戦後の民主主義の側面も公平に評価することを求めてきた。これに対して、中国はずっとバツの悪い沈黙を守っている。というのも、もし日本の道を肯定したら、中国自身がまだ非民主的であると認めることになるからである。

ところが、中国政府が公言できないことを、劉暁波はタブー視せずに沈黙を破った。彼は、あたかも「王様は裸だ」と真実を語った子供のようであった。

福岡地方裁判所が小泉首相の靖国神社参拝は違法と判決を下したことを論じて、劉暁波はこう指摘した。

日本の地方裁判所が自国の首相に闘いを挑むと、小泉はどうにもできず、その上、譲歩までしなければならなかった。これは、間違いなく日本の民主立憲政治による法治国家としての成熟度を表している。

——劉暁波「日本人は首相に闘いを挑んだが、中国人は女性を殴打した」（原題「日人挑戦首相、国人囲毆女子」、以下同様）

対照的に、中国は正反対の状況だった。

（中国の）裁判所は政治権力に闘いを挑む勇気がないばかりか、逆にずっと政治権力に抑えつけられてきた。たとえ最も筋の通った愛国問題においても例外ではなかった。

そのため、彼はため息まじりに

中国の愛国者は、日本にも手が届かず、自国の政府を怒らせる気概もなく、下品で変態的な鬱憤晴らしをして、日本に対する恨みを自国の同胞に転嫁して八つ当たりすることしかできないのである。

と述べた。

日本が「利益外交」から「価値観外交」に転換することを望む

日中関係を論じた文章において、劉暁波は日本政府が「利益外交」から「価値外交」に転ずるよう、わかりやすく提案をした。

日中関係は、その趨勢により日中両国とアジアないし全世界に甚大な影響を及ぼすため重要である。中国大使を務めたことのある宮本雄二は『これから、中国とどう付き合うか』という書の中で次のように指摘している。

急速に変化しながら出現する「世界大国」中国は、日本にもきわめて大きな影響を与える。単に図体がでかいだけではなく、隣りにドーンと座っているからである。中国で何かが起こればその影響を近隣諸国はもろに受けるし、衝撃のマグニチュードも大きい。隣国であり、好きでも嫌いでも、この国と上手に付き合っていかなければならないのが、日本の宿命なのである。だから中国に媚びる、ということにはならない。日本の立場や原則をしっかりと持ちながら、政治と外交の力量で、隣国との関係をうまく処理することは十分に可能だ。(『これから、中国とどう付き合うか』日本経済新聞社、二〇一一年、一三頁)

では、日本はいかに中国とつきあうべきなのだろうか。宮本は中国を惹きつける「ソフトパワー」を提起した。具体的に「ソフトパワー」がいったい何を指すのかについては詳述されていないが、私の思うところ、「ソフトパワー」とは、民主、法治、自由、人権、立憲政治という「普遍的価値を有するもの」ではないだろうか。

民間人として劉暁波は、憚ることなく思うところを率直に述べた。日本人は「いびつな民族的優越感」を捨て、中国の民主化推進を助けるため積極的に行動すべきだと考えていた。清朝末期、日本は海外に流出した中国人活動家の最大の集積地であった。康有為、梁啓超をリーダーとする改良派と孫文、黄興をリーダーとする革命派は東京で収拾がつかぬほど激論を繰り広げたが、日本の与野党や民間はそうした状況に拘らず、双方を支援した。

しかし今日の日本の政治家は慎重で、枠組みをわずかでも外れないようにしている。これについて、劉暁波は端的にこう指摘している。

経済では日本は世界第二位の大国であり、自ずからアジア経済の発展に重大な責任を負っている。より重要なのは、政治において日本はアジアで最も成熟した民主主義大国であり、道義的にアジアの社会的転換において、政治の民主化を進める最大の担い手になるべきでもある。だが、日本のこの方面における貢献は、その民主主義大国という身分にそぐわぬもので、大きな失望すら覚える。

——「真由美のロングヘア」

その上で、日本が中国の独裁国家たる性質を看過することは、逆に日本自身の国家の安全に重大な危害を及ぼしていると、私は考える。例えば、北朝鮮問題の根っこは北朝鮮ではなく、中国にある。日本が北朝鮮に硬軟交えて対処しても、問題の根本的な解決はできない。劉暁波は言う。

日本が今、最大の脅威として懸念しているのは、独裁の中国と全体主義の北朝鮮である。中国共産党による金一族の暴政への支持がなければ北朝鮮政権は現在のように猖獗を極めるはずがなかったことも、全世界が知っている。もし中国が民主主義国家になったら、北朝鮮も最大の〝盟友〟を失い、アジアや国際社会で孤立し、本当に四面楚歌の状況に陥るであろう。たとえすぐには崩壊しないにせよ、地域の安全に対する脅威は大幅に減少する。

——「真由美のロングヘア」

しかしながら、日本の政治家の誰がこのような深謀遠慮を持っているのだろうか。日本の与野党の目には、経済の中国という「一次元」しか映っておらず、民主の中国という次元は欠けていると、思わざる得ない。

十年あまり前、政治評論家の馬立誠が、中国の対日外交に「新思考」が必要であるとする論文を発表したが、実は日本の対中国外交にも「新思考」が必要である。劉暁波の具体的な提案は次の通りであり、参考に資する。

既に中国の経済的勃興に多大な援助を提供した日本が、中国の脅威を消し去る最もいい方法は、「政冷経熱」という不均衡な外交を維持し続けるのではなく、日本国内の民族主義勢力を強化するのでもなく、今後は伝統的な不均衡外交を改めて、深く歴史を反省し、誠意を尽くして謝罪するとともに、アジアの民主化に相応の責任を持つことである……日本が、アメリカやアジアの他の民主国家とともに、自由、人権擁護、民主という世界中で通用する旗を高く掲げ、外交の面で中国の人権擁護の改善や政治の民主化の推進に力を注げば、中国の人々の助けとなり、また日本自身の助けともなる。中国が民主主義国となる日は、自由で平和な共に栄える新アジアの誕生の時だとさえいえるのだ。

――「真由美のロングヘア」

日本が中国の民主化への加速に手を貸すなら、民主化後の中国は必然的に日本の親密な同盟国となり、日中は手を携えて新アジアを建設できる。そんな「新アジア」は、必ずや今日のEUよりも安定感を誇るものとなるであろう。

劉暁波は、かつて詩人のまなざしで日中の未来をこう描写した。

懐かしい、かつて中国で靡いた真由美の肩までのロングヘア。恨みも、呪いの言葉も、破壊もなく、認め合う二人の愛の美しさしかなかったから。

――「真由美のロングヘア」

このような劉暁波のビジョンは、実現するだろうか？

第II部　資料篇

「ハンスト宣言」を発表する劉暁波

資料

「天安門の四人」の「ハンスト宣言」（一九八九年六月二日）

我々はハンストを行う！　我々は抗議する！　我々は呼びかける！　我々は懺悔する！

我々は死を求めているのではない。我々は真の生命を求めている。

李鵬政府の非理性的軍事暴力の高圧の下、中国の知識界は何千年にわたり遺伝されてきた、ただ口だけを動かし手を動かさないという軟骨症に終止符を打ち、行動をもって軍事管制に抗議し、行動をもって新たな政治文化の誕生を呼びかけ、行動をもって我々が長期にわたり軟弱なるがゆえに犯してきた過失を懺悔する必要がある。中華民族の立ち遅れには、我々の誰もが責任の一端を負っている。

1．中国の歴史において空前である今回の民主運動は、一貫して合法的、非暴力的、理性的、平和的な方法で自由、民主、人権を勝ちとろうとしてきた。しかし、李鵬政府は、何と数十万の軍隊をもって身に寸鉄も帯びぬ学生と各界の民衆を制圧している。このため、我々のハンストはもはや請願のためではなく、戒厳と軍事管制に抗議するためのものとなっている。我々は平和的な方式で中国の民主化のプロセスを推し進めることを主張し、いかなる形の暴力にも反対する。しかし、我々は強暴を恐れはしない。我々は平和的な方法で民間の民主的力量の強靭さをアピールし、銃剣と嘘により繋ぎ止めようとする非民主的秩序を粉砕する。平和的に請願する学生と各界民衆に対して戒厳と軍事管制を行使するという極めて荒唐無稽で理にもとる愚挙は、中華人民共和国の歴史に極めて劣悪な先例の幕開けとなり、共産党、政府、軍隊にとって巨大な恥辱をもたらすことになるだろう。十年の改革開放の成果は一気に崩れ落ちるであろう。

2．中国数千年の歴史は、暴をもって暴に替え、互いに憎しみあうという伝統に満ちあふれている。近代に至っても、仇敵意識は中国人の遺伝となっている。一九四九年以降の「階級闘争をもって要とする」スローガンは、憎しみの心理、仇敵意識、暴をもって暴に替えるという伝統を極端にまで押し進めたものであり、このたびの軍事管制も「階級闘争」式の政治文化の現れである。このため、我々はハンストで、中国人がこれから仇敵意識と憎しみの心理を次第に捨て去り、取り除き、「階級闘争」式の政治文化を徹底的に放棄するように呼びかける。何故ならば、憎しみは暴力と専制を生み出すだけだからである。我々は民主式の寛容精神と協力意識により中国の民主建設を始めなければならない。民主政治は仇敵も憎しみもない政治であり、相互の尊重、相互の寛容、相互の妥協を基礎とした協商、討論、表決によってのみ存在する。李鵬は総理として重大な過ちを犯しており、民主的な手続きを通して引責辞任すべきである。

しかし、李鵬は我々の仇敵ではない。たとえ退陣しても、彼はやはり公民として享受すべき権利は保障されるのであり、さらには誤った主張を堅持する権利さえ持つことができる。我々は、政府はもとより一人一人の普通の公民に至るまで、旧来の政治文化を放棄し、新たな政治文化を開始して軍事管制を終結させるよう要求するとともに、学生と政府の双方に改めて平和的な交渉、協商、対話という方式で双方の対立を解決することを呼びかける。

3．今般の学生運動は空前の規模で社会全体各階層の同情、理解、支持を獲得した。軍事管制の実施はこの学生運動を全人民の民主運動へと転換させるものとなった。しかし、多くの人々の学生への支持はヒューマニズム的な同情と政府への不満から出ているのであり、政治的責任感を伴う公民意識に欠けているという点は否めない。それ故、我々は呼びかける。

社会全体で傍観者的な、また単純な同情という態度を少しずつ捨て去り、公民意識を樹立すべきである。公民意識とはまず政治的権利は平等であるとの意識であり、公民一人一人が自分の政治的権利と総理のそれとは平等であると自覚することである。次に、公民意識には、正義感や同情心だけでなく、より重要なこととして理性的な参加意識、即ち政治への責任感がある。一人一人が同情や支持のみならず民主建設に直接参加すべきである。最後に、公民意識は責任と義務を担う自覚性である。社会で政治が合理的合法的であることに各人は責任がある。自覚的に社会の政治に参与し、自覚的に担うのは、公民一人一人の天職である。中国人は、民主化された政治において、各人はまず公民であり、次いで初めて学生、教授、労働者、幹部、軍人であるということを明確にする必要がある。

4．数千年来、中国社会は古い皇帝を打倒し、新しい皇帝を擁立するという悪循環の中をたどってきた。歴史が明らかにしているとおり、民心を失った指導者の退場も、民心を深く得ている別の指導者の登場も、どちらも中国政治の問題の実質的な解決にはならない。我々に必要なのは完璧な救世主ではなく、完備された民主制である。そのため、我々は次のように呼びかける。

第一に社会全体にわたり様々な方式により合法的な民間自治組織を成立させ、徐々に形成される民間の政治的力量により政府の政策に対するチェック・アンド・バランスの役割を果たすようにする。何故ならば、民主の精髄はチェック・アンド・バランスにあるからである。我々には絶対的権力を有する天使よりも、むしろ十人の相互にチェック・アンド・バランスしあう悪魔の存在の方が必要なのである。第二に、重大な過ちを犯した指導者を罷免することにより次第に完備された罷免制度を樹立する。誰が登場し、誰が退場するかは、それほど重要ではない。重要なのは、どのように登場し、どのように退場するかである。民主的な手続きを踏まない任免は独裁を導くだけである。

5．今回の運動では、政府にも学生にも過ちがある。政府の主な過ちは旧来の「階級闘争」式政治思考に支配され広範な学生や市民と対立する側に立ち、衝突を絶えず激化させてきたことである。学生の過ちは主として自身の組織建設があまりに整備されておらず、民主の獲得のプロセスで多くの非民主的要素を出してしまったことである。それ故、我々は政府と学生の双方に冷静な自己点検を行うことを呼びかける。

全般的に言えば、今回の運動における誤りは主として政府の側にある、と我々は考える。デモやハンストなどの行動は人民が自己の意志を表明するための民主的な方法であり、完全に合法的合理的であり、全く動乱などではない。しかるに、政府側は憲法が公民に賦与している基本的権利を無視し、専制的思考で今回の運動を動乱と決めつけ、そこから一連の誤った方針を導き出し、ついには運動を次第にエスカレートさせ、対立をますます激化させてしまった。従って、本当に動乱をつくり出したのは政府の誤った決定であり、その深刻さの程度は「文革」を下回らない。ただ学生と市民が自制し、党、政府、軍の有識者も含む社会各界が強く声を上げたため大規模な流血事件がまだ発生していないのである。この点に鑑み、政府は是非ともこれらの過ちを認め、反省する必要がある。今から改めてもまだ遅くはないと我々は考える。政府は今回の大規模な民主運動から深い教訓をくみ取り、人民の声に耳を傾けることに慣れ、人民が憲法の賦与する権利により自己の意志を表明することに慣れるべきであり、民主的な国家のガバナンスを学ぶべきである。今回の社会全体にわたる民主運動は政府に国家の民主的なガバナンスについて教えているのである。

学生側の過ちは主に内部組織の混乱、効率や民主的手順の欠如に現れている。例えば、目標は民主的だが、手段やプロセスは非民主的であり、理論は民主的だが、具体的問題の処理は非民主的である。合作の精神に欠け、権力がお互いに相殺しあい、方針がばらばらな状態をもたらした。財政の面では混乱し、物資の面では浪費し、感情に走りすぎて理性が不足し、特権意識がありすぎて平等意識が足りないことなどがあった。この百年来、中国人民が民主を勝ちとる闘いはどれもイデオロギーとスローガンのレベルに止まっていた。ただ思想の啓蒙を論じるだけで、現実の運営は論じない。ただ目標を論じるだけで、手段、プロセス、手順は論じない。我々は、民主政治の真の実現は、運営のプロセス、手段、手順の民主化であると考える。そのため、我々は、中国人の伝統となっている単純なイデオロギー化、スローガン化、目標化による中身が空の民主を捨て去り、運営のプロセス、手段、手順の民主化の建設を開始すべきであり、思想的啓蒙を中心とする民主運動を現実的運営の民主運動に転化させるべきであると考える。我々は、学生側が天安門広場の学生の隊伍の整頓を中心に自ら反省するように呼びかける。

6．政府の方針決定の面における重大な失策は、いわゆる「ひと握りの」という表記の仕方にも現れている。ハンストを通じて、我々は国内外のマスメディアに、いわゆる「ひと握りの」とは、次のような人々であることを訴えたい。

彼らは学生ではないが、政治への責任感を持つ公民として、今回の学生を主体とする全人民の民主運動に自主的に加わっている。彼らの行うこと一切は道理にも法にもかなっており、彼らは自己の知恵と行動をもって、政府に政治の文化、人格の修養、道義の力量などの側面から慚愧すべきことを知らせ、誤りを公開の場で認め、改めさせようとするものであり、また、学生の自治組織を民主と法制の手順に則り日に日に完備したものにさせようとするものである。

認めねばならないことは、民主的な国家のガバナンスは、全ての中国公民にとって初めて体験することであり、党と国家の最高指導者をも含む全ての公民は初歩から学ばなければならない、ということである。このプロセスにおいて、政府と民衆の双方の過ちは不可避であり、重要な点は誤りに気づいたら必ず認め、必ず改めることであり、誤りの中から学び、誤りを成功のための富に転化させることであり、絶えず誤りを改めていくプロセスで徐々に民主的な国家のガバナンスを学びとることである。

我々の基本的スローガンは、以下のとおりである。

1．我々には敵はいない。憎しみと暴力で我々の知恵と中国民主化のプロセスを毒と化してはならない。
2．我々は皆反省すべきである。中国の立ち後れには、皆に責任がある。
3．我々はまずもって公民である。
4．我々は死を求めてはいない。真の生命を求めているのである。

ハンストの場所、時間、規則

1．場所…天安門広場人民英雄記念碑の下
2．時間…七十二時間、六月二日一六時から六月五日一六時まで
3．規則…ただ白湯を飲むだけで、食べ物や栄養分（糖分、デンプン、脂肪、タンパク質）を含む飲料水などの食品をとってはならない。

ハンスト者

劉暁波（文学博士、北京師範大学中文系講師）
周舵（元北京大学社会学研究所講師、北京四通集団公司総合計画部長）
侯徳健（著名なシンガーソングライター）
高新（『北京師範大学周報』前編集長、中国共産党員）

○八憲章（二〇〇八年一二月九日）

一　前文

本年は、中国立憲百周年、「世界人権宣言」公布六十周年、「民主の壁」誕生三十周年、中国政府の「市民的及び政治的権利に関する国際規約」署名十周年に当たる。長期にわたる人権の災厄と困難かつ曲折に満ちた闘いの道のりを経て目覚めた中国公民は、自由・平等・人権は人類共通の普遍的な価値であり、民主・共和・憲政が現代政治の基本的な制度枠組みであることを、日増しにはっきりと認識しつつある。これらの普遍的な価値や基本的政治制度の枠組みと乖離した「現代化」は、まさに人間から権利を剥奪し、人間性を堕落させ、人間の尊厳を踏みにじる災厄のプロセスである。二一世紀の中国はどこに向かうのか？　現今のような権威主義的な統治のもとで「現代化」を継続するのか？　それとも普遍的な価値を認め、主流の文明に融合して民主的な政体を樹立するのか？　これは避けることのできない選択である。

一九世紀半ばの歴史的な激変は、中国の伝統的な専制的制度の腐敗を暴き出し、中華の大地において数千年来未曾有の大変動の幕が切って落とされた。洋務運動は表面上での改良を追求し、甲午戦争（日清戦争）の敗戦は再び体制が時代遅れであることを暴露した。戊戌の変法は制度面での革新に及んだものの、結局は頑固派の残酷な鎮圧により失敗に帰した。辛亥革命は、表面的には二千年余り続いた皇権制度を埋葬し、アジアで最初の共和国を建国した。しかし、当時の内憂外患という特定の歴史的条件に制約され、共和制の政体は槿花一日の栄の如く短命に終わり、専制主義がすぐさま捲土重来した。表面的な模倣と制度の更新の失敗は、国民に文化的病根に対する反省を促し、ついに「科学と民主」を旗印にする「五・四」新文化運動が起きた。だが、内戦の頻発と外敵の侵入により、中国政治の民主化の歩みは中断を強いられた。抗日戦争(日中戦争)勝利後、中国は再び憲政への歩みをスタートさせたものの、国共内戦の結果は中国を現代版全体主義の深淵に陥れるものとなった。一九四九年に建国された「新中国」は、名義上は「人民共和国」だが、実際は「党の天下」であった。政権党はすべての政治的経済的社会的資源を独占し、反右派闘争、大躍進、文革、六・四、民間の宗教活動および人権擁護運動の抑圧など、一連の人権侵害を引き起こし、数千万人の命が奪われ、国民も国家も甚だしい代償を支払わされた。

二〇世紀後期の「改革開放」で、中国は毛沢東時代の普遍的貧困と絶対的全体主義から抜け出し、民間の富と民衆の生活水準は大幅に向上し、個人の経済的自由と社会的権利は部分的に回復し、公民社会は成長し始め、民間における人権と政治的自由への要求は日増しに高まっている。執政者も市場化と私有化の経済改革を進めると同時に、人権の拒絶から徐々に人権を承認する方向に向かっている。中国政府は、一九九七年、一九九八年、二つの重要な国際人権規約それぞれに署名し、全国人民代表大会は二〇〇四年の憲法改正で「人権の尊重と保障」を憲法に書き入れた。本年はさらに「国家人権行動計画」を策定、実行することを承諾した。しかし、こうした政治的進歩は今までのところほとんど紙の上にとどまっている。法律があっても法治がなく、憲法があっても憲政がなく、依然として誰もが知っている政治的現実がある。執政集団は引き続き権威主義的な統治を維持し、政治改革を拒絶している。そのため官界は腐敗し、法治は実現せず、人権は明らかにされず、道徳は廃れ、社会は二極分化し、経済の発展は畸形的で、自然環境と人文環境は二重に破壊され、公民の自由・財産・幸福追求の権利は制度的保障を得られず、様々な社会矛盾が絶え間なく蓄積し、不満は高まり続けている。とりわけ官民対立の激化と、集団性突発事件の激増はまさに破滅的な制御不能に向かっており、現行体制の立ち遅れは直ちに改めねばならない段階に達している。

二　我々の基本理念

中国の将来の運命を決めるこの歴史的な岐路に立ち、百年来の現代化の過程を顧みて、下記の基本理念を再び提示する。

自由――自由は普遍的な価値の核心である。言論・出版・信仰・集会・結社・移動・ストライキ・デモ行進などの権利はいずれも自由の具体的表現である。自由が発揮できずして、およそ現代文明など語れるわけがない。

人権――人権は国家が賜与するものではなく、全ての人間が生まれながらに有する権利である。

人権の保障は政府の最も重要な目標であり、公権力の合法性の基礎であり、また「人を以て本となす」の内在的要求である。中国のこれまで繰り返されてきた政治的災厄はいずれも執政当局の人権無視と密接に関連する。人間は国家の主体であり、国家は人民に奉仕し、政府は人民のために存在するのである。

平等――すべての個人は、社会的地位・職業・性別・経済状況・人種・肌の色・宗教・政治的信条に関わらず、その人格・尊厳・自由はいずれも平等である。法の下でのすべての人間の平等という原則は必ず徹底されなければならず、公民の社会的・経済的・文化的・政治的権利の原則は徹底されなければならない。

共和――共和とは即ち「皆が共に治め、平和的に共存する」ことである。つまり権力分立によるチェック・アンド・バランスと利益の均衡であり、多くの利益の構成要素・様々な社会集団・多様な文化と信条を追求する集団が、平等な参加・公平な競争・共同の政治対話の基礎の上に、平和的な方法で公共のための業務を処理することである。

民主――最も基本的な意味は、主権在民と民選政府である。民主には次の基本的特徴がある。

（1）政権の合法性は人民に由来し、政治権力の源は人民にある。
（2）政治的統治は人民の選択により決定される。
（3）公民は真の選挙権を有し、各級政府の主要政務官僚は必ず定期的な選挙により選ばれなければならない。
（4）多数者の決定を尊重し、同時に少数者の基本的人権を保護する。

一言で言えば、民主とは政府を「民が有し、民が治め、民が享受する」現代的公器とすることである。

憲政——立憲政治は法律の規定と法治を通して憲法の定めた公民の基本的な自由と権利を保障するための原則である。それは政府の権力と行為の限界を画定し、さらに相応する制度的措置を提供することである。

中国において、帝国皇権の時代は既に過去のものとなり、再び戻ることはない。世界的にも、権威主義的体制は黄昏を迎えている。公民は真に国家の主人公となるべきである。「明君」や「清官」を頼りにする臣民意識を払いのけ、権利を基本とし、参与を責務とする公民意識を発揚し、自由を実践し、民主を率先して行い、法治を尊重することこそが、中国の根本的な活路である。

三　我々の基本的主張

これにより、我々は責任を担う建設的な公民の精神に基づいて、国家の政治制度、公民の権利、及び社会的発展の各方面について、以下の具体的な主張を提起する。

1　憲法改正——先述の価値理念に基づき憲法を改正し、現行憲法の中の主権在民原則にそぐわない条文を削除し、憲法を真の人権の保証書、及び公権力への許可証にし、いかなる個人・団体・党派も違反してはならぬ実施可能な最高法規とし、中国民主化のための法的権利の基礎を固める。

2　分権と均衡――権力の分立した現代的政府を構築し、立法・司法・行政の三権分立を保障する。法に基づく行政と責任ある政府の原則を確立し、行政権力の過剰な拡張を防止する。政府は納税者に責任を負わねばならない。中央と地方の間に権力分立とチェック・アンド・バランスの制度を確立し、中央権力は必ず憲法で授権の範囲を明確に定めなければならず、地方は充分な自治を実行する。

3　立法による民主――各級の立法機関は直接選挙により選出され、立法は公平正義の原則を堅持し、立法による民主を実行する。

4　司法の独立――司法は党派を超越し、いかなる干渉も受けず、司法の独立を実行し、司法の公正性を保障する。憲法裁判所を設立し、違憲審査制度を確立し、憲法の権威を守る。国家の法治に重大な危害を及ぼす党の各級政法委員会（法律の制定や執行に関わる党内組織）を可及的速やかに解散させ、公器の私物化を防ぐ。

5　公器の公用――軍の国家化を実現する。軍人は憲法に忠誠を尽くし、国家に忠誠を尽くさなければならない。政党組織は軍隊から退出し、軍隊の職業化のレベルを高める。警察を含むすべての公務員は政治的中立を守らなければならない。公務員の任用における党派の差別を撤廃し、党派に関わらず平等に任用する。

6　人権の保障――人権を確実に保障し、人間の尊厳を守る。最高民意機関に責任を負う人権委員会を設立し、政府が公権力を乱用して人権を侵害することを防止する。とりわけ公民の人身の自由は保障されねばならず、いかなる人も不法な逮捕・拘禁・召喚・尋問・処罰を受けない。労働教養制度は廃止する。

7　公職の選挙——民主的選挙制度を全面的に実施し、一人一票の平等選挙を実施する。各級行政首長の直接選挙を制度化し、段階的に実施しなければならない。定期的な自由競争選挙、及び公民が法定の公職に選挙で参与することは、剥奪してはならない基本的人権である。

8　都市と農村の平等——現行の都市と農村の二元戸籍制度を廃止し、公民として一律に平等な憲法上の権利を実現し、公民の移動の自由の権利を保障する。

9　結社の自由——公民の結社の自由権を保障し、現行の社会団体の登録審査許可制を届出制に改める。結党の禁止を撤廃し、憲法と法律により政党の行為を規範化し、一党の独占する執政的特権を廃止し、政党活動の自由と公平な競争の原則を確立し、政党政治の正常化と法制化を実現する。

10　集会の自由——平和的な集会・行進・デモ・示威行動などの表現の自由は、憲法の定める公民の基本的自由であり、政権党と政府は不法な干渉や違憲の制限を加えてはならない。

11　言論の自由——言論の自由・出版の自由・学問の自由を実現し、公民の知る権利と監督権を保障する。「新聞法」と「出版法」を制定し、報道規制を撤廃し、現行「刑法」中の「国家政権転覆煽動罪」条項を廃止し、言論への処罰を根絶する。

12　宗教の自由——宗教の自由と信仰の自由を保障し、政教分離を実行し、宗教・信仰の活動は政府の干渉を受けない。公民の宗教の自由を制限し、あるいは剥奪する行政法規・行政規則・地方の法規は、審査を経て撤廃する。行政が立法により宗教活動を管理することを禁止する。宗教団体（宗教活動の場所を含む）が、登記されねば合法的地位は獲得できないという事前許可制度を廃止し、それに代えて、いかなる審査も必要としない届出制とする。

13　公民教育――一党統治への奉仕やイデオロギー的色彩の濃厚な政治教育と政治試験を廃止し、普遍的な価値と公民の権利を基本とする公民教育を推進し、公民意識を確立し、社会に奉仕する公民の美徳を提唱する。

14　財産の保護――私有財産権を確立し、保護する。自由で開放的な市場経済制度を実施し、創業の自由を保障し、行政の独占を排除する。最高民意機関に対して責任を負う国有資産管理委員会を設立し、合法的で秩序ある財産権の改革を展開し、財産権の帰属と責任者を明確にする。新土地運動を繰り広げ、土地の私有化を推進し、公民、とりわけ農民の土地所有権を確実に保障する。

15　財政税務の改革――民主的な財政を確立し、納税者の権利を保障する。権限と責任が明確な公共財政制度の枠組みと運営メカニズムを構築し、各級政府の合理的かつ効果的な財政分権体系を構築する。租税制度に対して大改革を行い、税率を下げ、税制を簡素化し、税の負担を公平にする。社会的公共的な選択プロセスや民意機関の決議を経ずに行政部門が思うにまかせて増税や新規課税を行ってはならない。財産権に関する改革により多元的な市場の主体と競争のメカニズムを導入し、金融に参入する敷居を低くし、民間金融機関の発展の条件を作り出し、金融システムの活力を充分に発揮させる。

16　社会保障——全国民をカバーする社会保障制度を構築し、国民が教育・医療・養老・就職などの面において最も基本的な保障を得られるようにする。

17　環境保護——生態環境を保護し、持続可能な開発を提唱し、子孫と全人類のために責任を果たす。国家と各級の公務員は、そのために担うべき相応の責任を明確に実行する。民間組織の環境保護への参加を促進し、監督機能を発揮させる。

18　連邦共和——平等・公正の態度で地域の平和と発展の維持に寄与し、責任ある大国のイメージを形成する。香港・マカオの自由制度を維持する。自由と民主の前提のもとで平等な交渉と相互の協力により海峡両岸の和解案を追求する。大いなる智恵で各民族が共に繁栄することが可能な道筋と制度設計を探求し、民主憲政の枠組みのもとに中華連邦共和国を樹立する。

19　正義の転換——これまでの度重なる政治運動により政治的迫害を受けた人々とその家族の名誉を回復し、国家賠償を行う。すべての政治犯と良心の囚人を釈放する。信仰により罪に問われたすべての人々を釈放する。真相調査委員会を設立し、歴史的事件の真相を究明し、責任を明らかにし、正義を広める。それを基礎として社会の和解を追求する。

四　結語

中国は、世界の大国として、国連安全保障理事会の五常任理事国及び人権理事会のメンバーとして、人類の平和事業と人権の進歩のために進んで貢献すべきである。しかしながら遺憾なことに、今日の世界のすべての大国の中で、ただ中国だけがいまだに権威主義の政治の中にあり、このため連綿と続いて絶えることのない人権の災厄と社会の危機を招いており、また中華民族のみずからの発展を束縛し、人類文明の進歩を制約している。――このような局面は絶対に改めねばならない！　政治の民主的改革は、もはや引き延ばすことはできないのである。

このため、我々は勇気をもって実行するという公民の精神に基づいて「〇八憲章」を公表する。我々は危機感・責任感・使命感を共有するすべての中国公民が、官民の別なく、身分に関わらず、小異を残して大同につき、積極的に公民運動に参与し、共に中国の偉大な変革を推し進め、一日も早く自由・民主・憲政の国家を創りあげ、国民が百年余りも粘り強く追い求めてきた夢を実現することを希望する。

私には敵はいない——最終陳述——

私はすでに五〇歳を超える人生を歩んできたが、一九八九年六月は、私の人生にとって重大な転換の時であった。それまで、私は文革後に大学入試が復活した第一期の大学生（七七年入学組）であり、学生から修士へ、そして博士課程へと、私の勉学生活は順風満帆であり、卒業後は北京師範大学に留まり、教職に就いた。教室では私は学生からすこぶる評判のよい教師であった。同時に、私は一人の社会活動に携わる「公共知識分子」[1]でもあり、二〇世紀八〇年代に、話題を呼ぶ論文や著作を発表してきた。各地に招かれてしばしば講演をやり、さらに欧米諸国の訪問学者にもなった。私が自らに課した課題は、行動においても文章においても、誠実に、責任と尊厳をもって生きることであった。その後、米国から帰国して一九八九年の「民主化」運動に参加したため、「反革命宣伝煽動罪」で投獄され、私が愛してやまない教壇に立てなくなり、国内では文章の発表や講演ができなくなった。

異なる政見を発表し、平和・民主化運動に参加しただけで、一人の教師が教壇に立つ機会を失い、一人の作家が発表の権利を失い、一人の「公共知識人」が公開の場で講演する機会を失ったことは、私個人にとっても、改革開放三十年の中国にとっても、一つの悲哀である。

回想すると「六・四」[2]以後、私は最もドラマチックな経歴を体験したが、いずれも法廷と関わりがある。私は二回、公衆に向かって話をする機会を得たが、いずれも北京市中級法院における陳述である。一度は一九九一年一月のことで、一度はいま現在だ。

起訴された罪状はそれぞれ異なるが、その実質は基本的に同じもので、いずれも「発言により罪を得た」[3]ものである。二十年が過ぎ去ったが、六・四の冤罪の魂はいまだ瞑日できず、六・四が心の奥底にきざんだ強い感情から体制側とは異なる政治的見解をもつ道を歩んだ私は、一九九一年に秦城監獄[4]を出た後、自らの祖国で公開の場で発言する権利を失い、国外のメディアを通じてしか発言できない。長年にわたって拘禁され、「居住監視」[5]を受け（一九九五年五月〜一九九六年一月）、労動教養処分[6]を受けた（一九九六年一〇月〜一九九九年一〇月）。現在再び、政権の敵対意識によって被告席に立たされているが、私の自由を剥奪している政権に対して私はやはり言いたい。私は二十年前に『六・二ハンスト宣言』[7]で発表した信念を堅持している。——私には敵はいないし、恨みもない。

私を監視し、逮捕し、訊問した警察、私を起訴した検察官、私に判決をくだした裁判官は、いずれも私の敵ではない。あなたたちの監視・逮捕・起訴・判決を私は受け入れることはできないが、いま検察側を代表して私を起訴した張栄革・潘雪晴二人の検察官を含めて、私はあなたたちの職業と人格を尊重している。一二月三日、二人が私を訊問した際に、二人の私への尊重と誠意を感じたのである。

というのは、恨みは人の智慧と良知を腐蝕させ、敵対意識は民族の精神に害毒を与え、生きるか死ぬかの残酷な闘争を煽り、社会の寛容と人間性を破壊し、国家が自由民主の進路に向かうのを妨害するからである。それゆえ私は、個人が遭遇したことを超越して国家の発展と社会の変化に対抗し、最大の善意をもって政権の敵意に向き合い、愛をもって恨みを解きたいと希望している。

周知のように、改革開放は国家の発展と社会の変化をもたらした。私の見るところ、改革開放は毛沢東時代の「階級闘争を要とする」[8]執政方針を放棄するところから始まり、転じて経済発展と社会の調和に努力するものだ。「闘争哲学」を放棄する過程は、敵対意識を一歩一歩薄めていき、恨みの心理を除去する過程でもあり、人間性の中に浸透した「狼の乳」[9]を絞り出す過程でもあった。

正にこの過程は、改革開放のためにくつろいだ国内外の環境を提供し、人と人の間の博愛を回復し、異なる利益と異なる価値の平和共存のために、柔軟なヒューマニズムの土壌を提供し、それによって、中国人の創造力がほとばしり、思いやりの心が回復することを願い、人間性そのものへの激励を送ったのである。対外的には「反帝反修」[10]を、対内的には「階級闘争」を放棄したことが、中国が改革開放を持続できたことの基本前提だといえよう。

経済は市場に向かい、文化は多元化し、秩序がしだいに法治に向かうのは、すべて「敵対意識」が薄められたことによる。進歩が最も緩慢な政治領域においてさえも、敵対意識の薄れたことによって、政権の社会に対する多元化が進めば、包容性が日増しに拡大し、異なる政見をもつ者に対する迫害の程度も大幅に減少するであろう。一九八九運動への定義が「暴乱」から「政治風波」と改められたように。敵対意識が薄まれば、政権が一歩一歩人権という普遍的価値を受け入れるように仕向けられるであろう。

一九九八年、中国政府が世界に向けて、国連の二大国際人権公約[11]の受入れに署名したことは、中国の普遍的人権基準を承認したメルクマールである。二〇〇四年、全人代が憲法を改正し、初めて「国家は人権を尊重し保障する」と憲法に書き込んだことは、人権がすでに中国法治の根本原則の一つとなったことのメルクマールである。同時に現政権が「人をもって本となす」、「和諧社会の建設」の方針を掲げたことは、中国共産党の執政理念の進歩のメルクマールである。これらマクロ的側面の進歩は、私が逮捕されて以来みずから体験してきた現実からも感じている。

私は自らが無罪だと確信し、私への訴追は違憲だと考えつつ、私が自由を失った一年余に、前後二つの拘禁地点、四人の予審の警官、二人の検察官、二人の裁判官との体験を経てきた。彼らは事件の処理において、私を尊重し、時間を超過した取り調べは行わず、自供を迫ることもなかった。彼らの態度は平和的・理性的であり、時には善意さえ露呈されていた。

六月二三日、私は「居住監視」から、北京市公安局第一看守所（略称「北看」）に移された。「北看」の半年間に、私は監視管理上の進歩を体験した。一九九六年、私は「旧北看」[12]に拘留されたが、十数年前まで「半歩橋」と呼ばれた当時の「北看」と比べると、現在の「北看」は、施設というハード面も、管理というソフト面も、極めて大きな改善が見られる。とりわけ「北看」で始められたヒューマニズム的管理は、拘留者の権利と人格の尊重を基礎として、ソフトな管理を看守たちの一言一行の中に具体化し、「耳に優しいアナウンス」[13]、「反省（悔悟）」雑誌、食前の音楽、起床・就寝時の音楽の中に体現している。こうした管理は拘留者に尊厳とぬくもりを感じさせ、彼らが監獄の秩序を維持し、牢獄のボスに反対する自覚性をかき立てることに役立っており、拘留者に対して人間的な生活環境を与えるばかりでなく、拘留者の訴訟環境と精神状態も大きく改善した。私は私の監視を主管する劉峥看守と身近で接触したが、彼の拘留者に対する尊重と関心は、日常の管理の細部にまで浸透し、彼の一言一行のなかに、ぬくもりを感じさせた。

このように真誠・正直であり、責任をもち、善意の劉看守と知り合えたことは、私にとって北看で幸運であったといえよう。

このような信念と体験を通じて、私は中国の政治進歩は停止するはずはなく、未来の自由中国の到来に対して楽観に満ちた期待を抱いている。というのはいかなる力量も自由に向かう人間の欲求を阻むことはできないからだ。

中国はいつかは人権を至上とする法治国になるであろう。私が期待しているのは、このような進歩がこの裁判の審理においても実現され、合議制法廷における公正な判決、すなわち歴史の試練にたえうる判決の出ることを期待している。

この二十年で私にとって最も幸運なことを挙げるならば、それはわが妻、劉霞の無私の愛である。今日、私の妻は法廷に来れず、傍聴してはいない。だが、私はやはり彼女にこう呼びかける。愛しい妻よ、私に対するあなたの愛がこれまでと同じものであることを。

長年来、私の自由なき生活のなかで、われわれの愛は外部の環境に強いられて苦渋に満ちていた。だが顧みると、やはり愛は無窮である。私は監獄のなかで服役している。あなたは形なき心の獄中で私を待つ。あなたの愛は高い監獄の塀を越えて、鉄窓から射す陽光のように、私の皮膚にくまなく触れて、私の細胞一つ一つを温め、私に内心の平和と伸びやかさと明るさを与え、獄中の毎分毎秒を満たしてくれる。そして私のあなたへの愛には内心のうずきと申し訳なさが含まれ、時には重く、私の足枷となる。

私は荒野の「頑固な石」[14]であり、狂風暴雨に打たれ、人が触れられないほど冷たい。だが私の愛は硬く、鋭利で、いかなる邪魔物をも貫く。もし私が臼で轢かれ粉末になったら、私は灰になってあなたを抱擁するであろう。

愛しい妻よ、あなたの愛があれば、私は平然と未来の審判に立ち向かい、自らの選択を後悔することなく、明日を楽観できる。

わが国が、自由に表現できる土地になり、一人一人の国民の発言が等しく扱われることを期待している。そこでは、異なる価値、思想、信仰、政見……は相互に競争しつつ平和共存する。多数意見と少数意見が、みな平等の保障を受け、とりわけ、執政者の政見とは異なる意見が十分な尊重と保護を受ける。そこではあらゆる政見は陽光のもとで民衆の選択をまつ。国民は誰もが恐れることなく政見を発表し、異なる政見を発表したことによって政治的迫害を受けることはない。

私はこう期待する。まさに中国の連綿として絶えることのなかった「文字獄」[15]の最後の被害者に私がなり、これからは誰もが発言のゆえに罪を得ることのない社会が実現できることを。表現の自由こそが、人権の基礎であり、人間性（ヒューマニズム）の基本であり、真理を生む母である。言論の自由を封殺することは、人権を踏みにじり、人間性を窒息させ、真理を抑圧することである。憲法の賦与した言論の自由という権利は、まさに中国公民の尽くすべき社会的責任なのだ。私の行為は無罪である。提訴されたとしても、怨言はない。

皆さん、ありがとう！

註

1　各種の「腐儒」に対して、社会的責任を自覚し、行動するインテリを劉暁波はこのように呼ぶ。

2　一九八九年六月四日の天安門事件。

3　原文は「因言獲罪」。

4　秦城監獄は、中国で最も著名な監獄である。北京市昌平区興寿鎮秦城村の小湯山附近にある。一九六〇年三月一五日に落成した。中国政治の激変を反映して、さまざまの人々が投獄された。例えば林彪の部下たち、四人組の江青夫人、民主化を求めた魏京生、鮑彤などである。国務院公安部に所属する。

5　一九九六年の改正刑事訴訟法によれば、人民法院（裁判所）、人民検察院（検察）、公安機関（警察）は、刑事手続きからの逃亡を防ぐため、証拠不十分の被疑者、被告人について「居住監視」をすることができる。期間は最長で六カ月。被疑者の取調べの出頭、被告の公判の出頭を妨げないために、「許可なしに住居を離れない」、「無許可の接見、証拠の隠滅、供述の口裏あわせをしない」、「証人の証言を妨害しなぃ」ことが求められる。居住監視は、当該地区の公安派出所、被告人の所属する単位が執行する。

6　労働教養とは、中国各地方政府の労働教養管理委員会が、「社会秩序を乱した」といったあいまいな理由をもって裁判抜きで人民を勾留（強制労働）できる制度である。勾留期間は三年以下と決められているが、更に一年間の延長が認められるために実際は四年間まで可能である。また、釈放後に再度収容が繰り返されることもある。労働教養管理委員会は事実上、国務院公安部が運営をしている。また国務院公安部と裁判所を管轄する共産党の担当部門（政法委員会）は同じ部署である。全国に約二百五十カ所あり、収容者は約十六万人と伝えられる。内外の批判により二〇一三年一一月に廃止された。

7　一九八九年六月二日、劉暁波、周舵、侯徳健、高新の四名が発表した。『チャイナ・クライシス重要文献』第二巻、六一～六六ページに村田忠禧訳が収められている。基本的スローガンとして掲げた四個条の第一項は「われわれには敵は存在しない。憎しみと暴力でわれわれの智恵と中国の民主化の進展を毒づいてはならない」とあり、劉暁波の非暴力の精神が鮮明に提起されている。

8　毛沢東の死去に際して発表された「訃告」は、こう書いている。「社会主義革命期には、毛主席は国際共産主義運動の正反両面の経験を全面的に総括して、社会主義社会の階級関係を深く分析し、マルクス主義の発展史上最初に、生産手段所有制の社会主義的改造が基本的に達成されたあとにも、なお階級と階級闘争が存在することを明確に提起し、ブルジョア階級はほかでもなく共産党内部にいるという科学的論断を下し、プロレタリア階級独裁のもとでの継続革命の偉大な理論を提起し、社会主義の全歴史的段階における党の基本路線を制定した」と。「階級闘争を要とする」方針はこの認識に基づく。

9　「狼の乳を飲んで育つ」は、一九七九年五月、北京で開かれた第一回五四運動学術討論会で中央宣伝部長・鄧力群が張志新の悲劇に触れて「同志よ、我々は狼の血を飲んで育ったのだ」と叫んだことに由来。さらに中山大学の袁偉時教授は「現代中国の三大災厄（反右派闘争、大躍進、文革）という人々の悲惨の原因が何であったか、二十年前に悟ったにもかかわらず、いまだに『狼の乳を飲んで育っている』ことに驚く」と『氷点週刊』二〇〇六年一月一一日号に書いた。これを含む袁教授の歴史観が多くの反響を呼ぶと、当局に問題視され、同誌は停刊処分を受けた（後に復刊）。

10　帝国主義反対、修正主義反対。文化大革命期のスローガン。

11　一九四八年の「世界人権宣言」およびこれを敷衛した「市民的及び政治的権利に関する国際規約」（B規約）を指す。

12　かつて半歩橋と通称され、北京の斬首の場所「菜市口」に近い。「半歩橋」の名は、清朝の時代から犯人を監禁するところで、龍でさえも、ここに来るとすくんでしまい半歩も歩けないという故事からついた。共産党の政権獲得後、ここに北京市第一看守所を建設した。

13　原文は「温馨広播」。耳に優しい管内アナウンス。

14　原文は「頑石点頭」。ある僧が石を相手に説教したところ、石がうなずいた故事に由来する。劉暁波は石を相手に説得する決意で、石に変身して、民主化を説いている。

15　筆禍事件。

あとがきに代えて　編訳者の覚え書き

1

二〇一一年八月一日の「建軍節（人民解放軍記念日）」が過ぎても、北京では政治的に〝敏感〟な空気が重苦しいまでに徘徊していました。

老朋友の余傑は、地下鉄崇文門駅近くの私の投宿していた新橋飯店まで会いに来ました。彼は、前年一二月九日、ノーベル平和賞授賞式の前日、公安当局に自宅から連行されたことを口ごもりながら語りました。

いきなり頭から黒い袋をかぶせられ、ワゴン車に放り込まれ、密室で裸にされ、夜通し拷問を受けました。「てめえを殴り殺して、劉暁波の平和賞に仕返ししてやる」、「劉暁波の伝記なんか絶対やめろ。この指を一本ずつ折ってやる」とも脅迫されたのです。パソコンのパスワードが解読されたのでしょう。

そして、彼はカバンからワープロで清書した本書の初稿を丁重に取り出し、私に手渡しました。

それから私たちは「天安門の母たち」代表の丁子霖・蔣培坤夫妻の自宅を訪れました。常に厳重な監視下に置かれているため、「〇八憲章」発表以後、三年ぶりに余傑と丁・蔣夫妻が再会できました。これはまた最後となりました。蔣は二〇一五年に不帰の人となったからです。

丁・蒋夫妻の語り口は物静かでしたが、表情には悲憤や無念が滲んでいました。私は、銃弾に倒れた夫妻の愛息・蒋捷連の肖像画の下で、暁波・霞のエピソードなどに耳を傾けました。

同年一二月二八日、北京では骨の髄まで突き刺すほどの寒風が吹きすさんでいました。四川料理のレストラン「食盅湯」に、余傑・劉敏夫妻、オーセル（チベット女流作家）・王力雄夫妻、夏霖（人権派弁護士）、周忠陵（「食盅湯」オーナー）、チベットの子供のためのテント学校をつくる友人たちと集い、劉暁波の五六歳の誕生日を祝いました。この日も四、五人の「国保《グオバオ》」が出動し、嫌がらせの「ご挨拶」をしてから、隣のテーブルで目を光らせていました。

習政権発足後、強権体制は一層強化され、学者、ジャーナリスト、人権派弁護士らが「国家分裂罪」、「騒動挑発罪」などの容疑で検挙される事件が頻発しています。オーセルと王は二人とも出国できない「国内亡命者」となり、夏は投獄されました（二〇一四年に身柄拘束、二〇一七年に懲役十年の判決）。

余はあの日、「必ず劉暁波伝を世に出す。再見」と告げました（その二週間後にアメリカに亡命）。それ以来、私はメリーランド州や台北で会い、また電子メールなどのコミュニケーション・ツールにより本書の内容について幾度も相談を重ねてきました。そして、台湾版『我無罪――劉暁波伝――』（時報出版社、二〇一二年）をベースとするが、煩雑な繰り返しは割愛し、また劉暁波自身の原文を加え、新たな日本語版として刊行することにしました。

2

本書の内容は二〇一〇年までのため、ここでは劉暁波の最晩年を中心に要点を摘記します。

二〇一〇年一〇月以後、妻の劉霞まで事実上の軟禁状態に置かれ、夫婦とも沈黙を強いられました。

二〇一七年六月下旬、突然、劉暁波が末期の肝臓がんにかかっているため医療目的で瀋陽の中国医科大附属病院に移送が認められたと、中国政府は発表しました。

劉暁波は病弱な妻をおもんばかり、出国して治療を受けることを望んだが、全く応じられないため、「劉暁波に徹底的な自由を返せ」という緊急声明が、六月二六日にツイッターやフェイスブックなどを通して実名で公開されました。その起草の中心メンバーは「〇八憲章」最初の署名者です。遡ると八年半前の二〇〇八年一二月一二日、劉暁波が拘束された四日後、「我々は、暁波氏と共にこの憲章に署名し、現下の中国における現実問題についての認識と緊迫感を共に分かちあい、我々の祖国の前途と命運に対する責任を分かちあい、我々の民族が、先人の屍《しかばね》を乗り越えてたゆまず追求している自由平等という共通の理想を分かちあっている」との「共苦（compation）」と共同責任が表明されました（「我々と劉暁波を切り離すことはできない――声明」『天安門事件から「〇八憲章」へ』）。

今回の緊急声明も、一日だけで署名者は約三百名にのぼりました。

その内容は、a無条件の釈放。劉暁波・劉霞の外部との連絡の回復、b治療の方法や場所の自由な選択、c親族や友人との面会、コミュニケーション、外部からの人道的支援の保障、d獄中の健康状態の記録の誠実な公開、健康悪化と治療の時機を逃した原因の調査と公開、責任の追及、という四点を求めました。

七月二日、署名者のうち二十名以上が当局の召喚や嫌がらせ（「被喝茶」、監視カメラの設置など）を受け、観光目的の出国が阻止された者さえいました。

五日、温克堅や莫之許は瀋陽の病院に見舞いに赴きましたが、病室さえ教えられず、その上、地元の「国保」に召喚、訊問、脅迫されました。

一三日、劉暁波は多臓器不全により死去したと伝えられました（享年六一歳）。

一五日、火葬が行われ、その日のうちに船から海洋散骨した画像や動画が公開されました。

一八日、香港で出版を予定している劉霞の写真集のために劉暁波が寄せた序文が、夫妻の友人により「最後に書かれた文章」としてネットで紹介されました。この「遺書」の抒情を終始彩るのはやはり「氷のような激しい愛、まっ黒で一途の愛」です。そして、劉霞の詩、絵画、写真の三つのジャンルの作品をそろえた個展を開けなかったことが「最も残念なことだ」と記されていました。

一九日、頭七（中国の初七日）、中国当局は追悼活動に対して厳戒態勢を敷きましたが、学者の秦暉、呉思、江棋生、作家の徐暁、万聖書園の劉蘇里たち二十数名はホテルの一室で追悼会を開きました。これは無事に終えましたが、その一方、広州や大連など各地における民間人の追悼活動では複数の参加者が拘束されたと報道されました。

八月一八日、広州の詩人・浪子が地元当局に刑事拘束されたと、友人がＳＮＳで発信しました。「詩集販売という違法経営」が容疑とされたものの、独立ペンによると、劉暁波追悼の詩選（アンソロジー）の編集・寄稿が理由にされた可能性があるということでした。

その発起人である台湾在住の詩人・孟浪は、詩選には中国大陸から約百名の詩人や作家が参加し、歴史の瞬間に隣り合わせ、現実に我が身を曝しつつ、社会の現実に対して沈黙を破り、広く外に目を向けさせる貴重な一冊になるはずでしたが、国内寄稿者の身の安全を憂慮し、出版は断念すると述べました。

私は、昨年秋、広州で浪子に会いました。彼が手渡してくれた手作りの詩集は繊細な心理描写と時代を疾走する吶喊を併せ持つものでした。

九月二二日、浪子は保証人を立てることで仮釈放されました（本人の発信）。


七月以降、中国政府はソーシャルメディアのサイトから携帯電話など個人の様々な情報ツールにまで検閲システムを広げ、劉暁波追悼のメッセージは次々に削除されました。しかし、人々は粘り強くロウソク、授賞式に出席できなかったことを表象する空いている椅子とブーケの画像、さらに台湾の歌手・張雨生の「大海原」の歌詞などをネット空間に貼り付けました。

遙かなる海辺に／ゆっくりと消え去った君／ぼんやりと浮かぶ君の顔立ちは／何と次第にはっきり現れてきた／何か語りかけようと思うが／どう言い出したらいいか分からない／しかたない／心の奥底にしまっておこう……

これは、人々が劉暁波への追憶を自ら伝えられるギリギリの表現だったのでしょう。

かつて、張雨生は天安門民主運動の学生リーダー・王丹の詩「たばこを吸えない日々」に作曲し歌いました。また「ぼくの手をコントロールするな。ぼくの足をコントロールするな。ぼくの口をコントロールするな。お前にはさせないぞ」というアルバム「自由歌」で、一九九〇年代の若者にヒットしました。

このような張雨生の歌はウェイシン（中国版Line）や全民K歌（みんなのカラオケ）で小さなブームになりました。「星が一つ、この日、海を舞わせた。海は満ちていた。君と自由」、「削除されるからみんな保存しておこう」などとコメントする女子組もありました。

3

劉暁波は、一九八九年三月、ニューヨークで執筆した『中国当代政治与中国知識分子』の「後記」で、自分自身の「狭隘な民族主義の立場と西洋文化に盲目的に媚びる浅薄な知識」を痛切に認識し、「真の〝西洋化〟は中国文化に対してだけではなく、西洋文化自体への批判的な省察である」、「西洋文明は現段階において中国を改造するために役立つだけであり、未来において人類を救済することまではできない」と、西洋文明の限界をも指摘しました。これは「全面西洋化」が西洋の無批判な賞賛ではないことを示しています。

さらに彼は自分自身の思想の限界、卑小さをも自覚しつつ、怯まずに「知」の可能性を追い求め、その道を切り拓こうとしました。

「ぼくの思惟は、愚昧で砂漠のような文化の中に長く閉じ込められていたため、どれほど浅薄で、いかに生命力が萎縮していたのか、ようやく気づいた。長い間ずっと暗闇の中にいて日の光を見てこなかった瞳は、突然、天の窓が開かれても、すぐに順応するのが難しかった。急に太陽に照らされて自分の真の立ち位置を見せつけられても、それを直視する勇気はなく、短時間で世界のハイレベルとコミュニケーションを行うことはなかなかできなかった。だが、ぼくは過去の虚名を全て捨て去り、ゼロから始め、未知の世界への実験的な探索へと進む。それには、人類の知恵により創り出された既存の膨大な知識が必要なだけではなく、未知の領域を開拓し、また個人の知恵と独りの真実の人間となる勇気も必要だ。新たな試練による苦痛に耐えられることを願うばかりである。他人のためではない。絶境から自分の道を踏み出したい。たとえ失敗しても、その失敗は真実であり、これまで手に入れた多くの見せかけの成功に優ることを信じている。」

でも、劉暁波が自由な世界の空気を吸えたのはわずか一カ月でした。翌四月、彼は学生たちの民主運動に参加するため、米国での研究生活を中断し、不退転の決意で帰国しました。以後、海外移住の機会を拒み、「現場」に身を置くことにこだわり続け、そのため教師として「教壇に立つ機会を失い」、作家として「発表の権利を失い」、公共知識人として「公開の場で講演する機会を失い」ました。

「六・四」後の二十年間、内外の情勢が激変する中で、彼が言論を発表できたのは、国外のウェブサイトや台湾や香港の出版物であり、中国大陸の一般民衆は彼の思想や行動を知る契機さえありませんでした。

彼は命を燃やし尽くすまで「知行合一」のポジションを貫いたのでした。その中で自分自身をも絶えず厳しく問い続けました。

二〇〇八年一二月に身柄を拘束される半年前、劉暁波は「自分の著述を振り返ると、今でも相変わらず文化の砂漠に成長した烙印が押されている。時々、文革の尻尾が露呈している。多くの時事評論は雲煙のように過ぎ去るだけだ。たとえインターネットのアクセス数が増えても、結局はゴミ箱に捨てられる運命から逃れられない」と慨嘆しました。[2]

ここにはソクラテスの「無知の知」に通じる自己認識があると言えます。そして「私には敵はいない――最終陳述――」について、矢吹晋氏は「ソクラテスの弁明」と対比しています。[3]

劉暁波の「知」の限界は、彼個人の責任ではありません。中国国内では真理や事実の考究のために必須の言論や学問の自由の空間が狭められ、さらに国外の有識者との批判的な対話を通した切磋琢磨もできませんでした。彼の慨嘆には痛切な無念もあったでしょう。

さらに「〇八憲章」では、言論の制約どころか、劉暁波は拘束され、身体の自由までも失いました。中国のネット空間では「〇八憲章」、「劉暁波」、「天安門事件」を検索しても「関連する法律と政策」を理由に結果が表示されません。言わばアンタッチャブル的な存在とされ、この状態は今もなお徹底され続けています。

二〇〇七年三月、北京の万聖書園で、劉暁波は私に「自分の考えが日本の人々にどう受けとめられるか聞いてみたい」と語り、その後、詩や時事評論を送ってきました。

彼の詩想や思想には、底深い孤独、懸命にもがく鈍痛、不屈の信念、希望と愛へのオマージュが交錯しており、魯迅の「絶望が虚妄であるのは希望と同じである」（『野草』）を想起させます。

劉暁波の逝去は一つの時代が去ったことを意味するのでしょうか。彼が生きていたこと、背負っていた「恥辱」、向き合っていた問題、その時代背景を一つ一つ具体的に熟考し、彼が遺した数百篇の文章や著書を全方位で理解し、隣国の日本を通して、もっと長いスパンで探究していきたいと考えています。伝記は書き手の主観を免れないことは承知していますが、これを切口に、自由の力は行動によると提唱・精励・実行した劉暁波に多角的多層的にアプローチすることに役立てればと思います。彼のまなざしは迥遐《はる》か遠くまで及び、それを辿れば豊穣の地に到るのではないでしょうか。

4

翻訳は、プロローグ、第1章、第2章、第5章、第6章、第7章、第8章を横澤泰夫先生、「日本の読者へ」を和泉ひとみ氏、序文、第3章、第4章、エピローグを私が分担し、全体を通して筆者が訳語や文体の統一、訳注の整理などを行いました。

資料では、「六・二ハンスト宣言」は村田忠禧先生訳（『チャイナクライシス重要文献』第三巻所収）を、「〇八憲章」は及川淳子氏訳（『劉暁波と中国民主化のゆくえ』所収）や辻康吾先生訳（『中華万華鏡』所収）を参考に筆者が訳しました。「私には敵はいない――最終陳述――」は矢吹晋先生訳（『劉暁波と中国民主化のゆくえ』所収）です。ここに記して感謝いたします。

横澤先生は、私たち留学生を中心に刊行した日中二言語文芸誌『藍・BLUE』に二〇〇五年から翻訳を寄稿され、二〇〇九年の『天安門事件から「〇八憲章」へ』でも協力してくださいました。このたび、先生はご家族の看病をしながら翻訳に尽瘁されました。心から感謝します。

和泉氏も『藍・BLUE』以来、様々にご協力くださり、今回も快諾をありがとうございます。

筆者提供以外の写真は、作家の廖亦武氏（二〇一一年、奇跡的に内陸ルートからベルリンへ亡命）、劉暁波の同窓生・王東成元教授、艾暁明元教授が提供してくださいました。

また、中国国内の劉蘇里、野渡、莫之許、黎学文の各氏、「〇八憲章」署名者たちにも「謝謝！」。「人生の中で誇りだ。決して後悔しない」は、今でも私の耳元で響いています。

台湾のジャーナリストの楊憲宏、黄美珍、温金柯の各氏は劉暁波に十回以上も電話インタビューを行いました。それを踏まえた的確で貴重なアドバイスは身にしみました。

関西には倉橋健一先生、今野和代氏、女子組の情義あり、と肝に銘じています。

川端幸夫社長は、二〇〇七年三月、筆者と一緒に北京・萬聖書園で劉暁波や廖亦武と歓談し（編集者の朝浩之氏も同席)、この出逢いを大切にされ、本書も後押しして実現させてくださいました。編集では麻生水緒女史にとてもお世話になりました。

今年七月、劉暁波の急死は余りにもショックで気持ちがじめじめとして筆が進みませんでしたが、暁波・霞ご夫妻と親交があり、現代中国知識人を研究する及川淳子女史に感謝します。この十年、喜びや悲しみを分かちあってきました。〝思いつつ、書きつつ、微力ですが無力ではない〟と励ましあってきました。また、野口一さん、中橋恭子さん、片岡清美さんご夫妻、武市進さん、安保智子さん、小林路義先生、中田恭二先生たちのおかげで励まされ、本書の完成に精魂を傾けることができました。

他にも謝辞を送らねばならない多くの方々がいます。紙幅に限りがあり、個々にお名前をあげられませんが、変わらぬ謝意を表します。みなさんの鞭撻で本書を世に出すことができました。

ここまで本書を手に取り、目を通していただいた読者のみなさん、「ほんとうにありがとう!」

最後に、劉霞が一日も早く自由になることを祈念します。

二〇一七年一一月　劉燕子

註

1　日本語版は野澤俊敬訳『現代中国知識人批判』徳間書店、一九九二年。なお「後記」は未訳。
2　「従野草到荒原——『二〇〇八年度当代漢語貢献奨』答謝辞——」『追尋自由』労改基金会、Washington、二〇一一年、四五九～四六一頁。
3　前掲『劉暁波と中国民主化のゆくえ』二一七頁。

著者・編者・訳者紹介

余傑（Yu Jie）

作家。1973年、四川省成都に生まれる。1997年、北京大学卒業、大学院に進み,2000年に文学修士取得。在学中に発表した評論は一躍脚光を浴び、新進気鋭の作家として論壇にデビュー。著書に『火与氷』、『文明的創痛』、『宦官中国』、『中国教育的岐路』、『1927民国之死』、「台湾民主地図」シリーズ、『不自由国度的自由人――劉暁波的生命与思想世界』など多数。2002年、アメリカ・ニューヨーク万人傑文化新聞基金「万人傑文化新聞賞」、2006年、長編青春小説『香草山』が香港湯清基督教文芸賞など数々受賞。鋭敏な感性と優れた洞察で独裁体制を痛烈に批判したため中国本土のメディアやインターネット空間から完全に封殺され、2012年1月、米国に事実上亡命し、精力的に言論活動を続けている。

劉燕子（Liu Yanzi）

作家。現代中国文学者。北京に生まれ、湖南省長沙で育つ。大学で教鞭を執りつつ日中バイリンガルで著述・翻訳。日本語の編著訳書に『黄翔の詩と詩想』（思潮社）、『中国低層訪談録――インタビューどん底の世界――』（集広舎）、『殺劫――チベットの文化大革命』(共訳、集広舎)、『天安門事件から「〇八憲章」へ』（共著、藤原書店）、『「私には敵はいない」の思想』（共著、藤原書店）、『チベットの秘密』（編著訳、集広舎）、『人間の条件１９４２』（集広舎）、『思想』２０１６年１月号――特集・過ぎ去らぬ文化大革命・５０年後の省察――（岩波書店、共著訳）、「劉暁波・劉霞往復書簡――魂が何でできていようとも、彼と私のは同じ」『三田文學』2017年秋季号など、中国語の著訳書に『這条河、流過誰的前生与後生？』、『没有墓碑的草原』など多数。

横澤泰夫（Yokosawa Yasuo）

昭和13年生まれ。昭和36年、東京外国語大学中国語学科卒業。同年ＮＨＫ入局。平成6年熊本学園大学外国語学部教授（平成22年退職）。主な著訳書に『毛沢東側近回想録』、『神格化と特権に抗して』、『嵐を生きた中国知識人――「右派」章伯鈞をめぐる人びと』、『天安門事件から「０８憲章」へ』、『「私には敵はいない」の思想』、『台湾史小事典』、『安源炭鉱実録』、『黄禍』など。

和泉ひとみ（Izumi Hitomi）

関西大学非常勤講師、博士（文学）。関西大学大学院文学研究科博士課程後期課程満期退学。（著書）『明人とその文学』（共著、汲古書院）、『岩波世界人名大辞典』（岩波書店、担当項目：明代詩文）、（主要論文）「元雑劇における尉遅敬徳像の形成について」（『日本中国学会会報』第59集、日本中国学会）。

劉暁波伝

平成 30 年（2018 年）2 月 10 日　第 1 刷発行

定価：本体　2,700 円 + 税

著者　余傑
編者　劉燕子
訳者　劉燕子・横澤泰夫・和泉ひとみ
発行　集広舎
〒 812-0035　福岡市博多区中呉服町 5 番 23 号
電話 092-271-3767　FAX 092-272-2946
http://www.shukousha.com
装丁　design POOL
印刷・製本　モリモト印刷株式会社

落丁本、乱丁本はお取り替えいたします。

ISBN 978-4-904213- 55-1 C0023